全球司法鉴定实践

The Global Practice of FORENSIC SCIENCE

【美】Douglas H. Ubelaker 原著
何晓丹　李成涛　主译
陈忆九　吴何坚　主审

科 学 出 版 社
北 京

图字号：01－2019－2143

内 容 简 介

《全球司法鉴定实践》原著由美国法庭科学人类学家、美国法庭科学学会前主席 Douglas H. Ubelaker 教授主编。作为首部较为全面反映全球司法鉴定实践的专著，它揭示了全球司法鉴定的多样性、普遍性、共同性和差异性。28 个国家或地区的 63 位作者全面系统地对所在国家或地区司法鉴定发展史、法律制度、组织结构、案件类型、科学研究、质量管理、人员培训、经费投入等进行了综述，翔实地反映了全球司法鉴定的概貌，并尝试预判司法鉴定未来的发展趋势。

本书适合国内司法鉴定从业者、理论研究者、实务工作者、法律工作者、司法鉴定专业学生阅读，也可供司法鉴定行业管理者参阅。

图书在版编目(CIP)数据

全球司法鉴定实践 /（美）道格拉斯 · H. 乌本拉克（Douglas H. Ubelaker）著；何晓丹，李成涛主译. —北京：科学出版社，(2021.11重印)
书名原文：The Global Practice of FORENSIC SCIENCE
ISBN 978－7－03－061015－7

Ⅰ. ①全…　Ⅱ. ①道…　②何…　③李…　Ⅲ. ①司法鉴定—研究　Ⅳ. ①D918.9

中国版本图书馆 CIP 数据核字(2019)第 069059 号

责任编辑：闵　捷 / 责任校对：谭宏宇
责任印制：黄晓鸣 / 封面设计：殷　靓

科学出版社 出版
北京东黄城根北街 16 号
邮政编码：100717
http://www.sciencep.com

南京展望文化发展有限公司排版
当纳利（上海）信息技术有限公司印刷
科学出版社发行　各地新华书店经销

*

2019 年 5 月第　一　版　开本：787×1092　1/16
2021 年 11 月第五次印刷　印张：19
字数：475 000

定价：180.00 元

（如有印装质量问题，我社负责调换）

以科学
捍卫公正

本书的翻译和出版得到了“十三五”国家重点研发计划(2016YFC0800706)、“上海市司法鉴定专业技术服务平台”(19DZ2292700)、中央基本科研业务费项目(GY2018G-1)和国家自然科学基金(81625013)的支持。

《全球司法鉴定实践》
译者名单

主 译

何晓丹　李成涛

主 审

陈忆九　吴何坚

译 者

（按姓氏笔画排序）

王亚辉　冯　浩　边英男　孙其然
严　慧　李正东　李成涛　李豪喆
何晓丹　张素华　姜镇飞

原著前言

本书的出版拉开了“司法鉴定焦点丛书”项目的序幕，该项目由美国法庭科学学会和 Wiley-Blackwell 出版社合作开展，主要出版与美国法庭科学学会活动和目标密切相关的书籍。

鼓励司法鉴定的高质量学术研究和高水平论文发表是美国法庭科学学会一贯坚持的目标。为此，美国法庭科学学会设立了专门的丛书委员会，由前主席 Doug Ubelaker 负责审查图书并提出出版建议。图书出版一旦获得美国法庭科学学会的批准，也将同时转交 Wiley-Blackwell 出版社进行审阅。

本书的作者们慷慨地将他们的版税捐献给了美国法庭科学学会。本书聚焦的“全球性”恰如其分地强调了司法鉴定学科和美国法庭科学学会的国际属性。我们希望继本书之后会有更多的书籍出版，以丰富和拓展我们在司法鉴定领域的认知和交流。

Daniel A. Martell

美国法庭科学学会主席

“司法鉴定焦点丛书”序

司法鉴定是运用最佳技术去解决法律问题的多样化、动态的学科领域。随着技术、研究和方法的不断进步及新案例应用的涌现，司法鉴定学科也在不断发展。鉴定专家们也在不断地改进证据分析和结果解释，并跟踪学习最新的技术进展。本丛书由美国法庭科学学会和 Wiley-Blackwell 出版社合作完成，目的是出版一系列与美国法庭科学学会活动和目标密切相关的书籍。本丛书反映了美国法庭科学学会一贯坚持的目标之一，即鼓励司法鉴定相关的高质量学术研究和高水平论文发表。美国法庭科学学会设立专门委员会负责书籍筛选，并转交 Wiley-Blackwell 出版社审阅。

美国法庭科学学会成立于 1948 年，是一个跨学科的专业组织，宗旨是促进司法鉴定的科技进步，并为其法律应用提供指导。学会由 11 个部门组成，包括刑事侦查学、数字和多媒体科学、工程科学、通用科学、病理学/生物学、文件检验、法学、人类学、毒物学、牙科学、精神病学和行为科学。学会会员超过 6 000 人，来自美国的 50 个州及全球其他国家或地区。本丛书反映出全球各地的法庭科学学会成员对司法鉴定领域新研究、学术和出版物方面的兴趣和关注点。

Douglas H. Ubelaker
丛书主编
资深科学家
史密森学会，美国华盛顿特区

《全球司法鉴定实践》(中文版)原著主编序

司法鉴定是全球范围内运用最佳方法解决关于医学和法律专门性问题的学科。这个充满活力的领域不断地通过新研究、新技术和新实践得以发展。科学是没有国界的,司法鉴定亦然,所有人都可以通过阅读期刊来获取信息。然而,司法鉴定实践在全球各地却差异很大:经济因素制约了新技术的获取与应用、政治和历史因素影响了体制结构和鉴定政策,语言障碍阻碍了最新研究成果的获得。

本书提供了全球司法鉴定的实践样本,它揭示了全球司法鉴定的多样性、普遍性和共同性。虽然司法鉴定的问题大多与资金有关,但追求的共同目标是实现司法鉴定的最高质量。国际合作和交流也促进了该学科的发展。

本书的翻译将使中国读者更容易获取相关信息。知识获取的便捷性也促进了司法鉴定学科的交流和进步。

感谢出版者,感谢何晓丹女士及司法鉴定科学研究院整个翻译团队,感谢他们在本书中文版出版过程中所做的努力与贡献。祝他们好运、祝所有读者好运,也祝所有司法鉴定事业推进者好运!

Douglas H. Ubelaker

2018 年 10 月 17 日

Chief-editor's Preface for Chinese Edition of Global Practice of Forensic Science

Forensic science represents a global effort to focus the best methods available on problems of medical-legal significance. This dynamic field constantly evolves through new research, technological advances and the experience gained through casework. Forensic science is not confined by national boundaries. Through publication in peer-reviewed journals, the science is available to all. However, the practice of forensic science does vary considerably throughout the world. Economic factors shape the availability of new technology. Political and historical factors influence institutional structure and policy related to forensic practice. Language barriers limit access to the latest research results.

This volume presents a sampling of the global practice of forensic science. It reveals diversity but also common problems and goals. The problems mostly relate to funding. Goals universally seek to achieve the highest quality of forensic science possible. Advancement is enhanced by international cooperation and the remarkable communication now possible in a connected world.

Translation of this volume makes the content more available to the Chinese community. This enhanced availability augments communication and the advancement of forensic science.

I thank the publisher, Ms Xiaodan He, and the team of AFS translators for their efforts in preparing this Chinese edition. May good fortune come to them and to all who read this book in an effort to improve the practice.

Douglas H. Ubelaker

17th, Oct., 2018

原著主编简介

Douglas H. Ubelaker 博士是华盛顿特区史密森学会国家自然历史博物馆的馆长和资深科学家,在那工作了近40年。自1978年以来,他一直担任法医人类学的专家顾问。作为法医人类学的专家证人,Ubelaker 博士经办了900多件案件,并在无数的法律诉讼中出庭作证。

他是华盛顿州乔治·华盛顿大学解剖学和人类学的教授,同时也是密歇根州东兰辛市密歇根州立大学人类学系的兼职教授。

Ubelaker 博士在人类骨骼生物学领域,尤其是司法鉴定应用方面发表了大量文章,他担任多本顶级学术期刊的编委,包括 *The Journal of Forensic Sciences*(《司法鉴定杂志》),*The Open Forensic Science Journal*(《公开司法鉴定杂志》),*International Journal of Legal Medicine*(《国际法医学杂志》),*Human Evolution*(《人类进化》),*Homo*(《人类》),*Journal of Comparative Human Biology*(《比较人类生物学杂志》),*Anthropologie*(《人类学》),*International Journal of the Science of Man*(《国际人类科学杂志》),*Forensic Science Communications*(《司法鉴定通信》),*Human Evolution*(《人类进化》)和 *International Journal of Anthropology and Global Bioethics*(《国际人类学和全球生物伦理学杂志》)。

Ubelaker 博士拥有堪萨斯大学的文学学士学位和哲学博士学位。他从1974年起成为美国法庭科学学会的成员,1987年成为人类学领域的研究员。他曾担任2011~2012年美国法庭科学学会主席。他是华盛顿科学院研究员,也是美国法医人类学委员会的一名认证医师。他同时亦是美国人类学协会和古生物病理学协会的成员。

Ubelaker 博士是美国 Ibero 牙科医师协会名誉会员,曾获得众多荣誉称号,包括捷克共和国 Aleš Hrdlička Humpolec 博士纪念奖章、华盛顿科学院的人类学奖、美国法庭科学学会人类学 T. Dale Stewart 奖、美国联邦调查局局长颁发的杰出公共服务奖、美国联邦公路管理局宾夕法尼亚分部优秀历史保护奖、美国联邦调查局的特别表彰奖。

译者的话

司法鉴定是在诉讼活动中鉴定人运用科学技术或者专门知识对诉讼涉及的专门性问题进行鉴别和判断并提供鉴定意见的活动。在现代诉讼活动中,司法鉴定覆盖了刑事、民事和行政诉讼的各个阶段,为执法机关认定案件事实、明确责任归属、正确适用法律提供技术保障和专业化服务,以其“科学、公正”的形象,在诉讼中发挥着“证据之王”的作用。此外,司法鉴定还作为社会纠纷解决机制中的技术手段,广泛应用于仲裁、公证、调解及 WTO 争端解决等领域,在保障司法公正、维护社会公平正义、推进全面依法治国中发挥着不可替代的重要作用。

全球各国都在积极推动司法鉴定的高质量健康发展。近年来,体制改革、技术创新、质量控制等管理手段不断在探索中实践。然而,作为司法鉴定职业命运共同体,任何一国司法鉴定的发展都不是孤立存在的,国家和地区间的技术交流、管理体制和运行机制相互借鉴已成为发展潮流。因此,我们看到了国际法庭科学协会(IAFS)、欧洲司法鉴定联盟(ENFSI)、国际法医毒物学家协会(TIAFT)、国际法医遗传学协会(ISFG)等组织的诞生,也见证了上海合作组织成员国司法鉴定工作组等政府间合作机制的建立。

我国司法鉴定体制改革的标志性事件始于 2005 年《全国人民代表大会常务委员会关于司法鉴定管理问题的决定》。2017 年 7 月,中央全面深化改革领导小组第三十七次会议审议通过的《关于健全统一司法鉴定管理体制的实施意见》标志着我国司法鉴定管理工作进入了新的历史发展时期。新时期,司法鉴定将进入何种发展轨道?“大一统”如何实现?凡此种种,需要我们以全球视野观察不同国家司法鉴定实践样本,为我国司法鉴定改革和深化提供有益参考和前车之鉴。

《全球司法鉴定实践》一书由美国法庭科学人类学家、美国法庭科学学会前主席 Douglas H. Ubelaker 教授主编,全书共 30 章。28 个国家或地区的 63 位作者较全面系统地综述了所在国家或地区司法鉴定发展史、组织结构、鉴定案件、科学研究、质量控制、人员培训、经费投入等情况,翔实地反映了全球司法鉴定概貌,并尝试预判未来的发展趋势。

作为首部全面反映全球司法鉴定实践的专著,译者发现和阅读此书的心情是欣喜的,但翻译和学习的过程却并不轻松。一方面源于译者学识短拙,但原著知识庞杂、专业众多,28 个国家或地区的发展历史、特定事件、典型案例、诉讼制度、当地语言和专有名词纷至沓来,翻译中的纠结和烦扰甚多;另一方面源于译者对于司法鉴定发展的忧虑,体制制约、资金匮乏、人才短缺、变革重组……凡此种种,举步维艰、困难重重。历时一年的“痛并快乐着”的翻译也让我们意识到司法鉴定实践中存在的问题并非一国独有,全球各个国家司法鉴定的发展都同样受制于政治体制、机制、资源和环境等因素,都同样存在管理之惑、错案之觞和路径之困。

发现、比较、反思和提升是译者的初心和本译著出版的初衷。衷心希望本译著的出版能为国内司法鉴定理论研究者提供全球司法鉴定的翔实资料,为司法鉴定实务工作者答疑解惑,为高等院校和科研院所司法鉴定领域的国际合作与交流提供信息资源。原著中的作者信息、索引和参考文献因不具有直接的学术研究和借鉴意义,在本译著中已略,有兴趣的读者可扫描二维码阅读相关内容。

感谢所有译者,不同的知识背景实现了专业间的互通互补;感谢四川大学侯一平教授、邓振华教授,西安交通大学王振原教授,上海市精神卫生中心谢斌教授,山西医科大学允克明教授,西南政法大学贾治辉教授对本译著的审阅、修改;感谢所有参与此书出版工作的人们,因为你们的共同参与,本译著得以顺利出版。出版之余,仍诚惶诚恐。翻译是个难两全的活儿,译者学识有限、谬误难免,敬请批评指正。

最后需要说明的是,“forensic science”在国内多翻译为“法庭科学”或者“司法鉴定”。“法庭科学”强调的是为法庭服务的专门知识和技术内容,“司法鉴定”一词自 2005 年司法体制改革后被广泛使用。两者的内涵和外延无本质区别,本译著中除涉及美国法庭科学学会等约定俗成的翻译以外,“forensic science”翻译为“司法鉴定”。此外,由于各国体制不同,本译著不同章节中“forensic science”(司法鉴定)、“forensic medicine”(法医学)、“criminalistics”(刑事技术)或为并列关系,或为包含关系,或为交叉关系,与我们通常所理解的或有不同,一并说明。

谨以此书作为“司法部司法鉴定科学技术研究所”更名“司法鉴定科学研究院”的献礼!让我们共同探求司法鉴定事业的跨越发展!

译　者

2019 年 2 月于沪

目　录

第 1 章
导言

Douglas H. Ubelaker，美国华盛顿特区史密森学会国家自然历史博物馆人类学部

2012 年 8 月，我有幸应邀参加在哥伦比亚波哥大举办的第 16 届国际法医学大会并做演讲。这场科学盛会历时几天，研讨会、讲座和讨论将科学家们汇聚一堂，共同探讨司法鉴定的最新进展。会议期间，我受邀访问位于波哥大的哥伦比亚国家司法鉴定研究所并探讨他们正在开展的工作。在这次访问中，我发现在哥伦比亚国家司法鉴定研究所中司法鉴定的大部分实践领域整合到了一起。更令我震惊的是，司法鉴定不同领域的从业者彼此之间距离很近，这为协商、合作和融合提供了机会。哥伦比亚国家司法鉴定研究所的这种组织结构与我以往的鉴定经验及我在全球其他地区观察到的情况形成了对比。尽管从旅行和国际交流中我对司法鉴定的全球差异有了一些印象，但我意识到对于这个问题的认识和发表的文章太有限了。

在访问哥伦比亚国家司法鉴定研究所时，我也常常思考美国法庭科学学会新设立的“司法鉴定焦点丛书”项目。一本反映全球司法鉴定实践的书似乎是开始这个项目的理想候选者。这也验证了 2011～2012 年美国法庭科学学会“全球研究、司法鉴定前沿”的主题及 2012 年 2 月亚特兰大会议上所强调的国际元素的逻辑性。虽然我们大多数人都知道司法鉴定的国际化属性，但对司法鉴定的组织架构和鉴定实践的全球变化却知之甚少。访问期间，我与哥伦比亚国家司法鉴定研究所的同事们就此观点进行了充分的交流并探求他们的看法。他们的积极反馈促使我继续在会议上进行深入讨论，许多国际同行也赞同我的观点并迅速提供了包括国家、作者和应该考虑纳入的问题等相关建议。

最终，此次协商和讨论提出的计划包括邀请作者就 30 个[①]国家或地区的司法鉴定实践撰写章节。30 章的内容能够涵盖足够多的国家提供全球变化模式，同时也为每一章的写作者提供了足够的篇幅来探讨涉及范围的广泛性和主题的多样性。国家或地区的选择是为了提供一个有意义的变化样本，并能代表世界各地不同区域。从项目一开始，我就意识到由于篇幅所限，许多国家或地区不能被包含进来。谨希望那些被挑选进来的国家或地区能够揭示全球司法鉴定的多样性并能促进相互理解。作者的选择基于他们的学术声誉，以及他们能对本书中所研究的司法鉴定问题做出综述。由于本书涵盖了司法鉴定的大部分领域，而且大多数作者都是专家，因此鼓励所有作者需要时可以邀请共同作者参与撰写。

联系的作者反应积极、热情。许多作者不仅同意参与，而且对本书范围和主题提供了有益的建议。主要作者和国家提名名单基本完成时，本书的提议就得到了“司法鉴定焦点丛书”项目委员会和美国法庭科学学会董事会的审查和批准。在美国法庭科学学会的支持下，该提案提交给了 Wiley-Blackwell 出版社进行同行评审。经过审查，对提案和作者/国家名单进行了

① 译者注：事实上最后成书是 28 个国家或地区。

相应的调整，得到了 Wiley-Blackwell 出版社的批准后，开始了本书的撰写和编辑工作。

每章 9 000 字[①]，并按照下述建议的结构和信息进行写作。但可以预期各位作者的写作方式会有很大的不同。

章的结构和信息

• 每一章的标题应包含所讨论国家的名称。例如，“阿根廷司法鉴定实践”或“阿根廷司法鉴定的历史和现状”。章按国家首字母顺序排列。

• 每一章应包含所有司法鉴定学科信息，包括：

犯罪侦查学、数字和多媒体科学、工程学、牙科学、病理学/生物学（包括 DNA 和昆虫学）、人类学/考古学、精神病学和行为科学，文件检验和毒物学。

• 每一章应阐述下列主题：

国内历史。这一节可以适当包含该国部分重要机构的发展历史。

案例类型。一些信息将有助于根据现有统计数据对案例类型的变化进行分析。

组织架构。该国司法鉴定活动是如何组织的？它们是集中在一个特定的机构，还是分散在不同的组织中？

司法鉴定融合。在犯罪现场调查、案例分析、报告撰写和出庭作证方面，司法鉴定是如何实现融合的？是一个团队涵盖不同专业领域专家，还是各专家独立撰写报告后再整合而成？

招聘。新的司法鉴定人被征聘或进入该领域需要什么程序？

培训。司法鉴定人如何获得必要的教育？该国国内的大学是否提供司法鉴定的课程/培训/学位？是否由司法鉴定机构进行培训？

资金。对资金问题的简短讨论很有必要。资金是通过国家资助还是通过其他渠道获得？什么因素影响了对司法鉴定的资助？谁来决定预算和资金使用的优先权？

政治影响。政治气候和政治取向的转变如何影响司法鉴定实践？

认证。何种项目适用于人员认证？鉴定从业人员的资格评估如何进行？

实验室认可/质量控制。实验室认可和质量控制有哪些程序？不同学科中有何区别？

技术。影响鉴定实践的关键技术问题是什么？

灾害应对。灾害应对有哪些计划？

法律事务。司法鉴定如何进入法律领域？何种法庭程序对司法鉴定意见的陈述有影响？

研究。正在进行哪些关键研究，通过何种程序？

未来的发展方向。该国司法鉴定面临的主要挑战是什么，有哪些明显趋势？

澳大利亚章节的共同作者 Stephen Cordner 博士提出并向所有的作者转发了一个建议，即“大多数国家都有涉及错误鉴定的大案，列举 2~3 个此类案件并分析导致错误鉴定的原因及该国的后续回应”。

在某种程度上，本书展示了一个研究项目并收集了全球司法鉴定实践的数据和观点。本项工作中产生的模式和观点源于每位作者及其团队的承诺和努力工作。感谢所有人从一开始就接受了本书的理念，并在如此有限的篇幅内撰写出如此多的资料。在此，我也对鼓励出版本书的美国法庭科学学会 Rachel Ballard，“司法鉴定焦点丛书”项目委员会、史密森学会的 Keitlyn Alcantara、Kristin Montaperto、Christian Thomas、Marcia Bakry，以及和我一起完成这本书编辑工作的工作人员致以最诚挚的谢意。

① 译者注：此处指 9 000 个英文单词。

第 2 章
阿根廷司法鉴定实践

Luis Fondebrider,阿根廷法医人类学小组(EAAF),布宜诺斯艾利斯,阿根廷
Luis Bosio,法医学联合会,布宜诺斯艾利斯,阿根廷

2.1 简介:阿根廷共和国

阿根廷的法医学和刑事技术实践的出现与发展根植于该国历史——曾是西班牙的殖民地,独立之后开始建立政治/法律组织,1930 年因军队政变首次中断民主生活,随后面临不同的政治环境。

阿根廷的政治组织形成于 1810 年(五月革命,反对西班牙的殖民统治)至 1952 年期间(国家《宪法》的颁布)。在此过程中形成的政治模式具有以下特征:代表制(国家应由人民代表统治),共和制(人民代表应由人民选举产生)和联邦制(尽管由中央政府统治,但各省保持自治)。

阿根廷也对权力进行了划分(行政、立法、司法),1853 年通过了《宪法》并在之后进行了多次修正。

阿根廷共和国是一个联邦国家,由 23 个省和布宜诺斯艾利斯自治市组成。每个省通过直接选举产生政府首脑及立法委员;此外,每个省政府组织自己的司法行政机关。

考虑到阿根廷的联邦组织架构,其在司法鉴定服务(国家提供司法鉴定和刑事技术——如犯罪现场——专家意见)方面没有统一的标准指导实践工作,理解这一点非常重要。相反,基于某些常规的做法,各省都有自己的司法鉴定组织形式。更确切地说,并没有一个国家级的、服务于全国的法医研究所,而是各省都有自己单独的司法鉴定专家体系;对于刑事侦查相关的业务也类似,通常向各省的警察部门委托案件。

2.2 司法部:司法行政机构

司法部独立于其他国家权力机构,在省级和联邦级均如此。司法部的作用是控制其他公共权力及行使这些权力的个人。此外,司法部通过对提交给它的事项做出决定来履行司法管辖权力。司法部执行和解释法律,并根据法律及案例中汇集的证据发布决定。

可以认为阿根廷存在双重司法系统。一方面是覆盖全国的国家司法系统用于处理联邦案件(如毒品、绑架);另一方面,省级司法系统负责地方案件,并通过各省设立和组织的司法机关执行。国家最高法院[CSJN(西班牙语)]是联邦的最高层级法院,而下级法院则由不同类型的审判庭和其他法庭组成。本章中的司法鉴定和刑事侦查服务于法官及检察官,在省级和联邦级向他们汇报。

另一方面,总检察长办公室是一个独立机构,不属于司法部的职权范围内。它的作用是促进司法行动,以维护法律及社会的公共利益。

最后,就法律而言,立法(民法、商法、刑法、劳动法、社会安全法)是统一的,并在整个国家都能够贯彻执行。

最近阿根廷的法律制度已从“审问式”模

式向混合的半对抗模式转变。

2.3　执法机构：司法部的辅助机构

每个省都有自己的警察，用于履行辖区内犯罪预防和刑事侦查的职责。同样的，每个省都有自己的司法管辖权和监狱系统。与此对应的是，在国家特别关注的事项和领域内，还存在一个特殊的联邦司法管辖权。

阿根廷警力资源由联邦警察、机场安检警察和省属警察（分别位于23个省及布宜诺斯艾利斯市）组成。阿根廷存在两支安全卫队：① 国家边防警卫队；② 国家海岸警卫队（河流和海洋）。

警察（除机场安检警察外）及两支安全卫队都有自己的司法专家，随时听从法官或法庭指派。

总之，阿根廷的司法鉴定和刑事侦查学实践主要分为两个层面：① 司法部管理的专家（主要为法医）；② 国家安全部管理的、向警察和两支警卫队报告的专家（部分是司法鉴定专家，但大部分为刑事侦查学专家）。

另外存在第三个层面的专家——私人专家，其可作为单方面的专家证人被任何个人委托参加法律程序，受诉讼法的干预与管制。

2.4　阿根廷的法医学简史①

布宜诺斯艾利斯大学（UBA）成立于1821年8月9日，成立之初创建了多个学科，并不断予以完善，其中之一便是医学。有资料表明，从那时起，警察医生开始向法官提供法医学咨询服务。经过多年的发展和变化，法医学在学术和实践层面都取得了进展。

1826年5月3日，Rivadavia总统设立了名为“分娩、儿童疾病和法医学的理论与实践”的讲座课程。关于该课程的具体内容目前尚无准确的信息，第一位课程讲师是Francisco Cosme Argerich博士，随后是Francisco Xavier Concepción Muñiz博士，后者是一名出色的警察医生。1899年，Francisco de Veyga博士被任命为讲座主席，同时，Veyga博士引进了一些重要的课程，如犯罪人类学和法医精神病学。Veyga博士的代表作是《关于民法典的法医学研究》。

1882年1月30日，Julián M. Fernández博士被国家行政权力机关委任为法庭医生，负责组建联邦首都法院的法律并进行公民投票，最终，该法律于1882年11月12日颁布，编号为1893。1889年，Adolfo Puebla博士也被任命为法庭医生，1896年7月3日，《第3356号法令》规定该职位由6名成员充任，从而创建了一个具体的机构。1882年法律规定，法庭医生的负责人由阿根廷共和国总统任命，作为法官顾问的角色按照下列条款执行：“……按照规定和法官的要求发布报告和参加考试，以更好地履行职责”（http://www.csjn.gov.ar/cmfcs/index.htm）。

布宜诺斯艾利斯市的司法解剖室于1896年8月18日由《3379号法案》设立。该法案由布宜诺斯艾利斯大学医学院院长Eliseo Cantón博士起草。在José Figueroa Alcorta担任总统期间，司法解剖室于1908年7月5日在Guillermo Achával博士的领导下正式成立。直至今天，该司法解剖室仍是布宜诺斯艾利斯市司法系统指定尸检的场所。在1908年7月9日新闻报纸*La Prensa*上的警察新闻栏中写道：“昨天凌晨，法官Lambí博士承办案件中的被告Manuel Monsalvo伤后死于Teodoro Álvarez医院，医方通知了调查法官Constanzo博士，命令其在最近启用的司法解剖室进行尸体解剖，并

① 译者注：在2.4中，“police physicians”译为警察医生，“court physician”译为法庭医生。

指定法庭医生 Acuna 及 Pacheco 进行解剖工作。"

1924 年，Nerio Rojas 博士出任 UBA 医学院法医学主席，他被认为阿根廷历史上首位杰出法医学家。他的开创性工作持续到 1946 年，由于阿根廷当时的政治原因，他辞去了主席职务。他于 1936 年出版的专著——《法医学》在多个拉丁美洲国家作为法医学专业的教材使用。

在 Rojas 的学生中，Emilio Bonnet 脱颖而出。Bonnet 于 1935 年开始教学，并于 1961 年被授予终身教授。他于 1967 年出版的《法医学》，是阿根廷的另一本法医教学参考书。

阿根廷以外，对阿根廷法医影响最大的是西班牙的 Calabuig 博士所著的教科书（Gisbert Calabuig，2008）。

阿根廷除布宜诺斯艾利斯以外的其他城市的法医学也经历了类似的发展，科尔多瓦最早设立（其法医学课程成立于 1874 年），后面依次为罗萨里奥（1921 年）和门多萨（1957 年）。

为了专门从事法医学工作，医生必须参加相应的研究生课程，在 UBA 该课程为期三年。通过课程后，他们向法医服务机构申请开放的空缺职位，通过竞争获取职位。在阿根廷做法医之前并不一定要成为病理学家。

UBA 医学院的法医学主席讲座是布宜诺斯艾利斯市法医学的重要学术活动，讲座包含了法医学课程并鼓励进行相关研究。医学生选修法医学课程作为他们总课程的一部分。每年，完成学业的应届毕业生才有资格申请司法部或者警察/安全部的空缺岗位。

2.5　法医学联合会

法医学联合会［CMF（西班牙语）］是由不同专业法医组成的团队，在联邦诉讼程序中协助司法部处理布宜诺斯艾利斯市的死亡事件（如当国家是案件的当事方之一）。CMF 向 CSJN 汇报，虽然每个省都有类似的机构，但就法医学问题而言，CMF 在某种程度上被视为管理实体。只要法官对当地法医的工作不满意，或案件极其复杂，或案件成为公众瞩目的焦点，法官就会召集其他地区的专家进行鉴定。考虑到 CMF 的重要性，我们将描述它的发展和现状，因为我们相信它在某种程度上反映了阿根廷司法鉴定的现状。然而考虑到阿根廷每个省的法医学都在因地制宜地发展，本文并不是对阿根廷司法鉴定发展现状的全面分析。

在司法部内部设立法庭医生职位之前，不同的官方机构都可出具法医学报告，如医学委员会或警察。

直到 1886 年，法律规定"……法庭医生应根据地方法官的要求发布报告和进行检查，以更好地履行职责"（Bonnet，1967）。

因此，拥有自身架构和规则的法医学队伍逐渐开始发展。根据 1958 年《1285 号行政命令》第五十五条"国家司法组织"的规定，"……技术专家和专家证人应：① 对人、物和场所进行检查，测试和分析；② 协助司法行动或程序；③ 发布专家报告；④ 按照法官的要求采取行动。"

虽然还没有描述 CMF 的历史演变过程，但其显著的变化趋势是渐进的行政组织化和技术专业化。其中一些成员出版了阿根廷为数不多法医学专著中的大部分书籍（Achával，1996；Patitó，2003，2008；Raffo，1993，2006；Vázquez Fanego，2000，2003）。

然而，直到 2009 年底，CSJN 才采纳了 CMF（CSJN《第 47/09 号决议》）的总则，这是自创建以来的首个机构法规。根据规定，"……机构基于科学技术，将专门提供专家意见"，其目的是"专门协助国家和联邦司法系统内的管辖机构"，在此背景下，它将"成为医学、心理学、牙科学、化学和法律事务中最高等级的专家证人机构"。

从1958年开始，建于1908年的司法解剖室合法地成为“……法医联合会的下属机构，由其院长管理和1名医生指导，并和法医联合会成员一样遵从相同的要求”（《第1285/58号行政命令》第57条）。

在司法解剖室工作的专业人员包括法医和技术助理。前者具有不同的医学专业背景，提供不同的专业服务。基本上，有专门从事尸体解剖的团队和专门从事活体检查的团队。此外，CMF还有一支法医心理学家和法医精神病学家团队。

CMF还由法医提供法医人类学和法医牙科学服务。

CMF的法医除非应调查机构的要求，一般很少去尸体现场勘验。这项工作由科学/刑事警察负责，其中也包括法医。然而糟糕的是，由于两个部门之间缺乏协调和对话，现场的记录和分析结果与尸体解剖结果之间的关联性很薄弱。

2.6　与警方和安全部间的交流

如上所述，除向司法部汇报的法医外，法医和其他专家也是警方/安全部“法医”或“科学警察”的组成部分。他们的主要作用是对可疑命案进行初步调查，并将尸体送至司法解剖室，由司法部的法医对其进行分析。

所有与尸体相关的证据（子弹、武器、血液样本等）均由警方和安全部的刑事专家记录并收集，并送往实验室。换句话说，司法部（CMF）法医与警方和安全部队的法医之间存在明确的职能分离。

“刑事侦查学”通常包含不同的任务，主要由警方和安全部队实施。警方和安全部队中均有与指纹、弹道学，文检、信息技术和事故相关的“科学警察”或“法医学”部门。

提到警方和安全部队，一般都会提及Juan Vucetich，他是塞尔维亚-克罗地亚的刑事技术专家，于1882年定居阿根廷，并创建了以他姓名命名的指纹识别系统。

至于案件由哪个法医专家团队参与，这是由法官或检察官决定的。例如，警方涉嫌犯罪的案子应当由警方以外的边防警卫队进行分析。

2.7　案例类型

阿根廷共和国人口大约有4 000万，其中约三分之一居住于布宜诺斯艾利斯自治市。这片辽阔的土地包括布宜诺斯艾利斯，有近300万人居住。然而，每天有数十万人涌入该市。在这样的大都市里法医可以接触到各种类型的案件。

最常见的案件类型如表2.1所示。表2.2显示了1999年以来在司法解剖室进行的尸体解剖数量统计。

表2.1　死亡原因尸体解剖

年份（年）	事故			他杀			自杀		
	男（人）	女（人）	总和（人）	男（人）	女（人）	总和（人）	男（人）	女（人）	总和
2008	513	231	744	210	44	254	190	103	293
2009	386	169	555	213	44	257	197	77	274
2010	349	114	463	180	19	199	170	67	237
2011	334	128	462	188	30	218	137	63	200
2012	362	139	501	158	23	181	138	62	200

资料来源：www. csjn. gov. ar/documentos/index. htlm. 。

表 2.2　1999 年以来尸体解剖数量统计

年份(年)	解剖数量(例)
1999	2 856
2000	2 963
2001	2 915
2002	2 947
2003	3 479
2004	3 476
2005	3 434
2006	3 094
2007	3 396
2008	3 118
2009	3 026
2010	3 108
2011	3 224
2012	3 374

资料来源：www. csjn. gov. ar/documentos/index. htlm. 。

2.8　培训

阿根廷所有医学分支学科均取得了重大进展，然而法医学的发展却并不尽如人意。

人们仍普遍认为法医学与其他领域的专家相互隔离，更直白地说，他们只与死者打交道。

目前主要由来自个体的法医力量倡议克服该领域停滞不前和缺乏更新的现状，他们意识到需要建立工作规程、质量控制、报告审查和持续改进的培训方案。他们认为阿根廷的法医学在这方面落后于该地区的其他国家，如哥伦比亚和智利。

至于司法鉴定方面的具体培训，除了那些较流行的课程外，严肃的学术课程几乎没有得到更新或与时俱进。

关于非传统学科纳入司法鉴定领域的问题，如人类学和昆虫学，这些学科因个别法医或刑警的好奇心而开始应用于法医学领域，而非 CMF 决定的结果。

与此对应的是，司法/警方专家证人与大学之间联系不多。对司法鉴定领域重要问题的科学研究也较少。

2.9　司法鉴定学科发展的资金支持

阿根廷在人力资源和基础设施方面对司法鉴定学科发展的资金支持一直不稳定，更多的是与个人主动行动有关，而不是与国家政策有关。

CMF 就是很好的例子，虽然它是阿根廷最重要的法医学机构，但其没有自己的法医遗传学实验室，因此它必须将相关业务外包给私人实验室或大学。另一个例子是司法解剖室，负责阿根廷影响重大的尸体解剖，其所在的建筑物已有 100 多年的历史，并且存在生物安全缺陷和污染问题。

在阿根廷其他地区，情况因省而异。在某些地方，解剖场所位于墓地或医院内，工作条件非常恶劣；而在某些地区，一些项目按照国际标准提供了足够先进的解剖设施。

因此，可以说阿根廷支持司法鉴定领域的政策是不稳定的。有时它们仅在某些特定事件发生后才被采纳。1992 年，针对犹太社区建筑物的恐怖袭击造成 85 人伤亡。这起案件暴露出司法解剖室在组织机构和基础设施层面的不足，随后政府为其翻新整修并提供了专项资金。

实施持续性培训计划并改善建筑设施是 CSJN(对 CMF 来说)和安全部(对警方和安全部队来说)的专门责任。然而不幸的是，司法鉴定工作被视为次要活动，法官、检察官和律师一般也不知道调查过程中科学证据的重要性。

2.10　专业人员的认证/认可及质量控制

尽管如上所述，阿根廷的法医科学发展很重要，但司法鉴定领域还没有开展实验室认证或认可。例如，一旦医生完成三年制课程成为法医并获得职位后，在其退休之前就再也没有任何质量控制(QC)或资格要求。

在实验室层面，即毒物学和毒物分析化学领域，情况也几乎相同。

在阿根廷，还没有出现像美国 2009 年出台的倡议报告——《美国法庭科学的加强之路》。而且该报告在阿根廷几乎不为人知。关于科学证据的可采性、DNA 的证据价值或概率问题的讨论，几乎不为律师、法官、检察官和鉴定专家所知。

2.11　灾害应对

与世界其他地区不同，阿根廷并不常发生海啸或地震等大规模灾害事件，也很少遭受恐怖袭击（过去 30 年[①]中仅有两次）或任何其他人为灾害。尽管如此，还是会发生一些 30~200 人的伤亡事件，此时需要司法鉴定部门的有效响应。

在这方面，根据《第 695/09 号法令》，布宜诺斯艾利斯自治市制定了应急总体规划，其中规定了在自然、人为或技术威胁情况下各个部门应履行的职责。该规划是国家和布宜诺斯艾利斯自治市政府达成的跨管辖区协议的结果，旨在城市内发生重大事件时各部门间的协调响应（Bosio，Muro 和 Cohen，2011）。

2.12　政治环境

自 1930 年以来，阿根廷的民主制度已经因军事政变中断了六次，1976~1983 年间的民主政治最为悲惨。在那期间，司法部的独立性受到严重限制，这无疑对司法活动及其发展产生了非常不利的影响。

特别是在上述期间，一些法医特别是为警方工作的法医，在未上报酷刑迹象或未进行完整尸检时就发布并签署了一些虚假的死亡证明书。

1984 年，为了从司法鉴定角度解决人员失踪问题，阿根廷法医人类学小组［EAAF（西班牙语）］得以成立。该小组是一个私人的、科学的和非营利性的组织，旨在对那些不信任官方法医的失踪者亲属提振信心和透明度。在 Clyde C. Snow 博士的指导下，EAAF 作为独立的第三方机构，专门研究挖掘和复原失踪人员遗体，这些遗体以“无名氏”被埋葬于公墓和前军队/警方的拘留中心。

最后，必须指出的是，在阿根廷，人们在三个国家权力机关中谋取的职位通常比他们所代表的研究机构更“重要”。也就是说，如果安全部队、联邦警方或 CMF 的负责人发生了更迭，那么以前采用的政策很可能会发生改变，有时甚至是根本性的改变。因此，制度上缺乏连续性确实会影响司法鉴定实践及其中长期发展计划的实施。

2.13　展望

当前迫切需要全面评估阿根廷的司法鉴定现状，包括法官、检察官对专家证人报告的满意程度、基础设施建设问题、业务程序、专业人员培训和科学研究现状。

目前阿根廷还没有旨在促进司法鉴定学科发展的政策，对目前形势的改进更多地取决于个人的努力，而非国家政策的支持。

此外，司法行政人员特别是法官和检察官，应该了解科学证据的价值，并明白精简和调整政策以符合国际标准的必要性。但令人惊讶的是，这在医学领域已经发生，而法医学领域还没有。

参考文献

第 2 章参考文献

① 译者注：即 1983~2013 年。

第 3 章
澳大利亚司法鉴定

Stephen Cordner,维多利亚法医学研究所,莫纳什大学,南岸,维多利亚,澳大利亚
Alastair Ross,国家司法鉴定研究所,澳大利亚和新西兰警务咨询机构,达克兰,维多利亚,澳大利亚

3.1 简介

当第一舰队于 1788 年将欧洲人送到澳大利亚定居时,它同时带来了英国的法律,包括与犯罪和验尸官相关的法律。Arthur Phillip 是新南威尔士殖民地的第一任州长,经授权他可任命包括验尸官在内的司法行政官员。第一次验尸调查于 1788 年 12 月 14 日进行,该调查由 Augustus Alt 主持,他是 Phillip 总督任命的第一批治安法官中的一位。

法医学被视为运用医学的原理和实践去解决法律问题的学科,司法鉴定学科也与之类似。就本文而言,为了实践的需要,我们在讨论法医学时没有将法医精神病学包括在内。

3.2 历史

澳大利亚的司法鉴定和法医学发展多年来明显受到重大案件的影响。

3.2.1 枪巷谋杀案(Lack 和 Morgan,2005)

1921 年 12 月 30 日,墨尔本 12 岁的 Alma Tirtschke 遇害的“枪巷谋杀案”是早期司法鉴定的典型案件。在 Alma Tirtschke 最后一次被发现的地方附近,Colin Ross 经营着一家酒吧。除了间接证据,包括 Colin Ross 在押候审时对同监室友的供述,检方在 Colin Ross 的毯子上发现了死者的头发,且据说他用该毯子包裹了 Alma Tirtschke 的尸体。上述证据由政府专家 Charles Price 提供。但 Colin Ross 竭力否认作案。检方为开展毛发分析,希望在审判前获得毛发样本,但遭到了 Colin Ross 的拒绝。最终,Colin Ross 于 1922 年 4 月 24 日被判处绞刑。近年来,对该案的毛发重新进行了复核,澳大利亚著名的头发分析专家认为毯子上的样本不可能来自 Alma Tirtschke。根据首席检察长的要求,维多利亚州上诉法院(首席检察长参考资料,2007)重审并撤销了该案。Colin Ross 被追授赦免无罪,首席检察长公开向其家人道歉。

3.2.2 对 Edward Splatt 的错误定罪(Shannon,1984)

1978 年,Splatt 先生被指控谋杀 77 岁的 Rosa Simper,死者在其卧室内遭受过严重的殴打、性侵犯和勒颈。卧室内发现的油漆、木头、鸟食和糖果颗粒等物质和痕迹将 Splatt 与犯罪现场联系起来的证据似乎均有科学性。但经过 *Adelaide Advertiser* 两年的攻关活动后,政府成立了皇家专门调查委员会,并在 1984 年赦免了 Splatt 先生。

皇家专员 Shannon 法官说,一些技术人员似乎扮演着双重身份:既是警察的调查员,也是科学家。他认为不区分科学观察和警察推理调查的取证制度是不可接受的(Shannon,1984,P47)。

他在谈到该案中警方的首席调查员时说："我不明白为什么他（调查员）在证据中表达个人的意见和理论时，当事方没有任何人表示反对。我很困惑，居然允许有这样绝对的断言。该案中，无法确认（调查员）是以一个警察调查员还是科学家的身份在陈述。在他（调查员）所提供的证据中，存在多处身份的混淆。"

Shannon 法官认为在科学证据的审判中，无论对于提供证据的科学家，还是对于负责审判的法律代表，都应承担严肃的法律义务。科学家的重要义务是明确无误地指出测试和分析结果的重要性。法律人员的重要责任是向科学家详细和探索性地提问，以便抽丝剥茧出客观的证据。

由于 Splatt 案件的影响，南澳大利亚州政府成立了州司法鉴定中心。它独立于警方，将之前多个机构分散提供的各种司法鉴定服务汇集于该中心。新任的司法鉴定司长 W. J. Tilston 博士在一个公众论坛上宣布司法鉴定中心的大门将"对辩方和控方平等"开放。

3.2.3 皇家专门调查委员会对 Chamberlain 案件的调查（Morling，1987）

1980 年 8 月 17 日晚上，一只澳洲野狗闯入了澳大利亚中部乌鲁鲁（即更为人熟知的艾尔斯岩）附近露营地里 Chamberlain 的帐篷。帐篷里有他们 9 周大的女儿 Azaria，她刚刚被母亲 Lindy 安置在摇篮里。Lindy 随后到烧烤区和其他家庭成员一起烧烤。当她听到孩子的哭声后立即回到了帐篷里，营员之一的 West 太太只听见她喊道："我的上帝，天哪，野狗叼走了我的宝贝。"West 太太尽管一直听到 Azaria 的哭泣声，但后来还是没有找到她。8 月 19 日，Chamberlain 夫妇离开露营地并返回新南威尔士州的家中。7 天后，在离露营地约 4 千米的地方发现了该婴儿大部分的衣服（包括连衣裤、汗衫和尿布）。

该事件引发了澳大利亚和国际媒体的巨大关注——受到偏见、臆测的谣言、漫画和错误信息的解构，媒体将婴儿的父母，尤其是 Lindy，描述为坏人甚至是邪恶的人。1981 年 2 月 20 日，澳大利亚国家电视台播出了该案件的首次调查结果：Azaria 的死亡源于野狗袭击，但随后有他人参与实施侵害。验尸官对警方的调查结果不满意。警方很快采取措施，在很短的时间内再次收集了"证据"，"合理"启动了第二次审讯，第二次审讯于 1982 年 10 月结束。Lindy 被判谋杀女儿，Michael（孩子父亲）被认定为从犯。两人分别被判处终身监禁（有苦役）和三年有期徒刑。

该案中 Lindy 带着女儿 Azaria 和儿子 Aidan（近 7 岁）离开烧烤区 5～10 分钟。因为 Aidan 说饿了，所以 Lindy 回到烧烤区时带着 Aidan 和一罐烤豆，而此时的 Azaria 已被安置于摇篮里，在 Lindy 离开期间最重要的焦点是"Chamberlain 夫人把 Azaria 从帐篷里抱到车里（靠近帐篷），并在前排乘客座位上切断了婴儿喉咙……Azaria 的尸体最初很可能放在车里（可能放在相机包里），当晚由 Lindy 和 Michael 埋葬于烧烤区附近"（Morling，1987，P20）。Lindy 回到烧烤区后，其中一名露营者（在此案起诉时已经去世）听到了一声哭喊，并确定是小婴儿的呐喊。Chamberlain 先生此时对他妻子说："是我们的孩子吗？"因此她走回帐篷检查，在其离帐篷 5 英里①远时，Lowe 先生听到她大叫道："那条狗夺走了我的孩子。"此时大部分露营者都哭喊了起来。如上所述，当时未发现尸体，一周后发现了婴儿的连衣裤、汗衫和尿布。

庭审时的科学证据包括如下内容：

• 在汽车前座内及周围、相机包和一把剪刀上发现了血迹，检方声称其中含有胎儿血红蛋白，以此证明是婴儿的血液。

• 据称仪表板下见喷溅状血迹，为动脉血

---

① 译者注：1 英里＝1.609 344 千米。

喷射所致，提示该处为谋杀的位置。

• 帐篷内发现的血迹是由 Chamberlain 夫人或其衣服转移过来的。

• 来自伦敦医院的 Cameron 教授给出的专家证据证明在婴儿的连衣裤上可看到一只小孩的血手印。

• 婴儿衣服不是野狗造成的损坏，而是由刀、剪破坏以模拟野狗的撕扯。

• 连衣裤上未检测到唾液，意味着野狗无法用嘴搬运婴儿。

• 连衣裤上发现一些猫毛。

检方向陪审团明确表示野狗叼走婴儿的说法是“荒谬不可信的”。

在定罪后，Chamberlain 夫妇上诉了两次，均以失败告终。一些科学家随后成立了 Chamberlain 无罪委员会。他们断定（Chamberlain 无罪委员会，1982）：

• 汽车仪表板下面喷溅样物是隔音合成材料，不是血液，产生于汽车制造过程中。

• 连衣裤上的毛是狗毛或野狗毛。

• 野狗的牙齿能够形成连衣裤上的损坏痕迹。

1986 年 2 月 2 日，Azaria 的婴儿短外套被发现。检方认为婴儿短外套也由 Chamberlain 夫人伪造。短外套发现于乌鲁鲁基地一连串野狗窝的附近。因为本来对 Chamberlain 夫妇的定罪就存在怀疑，而偶然发现的 Azaria 的衣服，撤销了此案中检方的重要证据。短外套的存在对辩方很重要，因为可以解释为什么连衣裤上缺乏唾液和狗毛或野狗毛。5 天后，澳大利亚北部地区宣布成立皇家专门调查委员会调查此案。

皇家专门调查委员会有如下发现：

（1）经大量法医病理学家和生物学家在显微镜下检查“喷溅样物”，都认为其既不像血滴的形状，也无喷溅的特征。液滴中存在油漆成分。

（2）液滴由“沥青隔音剂”制成（Morling，1987，P101）。

（3）庭审前忽视了血液检测极其敏感的邻联甲苯胺测试的阴性结果。

（4）抗人血红蛋白血清的原位检测结果为弱阳性或阴性。据称抗胎儿血红蛋白测试结果呈强阳性。据称产生差异的原因是 HbF 分子的变性较慢。但判决后的实验表明两种蛋白的变性速率大致相同。因此，判决的依据不符合实际。

（5）测试结果书中显示仪表板下三个样品的结果有 12 处被删除或篡改。

（6）没有合适的对照组，无法证实结果中的非特异性改变。

（7）在庭审中作为证据使用的工作记录未提及样品的阴性和非特异性结果，且被标注为完整的试验记录，且在有机会的情况下，专家也未口头提及阴性和非特异性结果。

> 由于这些原因，我认为在仪表板下面不存在婴儿血液，或任何其他的血液……最大的可能是……喷溅样物……是隔音剂，并且没有包含任何血液（Morling，1987，P106）。

调查委员会发现，没有证据证明 1981 年 9 月检查汽车时发现的剪刀就存在于 1980 年 8 月的车上，且无论如何，剪刀上物质所产生的弱邻联甲苯胺反应和非特异性免疫化学反应也无法推理出剪刀上存在血迹的结论。调查委员会也发现无法断定在审判中采集的任何材料中存在婴儿血液。审判中依赖的法医生物学家也缺乏测试分析和书写报告的经验。关于车内多数部位，“证据远不能证明车内存在血迹，这就是无罪的辩护”（Morling，1987，P326）。车内不存在婴儿血液，这意味着没有任何事实依据可以断定帐篷里的血液是由 Chamberlain 夫人转移而去的，或者说她在车内杀死了自己的孩子。事实上，检方的所有科学证据都存在缺陷。除了 Cameron 教授外，没有任何人可以看到手印。婴儿短外套也很好地解释了连衣裤上未发现野狗唾液的原因，正如辩方在庭审时主张的一样。

皇家专门调查委员会严厉批评了本案的科

学证据,并总结如下:

每个人可能都会问这样一个问题:审判中如此重要的证据与调查委员会呈现的证据之间的差异是如何产生的。我们无法解释出确切的原因。然而,事后总结,我们发现在审判中提供证据的某些专家对他们专业领域外围的问题发表意见的能力过于自信。其中一些观点基于不可靠或不充分的数据。事实上,判决后直到通过更多的研究工作,才发现其中一些观点的有效性值得怀疑。如果缺乏必要的经验、设施和资源,庭审中的专家也无法对一些新颖和复杂的科学问题发表可靠的看法(Morling,1987,P340)。

上述总结明智且审慎,代表了对审判中专家证据严肃而全面的拒绝,但正是这些不确定的证据导致对 Chamberlain 夫妇的错误定罪。

2012 年 6 月 12 日,Azaria Chamberlain 去世近 32 年后,第四次死亡调查宣布了如下结果。

调查结果:死者姓名:Azaria Chantel Loren Chamberlain,1980 年 6 月 11 日出生于昆士兰州伊萨山。她于 1980 年 8 月 17 日在乌鲁鲁去世,死亡原因是野狗的攻击(北部地区治安法院,2012)。

最终,澳大利亚法律史上最特殊的刑事案件最终在它开始的地方尘埃落定:一场可怕的事故和悲剧。在此过程中,许多人的生命特别是 Chamberlain 家族的生命,都遭到了无可挽回的损害。

皇家专门调查委员会注意到,司法鉴定中心应与大学和其他机构保持更密切的联系,以确保在后者的引导下,司法鉴定中心具有研发优势。在司法鉴定方面制定适宜的标准并不容易,但这正是国家司法鉴定科学研究所的职责所在,即在澳大利亚建立统一可靠的实践方法。研究所也可成为信息交流中心和特殊专业领域可靠专家的聚集地。若被告人与国家司法鉴定研究所及其专家联系的渠道畅通,那么就会减少发生不公正的风险。

澳大利亚国家司法鉴定科学研究所成立于 1991 年,本文在“组织架构”标题下提供了有关该研究所的详细信息。

3.2.4 皇家专门调查委员会对原住民被拘留死亡案的调查(Johnson,1991)

1987 年 10 月调查原住民被拘死亡案的皇家专门委员会成立,以回应日渐增多的公众关注,即原住民在羁押过程中死亡过于普遍,且对公众的解释过于掩饰,忽视了渎职行为可能是造成死亡的因素之一(Johnston,1991,1.1.2)。

1980 年 1 月 1 日至 1989 年 5 月 31 日期间,99 名原住民和托雷斯海峡岛民死于监狱、看守所或少年拘留所中。(收集的尸检信息十分缺乏,以至于皇家专门调查委员会在成立之初认为只有 44 人死亡;Cordner,1991)因为案件的调查不够充分,导致皇家专门调查委员会对所有案件进行了全面审查。99 例案件中的 12 例没有经过任何调查;41 例案件中的尸检并非由法医病理学家进行解剖,其中 24 例由全科医生进行。法医病理委员会审查发现 27 例案件存在大量缺陷。

对尸检本质和目的的误解是造成许多尸体解剖不充分的根源。在很多情况下,负责尸检的法医认为在提供死因报告后即万事大吉。然而,对法医而言,确定死因相对简单,更大的挑战是重建死亡的环境,翔实地记录阳性发现和阴性结果——尤其是死于羁押过程的案例,以便于其他专家事后能根据记录材料得出自己的结论。

有人指出,要正确地进行羁押死亡案例的法医调查,需要适用适宜的调查标准。除了上述提及的法医病理学家及司法鉴定团队的资质和经验外,还应包括:

- 现场调查。
- 现场摄影。
- 尸体解剖。

- 尸检摄影。
- 组织病理学。
- 毒物学。

部分审查的案例大量缺乏上述要素。27 例存在重大缺陷的案例中其中 6 例无毒物分析结果或分析存在不足;7 例未进行组织病理学检查,仅有 5 例有尸检的照片可供查看。尽管样本量非常小,但这些案例非常重要,因为其涵盖了所有司法管辖区,是当时澳大利亚法医病理学现状的缩影。

1991 年,调查委员会向澳大利亚政府提交了 339 项建议,旨在降低被拘原住民的死亡率,特别是在拘留期间。委员会发现,大量在押原住民的死亡反映出“在押的原住民人数过多”。经统计,原住民仅占总人口的 1.5%,但却构成了监狱关押人数的 14.8%、看守所拘留人数的 28.6%(Cordner,1991)。委员会的许多建议也涉及法医病理学和尸检实践,包括以下内容:

- 应对死亡现场进行全面勘查,包括提取部分样品供司法鉴定用,使用高质量彩色相机记录死亡现场。
- 对拘留期间死亡案例的调查应提供完整的证据基础,供验尸官审查死亡原因、死亡时环境,了解死者生前的护理、治疗和监管的质量。
- 对死者的尸体解剖均应尽量由专业的法医病理学家进行,如果缺乏专业的法医病理学家,则应由经验丰富或培训合格的病理学家进行。

正如调查委员会所建议的那样,所有司法管辖区之后都遵循维多利亚州的范例,着手实施州验尸官制度。截至 2013 年,只有一个司法管辖区建立了覆盖全州的法医病理学服务机构:新南威尔士州,该州建有三个独立的法医病理服务机构。

然而,在《皇家专门委员会报告》发布 10 年后,原住民高死亡率的情况不但没有改善,实际上原住民死亡人数还有所增加(Loff 和 Cordner,2001)。

3.2.5　对尸体解剖时提取器官使用的调查

在 20 世纪 90 年代后期,继英国 Bristol 和 Alder Hay 的尸检组织器官滥用丑闻曝光后,公众也开始关注澳大利亚是否存在类似做法,由此启动对西澳大利亚州、南澳大利亚州和新南威尔士州的调查。虽然有证据表明,存在未与亲属协商或经其同意的情况下保留了死者尸检后的器官组织的情形,但这在澳大利亚不像英国那样意味着非法。此外,澳大利亚皇家病理学院发表了一份关于尸检和正确提取器官的立场声明。虽然该声明的实施并不统一,但有证据表明病理专业人员已经意识到这些问题,并已制定了相应的制度。上述调查确实导致这些州对规范保留尸检后组织器官的立法更加严格。

3.2.6　对 Farah Jama 定罪案件的调查(Vincent,2010)

最近影响澳大利亚法医学和司法鉴定发展的事件是 2009 年对 Farah Jama 错误定罪案的调查。这名具有索马里背景的 19 岁男子被判强奸罪,其于 2006 年 7 月 15 日在某夜总会强奸了一名 48 岁高加索女性 M。M 在晚上 10:50 左右被发现昏迷在一间反锁的厕所隔间内,她在晚上 10:20 左右进入夜总会,M 回忆曾与某些人说过话,买了两杯利口酒并在桌子上点了一支烟,之后就失去了记忆。之后 M 被送往医院,因为她感觉两杯酒不足以导致醉酒昏迷,那么有可能是被人偷偷地下了药并被他人性侵犯。因此,第二天早上 10:50 警方为其安排了正式的法医检查,并采集了性犯罪的检材。

将从阴道拭子中提取的 DNA 与 DNA 数据库进行了比对后,M 的 DNA 匹配上了 Farah Jama 的 DNA。然而调查人员从未了解到或审判中也没有想到的是,在上述事件发生的前一天,Farah Jama 的 DNA 样本已进入了医院的检查室。他曾与一名妇女 B 发生过关系，其精液黏在了 B 的头发中，B 的报警导致 B 在 M 接受检查的同一房间内进行了检查，在这连续两次取样之间可能没有清理该检查房间。任何关于污染可能性的讨论都局限于法医学实验室，而大大低估了其他取样被污染的可能性。

Jama 先生被判有罪并在监狱中关押了 15 个月，直到他准备上诉时，检方才意识到事件的真实过程及医院检查室内很有可能发生了污染事件。Jama 先生获释，检方介入调查。

这是一例"只靠 DNA"定罪的案子，本案并没有其他证据支持。仅靠 DNA 就确定了犯罪过程及认定罪犯。当然，实际上并没有性侵犯，Jama 先生因其未做过且从未发生过的事情而被监禁。该案件的发生促进了大量的改进措施，包括样本采集程序和设备、起诉前提供除 DNA 以外的其他证据的起诉指南。调查还批评到"那些参与法律程序的人，尽管过程中有大量警示信息提示有些不对劲，然而大家都没有认真阅读"。

3.3　各司法管辖区建立司法鉴定中心的规定

3.3.1　州和地区层面

澳大利亚是一个联邦国家，由 6 个州和 2 个领地组成 8 个司法管辖区，2 个领地与州相似。联邦本身即是第 9 个司法管辖区。2 100 万人口集中生活在城市中。有一半人口生活在维多利亚州和新南威尔士州。另一方面，北领地的面积大于法国，人口为 24 万。9 个司法管辖区内每个司法管辖区的法医学和司法鉴定服务的发展都各具特色，其管理和基础设施存在不同。一般而言，所有司法管辖区的警察都负责"现场科学"，如犯罪现场调查、指纹识别、弹道检查和痕迹检验（如鞋子、轮胎和其他工具）。

生物学（DNA）、刑事技术、数字和多媒体、档案、毒物学等"实验室科学"，由包括卫生、司法和警察在内的政府机构提供，某些州提供集中的综合服务模式。

同样地，由司法和卫生部门提供"医学科学"，如病理学、法医学、人类学、牙科学、昆虫学和精神病学/心理学。

司法鉴定服务通常集中于每个州/领地的省会。但大多数州和领地都有区域性的犯罪现场调查和指纹识别的机构。

3.3.2　国家层面

澳大利亚联邦警察局（AFP）对机场等设施拥有管辖权，并且在管理非法毒品和枪支进口方面与海关和国家计量研究所等机构密切合作。AFP 还负责澳大利亚首都直辖区的社区警务和司法鉴定服务。

3.4　案件类型

3.4.1　能力

总体来说，尽管由众多机构共同提供服务，但每个州和领地都有完整的司法鉴定服务能力。一些规模较小（人口数量）的司法管辖区会将一些服务外包给较大司法管辖区的机构完成。

3.4.2　案例类型

所有司法管辖区都涵盖了范围广泛的司法鉴定案件类型，包括对人身的犯罪（如杀人和强奸）及对财产的犯罪（非法闯入和机动车盗窃）。总体而言，澳大利亚的犯罪率正在下降，但某些犯罪行为如酒精所致暴力犯罪等正在增加。

2010~2011 年，警方针对特定人身犯罪所统计的受害率如下（澳大利亚统计局，2012）：

- 谋杀，每 100 000 人中 1 人受害。
- 谋杀未遂，每 100 000 人中 0.9 人受害。
- 过失杀人，每 100 000 人中 0.1 人受害。

- 性侵犯，每 100 000 人中 79.5 人受害。
- 绑架/诱拐，每 100 000 人中 2.7 人受害。
- 抢劫，每 100 000 人中 56 人受害。

针对某些财产犯罪：

- 非法闯入，每 100 000 人中 940 人受害。
- 机动车盗窃，每 100 000 人中 235 人受害。

司法鉴定案件量反映出对人身犯罪案的统计数据，因为绝大多数案例会涉及法医学检查。

犯罪现场调查员越来越多地参与到非法闯入案件的调查中，构成了警方接到的报案数的约 70%。

3.5 组织架构

关于法医学的组织架构，不同司法管辖区不同。表 3.1 列举了八个司法管辖区中三个辖区的法医病理学和临床法医学的组织安排及相关信息。

表 3.1 新南威尔士州-悉尼（格利伯），维多利亚州和南澳大利亚州的法医病理学组织安排

	新南威尔士州-悉尼（格利伯）	维多利亚州	南澳大利亚州
机构名称	新南威尔士州卫生病理学法医学部门，悉尼	维多利亚法医研究所（VIFM），司法系统中的法定机构，向司法部部长汇报	南澳大利亚州，司法鉴定，司法部
过去 12 个月内接收的案例或尸体数（例）	3 229	4 954	1 150
同一时间段内的尸体解剖数（例）	1 873	2 440	1 140
全职的会诊病理学家（人）	6 名法医病理学家，1 名神经病理学家	11	5.3
CT 扫描率	<1%	100%	13%
法医病理方面的重大调查	Walker 询问组织器官的保留和其他问题	无	Splatt 案（见上面报道）
临床法医学/性侵犯/交通医学	临床和交通：由新南威尔士州警方聘用的医学专家检查；性侵犯：个体签约人员，由当地卫生区为服务付费	所有案件由 VIFM 聘用的全职法医检查，或由对 VIFM 负责的签约医生检查	性侵犯咨询中心；无正式的法医学安排

由于历史原因，每个司法管辖区的司法鉴定机构（如前所述）有所不同。然而，有些机构受国家层面的关注，对司法鉴定有重要影响。它们包括：

- 澳大利亚和新西兰司法鉴定实验室（SMANZFL）高级管理人员。
- 澳大利亚新西兰警务咨询机构　国家司法鉴定研究所（ANZPAA NIFS）。
- 澳大利亚和新西兰司法鉴定学会（ANZFSS）。
- CrimTrac（原罪犯追踪局已组建为新的澳大利亚刑事情报局）。
- 国家检测机构协会（NATA）。

3.5.1 澳大利亚和新西兰司法鉴定实验室高级管理人员（SMANZFL）

SMANZFL（http：//www.anzpaa.org.au/forensicscience/10606）成立于 1988 年，由所有政府科学服务提供机构的主管/官员组成。它与其他国际机构类似，如美国犯罪调查实验室主任协会（ASCLD）、欧洲司法鉴定研究所联盟（ENFSI）和亚洲法医科学网（AFSN），并起到类似的作用。SMANZFL 的使命是为澳大利亚和新西兰法医实验室提供协调的战略性领导。与其他机构类似，SMANZFL 拥有许多专家小组来提供科学和技术建议。专家咨询小组（SAGs）和科学工作组如表 3.2 所示。

表 3.2 SMANZFL 分组

专家咨询小组	科学工作组
生物学	统计及解释
文件检验	
电子证据	音频/视频分析 数码影像 计算机取证
现场鉴定科学	血迹分析 犯罪现场勘查 指纹鉴定 枪弹鉴定 压痕
毒品	
医学	人类学 昆虫学 殡仪科学 牙科学(病理学)

3.5.2 澳大利亚新西兰警务咨询机构 国家司法鉴定研究所(ANZPAA NIFS)

建立国家司法鉴定研究所(NIFS)(www.nifs.com.au)的提议首先由时任联邦司法部长的参议员 Lionel Murphy 在 20 世纪 70 年代初提出。如前文所述,因 20 世纪 80 年代皇家专门调查委员会介入的两起错误判决案导致对其成立的强烈支持。经时任澳大利亚警察部长委员会同意,NIFS 于 1991 年成立。2008 年,NIFS 成为 ANZPAA 的理事会,其职能是:

• 资助和支持司法鉴定研究。

• 帮助司法管辖区之间司法鉴定服务的发展和协调。

• 促进相关方之间的信息交流。

• 支持、协调和开展司法鉴定培训项目。

• 协调相关司法鉴定质量保证计划的实施。

实际上,ANZPAA NIFS 在司法鉴定管理方面具有国家层面的促进和协调作用。为提高个人和司法管辖能力,它维持了一个小型理事会并且与更广阔的司法鉴定界密切合作。

ANZPAA NIFS 还与 SMANZFL 及 SAGs 和 SWGs 建立了非常富有成效的工作关系,而且 ANZPAA - NIFS 和 SMANZFL 与后者共同参与了互利项目。

ANZPAA NIFS 监管其他专家小组,包括化学战剂实验室网络(CWALN)和 ANZPAA 灾害遇难者识别委员会(ADVIC)。

在其 22 年的运作中,该研究所在其所有职能领域与司法鉴定领域密切合作,以解决前一届皇家调查委员会提出的问题。工作包括:

• 与国家检测机构协会(NATA)共同制定国家司法鉴定认证计划。

• 制定和提供国家培训和认证计划,特别是在现场科学领域。

• 与澳大利亚标准协会(SA)共同制定国家司法鉴定标准。

• 与澳大利亚和新西兰司法鉴定实验室高级管理人员(SMANZFL)及其专家咨询小组(SAGs)一起制定和实施覆盖司法鉴定的统一实践方法。

• 与大学建立伙伴关系,共同研究和开发项目。

• 为传播知识和技术,制定和实施年度的国家从业者研讨会项目。

3.5.3 澳大利亚和新西兰司法鉴定学会(ANZFSS)

ANZFSS(www.anzfss.org)是一个学术型学会,在所有司法管辖区都设有分支机构,由行政人员管理。澳大利亚司法鉴定学会成立于 1971 年,其目的是召集科学家、警察、犯罪学家、病理学家和法律专业人员,并使其积极参与到司法鉴定中来,1988 年,澳大利亚司法鉴定学会承认新西兰的成员资格,两者组合成为澳新司法鉴定学会 ANZFSS。

该学会的目标是通过提供不同学科的专题讨论会、讲座、讨论和范例来提高司法鉴定的质量和水平。每个分支机构都定期组织成员会议,每两年其中一个分支机构与行政部门一起负责召开国际司法鉴定研讨会。这些专题讨论会是世界级的，吸引了超过800名代表参加。

3.5.4　罪犯追踪局(CrimTrac)

CrimTrac(www.crimtrac.gov.au)于2000年根据澳大利亚联邦与澳大利亚各警察机构之间的政府间协议(IGA)成立。CrimTrac的目标是加强澳大利亚警务和执法能力，强调通过快速获取详细、实时和准确的警察及执法信息来促进警务信息化。

从司法鉴定的角度来看，CrimTrac支持并管理国家指纹数据库(NAFIS)和国家DNA数据库(NCIDD)。

3.5.5　国家检测协会(NATA)

NATA(www.nata.asn.au)成立于1947年，是世界上第一个综合性的实验室认可机构。它负责实验室认证、机构检查、校准服务，法定标准物质生产，是整个澳大利亚能力验证计划的权威提供者，也是澳大利亚经合组织《GLP原则》的合规监督机构。

NATA还提供司法鉴定认可计划，参与的机构需要通过ISO/IEC 17025标准认可。司法鉴定认证咨询委员会(FSAAC)拥有一批富有经验的司法鉴定从业者，从司法鉴定的角度为NATA提供建议。

绝大部分的政府司法鉴定服务提供者，包括“现场科学”服务提供者都通过NATA的能力验证计划获得了认可。

3.6　司法鉴定的整合

正如之前已经提及很多司法管辖区的司法鉴定服务支离破碎，由此导致同一个案件需要由不同的服务提供者为涉及的不同学科提供不同的报告。尽管不同学科之间确实存在“孤岛”，某些司法管辖区拥有更加一体化的整合系统。

大多数司法管辖区对于凶杀案件会举行涉及不同司法鉴定学科(如病理学、犯罪现场、生物学和刑事科学)和警察调查员的案例会议。这些会议旨在确定最有效的法医调查形式。对于其他类型案件，很少举行此类会议。

在大多数司法管辖区，有关刑事案件调查的科学、医学、法律和司法之间有意义的沟通不多。

3.7　人员招聘

在某种程度上，招聘方法取决于所属的鉴定学科。传统上从事犯罪现场调查、指纹和弹道学等学科的人员都从警务人员中招募。但这种情况正在发生变化，因为在少数几个司法管辖区内，正从地方大学的此类学科毕业生中招聘从业人员。

对于实验室科学，新进人员至少需要科学学士学位，但许多新人的学位更高。

对于医学科学来说，这取决于具体学科，科学或医学学位是就业的最低要求。

3.8　培训

法医学适用以下条件：

法医病理学。这是病理学的一个亚专科，从业者几乎都在解剖病理学和法医病理学方面接受过一定的培训。从业者需要在受认可的培训机构完成五年的监督培训，学习指定课程并成功通过考试和经验方面的各种要求。在成功完成各种考试并获取所需的经验后能够获得澳大拉西亚皇家病理学院研究员职位，该职位代表了专业地位的成就。近年来，该学院开设了口腔颌面病理学系(牙科学发展而来)，其中专门为法医牙医学家分设一个小组，这一学科现在也得到了澳大利亚卫生管理局的认可。

法医临床学。在澳大利亚，该学科在不同的州覆盖的领域不同。这些领域包括性侵犯的法医学问题,成人和儿童身体伤害,酒精、毒品和驾驶,医学驾驶适性检查,被警方拘留和/或讯问的行为能力,在法庭上作证的行为能力检验。在维多利亚州,这些服务(儿童伤害除外)由VIFM的法医提供。在其他州,由性侵犯医生、全科医生、急诊医师和新南威尔士州的警察部队雇用的医生提供。与法医牙科学一样,澳大拉西亚皇家病理学院正在实施一项政策决定,以建立临床法医学系。将采取结构化的研究生培养计划,并根据综合课程进行评估。

在司法鉴定中,培训在某种程度上主要是针对特定学科开展的。

针对犯罪现场调查、血型分析、指纹识别、枪械检查和文件检验等学科的国家培训项目已经制定或正在开发中。这些课程目前在大学之外实施。但是,目前该类课程正在接受审查,未来很可能被认定为与大学学位相当。

很多大学提供司法鉴定课程。本科课程通常重点关注科学知识点,同时包括司法鉴定相关的单元。硕士学位等研究生课程则更侧重于司法鉴定。一些提供博士研究和博士后职位的大学的司法鉴定课程已经成熟。

招聘之后,无论新员工的资历如何,机构内部培训也是教育和培训的一部分。大多数机构的内部培训计划结构合理,在每项新技能或能力得到认可之前都要进行评估。人员的培训记录应完整保存,并作为实验室认可的一部分。

3.9　经费

每个司法管辖区政府有责任为司法鉴定服务提供经费。在少数司法管辖区,尽管是通过其他政府部门转账,警察也为某些服务付费(如DNA鉴定)。政府实验室只会将极其少量的鉴定工作外包给私营公司。

基础设施经费,如昂贵的设备、建筑物增建/翻新或新建房屋,除了年度预算外,还需要向政府提交单独的资金申请。

除澳大利亚首都直辖区外,州和领地内常规的司法鉴定服务没有专门的联邦政府资金资助。但是,有些时候司法鉴定项目可以获得联邦经费资助。最近受资助的例子是关于司法鉴定的收集、分析、解释和报告的核心标准的研制工作。

3.10　政治影响

通常情况下,政治对于司法鉴定服务的影响有限。然而,在某些情况下,如上文所述的错鉴可能导致调查,皇家委员会对调查结果所做的决定会产生政治上的改变。政府的优先事项,特别是在竞选期间发生的事项也可能对司法鉴定产生影响。政治改革可能会为司法鉴定提供额外的经费。

另一种例子是法律改革。与DNA或指纹数据库相关的立法变化通常是政策变化的结果。

3.11　认证

犯罪现场调查、指纹识别和枪弹检验等学科有国家认证计划。该计划由澳大利亚司法鉴定认证委员会(AFFSAB)在ANZPAA NIFS的主持下实施。

认证的前提是拥有国家资格或同等资格。获得资格后,从业人员由其辖区进行评估,以确定他们是否具备认证所需的技能和知识。

认证包括一系列书面、实践和口头考试(包括模拟法庭),由内部和外部(来自其他司法管辖区)评估人进行评估。

每年均要进行重新认证,结果取决于执业人员的能力验证测试结果,并由监督员评估及机构负责人确定。每隔五年,就会有更严格的基于积分系统的重新认证过程。

目前其他学科还没有认证计划。

3.12　实验室认可/质量控制

除了一个例外，所有主要的政府司法鉴定服务提供者都通过了 ISO/IEC 17025 标准认可。NATA 为认可提供者。该计划自愿参加，每三年进行一次全面的重新评估，每十八个月进行一次质量体系评估。

除 ISO/IEC 17025 标准外，NATA 对认可还有补充要求，且在评估时会考虑这些要求。最近，司法鉴定学界与澳大利亚标准委员会合作，制定了一套含四项核心标准的司法鉴定标准；AS 5388 系列分析标准包括：

- 识别、记录、恢复和存储材料。
- 分析和检验材料。
- 解释。
- 报告。

为了质量控制的合规性和评估目的，对 ISO/IEC 17025、NATA 的补充要求和 AS 5388 间进行了对比分析，以识别出任何的重复之处。

3.13　技术

与技术相关的关键问题之一是信息技术（IT），特别是项目和数据管理。不同鉴定机构的信息管理系统通常与大机构的系统不同。目前，各个司法管辖区间的 IT 系统也存在较大差异，目前已启动了一个项目针对这种情况进行检查。

如前所述，重大设备的采购通常是单独提交预算说明书，但总的来说，澳大利亚的实验室装备精良。此外，由于 SAGs 和 SWGs 内部的全国性讨论，大家所使用的技术存在统一性。DNA 鉴定尤其是这样。

技术装备存在小型化和便携化的趋势，以便进行更多的现场检测和指纹识别，例如，对现场潜在的印痕进行电子拍摄、传输和分析。

3.14　灾害应对

如前所述，ADVIC 是受 ANZPAA NIFS 监督的一个小组。它在所有司法管辖区促进灾害应对方面都有很好的历史记录。ADVIC 由来自每个辖区的 DVI（灾害遇难者辨认）指挥官（警官）、生物学（DNA）、人类学、牙科学和殡仪学学科的科学代表及军方代表组成。

国家培训课程使全国各地的从业人员具备了 DVI 相关的知识和技能，以及应对爆炸、海啸、地震和丛林火灾等突发情况的丰富经验。ADVIC 与国际刑警组织密切合作，为国际刑警组织的《DVI 指南》提供了重要意见并被采纳。

CWALN（化学战剂实验室网络）也在 ANZPAA NIFS 的主持下召开会议。CWALN 的关键作用之一是针对潜在的化学攻击开发和维持相关知识、技能并积极准备应对。与 ADVIC 一样，他们也参与全国培训，以确保技能的互补。

3.15　法律问题

由于继承了英国法律传统，澳大利亚采用对抗性的法律体系，但法院的范围和级别因司法管辖区而不同。

绝大多数案件中，在调查初期政府司法鉴定机构由警方聘用。如果要求他们在法庭上作证，通常由检方调用。

虽然大多数鉴定人愿意在庭前与检察官和辩护律师协商，特别是面对复杂的案例时，但这种情况很少发生。

越来越多的法院允许在法庭使用电子辅助设备来让专家作证，某些法院也通过视频链接来进行陈述。但是,辩护律师通常不会支持这一点。

3.16 研究

ANZPAA NIFS 最近完成了对司法鉴定机构主管和负责人的调查。调查的目的之一是了解司法鉴定研发的关键难点问题。调查结果如下:

- 缺乏资金支持。
- 缺少时间。
- 缺少研究经验。
- 实施困难。

对于研发战略的发展,NIFS 提出了以下三类研究(Kirkbride,2001)。

- 技术确证(如新方法的验证)。
- 技术推广(如将其他科学领域的技术引进到司法鉴定)。
- 技术(和知识)创新(如发明新技术、发现新知识)。

在某种程度上,司法鉴定机构能够完成前两类研发类别,可能就技术推广方面与学术界合作。但是,对于技术创新来说必须建立与学术界的联系。

司法鉴定服务提供者与澳大利亚学术界之间的合作富有成效。澳大利亚研究理事会(ARC)提供的基金之一是“合作基金”,该基金明确要求具有产业界/学术界的合作伙伴关系,而司法鉴定已经成功地申请到大量该基金。它们为司法鉴定机构提供资金支持。

这些基金不仅适用于“硬科学”,也适用于软科学(社会科学),司法鉴定专家已与社会科学家合作申报了多项“合作基金”,并制定了未来的基金申请计划。

目前感兴趣的研究领域有:

- 二代测序和快速 DNA 鉴定技术。
- 指纹图像增强。
- 爆炸前后的检测。
- 认知过程和指纹识别。
- 验证研究。

临床医学和医疗相关领域的司法鉴定研究力量最强。源源不断的博士生为法医毒物学的研究提供了强有力的贡献,已经形成了与国家死因信息系统富有成效的合作。自 2000 年以来,NCIS 数据库中拥有超过 200 000 例全澳大利亚的尸检案例,新西兰于 2010 年加入。申请通过后,任何公认的学术或执法机构均可访问该系统,其资源强大,系统的重要性和潜力已逐渐得到认可(www. ncis. org. au)。法医病理学的研发重点是定义并理解新影像技术、分子尸检和伦理学的应用。司法鉴定还有待更多突破,特别是法医病理学研究很多固有的局限性,太依赖于描述性和回顾性研究。

3.17 未来方向

底线:在大部分司法鉴定专业中,鉴定人尚未确定其方法的有效性和意见的准确性,对此,法院在解决该问题方面完全没有对策。出于各种原因——包括司法鉴定证据的可采性原则、审判法院判决上诉审查的适用标准、对抗程序的局限性,法官和律师普遍缺乏专业知识但他们又必须理解和评估司法鉴定证据——法律系统没有能力纠正司法鉴定的问题(美国国家研究委员会,2009)。

美国国家研究委员会的这句话将在发达国家的司法鉴定学、法医学和法院领域得到回应。我们的学科需要注意——未来不会与过去相同,也不应相同。

司法鉴定与政治法律和程序定义的密切联系为正在逐渐收紧的公共预算环境提供了一些保护。保持稳健的预算将成为司法鉴定应对快速发展的技术环境的重要基础。这将涉及:

- 更多、更快、价格更低廉的现场测试。
- 需要更多方法验证并准确对待错误率。
- 为情报导向的警务做出更大贡献。
- 加强司法鉴定学科对各种危害的具体响

应，提供专家意见和证据，如认知偏差。

法医学的发展也反映出临床医学的一些发展趋势。专家的医学专业知识是如此昂贵，对医学知识进行简化应用可能成为法医学发展的重点。这意味着法医学将更多地依赖医疗辅助技术和流程，如CT、MRI，以减少对昂贵尸检的依赖。尽管如此，轻松获得这些辅助技术的可能性并不大，因此很多服务仍然更多地依赖于传统的尸检。随着临床医学的进步，分子解剖学将会蓬勃发展。合并法医临床学和法医牙科学，各自发展公认的医疗和牙科专业基础设施，将有助于加强这些领域对司法系统的贡献。

致谢

感谢 Johannes Du Flou 副教授和 Neil Langlois 副教授分别提供了新南威尔士州和南澳大利亚州的法医病理学数据。

参考文献

第3章参考文献

第 4 章
加拿大司法鉴定

Anny Sauvageau & Graham R. Jones，首席法医官办公室，艾伯塔省，埃德蒙顿，加拿大

4.1 加拿大司法鉴定历史

加拿大的司法鉴定史是一部杰出的历史。北美第一个司法鉴定实验室在此建立，是世界上仅次于法国巴黎和里昂的第三大实验室。1913 年，第一个司法鉴定实验室在蒙特利尔市开设，早于芝加哥法医实验室和 FBI 实验室（1932 年）。第一位实验室主任是 Wilfrid Derome 博士，他一直在此工作至 1931 年去世，后由 Rosario Fontaine 博士继任。1978 年，该实验室分为两个组，即警察科学实验室和法医学实验室，其中警察科学实验室包括大多数传统的"犯罪调查实验室"领域，法医实验室包括法医病理学和法医毒物学。

加拿大第二个司法鉴定实验室是多伦多安大略省总检察长实验室，于 1932 年开设，Edgar Frankish 博士担任负责人。1951 年，实验室在 H. Ward Smith 博士的领导下进行了重组。该实验室于 1966 年更名为司法鉴定中心。1967 年，Smith 博士去世，Doug Lucas 接管该实验室并担任主任直至其 27 年后退休。1975 年，该实验室迁至多伦多 70 000 平方英尺①的大楼，1992 年，因意识到多伦多实验室需要服务并覆盖加拿大更多地区，北部地区司法鉴定实验室在圣苏玛丽开设。2013 年，多伦多实验室搬进了一个与安大略省法医病理学服务处和首席验尸官办公室共用的大型现代化办公场所。

第一个加拿大皇家骑警法医实验室于 1937 年在萨斯喀彻温省里贾纳的培训中心开放。第一任主管是 Maurice Powers 博士（外科医生）。因为司法鉴定服务必须覆盖加拿大绝大部分地区，因此除安大略省和魁北克省外，后来在安大略省渥太华（1942 年）、新不伦瑞克省萨克维尔市（1957 年）、不列颠哥伦比亚省温哥华市（1963 年）、艾伯塔省埃德蒙顿市（1967 年）、曼尼托巴省温尼伯市（1970）、新斯科舍省哈利法克斯市（1978）均相继开设了实验室。最初的实验室大多都是"全方位服务"，即涵盖主要的司法鉴定学科。然而，到了 20 世纪 90 年代中期，鉴定服务逐渐区域化并进行了机构重组，上述实验室都只涵盖 2～3 个司法鉴定学科。通过服务重组关闭了萨克维尔实验室。2013 年，哈利法克斯、温尼伯和里贾纳实验室进一步被关闭，司法鉴定服务进一步简化。2015 年，在温哥华、埃德蒙顿和渥太华地区的 RCMP（加拿大皇家骑警）司法鉴定实验室进行了整合。

4.2 加拿大司法鉴定的组织架构和资金来源

在加拿大，死亡调查和司法鉴定在很大程度上由十个省和三个地区负责，覆盖 998.4 万平方千米，约 3 520 万人口。虽然加拿大有一

① 译者注：1 平方英尺 $=9.290\,304\times10^{-2}$ 平方米。

支国家的警察队伍(加拿大皇家骑警),但提供司法鉴定实验室服务依据的是与各省或地区签订的警务协议,因此服务多由各地区开展。加拿大两个最大的省份安大略省和魁北克省拥有自己的司法鉴定实验室,分别是位于多伦多和圣苏玛丽的司法鉴定实验室及位于蒙特利尔的司法和法医学实验室。其他所有省份和地区都签订了警务协议,允许加拿大皇家骑警及地方警察获得加拿大皇家骑警的法医服务。因此,司法鉴定服务的资金主要来自省级拨款(直接获得或通过与联邦政府签订的省级警务协议获得)。加拿大皇家骑警、个别省份或地区及地方警察部队将根据自身需求和当地预算的实际情况决定司法鉴定的资金分配。一些验尸官/法医系统有专门的法医毒物学实验室,也有相当一部分没有。尽管加拿大的鉴定服务通常不以大学为基础,但是一些专业服务仍是由当地大学或其他专业人士提供(如人类学、牙科学、昆虫学)。

加拿大没有来自中央的司法鉴定研究专项资金。大多数研究通常来自业务基金。某些情况下,当研究或学科趋于以大学为基础(如人类学)时可以通过特别渠道获得资助。

4.3 人员招聘、培训及认证

人员招聘和培训由各个机构负责,除加拿大皇家骑警司法鉴定专家和技术人员外,在国家层面很少开展培训。大多数司法鉴定专家都是在所在地进行招募和培训,正如许多法医病理学家一样,在某些情况下会对高级研究人员进行额外训练。某些培训或进一步的专业培训可能通过授课或研讨会的形式进行,这多在美国进行。除了医生、工程师、牙医需资质要求,加拿大的司法鉴定专家不需要通过专业认证,但是,少数加拿大司法鉴定专家可能会自愿选择美国的认证机构来寻求认证。

4.4 加拿大的司法鉴定教育

对于主要的司法鉴定专业而言,仍然首选适合特定鉴定专业的理科专业毕业生(例如,化学学位适合于毒物学、毒物化学或法医化学;生物学或遗传学学位适用于DNA专家)。虽然加拿大的一些大学提供司法鉴定技术或司法鉴定学位课程,但这些课程的范围往往非常宽泛,可能导致司法鉴定学科核心课程的科学基础不足,其他课程可能更为笼统,更侧重于刑事司法或犯罪现场调查。

4.5 实验室认可

加拿大目前不要求司法鉴定机构获得认可。但是,加拿大皇家骑警司法鉴定实验室、司法和法医学实验室通过了加拿大标准委员会ISO/IEC 17025的认可。司法鉴定中心获得美国犯罪调查实验室主任/实验室认可计划(ASCLD/LAB－ISO/IEC 17025),另外两个机构通过了美国法医毒物学委员会的认可(AFFT——艾伯塔省首席法医办公室毒物学实验室和位于曼尼托巴省温尼伯市的圣博尼费斯医院的毒物学实验室)。目前,加拿大只有一家私人实验室能提供毒品检测服务,该服务由美国SAMHSA机构通过美国国家实验室认证计划获得认可。一些提供DNA服务的私人实验室也获得了加拿大标准委员会的ISO/IEC 17025认可。

4.6 加拿大死因调查系统

加拿大有两个共存的死因调查系统：验尸官制度和法医制度。大部分省份和地区实行验尸官制度,包括不列颠哥伦比亚省、萨斯喀彻温省、安大略省、魁北克省、爱德华王子岛省、新不伦瑞克省,育空地区、西北地区和努纳维特地区。在安大略省和爱德华王子岛省,验尸官由医生担任;在魁北克省,验尸官由医生或律师担任;其他省份,则由外行的验尸官担任。

加拿大有四个省份运行法医制度:艾伯塔省、曼尼托巴省、新斯科舍省和纽芬兰省。在艾伯塔省、新斯科舍省和纽芬兰省,所有法医人员均为法医病理学家;在曼尼托巴省,法医病理学家担任主要法医,非法医病理学家担任主城区以外的地方法医。

在实行验尸官制度的省份,进行尸体解剖需应验尸官的要求开展。在不列颠哥伦比亚省、萨斯喀彻温省、安大略省和魁北克省,法医病理学家通过尸检来协助验尸官办案;在其他实行验尸官制度的省份和地区(爱德华王子岛省、新不伦瑞克省,育空地区、西北地区和努纳武特地区),尸体可能被送到邻近省份以进行法医病理学解剖(为达到此目的,已经签订了几个不同的服务协议)。

考虑到加拿大领土广阔和部分地区人口稀缺,不可能在每个省或地区都配置法医病理学家(加拿大90%的人口集中于与美国边境接壤的南部地区的狭窄地带,只有10%的人口居住在土地辽阔的北方)。在加拿大的大多数省份或地区,专门由法医病理学家组成的法医制度或者医生组成的验尸官制度都不是一个现实的选择。

加拿大目前没有死因调查的认可制度,也没有操作标准。加拿大首席验尸官和首席法医协会成立了一个工作组,负责制定此类标准并探讨加拿大认证体系的可行性。

4.7 法医病理学

加拿大皇家内科及外科医师学院将法医病理学定位为解剖病理学和普通病理学的附属专业,其目的是应用上述专业的基本病理学原理和方法,以协助司法系统确定死亡原因和死亡方式,调查死亡周围环境,并协助对尸检结果进行法医学解释。

2003年,加拿大皇家内科及外科医师学院将法医病理学正式确立为解剖病理学或普通病理学的附属专业。2004年,成立了病理工作组并致力于法医学专业的新发展。该工作组于2004~2007年间成功运行,并于2008年开发了第一个项目。目前加拿大有三个经认证的法医病理学培训项目:由多伦多大学、阿尔伯塔大学和麦克马斯特大学分别提供。

在加拿大皇家内科及外科医师学院正式承认法医病理学专业之前,许多加拿大人在法医病理学领域工作,他们通过各种方式确保他们的任职资格和专业知识得到认可,如参加其他国家的培训或参加国内的培训并具有多年工作经历。

2009年以来,加拿大所有新的法医病理学家必须在认可机构接受培训,并通过加拿大皇家内科及外科医师学院的专家资质考试。对于2009年前接受过培训的法医病理学家,加拿大皇家内科及外科医师学院通过同行评议的方式测试专家资质。加拿大皇家内科及外科医师学院还为专科委员会和考试理事会的第一位成员授予了创始人称号,以表彰他们在法医病理学科方面的贡献。

除了爱德华王子岛省、新不伦瑞克省和各个地区外,加拿大的大部分省份(不列颠哥伦比亚省、阿尔伯塔省、萨斯喀彻温省、曼尼托巴省、安大略省、魁北克省、新斯科舍省和纽芬兰省)都有法医病理学家。各省法医病理学家的工作情形各不相同,有全职法医病理学家、法医和解剖学(尸检和外科病理学)联合病理学家、死亡调查系统的领导,也有少数私人顾问(主要为退休人员)。法医病理学家的数量还不足以满足需求,也有从国际上临时招募专家(主要是美国和英国)。然而,随着新近创建的三个培训项目的实施,加拿大应能够培养足够的下一代法医病理学家,以满足工作需求。

4.8　法医人类学

在加拿大，没有公认的法医人类学的专门培训或认证计划。由于人类学专业不认为法医人类学是其附属专业，因此在大学里的法医人类学家数量有限且缺乏研究资金。

加拿大的法医人类学家在开展最早的司法鉴定本科课程方面发挥了重要作用，但是他们目前仍无法获得人类学领域的研究生学位。

加拿大的大多数法医人类学家都是兼职顾问，为警方、验尸官/法医或法医病理学家提供服务。只有安大略省的法医人类学家全职工作；其他省份的法医人类学家（如果有的话）根据咨询事项，按服务收费。通常，法医人类学工作在现场或在太平间（医院或法医中心）中与病理学家共同进行。有三个省建立了专门的法医人类学检查室：安大略省、不列颠哥伦比亚省和魁北克省。

在加拿大，官方仍未将法医人类学确认为人类学的附属专业，因此，没有国家级学术组织，没有认证计划，也缺乏专业标准。为了弥补这一缺陷，部分法医人类学家转向适用美国的标准。

由于缺乏官方认可和标准化，兼职法医人类学家之间的教育背景和资格条件差异巨大。在大多数情况下，他们可能是医生、生物人类学家和/或考古学家，他们是全职的学术专家，拥有非法学学科（人类学或考古学）的硕士或博士学位。他们的法医培训情况差异巨大，某些人可能具有广泛的教育背景、地方或国际环境中的实践工作经验，也可能只具有极少的实践经验，甚至还有边做边学的情况。

加拿大大部分地方的法医病理学家能够直接提供大部分的传统法医人类学工作：确定动物骨与人骨、确定人体遗骸是否具有考古或法医学价值、现场复原和解释人类遗骸、解释和记录骨骼上的损伤和工具痕迹。即使在配备法医人类学专家的省份，案件通常都是由法医病理学家启动，如果案件复杂，后期阶段需要法医人类学知识，则会向法医人类学家咨询。

4.9　法医牙科学

加拿大皇家牙医学院不承认法医牙科学是其附属专业，因此法医牙科学没有官方认证或国家标准。为了解决加拿大缺乏相关标准的问题，一些法医牙科专家开始寻求美国的专家资质认证。

验尸官或法医、法医病理学家或警方在加拿大法医牙科专家专业知识的协助下，通过牙科记录识别遗骨或咬痕。加拿大的法医牙科专家通常是兼职顾问，他在其主要的工作外额外提供法医牙科学服务并收取服务报酬。加拿大法医牙科学家的培训经历和执业经验差异巨大，有在美国接受培训并通过专家资质的法医牙科学家，也有仅参加过几天课程和极少实践经验的牙医。

不列颠哥伦比亚省有一个名为 B. C. 法医牙科学响应小组（BC－FORT）的法医牙科专家团队。该团队大约由 50 名牙医和 40 名牙科辅助工作人员组成。艾伯塔省则有一个由 5 名法医牙科专家组成的团队，提供按服务收费的咨询服务。安大略省牙科鉴定小组（PODIT）大约由 10 名法医牙科学家组成。魁北克省、曼尼托巴省和新斯科舍省也有执业的法医牙科专家。

除了省级层面的法医牙科专家，国家层面的加拿大军方也有法医牙科专家，他们的专业知识主要集中于灾害遇难者身份辨认。

由于监管委员会（加拿大皇家牙医学院）没有认可加拿大的法医牙科学，因此该学科没有研究生课程。麦吉尔大学的法医牙科实验室主要针对人体咬痕提供法医牙科远程学习课程。

4.10　法医昆虫学

加拿大只有两个法医昆虫学研究机构：一

个位于不列颠哥伦比亚省的西蒙弗雷泽大学，另一个位于安大略省的温莎大学。

法医昆虫学家的另一个身份是大学教授，他们对警方、验尸官、法医或法医病理学家按服务收费。法医昆虫学没有加拿大专家资质认证，也无国家标准。为了获得认证，有两名法医昆虫学家选择加入美国法医昆虫学委员会。这两位知名的法医昆虫学家一位在不列颠哥伦比亚省，另一位在安大略省，除此以外，加拿大其他地区极度缺乏法医昆虫学知识。

因为缺乏研究生项目、有资质认证的法医昆虫学家及相关的研究资助，加拿大在该领域的发展已受到严重危害。法医昆虫学家很少能全面发挥他们的能力。大多数省份的死因调查完全没有法医昆虫学参与。而当需要法医昆虫学家协助时，通常为时已晚，因为此时现场已破坏、尸体也已进行了解剖。

4.11 法医精神病学

加拿大皇家内科和外科医师学院将法医精神病学定义为精神专科，其科学和临床专业知识用于解决涉及民事、刑事、矫正和立法事务等法律背景问题。法医精神病学家在特殊人群的评估和治疗方面也有专门知识，包括未成年犯罪、性犯罪和暴力罪犯。

2009 年，加拿大皇家内科和外科医师学院正式认可法医精神病学为精神病学的分支专业。在此以前，法医精神病学家社团已经存在，只是他们的专业知识并未得到普通精神病学的认可。

2012 年，第一个司法精神病培训项目出现。如今，阿尔伯塔大学、不列颠哥伦比亚大学、多伦多大学和渥太华大学四个中心均提供认证培训课程。受训人员在大学毕业后完成普通精神病学住院医师培训计划（五年）后，再完成一年的法医精神病学培训，才有资格参加专家资质考试。

据估计，加拿大目前受过训练的法医精神病学专家充足。法医精神病学家的工作包括治疗和评估，而加拿大的大多数法医精神病学家大部分时间用于评估和康复。法医精神病学家最重要的任务之一是对是否存在精神失常、个人是否具有受审能力发表专业意见，并评估刑事责任能力及风险应对策略。

法医精神病学家工作环境不同，既有医院的住院患者，也有医院外的门诊诊所或惩教机构。因为加拿大的法医精神病学只在特定的法律框架中起作用，这意味着受到联邦刑法和省级精神健康卫生法的限制，全国范围内的标准一致，但在精神健康卫生法范畴下的工作可能因省而异。然而总体上，各省间的法医精神病学大同小异。

4.12 法医心理学和行为科学

法医心理学被认为是临床心理学的一个分支。三所加拿大大学提供法医心理学学位：不列颠哥伦比亚省的英属哥伦比亚大学、西蒙弗雷泽大学、安大略省的卡尔顿大学。学生通常被按照临床心理学家进行培训，重点关注监狱服刑人员，但很少有人担任刻画师。

加拿大皇家骑警和其他一些警察机构都有行为部门。这些行为部门的专家通过行为调查工具分析暴力犯罪，如罪犯刻画、流行学剖析、真相核查和连环犯罪分子的识别。这些专家通常是警官，他们接受过培训并在这一特定领域积累了大量经验。

4.13 法医毒物学

加拿大的法医毒物学服务大部分由加拿大皇家骑警、安大略省实验室（司法鉴定中心）及魁北克的司法鉴定和法医学实验室提供。安大略省的法医科学中心涵盖了几乎所有的法医毒物学服务，包括尸检案件、驾驶毒物学(酒精和毒品影响下的驾驶)及与毒品相关犯罪的毒物学。尽管魁北克毒物学中心为大多数非刑事法医学案件提供服务，魁北克司法鉴定和法医学实验室处理几乎所有与刑事犯罪有关的毒物学检测。加拿大其他地区由加拿大皇家骑警法医实验室提供与犯罪相关的毒物学服务，包括酒精和驾驶毒物学、毒品相关犯罪毒物学，以及谋杀受害者的毒物学服务(除阿尔伯塔省外)。加拿大皇家骑警目前在温哥华(不列颠哥伦比亚省)、埃德蒙顿(阿尔伯塔省)和渥太华(安大略省)设有毒物学实验室。安大略和魁北克以外省份提供的法医毒物学服务差别很大。不列颠哥伦比亚省由省级毒物学中心根据与不列颠哥伦比亚省验尸官签订的合约提供。在阿尔伯塔省，首席验尸官办公室设有自己的毒物学实验室，由阿尔伯塔省司法和检察系统提供资金支持。萨斯喀彻温法医毒物学服务主要由萨斯喀彻温疾病控制实验室提供，由省级资金支持。马尼托巴省的首席法医办公室的毒物学服务根据合同，由博尼法斯医院临床实验室提供。新不伦瑞克省、新斯科舍省、爱德华王子岛省和纽芬兰省的毒物学服务由临床实验室和私人实验室(主要是在美国)联合提供。北领地的毒物学服务(育空地区、西北地区和努纳武特地区)主要由不列颠哥伦比亚省或阿尔伯塔省的实验室提供。

4.14 可疑文件检验

加拿大的可疑文件检验员主要工作于私人机构或三个主要的司法鉴定实验室(加拿大皇家骑警、安大略省司法鉴定中心、魁北克司法鉴定实验室)。由于成为合格且被认可的文件检验员需要长时间的培训，因此大多数检验员会在其中一家政府实验室内培训并工作多年。私人实验室的大量检验员都曾在政府实验室经历过培训，然后辞职受雇于私人实验室。对于大部分司法鉴定学家来说，加拿大文件检验员为建立其专业信誉，可通过加入司法鉴定会员组织的文件检验部门的会员(加拿大司法鉴定学会、美国司法鉴定学会)或成为美国文件检验人学会会员，或通过美国文件检验人专家资质考试等方式来认证。培训通常来自同行的指导和参加由其中一个司法鉴定会员组织主办的专门研讨会。

4.15 刑事技术学

在美国，传统意义上的“犯罪调查实验室”司法鉴定不包括毒物学，而主要集中在“刑事技术学”学科下。然而，“刑事技术”术语在加拿大不常使用，而是分散在各个专业领域，称法医生物学(主要指DNA相关鉴定)、法医化学、法医物理学(包括枪械、印迹分析、血迹形态分析)和毒品分析。

4.16 法医生物学

加拿大的法医生物学主要涉及某些类型的DNA鉴定，如STR分型和线粒体DNA分型。加拿大几乎所有与人类犯罪有关的DNA都由加拿大皇家骑警、司法鉴定中心或司法和法医学实验室鉴定。20世纪80年代末到90年代初，加拿大的司法鉴定科学家与美国的同行合作共同制定了法医DNA鉴定的指南和标准，并最终成立了DNA鉴定方法科学工作组(SWGDAM)。SWGDAM已成为北美法医DNA的鉴定标准的制定者。加拿大已经建立了一个全国性的DNA数据库，所有的公共部门实验室都向其提供数据。该数据库与国际刑警组织达成共享协议，支持加拿大和世界范围内的警察查询。

除了公共部门实验室，少数经认可的私人实验室也提供专门的法医DNA服务，包括线粒体 DNA 和 SNP 分型。专门的野生动物法医 DNA 鉴定服务由阿尔伯塔省政府埃德蒙顿的实验室及安大略省特伦特大学提供。

加拿大所有的 DNA 实验室均通过了加拿大标准委员会或美国犯罪调查实验室主任协会/实验室认可委员会的认可,它们的工作都遵循 SWGDAM 指南。

4.17 法化学

与法医生物学一样,法化学主要是由三个实验室提供服务,即加拿大皇家骑警、司法鉴定中心、司法和法医学实验室。法化学包括诸如纵火案中的助燃剂分析、涉及肇事逃逸犯罪的油漆碎片分析及不涉毒品的其他物理和化学分析,如玻璃、纤维和其他物证材料。

4.18 枪械与工具痕迹分析

枪械与工具痕迹检测主要由加拿大三大法医实验室系统进行(加拿大皇家骑警、司法鉴定中心、司法和法医学实验室),但也可由一些主要警察机构的法医部门进行。此类分析要求具有专门的发射范围测试仪器和电子显微镜等设备,因此限制了小型鉴定机构开展此类鉴定业务。

4.19 犯罪现场调查

加拿大大部分地区的犯罪现场调查及相关的证据收集工作,包括指纹及潜在的印痕证据,由警察负责调查。大多数中到大型的警察机关都建立了法医调查小组,必要时由加拿大皇家骑警或安大略省、魁北克省两个主要的省级警察机关提供支持。这些调查小组的鉴定官员也可能负责身体检查和痕迹证据检验,如鞋底印或轮胎印。

血迹形态分析人员可能是加拿大主要实验室或主要警察机关的雇员。

4.20 毒物化学

加拿大管制毒品的鉴定及定量分析属于加拿大卫生部毒品分析部门(DAS)的管辖范围。这些经任命和认证的毒品化学家为他们的检测发现提供法律证书。尽管一些警察机关可能会应用化学现场测试来协助调查,但是只有 DAS 的化学家有权负责发布具有法律约束力的缉获毒品的分析证书。加拿大卫生部在不列颠哥伦比亚省、温尼伯市、多伦多市和蒙特利尔市运营 DAS。DAS 化学家向警方提供关于非法毒品实验室危害的专业知识,并且还根据发现的前体和试剂,推测可能合成的毒品类型。

4.21 工程学

加拿大工程技术司法鉴定需要在司法管辖区内担任工程师,除了通常的教育和专业要求外,没有其他特殊要求。鉴定人通常需要至少 4 年的基础工程专业学位(如电气、机械)学习,然后在注册工程师的监督下进行 4 年工程实践,随后在实践中注册为专业工程师。尽管一些工程技术鉴定人可能是加拿大法医学会的成员,但在加拿大没有要求工程技术鉴定人参加专门的认证。

4.22 数字和多媒体科学

“数字和多媒体科学”领域是一个相对较新的司法鉴定领域,尽管所谓的“计算机取证”已经被认可多年,但现在已经扩展到更广泛的数字媒体和信息技术领域。加拿大这一领域的专家可能来自大学、主要的司法鉴定实验室、大型警察机关的鉴定部门或私人机构。大学信息技术或计算机科学教育及特定专业领域的丰富经验是专家专业学识得到认可的基础。

4.23 调查委员会

4.23.1 Kaufman 调查

这是一项司法调查，目的是调查 Guy Paul Morin 因谋杀住在他隔壁的 9 岁女孩而被判有罪的判例。警方调查和检验了痕迹证据，确定小女孩于 1984 年 10 月 3 日或之后被谋杀，之后 Morin 被指控为嫌疑人。1986 年，他被判无罪，但随后下令进行新审判，Morin 随后被判一级谋杀罪。Morin 提出上诉，1995 年 1 月 23 日，根据新的 DNA 证据，他被无罪释放。第一次审判中提交的科学证据包括头发、纤维的对比报告，以及发现血迹的报告。

调查法官 Fred Kaufman 批评了司法鉴定结果的表述及与调查警官沟通时的模糊之处，法医也未向调查警官正确地解释鉴定结果的证据力强弱和存在的缺陷。1997 年，在为期 146 天的调查结束时，Kaufman 法官提出了 119 项建议，其中 35 项涉及司法鉴定证据。

4.23.2 Goudge 调查

Goudge 调查是由 Stephen T. Goudge 法官主持的关于安大略省儿科法医病理学的调查，时间从 2007 年 11 月持续到 2008 年初。Goudge 调查在 2008 年 10 月 1 日发布了调查报告。

该调查主要基于多伦多儿童医院病理学家 Charles Randal Smith 博士的研究结果，研究了安大略省儿童死亡事件中可疑犯罪调查的系统性问题，结果发现了大量的错误定罪。调查结束时，Goudge 调查提出了 169 项针对安大略省死亡调查制度改进的建议。

延伸阅读

第 4 章延伸阅读

第 5 章
智利法医服务局

Patricio Bustos Streeter & Marisol Intriago Leiva，智利圣地亚哥法医服务局

5.1 介绍

智利法医服务局是司法部管理的公立机构，其宗旨是为智利检察院和法院提供医学、司法鉴定和其他专业领域的科学和技术建议。

法医服务局的愿景和使命是成为法律和法医事务方面的国家级科学和技术型机构，并致力于为司法行政机构和公众提供高质、高效、及时、客观的服务。

该机构还参与相关领域的科学研究、教育和外部活动（法医服务局，2013）。

法医服务局受《20065 号法案》的管辖。该法案是关于法医服务现代化、宪章管理和人员构成的法律，制定了其职能、机构组成、权力和规范其职能的一般规定。

目前，法医服务局在全智利拥有近 1 000 名员工和 38 个办事处，其中 15 个办事处在地区首府、23 个办事处在省区。所有的办事处都纳入了国家法医服务网络并在权力下放政策的促进下，得到了巩固和加强。这一点可以从智利北部、中部和南部法医分中心的发展中看到。这些分中心发挥了地区总部的作用，使法医服务满足了全国各地的需求。

作为司法部的咨询机构，该机构的工作包括在不同部门和专业领域进行法医学调查，其工作方向主要集中在四个方面：死亡调查、临床医学、实验室和精神卫生。

它还可以进行诸如老年尸体司法鉴定、侵犯人权事件受害者相关的案件鉴定、紧急情况和大规模灾害案件及复杂的刑事事项等具体问题的鉴定（法医服务局，2013）。这项工作是与司法系统的其他援助机构，如智利警察①和智利调查警察①联合协作完成的。

5.2 历史

智利法医工作的起源可追溯到 19 世纪上半叶，当时智利大学医学系成立，其课程中包括法医学的理论课程。然而，这是一门纯理论课程。

在此之前，从实践的角度来看，无论是在圣地亚哥市中心公共监狱旁边的停尸间，还是在公共场所的尸体解剖、展示和识别，其病理学调查是由“城市医生”负责开展的。

1901 年，公共教育部任命 Carlos Ybar de la Sierra 博士为智利大学法医学教授。Ybar 在智利法医学的发展中发挥了重要作用，他的领导一直持续到 1928 年，引导智利法医学开创了专业化教学和实践的新时代。

5.2.1 德国公使案

这是一起发生在 20 世纪初的神秘案件，对智利法医学尤其是牙齿科学的发展产生了巨大的影响，该事件后续的发展导致了如今的智利法医服务局的创建。

---

① 译者注：“carabineros”译为智利警察，“investigative police”译为智利调查警察。

1909年2月,在圣地亚哥市中心的德国帝国公使馆所在地发生了一场大火。在大火扑灭后的废墟中发现了一具穿着德国公使衣服的尸体,并且在其周围散落着一些德国公使的个人财物。因此,德国公使 William Beckert 被认为是遇难者。

在圣地亚哥停尸间进行的第一次法医尸检认为,死亡是由大火焚烧导致的。第二次尸检由智利大学教授 Max Westenhoffer、德国籍的 Otto Aichel 和 Aureliano Oyarzún 博士联合实施,得出的结论是“死亡可能是由于刺伤导致的胸主动脉出血而致,且大脑中损伤的严重性亦足以导致死亡。焚烧导致的尸体变化都是死者死亡之后产生的。”这说明 William Beckert 很有可能是死于谋杀(Ciocca Gómez, 2009,P33)。

此后,有人指控火灾后失踪的门卫 Exequiel Tapia 是杀人凶手,杀人动机是抢劫,因为德国使馆的保险箱丢失了25 000比索。由此人们推测 Beckert 可能抓住了正在实施抢劫的 Tapia,而被其谋杀。Tapia 在逃离大楼时,放火烧毁了大楼(Ciocca Gómez,2009)。然而,当地媒体报道,据一名目击者称,在悲剧发生的当晚,亲眼见到过 William Beckert。

由于疑云重重,首席法官命令来自德国的智利大学牙科学主任 Valenzuela Basterrica 博士对尸体的口腔进行检查。检验报告显示,被检尸体的牙齿除了一个有洞以外,其余都是完整的。由于牙齿没有腐烂,表明其身源者为年轻人。这与所谓受害者的牙齿治疗记录不符。据其牙医说,他五次拔牙、八次填充不同金属并带有一枚金冠。这份报告断定尸体并非 William Beckert 本人。William Beckert 在试图逃离智利的时候被逮捕。调查认定他暗杀了 Exequiel Tapia,将自己的衣服穿在尸体上并在周围刻意留下了自己的物品,伪造死者是他自己的假象,并且放火焚烧使馆以达到掩饰现场的目的。最终,Beckert 被判处死刑,并于1910年7月5日被处决。

此事件激起了公众对法医实践缺陷的激烈辩论,导致政府要求智利大学提交一份尸检程序的报告,并给予拨款100 000比索。于是 Carlos Ybar 博士前往欧洲考察并记录了巴黎、伯尔尼、维也纳、柏林和哥本哈根等地的法医机构的运作模式,并起草了建立智利第一家法医学研究所的建设性规划。

按照 Carlos Ybar 博士的规划,该法医学研究所应该至少建有一个停尸间并配有全套相关设施、一个毒物学实验室、一个尸体解剖室、一个验血和微生物培养的房间、一个图书馆、一间教室和一个博物馆。在迫切需要新建基础设施的情况下,他推进政府从独立区阿韦达拉巴斯(Avenida La Paz)的综合公墓几米外征收了少量土地。

1915年8月30日,《1851号法案》命令将圣地亚哥停尸房转移到其新场所。随后,法医学研究所的管理工作交给了智利大学的法医学教授。这种结构确保了教学、研究和调查角色之间的连续性(图5.1)。

图5.1 1922年的法医学研究所,即解剖室所在的建筑

在这一法案中也明确了法医学教育实践的重要性,其中指出:“重要的是……提供的设施不仅要符合建立这类机构的技术要求,而且要充分发挥它在法医学教学中的作用。”

反之,这一机构应该能够对精神障碍患者进行检查,而这一检查之前是由法医在 Orates

学院进行的。

创建法医学研究所的文件是公共教育部1925年10月17日颁布的《第646号法令》，其第一条规定："法医学研究所有两个基本目的：用一切必要的手段捍卫正义、在医学系讲授法医学。"

关于教学，法令指出，所有医务人员"应参加法医学教学"，并在其第六条中规定："所有医务人员，包括在中央机构以外工作的医务人员，应被视为法医学教授的教学助理。"

在1943年的《Carlos Ybar博士法医学研究所和法医局》第1条规定指出："Carlos Ybar博士法医学研究所应该是智利所有法医学服务的中央机构，因此，所有的法医、停尸房及其工作人员均应向其汇报。"除了负责所有调查事项外，还对教学任务进行规划，正如其第2条所述："法医学研究所应当将适合法医学教学的所有要素运用到法医学、法学与社会科学的教学中。"

1930年8月21日，法医学研究所根据《2175号法令》，脱离智利大学管辖，转为司法部直属单位。

1960年3月25日，《196号法令》规定了法医局的组织法[SML(西班牙语)]，确认了其法医学教学职能，增加了法医学调查职能及建立并维护与法医学相关的收集物馆藏(第2条与第3条)的职责。因此，除了调查工作以外，培训和科研也成为该机构的主要职能。

5.2.2 军事政变

提到智利公立机构的发展，就不得不说到1973年9月11日发生的暴力事件和突然的民主崩溃。武装部队在国内重要经济集团的支持下发动了军事政变，结束了智利当时正在进行的公民权利扩大运动。Salvador Allende社会主义政权的支持者和平民被大规模暗杀，有组织的恐怖活动随之而来。直至今天，它们仍然分裂着智利社会，非法拘禁、酷刑、失踪和流放依然存在。智利的经济和社会发展从传统上鼓励社会成员参与，转向了一种自由主义的经济哲学，即着重于市场的自我管制、削弱国家和公共服务，导致差距扩大及社会和经济的不平等。

在1988年的全民公投之后，智利民主得以回归，即使顾虑重重并处于军事监管之下，上千个家庭依然披露了他们的恐怖经历。尽管面临着恐惧和危险，这些家庭仍组织寻找失踪的家人，希望知晓真相并寻求正义。

从20世纪90年代初开始，考古学家和人类学家就在缺少法律支持的情况下下，自愿参与了对公墓、峡谷、采矿竖井、窑炉、军事禁区和沙漠等地埋葬的遇难者遗骸的寻找和恢复工作，在Iván Cáceres Roque 2011年的备忘录"在智利失踪的囚犯——否认死亡的考古学"中可见记载(www.cybertesis.uchile.cl/tesis/uchile/2011/cscaceres_i/pdfAmont/cscaceres_i.pdf)。

由于智利法医科学发展的匮乏及案件的复杂，法医服务局负责运用专门方法和技术手段恢复和分析这些遗骸。

5.2.3 29号庭院案

这是关于侵犯人权犯罪调查中最具象征性的案件之一。正如上面说到的，在军事政变后的最初几周，智利首都圣地亚哥的平民们生活在困顿中。任何不服从军队或者警察管理的人都可能被处死并且被弃尸街头，或被扔进马波乔河，或被遗弃在墓地或法医服务局的门前。

法医服务局内，尸体堆积如山，却几乎没时间进行尸检和鉴定。大多数情况下，这些尸体没能被送还给家人，而是被掩埋在智利最大、最古老的大公墓中。

在许多情况下，身份不明的尸体被标记数字后就被埋葬在一个很大的所谓的"29号庭院"中。该庭院是给那些无力支付家族墓地的人临时埋葬的地方。根据1991年6月24日圣地亚哥公墓公布的名单，大约有400名遇难者被埋葬在"29号庭院"中。由于是临时墓地，

1979 年庭院的遗骸开始被陆续移走，以重新利用这个空间。

为帮助受害者，天主教会向法院报告了这一情况，进而终止了这一行动。然而，这项拓展计划仅保住了 108 名身份不明者的坟墓，使得他们得到了应有的尊重。

在 1991 年 9 月 2 日 ~ 14 日期间，一个由考古学家和人类学家志愿者组成的法医人类学工作组［GAP（西班牙语）］对 107 座墓葬进行了发掘，发现了 125 具遗骸（第 108 号墓地在 1997 年被挖掘，发现遗骸总数达到 126 具）。这些遗骸被送到 SML，但直到 1992 年 GAP 解散，该机构才开始对被害者的身份和死亡原因及方式进行分析。2002 年，通过颅像重合等“传统”的人类学方法，96 名受害者的身份得以确认。然而，从 1994 年起，公众对这些鉴定的过程、方法和质量开始产生疑虑，Sergio Muñoz 部长要求法医机构进行线粒体 DNA 序列分析，来验证这些鉴定。

2006 年 4 月，线粒体 DNA 序列的分析结果表明此前的 94 例确认鉴定中，48 例结果是“排除”、38 例“无法确定”，其余的未获得有效数据。

政变受害者家属要求智利政府采取具体行动来处理这场危机。这一激进的反应导致了法医服务局开展科学审查。审查结果显示，当时该机构缺乏稳定的资源供给，对高度复杂的人权等案件缺乏技术和方法的开发。随后，智利政府邀请了一个由身份识别领域各方面专家组成的国际小组，对 SML 进行考察并提出建议。政府最终采纳了建议，增加了 SML 的预算和工作人员、改善了基础设施、新建了办公场地、发展了认证和许可程序，启动了人权计划。

人权计划在 2007 ~ 2010 年开展，开创了多学科联合的调查技术，以确保法医学方法的综合全面；实施家庭沟通政策；创建了血样采样中心和 DNA 档案库，并为在政变中失踪的或受迫害的家庭建立了 DNA 档案库。

这一工作模式目前仍由专门的法医鉴定部门实施，并以相同质量标准被运用到侵犯人权案件和其他复杂刑事案件或重大灾害应对中。

5.2.4　刑事诉讼程序改革

刑事诉讼程序改革是智利社会现代化的最重要领域之一，这一点在智利仍然存在探究空间。2000 年起草的《刑事诉讼法》确定了刑事审判规则。该立法开始了刑事诉讼制度改革，旨在实现司法行政现代化，并在该领域实施人权标准。它由职能分立的公诉、听证和公开诉讼系统构成。一方面，公诉检察官在其权限范围内调查涉嫌的犯罪行为；另一方面，刑事审判法官在整个诉讼程序中确保宪法得到尊重，而量刑法官在审判后做出判决。

同时，还成立了一个由国家律师组成的公共刑事辩护机构，以确保公民的合法权利在司法程序中得到保障。

刑事诉讼程序包括以下阶段。首先是调查阶段，属于非司法阶段，由调查人员、警察和法医服务局等司法辅助机构合作调查犯罪行为；然后是庭审前的听证阶段（刑事审判前的口头听证，以确定罪行和被告应承担的责任，检控双方将证据提供给审判法官）；最后是审判阶段（根据检控双方提供的证据和指控，由三名审判法官判处刑罚）。在这种情况下，专家证人的测试和证词被呈给了当事人，这是对法医服务局能力的巨大挑战，因为司法改革的过程并不包括结构或财务上的修改。

这项刑事诉讼改革逐步在智利的不同地区推广应用，2005 年推广至都市地区后，完成全面覆盖。从那时起，任何犯罪行为均受《刑事诉讼法》管辖，但该改革生效前的案件仍受旧刑事诉讼法管辖。

5.2.5　教学和学术背景

SML 的专业人员广泛来自科学和技术领域。医生、牙医、生物化学家、心理学家、人类学家、考古学家和其他专业人员利用他们在智利不同学术机构获得的知识为司法调查服务。

然而,在2005年,智利的19所公立和私立学术机构只在医学学位教育中提供法医学课程,并且只有智利大学开设法医学专业(Gunz Alalz等人,2005)。

在这种情况下,尽管司法当局任命的任何人都可以在智利进行司法调查,但只有警察的犯罪调查实验室和法医服务局才有具有专门的经验和学术背景的专业人员。这些机构主要从事法医领域的研究和开发。

5.3 SML的现代化

2005年10月4日通过的《20065号法令》对法医服务局进行现代化改革,规定其国家总部的主任应通过高级公共行政部门的竞聘,竞聘强调在法医和公共行政领域经验和技术技能的重要性。

另一方面,SML向各地区发展,尤其是建立区域分中心,这有助于国家总部的功能辐射。2007年,北部地区分中心开放,负责满足从阿里卡和帕里纳科塔地区到科金博地区法院的需求,业务范围包括血液中酒精含量检测、毒物检测、生物化学检测、罪犯DNA鉴定和亲子鉴定。2009年,南部地区分中心开放,覆盖从马乌莱到麦哲伦地区,进行人类学、毒物学和分子生物学研究。帕瓦拉司法办公室负责本地区和马乌莱地区的需求。

法医服务局的战略目标是有效地回应司法公正和公民权利机构提出的要求,强调在国家层面机构管理的现代化,缩短反应时间、提高专业报告质量、服务公众。

在这个战略框架中,倡议提出通过实施质量管理体系来检验他们的鉴定程序,以便在ISO 9001: 2008:"质量管理体系要求"下认证和认可SML的体系,贯彻操作管理流程。临床部门(认证)和ISO 17025: 2005:"测试和校准实验室能力的通用要求"只在实验室实施(认可)。

作为这一倡议的结果,除了7个交叉管理支持程序之外,12个技术取证程序已获得认证。开展亲子鉴定工作的法医遗传学实验室通过了认可。

5.4 SML技术领域

死因、临床、实验室、精神卫生是法医服务局的四大调查部门。此外,还有专门为特定和专项任务而设立的特殊部门和一个调查和教学部门。

死因部门负责执行法医尸检,以确定死者的死因和身份。该部门进行的所有调查均由负责案件的检察官下令进行,他们可以批准将尸体交还给家人。死因部门在全国各地都设有办事处,在全国范围内进行大约12 000次尸体解剖。组织病理学组隶属于该部门,通过分析微观层面的组织变化,寻求信息以澄清死因。身份识别组旨在证实死者的身份。

死因部门还负责遗骸挖掘,无论其之前是否进行过尸检。另外,根据《器官捐赠法》,在医院进行组织和器官摘取时,若进行尸检,死因部门应对摘取过程进行监督。这是为了确保其过程不影响之后的调查。

临床部门负责对法院提出的具有法律意义的医学背景问题进行检查。该部门由四个具体单位组成:伤害研究组负责确认伤害的存在、性质、严重程度和行为能力;法医性学组负责确认性犯罪;医疗责任组由SML和第三方机构负责调查医疗行为的责任;交通组在法律框架内向那些没有更新驾照的人提出上诉。

实验室部门是SML检案量最多的部门,占全国检案总数的78%。它负责运用科学、生物学、化学和物理学的方法对司法过程中关心的问题进行检查,使司法行政技术原则在复杂情况下满足法律适用的要求。该部门拥有高科技的仪器和一支合格的专业团队,包括药物化学家、生物学家、化学家和医学技术人员,负责对样品进行管理、分析和解释检验结果。

该部门由以下小组组成：采样和接收组负责执行、接收、编码、处理和分发样本及证据；法医遗传学实验室负责进行生物检测，识别和分析性犯罪或犯罪行为；血液酒精实验室测定血液和其他生物样品中存在的酒精和挥发性物质；生化与犯罪调查实验室负责分析性侵犯或者其他案件调查中使用的体液；毒物学实验室用于检测药物的存在或毒药物的滥用；仪器实验室对化学物质进行定量。

法医精神卫生部门由成人精神病学组和儿童精神病学组构成。在那里工作的精神科医生、心理学家和社会工作者对相关当事人进行心理和精神检查。这些检查对于证明证人的行为能力和其证词在审判中的有效性及被害人的精神损害和判定被告的法律责任等都是必要的。根据需要，这些检查可以在法医服务局、被鉴定人住所或医院内完成。

根据法医学的发展和司法调查的需要，SML 还陆续建立了其他部门。如 2010 年创建的特别司法鉴定部，该部门将人权方案三年以来创造的专业经验和工作能力汇集在一起（2007～2010 年），其目的在于查明失踪的被拘留者、因政治原因被处决而遗体未还及人权侵犯案件的受害者（1973～1990 年）。他们的工作旨在分析人权和刑事案件中可以及时回溯的骨骼遗骸。特别法庭鉴定部在考古学家、人类学家、医生、牙医和遗传学家的参与下，完成了多学科综合办案，除了参与决策，包括发现事件发生的地点，就可以尽快地对遗骸本身和历史脉络进行调查，还负责确保关于骨骼、文化、血液证据和相关文件的保管链、保护证据和系统化的记录。

运作特别司法鉴定部所带来的结果是，SML 建立了一个全球领先的综合调查报告模型。该模型有助于更好地理解案件，避免每个学科单独调查带来的结果分散问题，并且该模型涵盖所有调查结果。

特别司法鉴定部负责实施全国法医鉴定制度，旨在通过 SML 协调科学技术和行政管理，通过高科技和高标准提升全国和地方的法医鉴定能力。其目的是确保在全国范围内，不同的法医学科能及时有效地参与个人身份识别，并通过多学科和综合性的方法使司法鉴定在有效的时间内进行。关于特别法庭鉴定部未来的发展方向，重点是质量管理和程序、章程、生前和死后数据库的标准化建设，并向受害者家属提供有效信息（在 2011 年 4 月 15 日的《第 004743 号豁免决议》下执行）。

国家 DNA 数据库（CODIS）部门是一个技术调查单位，旨在整合犯人、被告人、受害者、证据、失踪者及其家属的 DNA 记录，其遗传图谱可能用于犯罪现场生物样本、失踪人员和重大灾害遇难者的比对，并且以严格遵守保密、隐私、性行为和尊严原则为前提。目前，该部门包括生物化学家、药物化学家、管理人员、法律和 IT 支持人员（图 5.2）。

图 5.2　DNA 数据库实验室（2012 年）

DNA 数据库是通过一个名为联合 DNA 索引系统（combined DNA index system，CODIS）的计算机软件来实现的，它最初是由美国联邦调查局开发，将遗传学和 IT 信息技术相结合。2002 年 11 月，美国联邦调查局与智利司法部签署合作协议免费提供给智利使用。

DNA 数据库拥有尖端技术，并且采用与国际最先进的 DNA 数据库实验室相同的提取系统和自动电泳检测平台。DNA 鉴定各阶段使用的设备均得到法医级别的认证。DNA 数据库实验室具有大规模样本处理能力。该实验室应用的技术由于其过程的自动化，大大提高了效率，据估计，每年可检测的样品从1.8万件提高至2万件。

DNA数据库实验室的运行需要机构间的合作，如果是服刑囚犯，需要由监狱看守服务处采样，如果囚犯在监外执行，则需要法医服务局负责采样。此外，法医机构与市民身份登记处联机工作，后者负责该数据库维护。

Carlos Ybar研究所(ICY)是法医服务局负责教学、课外实习和科学调查的机构。其政策和目标符合《20065条法案》对于法医学研究所的关于法医学的现代化、宪章规章和人员组成的要求。

司法改革中遇到的挑战是需要高素质专业调查人员，并且加强不同法医学科发展。在这方面，Carlos Ybar研究所的使命是“通过培训专业人员、鼓励研究、在大学和其他同类机构开展教学，以及通过课外实习来提高调查质量”。目前，该研究所已经与25所开设医学院或科学院的大学签署了合作协议。

除了培养、培训SML专业人员、学生、申请从业人员和司法部门、检察官办公室及公共刑事辩护处的官员之外，Carlos Ybar研究所的目标是引导和确保法医服务局内部的科学协调发展，建立和维护博物馆并收集法医学相关藏品。

值得关注的是，自2011年以来，举办以Carlos Ybar博士命名的未公开发表的优秀研究成果竞赛促进了法医学的科学研究。此外，2013年创建了“法医学研究所的开端”巡回展览，展示了来自博物馆的材料，以使SML的工作从一开始就更接近市民。

5.5 差距与挑战

作为一个中央机构，法医服务局的最大挑战是如何发挥地区和省级办事处的自主权和管理权，以便回应地方特殊需求和在紧急或灾害情况下与警察和司法机构合作向其他部门提供支持。总部与区域分中心的关系、不同技术部门管理者之间的关系、机构内的沟通及适应不同地区实际情况的差异化服务协议等，这些内容在不断的评估、修改和改进过程中形成了一个复杂的司法鉴定体系。

法医服务局实施的一项举措是建立一个高效、协调的国家司法鉴定体系，反映智利司法体系的现代化，使其能够在国家层面上提供多学科视角，确保鉴定质量高标准，给予受害者及其家属适当的关注，并及时和可靠地回应执法机构提出的问题。虽然实施这一体系的责任落到了特别法庭鉴定部，但是，促进司法鉴定体系有效发展实际上是每一个部门和官员的责任。

智利司法系统中一个重要的问题直接影响到SML的运作和响应性，即关于虐待儿童案件增加的报告。考虑到受害者的年龄和成熟程度、罪行的严重程度、整体法律体系缺乏预防二次伤害的足够措施、第三方的操纵、施暴者逍遥法外、缺乏经验造成的永久性创伤等，对受害儿童的身体检查和访谈都必须进行重大调整。对此，SML正在制定操作手册和程序规则，以确保受害者得到更好的关注，并协调不同级别的警察和司法审级制度。尽管同时要考虑到财政困难和专业人员不足，但是依然要不断提高质量和及时满足调查的需求，并为受害者及其家属提供人道主义帮助。

法医服务局自成立以来已有一百余年，持续致力于提高其科技水平，以满足智利公民对司法公正的要求。它不仅在设备和调查质量上进行改进，更重要的是提升官员、专业人员和行政人员的业务素养，尤其是向遭受了艰难曲折经历的受害者提供高质量的服务。同样，这个有百余年历史的机构致力于继续加强与其他技术机构和专业人员在司法调查工作上的协调和合作，从而为司法机构提供可靠和及时的服务。最后，它还承诺进行国际人道主义援助。例如，2012年洪都拉斯科马亚瓜监狱火灾后，一个多学科小组为遗骸恢复工作提供了技术支持，并确定了350多名受害者的身份。

SML历经沧桑并克服了重重困难。它历经各种评论、改变和干预，所有过往都给SML带来了新的发展目标，让SML的优势得到发展、壮大和强化，让其不足得以暴露，并根据智利的社会和文化变化来回应司法的需要，提供高质量的鉴定服务，同时，这一变化也影响到整个国家结构。但是，我们将始终坚守以下理念：诉诸司法是一种权利，而不是特权。我们所有人都有责任努力保障公平、正义。

参考文献

第5章参考文献

第 6 章
哥伦比亚司法鉴定

Andrés Rodríguez Zorro，哥伦比亚波哥大国家司法鉴定研究所，法医病理学组
Aída Elena Constantín，哥伦比亚波哥大国家司法鉴定研究所，科学调查组副主任

6.1 历史

1914 年(10 月 29 日)哥伦比亚政府颁布的《53 号法案》促使了波哥大中央法医局(the Central Bureau of Legal Medicine)的成立，该机构提供法医学、病理学和毒物学方面的服务。因该法案，哥伦比亚不同州的首府城市均设立了法医鉴定机构，从而使哥伦比亚司法鉴定公立机构如雨后春笋般涌现。José María Lombana Barreneche 博士被任命为中央法医局的首任局长，他是一名杰出的内科医生，也被认为是哥伦比亚的内科学之父。中央法医局同时在波哥大、巴兰基亚、圣玛尔塔、卡塔赫纳、麦德林、布卡拉曼加、马尼萨莱斯、伊瓦格、内瓦、卡利、库库塔、波帕扬、帕斯托和通哈等地设立了办事处。

多年以后，1937 年通过了《101 号法案》。此后，各州首府的所有办事处和鉴定服务进行了整合和国有化，由设在波哥大的中央办公室统一协调，受一位全国首席法医科学家的监督和领导。根据法律规定，各州有权开展自己的法医学鉴定服务。

在 Guillermo Uribe Cualla 博士的指导下，中央法医局于 1935 首次出版了《哥伦比亚法医学杂志》。为该局开展的法医活动提供了论文、案例和统计资料的交流平台。该杂志至今仍在出版。

作为该机构的负责人，Cualla 博士参加了 1940 年《94 号法案》和 1945 年的《42 号法案》的颁布工作。《94 号法案》批准在波哥大市为中央法医局建造新的办公场地，《42 号法案》批准建立法医病理学院。

中央法医局的办公场地于 1948 年正式竣工。由于把临床病理学、精神病学、细菌学、血液学、神经系统学、毒物学等办公室及带射击场的弹道学办公室、放射学实验室、摄影部门和鉴定室置于同一个屋檐下，它有效地促进了哥伦比亚司法鉴定学科的融合和发展。

利用 1963 年《27 号法令》赋予的特殊权力，政府通过同年的《1700 号法令》对法医学进行了分工(Division of Legal Medicine)，法医学整合到一个部门，提供临床法医学、法医病理学、精神病学和心理学服务；司法鉴定实验室整合到一个部门，提供弹道学、化学和物理学、血液学、普通生物学、微生物学、血清学和神经学、毒物学、放射学、组织病理学、摄影和显微学服务。

同样在 20 世纪 60 年代，麦德林市的 Julio Ortiz 博士说“有些医学研究生用一般医学观点提出的概念会引起官员们的困惑，阻碍调查……”因此，需要募集第一批病理学和精神病专家，并将侧重点放在鉴定工作上(Analisis de la Ley de Justicia y Paz，www. fiscalia. gov. co)。

20 世纪 70 年代早期，毒物学实验室、笔迹鉴定、可疑文件检验、指纹鉴定和 Kenyeres 制图的出现，完善了该机构的服务项目。

1987 年《055 号法令》规定在主任 Egon Lichtenberger 博士的指导下合并这些服务类

别。合并工作完成后建立起区域和部门的服务目录,按照法医学和刑事技术学分部门运作。

最后,27 号“宪法”的过渡性条款将司法部法医局划为政府机构,并将其及其附属机构划归总检察长管理。1991 年 11 月的《2699 号法令》规定了研究所在国家层面隶属于政府,拥有其自己的法律框架、社会资本和行政自治权,以下称为国家司法鉴定科学研究所(INMLCF 为 Instituto Nacional de Medicina Legal y Ciencias Forenses)。与此相应的是,哥伦比亚国立大学医学院根据大学董事会《第 109 号协议》成立,于 2000 年开始授课。

目前,该研究所在整个哥伦比亚的 123 个地点提供服务,其支撑体系包括基本单位和移动单位、部门和区域主任,并由一个中央级机构制定政策和服务,以便与不同学科结合部署。这些学科领域包括医学,临床学和法医病理学,以及生物学、植物学、昆虫学、微量证据、麻醉学、毒物学、DNA 鉴定、物理学、图形学、弹道学、摄影技术、地形学、地质学、指纹识别技术和人类学。该所共有 1 850 名员工。

6.2　案件类型

哥伦比亚法医尸检实践由 1990 年《786 号法令》规制,法律规定下列情形下开展法医尸检:

- 杀人或疑似杀人罪。
- 自杀或疑似自杀。
- 事故或疑似事故。
- 突然死亡。
- 羁押期间死亡。
- 事故或疾病引起的死亡。
- 孕产妇死亡或非自然流产的胎儿。
- 怀疑因疏忽或虐待儿童引起的死亡。
- 怀疑使用生物、化学或物理方法导致的死亡。
- 因医疗事故造成的死亡。

根据研究所的指导方针,国家司法鉴定科学研究所仅用其自身设施和从事强制性社会服务医生开展法医尸检。该研究所的使命是组织和指导法医学和其他司法鉴定学科体系,并控制其在哥伦比亚境内的运作。

6.2.1　暴力死亡

INMLCF 下设国家暴力研究中心,与失踪和死亡信息系统网和国家统计系统合作开展工作。2012 年,哥伦比亚登记的暴力死亡事件有 28 496 起(Forensis,2012),其中 13.2%(3 717)是女性,86.8%(24 745)是男性。根据同年的统计数据,最可能遭受暴力致死的年龄在 20~29 岁,其次是 30~39 岁。不易遭受暴力死亡的年龄在 0~9 岁。

凶杀案是哥伦比亚这一时期暴力死亡最常见的致死方式,占死亡总数的 55.7%(15 727)、交通事故致死占 21.55%(6 152)、意外死亡占 10.3%(2 952)、自杀占 6.6%(1901),无法确定死因的占 6.1%(1 764)。所有死亡中,最脆弱的人群是年龄在 20~29 岁的人群。然而,60 岁及以上老年人中意外死亡的比例也很高。此外,意外死亡是 0~10 岁儿童最常见的死亡方式。

在意外、暴力和交通事故致死中,主要的死亡机制是钝器伤或者高坠伤。意外死亡占 47%(1 390),不确定死因的占 33.7%,而交通事故致死案占所有意外和不确定死因死亡人数的 94.9%。此外,枪杀案件在 2012 年所有凶杀案中占比 77.6%(12 208),凸显了哥伦比亚在这方面的严重问题,因为枪支可以轻易地获得和使用。在自杀死亡中,上吊是主要的死亡方式,占 52.3%(995),男女各占一半。

6.2.2　非致命性损伤

在 2012 年,311 514 人接受了非致命伤的检查。伤者中比例最高的为人为暴力所致,占 45.1%(155 507),26.9%(83 898)为家庭暴力,12.6%(39 440)为交通事故,6.9%(21 506)为涉嫌性犯罪,3.5%(11 163)为意外伤害。

在 INMLCF 伤害案件的评估中,48.8%(151 806)是女性,51.2%(159 708)是男性。导致这些不同种类伤害案件的行为存在明显差异。在意外伤害案件中,男性占比为 63.5%,其中 64.2%是交通事故,67.6%是人为暴力;在性侵犯的受害者中,女性占 84.2%,其中家庭暴力导致的伤害占比 77.7%。多年来,这种情况一直没变,说明妇女在家庭中处于弱势地位,容易被虐待,并且她们在哥伦比亚社会中的角色,远非保护她们,而是被视为满足性需求的对象。

根据发生年龄分析暴力类型时,我们发现带来致命伤害的行为有诸多相似之处。最容易发生人际暴力、家庭暴力、交通事故和意外伤害的是 20~29 岁的人群,而 75 岁及以上的人最不容易受到此类型的暴力侵害。男性和女性都适用。

性犯罪行为与此不同。这种暴力最易被攻击的年龄为 5~14 岁。在 2012 年 INMLCF 评估的数据中,25%为 5~9 岁的儿童,37.8%为 10~14 岁的儿童。

在 INMLCF 检查的伤者中,57.2%(178 171)的非致命伤是由钝器或坠落引起的;其次是其他类型伤,占 12.4%(38 733);再次是短钝伤[①],占 10.8%(33 686)。这种行为在男性和女性因意外事故、交通事故及家庭和人际暴力环境中都很常见。性侵犯案件的受害者中,92.8%(19 954)的人未检查到此类伤害。

6.3 组织机构

哥伦比亚的鉴定活动主要集中在 INMLCF。尽管也有直接隶属于总检察长办公室和国家警察部门的司法鉴定实验室,但都属于研究所的控制和管辖范围。

该研究所的主要目标是作为司法部依托的技术支持单位提供司法鉴定服务。职能如下(Plataforma,2013):

(1) 组织和指导法医和司法鉴定其他学科,管理其运作。

(2) 向检察机关、法官、司法警察、监察员和国家其他主管部门提供法律和法医学服务。

(3) 提供法医和司法鉴定其他领域的援助,发挥其科学和社会功能。

(4) 向检察官、法院和其他主管机关提供法学和法医学的咨询和解答。

(5) 制定其他机构和个人所要遵循的技术法规,履行其技术指导和科学研究的相关职能,并对技术法规的制定和实施进行控制。

(6) 根据主管当局的要求,作为国家警察局和其他机构所提供的专家证据和法医鉴定的复核和监督机构。

(7) 作为法医和法医科学相关问题的国家科学参考中心。

(8) 对公立和私立执业机构的实验室、司法鉴定意见和司法鉴定科学专家进行认证认可。

(9) 协调和推动司法鉴定科学领域的科学研究、研究生和本科教学及继续教育及其课程的推广和实施。

(10) 根据已有协议,协调和促进哥伦比亚高等教育促进研究所(ICFES)批准的教学实践。

(11) 推广研究成果、科学前沿、鉴定实践进展和其他有关信息。

(12) 委派或聘请自然人或法人从事某些专业知识活动,并监督其实施。

为了遵守上述规定,研究所有两个分部:司法鉴定服务部和科学研究部。其中前者负责管理法医病理学(死者)、法医临床学和法医精神病学(活人)、国家暴力分中心和所有司法鉴定实验室的工作。科学研究部管理法医和鉴定学院、司法鉴定研究部门和法规部门。

---

① 译者注:"short blunt"译为短钝伤。

6.4 法医病理学

国家法医病理组设在 INMLCF 内，负责保障该国法医病理学的质量，受控于司法鉴定服务部。

病理学的主要技术手段是尸检，由接受过专门培训的医生通过解剖对尸表及尸体内部进行检查，辨别并记录疾病和创伤对人体的影响。病理学家结合案情，通过肉眼或借助显微镜研究人体或某些部分的形态外观。

INMLCF 的人员包括：法医专家，其中包括医学专家、全科医生和病理学专家，他们或接受过特殊培训或具有法医病理学的专门经验。国家病理组为那些积极从事死亡调查和法医验尸实践的人员提供帮助和支持。

通过科学研究，可以确立死亡原因和死亡方式。病变过程关系到调查结果，也是官方死亡调查的一部分，为国家司法行政部门保护无辜者和惩罚罪犯提供了依据。

由于在司法调查中个体身份的鉴定十分重要，并且由于科学技术数据均来自人体，为了确认或识别受害者的身份，国家法医病理组与牙科和人类学专业人员保持了密切的合作。

国家法医病理组的职能是：

（1）提高医生或法医病理学家在法医尸检方面的专业知识和能力，以提高他们参与司法和科学研究的能力，并通过培训计划和监督法医病理学的质量来提升其对公共卫生的影响。

（2）向病理学家、验尸官及整个法医学界发布重要消息。

（3）审查、分析和推荐可能对法医病理学有影响的立法和监管问题。

（4）协调与审查源自"司法与和平进程"的尸体检查，或涉嫌侵犯人权或违反国际人道主义法的尸体检查。

（5）应主管当局或研究所出于某种原因的指示，研究并撰写法医病理学报告。

（6）通过与具备遗传学、牙科、指纹和摄影专业的法医人类学实验室等其他司法鉴定领域的联合分析，将生前信息与死后信息相匹配，从而帮助确定人的身份。

（7）就国家重大灾害造成的大规模死亡向地方单位提供咨询和支持，并且负责向有关专业人员和各类官员提供培训。

服务项目包括：

（1）实践培训（轮转或实习进行尸体解剖）。

（2）理论培训（课程、讲习班、研讨会）。

（3）科学出版物（科学期刊、数据集或案例研究）。

（4）白骨化遗骸的尸体检验或复杂案例，包括挖掘和二次尸体解剖。

（5）技术概念和咨询（基于客观数据、参考资料或有关科学知识，进行专家标准评审）。

（6）为重大灾害案件处置提供咨询意见和支持。

（7）提供法医牙齿人类学的专家检查和报告。

（8）用于鉴定和专家报告的交叉参考标识信息。

（9）关于暴力死亡、职业责任案件二审调查的专家报告。

（10）尸体解剖和鉴定实践的标准及程序指南。

（11）检测法医病理学案件。

（12）群体死亡的标准及程序指南。

6.5 法医人类学

在 INMLCF 和专家援助规定的总体框架内，法医人类学实验室应用生物人类学、考古学、埋葬学和支持医学的方法和技术开展调查，特别是在法医病理解剖受到限制的情况下，如尸体处于高度腐烂、烧毁、肢解、碎裂和白骨化的状态。法医人类学方法有助于确定死亡原因和方式，诊断骨骼异常（骨和骨伤），帮助身体或身体部位的跨学科识别（性别、种族、年龄、身高、个性化特征和偏侧性等）并估计死亡时间。

在2005年《975号法案》（《正义与和平法》）实施后，复杂的遗骸复原需求增加，其中大部分已经白骨化，这促使INMLCF、CTI和DIJIN（国家警察局）建立了相关领域的新实验室，到2013年，该国有12个法医人类学实验室，分布在各主要城市，5个在INMLCF，6个在CTI，1个在DIJIN。

上述实验室有48名法医人类学家在工作，分布如下：INMLCF17人、CTI 28人和国家警察局3人。这些数据表明哥伦比亚可能是所有国家机构中拥有法医人类学者最多的国家。

法医人类学发展的23年中，法医人类学家与医生、牙医和其他司法鉴定科学家一起面临着重大挑战。他们在许多侵犯人权和违反国际人道法的行为，如果发现有人死于武装冲突和其他暴力环境，人类学家们对诉讼的结果起了重要作用。基于这些法律诉讼的结果，国家必须根据"受害者法"的规定向受害者提供全面赔偿。

6.6　法医临床学

INMLCF的法医临床组由300名医生和41名牙医（包括男女）组成，他们在全国范围内提供临床和法医牙科服务。

2012年，哥伦比亚发布了440 153份临床法医专家报告。其中72.28%（318 125）是各种损伤的报告，如人际/社区暴力、家庭暴力、虐待儿童、虐待老人、意外伤害（包括交通事件、虐待或酷刑等）；家庭暴力占10.76%（47 366）；性暴力案件占4.32%（18 996）；中毒占5.23%（23 012）；其余7.42%（32 654）是临床案件，如确定年龄、健康状况和其他法医评估。

临床法医鉴定的专家报告包括：

（1）伤害档案：结合对威胁生命和人格尊严的罪行调查，记录人身伤害情况。根据《伊斯坦布尔议定书》的国际程序，残忍的、不人道的或有辱人格的遭遇也属于此类报告的内容。

（2）家庭暴力案件档案：家庭暴力所致伤害记录（无论是否属于同性）。

（3）性暴力评估：记录性暴力案件中的病变结果和解释及恢复生物学证据，确保受害者在紧急避孕、性传播疾病治疗、艾滋病毒预防或堕胎方面得到足够的重视。

（4）DWI档案：在涉及刑事、行政、交通或纪律调查中，确定活体的醉酒状态。

（5）活体年龄测定。在刑事、民事或行政诉讼案件中，根据个体生物成熟特征评估其实际年龄。由跨学科的医疗团队和牙医共同完成。

（6）被拘留者健康状况评估：确定被剥夺自由、被拘留或被判刑的人在正式拘留中是否会出现与监内生活不相容的严重疾病。为此，要根据疾病的发展进程来考虑疾病的性质和演变情况。

（7）应国家当局要求的其他法医评估，例如，涉及健康的所谓专业责任的案例研究。2013年，该研究所开始研究税法框架内身体依赖的概念。

截至2009年，根据"预防、关爱和消除哥伦比亚所有形式性别暴力综合战略"的联合方案，该研究所制定了法医性别暴力诊所护理模式，该模式于2012年4月开始实施。通过该模式，可以根据权限标准和性别差异给予过渡性服务。

6.7　法医牙科学

法医牙科学应用口颌系统的专业知识，在人身伤害、家庭暴力、虐待儿童、普通暴力、性犯罪、职业责任和年龄鉴定中发挥作用。法医牙科专家调查包括四个方面：① 识别；② 临床和法医牙科学；③ 法医病理学；④ 法医人类学。

（1）识别通过牙科图表对包含在SIRDEC

信息系统中的无名尸体进行识别,从而优化比较过程。牙科图表应被应用于大规模灾害和冲突中死亡遇难者的识别中。

(2) 临床和法医牙科学整合在家庭暴力、政治暴力、交通事故、性暴力和牙科手术中导致的口腔病变。

(3) 法医病理学在刑事调查中,通过口腔解剖获得信息,其中包括:口腔及其周围解剖区域的创伤;在涉嫌性犯罪时,从口腔取样;记录虐童案或侵犯人权案中被害人的口腔病变;估计无名尸身源者年龄。

(4) 法医人类学对白骨化的遗骸进行评估,其中包括:牙齿结构记录和形态描述、颌面部创伤和年龄估计,并与人类学家和医疗团体的报告相结合。

6.8 法医精神病学

2011年,全国共收到16 586份法医心理学和精神病学评估申请,并发布了8 498份报告(法医心理学和法医精神病学分别发布于3 490份和5 008份)。2012年,全国共发布了6 753份报告(法医心理学和法医精神病学各4 241份和2 512份)。目前,全国共有37名精神科医生和36名心理学家。

精神病学和法医心理学服务进行13项法医精神病鉴定,10项法医精神病或心理评估和2项法医学跨学科鉴定评估,包括以下内容。

6.8.1 法医精神病学鉴定

(1) 辨认和自我控制能力,有无责任能力。

(2) 无责任能力案件,更改、解除或重申保护措施。

(3) 被拘留者的心理健康状况。

(4) 是否具备提供证人证言的心智能力。

(5) 在司法冻结情况下管理资产和处置资产的能力。

(6) 在精神病医疗保健中的责任。

(7) 关于精神病治疗的理论概念,以指导监护人在决策中的权限。

(8) 因精神疾病导致的家庭暴力,其家庭诚信、团结及和睦的改变。

(9) 性犯罪的儿童、青少年或成年受害者。

(10) 死者生前采取法律行为的心理能力。

(11) 在不利或其他条件下受虐者的心理能力。

(12) 领养案中,父母存在的精神疾病。

(13) 税法规定的因残疾产生的依赖关系。

6.8.2 法医精神病或心理评估

(1) 性犯罪的成年受害者。

(2) 性犯罪的儿童和青少年受害者。

(3) 人身伤害受害者和其他人的精神紊乱(犯罪目的程度)。

(4) 用于补偿目的、调解或修复的精神损害(社会政治暴力的受害者)。

(5) 物质成瘾。

(6) 监护权(或父母权)。

(7) 游客指南和食品法规。

(8) 心理剖析确定死亡方式(自杀、杀人或意外)。

(9) 家庭暴力的精神损害。

(10) 扩大、澄清或增加对事故的诊断和评价的程序。

6.8.3 法医学交叉学科

(1) 家庭暴力犯罪的风险评估。

(2) 在涉嫌遭受酷刑、残忍或非人道待遇的情况下执行《伊斯坦布尔议定书》。

6.9 DNA 实验室

INMLCF目前有4个法医遗传学实验室,分别位于波哥大、西北部(麦德林)、西南部(卡利)和东部(比亚维森西奥),为全国提供科学支持。

此外,该研究所通过与哥伦比亚家庭福利研究所(德比恩斯坦研究所的 ICBF)的机构间协议,用 DNA 遗传标记进行亲子鉴定,以确定个体的父系或者母系关系。这项工作只在波哥大开展。

目前,波哥大遗传学实验室获得的认证认可有:

(1) 国家认证中心 ONAC 根据哥伦比亚 NTC - ISO - IEC - 17025 技术标准颁发的:2005 版认证证书(No. 10 - LAB - 010 2011 - 09 - 28)。

(2) ISO 9001 认证证书:2009 年 5 月 15 日的 2008 版证书(No. CO230612)和由 VISITAS 根据 NTCP 1000 条款认证的:2009 年版证书(No. GP 0050)。

实验室提供的检测服务包括:

(1) 活体生物样本(血液、头发、唾液)的采集。这项服务仅限于司法机关要求采集血液、唾液和头发的活体遗传学研究。

(2) 确定遗传图谱,下述分析是必需的:

• 人类遗骸的鉴定。

• 个体识别(即犯罪嫌疑人、被告人、受害者和与调查相关的人),可能是源自犯罪现场的证据或正在调查的案件线索。

• 生物学亲子鉴定。

• 进行此类检测的生物样本包括:血液、精液、唾液、上皮细胞、骨头、牙髓、软组织、头发、尿、石蜡包埋组织、其他任何含有生物细胞的人体样本。

这些分析要求使用法医学常见的标准方法(Chelex、FTA、差异提取、有机提取或二氧化硅法)从现有细胞中提取遗传物质或 DNA。根据具体情况,可以研究某些特定的 DNA 区域。例如,常染色体 DNA、性染色体(X 染色体和 Y 染色体)DNA 或线粒体 DNA。

遗传分析通常在常染色体 DNA 上进行。只有在某些特殊案例或特定情况下才分析其他区域的 DNA。

Y 染色体 DNA 鉴定 当需要在男性个体之间建立父系关系时进行这种分析,可用于刑事调查、失踪人员寻找与个体识别的补充检验中。

线粒体 DNA 鉴定 可建立母系遗传关系,因为线粒体 DNA 从母亲遗传给她子女的是相同的,也只有女性能再将其遗传给后代。此类分析主要用于头发样本和严重降解或污损的遗骸,或者核染色体遗传标记检验结果为阴性或不确定的情况下,以及对母系亲缘关系的鉴定。

国家 DNA 数据库已应用于司法实践,该数据库存储了法医遗传学研究所从生物样本中获得的遗传谱,可用于连环性犯罪或系列杀人案等高复发率的犯罪调查。在该数据库中进行遗传数据搜索和比较,必须严格遵守 CPP 244 条和 245 条及 C - 334/10 案例所述的有关内容。

其他实验室 DNA 鉴定结果的平行比对。

该实验室每年完成 1500~1600 个案子。

6.10 法医生物学

该实验室进行以下分析。

6.10.1 人血痕的检测和鉴定

6.10.1.1 血液预实验

血液的预试验有 Thevenon 和 Roland 技术,也称为 Piramidon 技术。该技术利用化学氧化还原反应,检测血红蛋白中的过氧化物酶、过氧化氢酶、氧化剂和还原剂,如铁离子。

6.10.1.2 人血确证实验

血红蛋白是高级灵长类动物血液的组成成分之一,利用免疫分析法对其进行检测可以应用于法医领域,通过对人体单克隆抗血红蛋白抗体的定性检测进行人血的确证。

6.10.2　法医学精斑分析

6.10.2.1　精子检出

生物实验室中,利用饱和苦味酸溶液将精斑染色,精细胞核呈淡粉红色,精子头部其他核心区域被染成鲜红色,精子的形态即可见于糖原背景。由于背景被染为绿色,所以也将该方法命名为"圣诞树染色"。

6.10.2.2　前列腺特异抗原的检测

前列腺特异性抗原蛋白的检测,与法医领域的其他免疫分析测试相似,利用免疫层析法对精液中的前列腺特异性抗原蛋白进行定性检测,从而确定样品中是否存在该种成分。

6.10.3　毛发的形态学与显微结构检验

法医学中根据毛发样本的解剖结构判断该样本的种属和来源,是人毛还是动物毛?是否染色?是否是纤维?

6.10.4　临床实验室分析

分析方法:

(1) 用离子选择性法对血清和玻璃体中的电解质进行分析,测定钠、钾、氯的含量。

(2) 利用比色法测定玻璃体、血清和血浆中的葡萄糖、尿素、尿素氮和肌酐。

(3) 利用试纸条法可以定性检测尿液中酮类和 pH。

(4) 采用免疫层析法对玻璃体状液检测,分析 HIV1 和 HIV2 抗体及乙型肝炎的病毒表面抗原,进行妊娠试验和血清学试验。

6.11　法医毒物学

法医毒物学实验室通过分析从与被调查事件有关的医学检查、尸检和非生物样本中获得的体液和组织中的有毒物质来为司法活动提供支持。

6.11.1　用于分析的样品

样本主要为:外周血、尿液、胃内容物、玻璃体液、肝脏、胆道、注射部位、毛发和鼻腔涂片,其他样本包括肾脏、肌肉、脑、脾和灌洗液。

6.11.2　分析技术

毒物学分析中使用了两种类型的技术:筛选和确认技术,这些技术提出详细的分析方法,随后由实验室进行标准化和验证。

最常见的分析和所使用的技术如表 6.1 所示。

表 6.1　哥伦比亚最常见的毒物学分析①

分　析	技　术
乙醇、甲醇、乙醛、丙酮、2－丙醇等醇	GC/HS/FID
碳氧血红蛋白	一氧化碳测量法
氰化物	GC/NPD－GC/MS
可卡因和代谢物	免疫测定－GC/MS
鸦片衍生物和阿片类药物	GC/MS－LC/MS
大麻	免疫测定－GC/MS
苯二氮卓类药物	免疫测定－LC/MS
安非他明类药物	免疫测定－LC/MS－GC/MS
吩噻嗪类药物	LC/MS
轻度抗抑郁药	LC/MS
杀虫剂:有机磷酸盐、氨基甲酸酯类、有机氯化物、皮质醇、丙醇、阿米替林	GC/MS
二甲基三胺、骆驼蓬碱和骆驼蓬碱	GC/MS
香豆素衍生物	LC/MS
溶剂:氯仿、甲苯、二氯甲烷、己烷	GC/HS/FID
抗惊厥药和巴比妥酸盐	免疫测定－LC/MS
其他规定的药物	免疫测定－LC/MS

波哥大地区的毒物学实验室平均每年受理约 10 000 例案件。2012 年,进行了 11 331 次分

① 译者注:原著中技术简称多处错误,本译著已修正。如读者欲阅读原著表 6.1,请扫描本章末二维码。

析。分别是：乙醇 5 237 例；药物滥用 3 755 例；抑制剂、苯二氮䓬类、吩噻嗪类、三环类抗抑郁药 933 例；杀虫剂和氰化物 403 例；药物及其他毒物（碳氧血红蛋白，溶剂）983 例。

6.12 笔迹学与文件检验

该实验室在波哥大、麦德林、卡利、布卡拉曼加、佩雷拉和巴兰基亚等城市设有办事处，提供的服务有：

（1）鉴定文件的真实性。例如，身份证、外国人身份证、居留证、过境许可证、出境许可证、签证、护照和兵役证。

（2）鉴定单据的真实性和来源。例如，发票、收据、汇票、采购单、放行单、合同、公务文件、房地产合同、借记卡和信用卡。

（3）真实性和伪造：在汇票、支票、本票、储蓄债券、债券、定期存款、股票、驾驶执照、传票、货物和牲畜运输许可证、交强险、气体排放检测证书、汽车保险单、汽车税表、国家调令、彩票、抽奖凭证、音乐会和演出门票、医疗记录、医疗程序授权、医学处方、携带枪支许可（CLP）、印文、海报、选票、包装、传单、传真、复印件、醋酸纤维、文凭、成绩单、其他证书和许可证、商品标签和标识（酒类、药品等）。

（4）国内外纸币的真实性，例如，哥伦比亚比索、美元、欧元和委内瑞拉银币。

（5）印花邮票。

（6）打印文件的来源。

（7）手稿和签名（笔迹鉴定）。

（8）司法鉴定交叉问题。

6.13 整合

犯罪现场调查是司法警察当局的责任。在哥伦比亚，警察局由隶属于司法部长办公室的技术调查团（CTI）和隶属于国家警察局的刑事调查处组成。司法部长办公室负责对刑事案件现场的迅速处置，处理和提取犯罪现场的证据，收集和打包并启动证据保管链（如文件、子弹、武器、受控物质、尸体等），并将其交付给技术调查部门或 INMLCF 的各种法医实验室。

现场技术包括摄影和地形勘验方面的前沿技术，以及利用法医灯光搜索痕迹证据和排查。现场技术的其他前沿技术包括使用初始信息管理或通过相关人员的证词重建现场，以监控法庭辩论的说法和其他专家证言。所有现场复原和证据处理与恢复阶段的工作均由司法部长办公室的代表负责监督和协调。

司法警察当局将犯罪现场收回的信息整合在一份名为“尸体技术检查证书”的文件中，该文件在保管链中转发给 INMLCF。之后将其交付给指定专家进行法医尸检。进行尸检的医生与 INMLCF 的法医实验室进行协作和会诊。

专家报告由一位医生撰写，记录了所有的发现和结论，包括死亡的原因和方式，以及他/她分析中所考虑到的不同实验室的结果。该报告将发送给委托该案件的检察官。同时，实验室还会应检察官的要求，向其发送补充或澄清材料。最后，由检察官协调、管理和整合案件信息。如果死因是他杀，检察官将召集医生或实验室专家就他们的调查结果和结论作证，并在审判中给予解释说明。参与准备犯罪现场检查记录的人员和非国家法医学研究所实验室的专业技术人员各自独立发表专业意见，然后由检察官根据案情负责整合和解释。这些结论也可能容易被原告或其他方扩大或澄清。在凶杀案中，介入案件的任何一方都可以引用调查结果，以支持他们的调查结果和结论。

6.14 招聘

研究所通过各种媒体渠道，寻找符合该职位最低要求的候选人。一种方法是通过研究所的网页（www. medicinalegal. gov. co）发布空缺职位信息并收集简历。研究所的工作人员或研究所内开展学术和科学活动的专业人员也可以提供简历,表明他们对司法鉴定实践的兴趣或技能。

6.14.1 测试

收到简历后,将进行适用性测试。适用性测试是评估候选人和工作要求之间符合程度的工具。测试包括心理测试和模拟工作场景练习。计算结果,获得平均值并评分。

(1) 心理测试: 关注团队合作的个性和差异。

(2) 知识测试: 针对具体的专业领域。

(3) 面试: 专注于确定申请人的真实动机,了解他们的期望,成就和目标。

6.14.2 数据和资料的验证

一旦候选人被选中,候选人提供的所有信息都需被核实,例如,犯罪和违纪史、完整的简历、以前在单位的档案、高中的真实性证明、研究生文凭、文献发表证明、参与学术活动情况、收入来源证明等。

6.15 培训

司法鉴定工作人员通过正规教育计划和继续教育计划接受培训。

6.15.1 正规教育

哥伦比亚国立大学提供三年制法医学外科医学专业。大量从事医学尸检的法律专业人员接受解剖学和外科病理学方面的培训;专门从事精神病学的医生与专业心理学家合作进行精神病评估。Stantander 将军国家警察学院提供两种硕士学位: 一个是刑事调查,另一个是交通事故调查。在过去的几年里,在哈维里亚纳大学开设了法医牙科学专业,在国立大学设有法医人类学专业,在埃尔博斯克大学设有法医精神病学硕士学位。

6.15.2 继续教育

在 INMLCF、司法部长办公室和 Stantander 将军国家警察学院的支持下,通过与其他科学研究所的教师协助计划,提供了许多非学位的法医学课程及讲习班和研讨会。学校和国家病理学小组为年长的官员提供再培训课程。哥伦比亚法律医学和法医学协会是法医科学家专业组织,提供有关各种主题的继续教育课程,包括针对尸体解剖技术员的防腐处理培训课程。

在哥伦比亚,法医学是全国所有医学院的必修课,因为小城市的法医职能(法医学尸检和法医临床评估)是由医生在其所需的社会服务年度期间执行的,这只能对应于获得医疗执照之前学生医疗培训的最后一年。法医学院协调与大学的教育协议,并为学生在轮岗(实习)期间的实践和理论课程提供指导。法医教师的所有教学活动都在研究所的设施内进行。同样,大多数理论教学的专业人士也与研究所有关。

6.16 资金

国家司法鉴定研究所有两个收入来源。

6.16.1 政府拨款

列入国家预算,由财政部和国家计划部门按照年度预算法和结算条例的规定拨款。它们来自国民所得税、行政收费、罚款和税收。

6.16.2 自有资源

这取决于研究所在编制预算草案阶段的收入预测,该预算草案来自实体与作为国家和地区实体一般预算部分实体签署的协议,其实施取决于进展情况。该名目是由国家公共机构产生和管理。它们来自签署协议、罚款、亲子鉴定等收费。

6.17　政治影响

虽然哥伦比亚是拉丁美洲最古老的民主国家,但政治制度并不稳定。1991 年制定了新宪法,以取代 1886 年颁布的宪法。截至 2013 年 1 月,1991 年宪法修改了 37 次,这反映了哥伦比亚政治制度的不稳定性。在某些情况下,这些宪法改革是哥伦比亚社会不断变化的需求所推动的,但在大多数情况下,改革是由各部门的各自的政治利益驱动的。

除了这种政治文化,公众和共同利益的概念相当分散,必须指出,哥伦比亚已经遭受了 50 多年的武装冲突,其中政治行为也受到严重影响。游击队,准军事人员和贩毒者及武装部队似乎是冲突中的主要角色。很多时候,这些群体中的每一个群体及其利益都有明显区别,但这在很多其他群体中又不存在。在内战期间,贩毒者与政府之间,政府与准军事人员之间,贩毒者和游击队之间,游击队与民主党之间的合作十分普遍。在这种情况下,对于那些与任何一方没有联系或以某种方式挑战他们利益的人从事政治活动已经成为一种高风险的事情和非常冒险的努力。但是,正如在每场战争中一样,真正的受害者最终是平民。历史记录显示,1958~2012 年期间,武装冲突造成 22 万人死亡,其中 177 307 人为平民,25 000 人失踪(Centro de Memoria Historica,2013)。侵犯人权可能是哥伦比亚司法系统面临的最大挑战。在这方面,INMLCF 的作用至关重要。

根据 1991 年宪法,INMLCF 成为司法部长办公室的一部分。虽然这意味着行政自治的丧失,但是因为其起源和科学使命的性质,INMLCF 就能够在履行其使命方面保持卓越的独立性。

在官员否认失踪人员存在的时期,INMLCF 也在不遗余力地记录这些现象。INMLCF 的结论也有助于在法外处决等方面对武装部队成员提起诉讼。面对这些事件,必须在腐败和武装冲突的政治背景下工作的法医所面临的巨大压力,向 INMLCF 报告的信息经常违背某些团体的利益。因此,必须声明,虽然 INMLCF 致力于在科学基础上收集和研究证据以推进司法公正,但由于必须完成工作的背景的复杂性,其工作也会受到限制。

哥伦比亚的分裂、上述的腐败和周边地区武装冲突的加剧,导致法医必须经常在安全无法保障的环境下工作,出具尸检报告可能是生死攸关的问题。对于 INMLCF 的许多专业人士来说,恐惧是日常生活的一部分,这对他们的专业自主性产生了或多或少的限制。

6.18　认证

6.18.1　背景

2004 年《938 号法案》第 36 条第 8 款规定了对哥伦比亚司法鉴定专家进行认证的必要性。它指出,作为 INMLCF 使命的一部分,它的功能是"……对公立和私立机关的实验室、法医证据和专业人员进行认证和认可"。

因此,在 2007 年开始了病理学和法医牙科学领域的第一次认证,并在 2008 年继续对法医专家进行认证。在此期间直至 2010 年之前,该研究所已经对全国各地机构总数 7%(约 4 000)的法医专家进行了认证。

2012 年,国家法医认证小组由 2012 年 7 月 31 日《第 000513 号决议》设立。作为总局的行政和职能部门,其职能包括:提供咨询、制定、开发和控制涉及司法鉴定认证的计划、方案和项目;授予、维护、更新、延长和缩小认证范围,以及暂停或取消认证。

6.18.2　认证的目的

根据已经规定的监管框架,司法鉴定专家的认证程序为哥伦比亚司法系统提供了一个可靠的评估工具,可以证明掌握法医专业知识的能力标准,以便于从专家的科学、技术和道德的充分性角度来评估证据(2004年《906号法案》第420条)。

6.18.3　过程描述

GNCF预测的法医专家认证基于哥伦比亚技术标准NTC/ISO IEC 17024：2012，该标准规定了：人员认证的规则；申请、签发、暂停和废除的规则；有关法律、学术、技术、安全和保密问题的规则。

在这方面，构成认证过程的步骤是：职位发布后，申请提交给能力评估机构(CAB)；评估由三个连续过程组成(标准化测试、能力口语测试和实践考试)；OEC根据测试结果决定是否对专家进行认证，并且OEC持续监督认证专家的能力。

2014认证的专业领域包括：

(1) 法医病理学。

(2) 法医临床学。

(3) 法医人类学：法医生物人类学分析。

(4) 法医牙科学：牙科年龄诊断。

(5) 法医牙科学：涉及人际关系、家庭、性、儿童暴力、酷刑和职业责任的案件。

(6) 法医牙科学：暴力致命案件的法医牙科分析。

(7) 法医牙科学：用于个人识别的牙科和骨骼的法医分析。

6.19　实验室认可与质量控制

2008年以前，工商监督局是哥伦比亚司法鉴定实验室的认证机构。截至2013年，哥伦比亚国家认证机构——ONAC接管了认证工作。根据ONAC官网上的数字(Directdrio Official de Acreditaciones, n. d.)，165个检测实验室中，80个由工商业监督机构认可，85个由ONAC认证。在这165个实验室中，17个实验室长期从事司法鉴定工作，8个实验室专门从事DNA鉴定工作，因为法律要求进行该分析必须经过认证。

全球科学界特别是按照ISO/IEC 17025建立的司法鉴定领域，要求实验室必须证明管理体系、技术能力和产生有效技术成果的能力。这是通过1993年《第2669号法令》规定的认证程序来完成的，“该程序是一项技术能力及认证和检验机构、检测实验室和计量在执行本法令所述活动时得到认可的过程……”基于此目的，按照哥伦比亚技术标准17025：2005 NTC-ISO/IEC建立了模型，即确立了“测试和校准实验室能力的通用要求”。

目前，研究所有17个经过认可的实验室，如表6.2所示。

表6.2　哥伦比亚国家司法鉴定研究所的认可实验室(www.medicinalegal.gov.co)

实验室	城市
毒物学	波哥大
毒物学	麦德林
毒物学	佩雷拉
毒物学	巴兰基亚
毒物学	卡利
毒物学	屯嘉
毒品学	波哥大
计量学	波哥大
毒物学	布卡拉曼加
毒物学	伊瓦格
毒品学	布卡拉曼加
DNA	波哥大
DNA	卡利
微量证据	波哥大
生物学	波哥大
生物学	布卡拉曼加
生物学	屯嘉

进行遗传检测以确定父系或母系关系的司法鉴定实验室除需获得认可外，还应通过ISO 9001管理体系认证。此外，州政府机构必须实施NTC GP 1000质量管理技术标准，该标准对

应于最新的 2009 版本。

6.20 技术

如前所述,INMLCF 拥有先进的法医病理学服务和临床实践技术及各自的实验室。该国主要城市的解剖室能够进行高标准的尸检。研究所拥有法医光源技术,可用于法医解剖室和微量证据实验室。在刑事学领域,依靠司法部长办公室和 Stantander 将军国家警察实验室成立的技术调查团(CTI)拥有法医光源、特殊恢复技术、潜在指纹分析、血斑检测和现场重建等技术。

哥伦比亚在指纹同一认定方面非常强大。AFIS(自动指纹识别系统)提供与国家民事登记处(Registraduria Nacional del Estado Civil)的在线连接,并能够在几分钟内实现成功识别。SIRDEC 能够根据牙科学、人类学和尸检结果对失踪人员进行有效的鉴定。哥伦比亚还拥有 IBIS(综合弹道信息系统)和 DNA 数据库(DNA 索引系统)等其他信息系统。毒物学实验室在某些领域尚有改进空间,特别是在未知物质的数量和响应时间方面。另一个局限是优质技术资源过于集中在首都和主要城市,许多基层单位非常小,没有 X 线设备、摄影方面存在技术限制等。为了解决这个问题,INMLCF 将实施移动解剖室和移动 X 线设备等项目,使其具有覆盖全国的能力。在特定情况下,可能将尸体转移到后勤保障发达的首都或主要城市,或者将专家团队带到设备齐全的地点。

在该国中期战略项目中,将结合虚拟解剖和其他尸检图像等技术,对波哥大市的道路交通死亡、成人猝死等特定病例进行尸检。

6.21 灾害应对

哥伦比亚的灾害处置模式是分散的。研究所的八个区都制定了各自区域的灾害处置预案,包括预算、基础设施和人力资源,以根据其各自地区的特点和地形状态进行尸体解剖。

在中央层面,国家病理学小组依赖法医服务局,负责确认所有地方计划符合国家灾害计划。国家病理学小组的职能之一是通过标准化指南和议定书颁布质量标准,以便训练救援小组、监测实施方式,统计数据并规划未来处理这些死亡的方法。

作为其培训计划的一部分,国家病理学小组定期开展灾害演习,涉及司法鉴定多学科小组及当地警察和行政当局的积极参与。从运作的角度来看,国家病理学小组有能力在该国任何地方派遣专家小组,应对关乎国家安全的具有重大影响的复杂情况,为地方小组提供后勤和司法鉴定专业支持。

由于该国特殊的地貌特征,以及大量与恐怖主义、武装冲突有关的死亡案件,该研究所在灾害管理方面拥有丰富的经验。从后勤、管理和科学原则方面来说,这些死亡均作为灾害来对待和处理。国家病理学小组拥有所有此类病例的大量摄影和文献档案,以及根据各种情况总结而成的经验总体文件。

6.22 法律问题

2004 年《906 号法案》为哥伦比亚“对抗性”刑事辩论司法系统确立了刑事诉讼规范。它从根本上改变了证据的性质,从过去的由独立证据提供的专家证据,向辅助证据继而向鉴定证据的转变。因此,除非专家在听取专家证词的听证会上接受询问和交叉询问,否则这些专家证据没有证据价值。是否被采纳为证据取决于法官的判断,但在这方面仍有争议。

当该过程需要科学、技术、艺术或专家支持时,专家证据是可以接受的。官方的专家包括国家司法鉴定研究所、司法警察和公共团体的专家,无论他们是科学、艺术或技术的何种专业,都有资格提供专家证词,但前提必须是检察官同意接受他们作为专家。

专家提出了一份得到充分支持的报告,该报告将在听证会各方面前进行调查。报告必须在公开听证会开始前至少5日告知有关各方。

如果双方就内容和结论达成一致,则该报告可被接受为证据。也就是说,其中涵盖的报告或事件及专家的适用性将被采纳为适当性的证据。在这种情况下,不需要专家出庭。

相反,如果没有达成共识,各方将要求法官召集专家进行询问和质证。

在初次听证会上,法官将决定专家报告是否采纳,并召集专家参加听证会。在此将决定是否将其接纳为专家(如果专家未在之前的听证会上被接纳)。在专家证词之前必须有一份摘要报告,其中要表述专家的基本意见。作为专家证人,专家可以就专门知识提供专业意见。

法律确立了评估专家证据的标准。应考虑技术和道德的水准,回答问题的条理和态度,以及其所依据的技术、科学或艺术原则的适用性和接受度。可以引入具有规范性的相关证据,以帮助对所呈现概念的理解。

按照法律,INMLCF为司法系统的科学技术机构,为检察机关和被告人或其律师提供科学技术支持。

在现行司法系统中实施和使用专家证据已经取得了很大成就,但仍有很长的路要走。

在"指控性刑罚制度的终结危机"(Gómez,2013)中,Fernando Gómez Jiménez博士认为INMLCF对科学技术体系的资助不足。有必要改进对专家证据的司法评估。在某些情况下,口头证据具有特权,特别是当专家证据明显相左的时候。

在与专家证据的起源、相关性、理解和解释有关的问题上,对司法官员和参与刑事程序人员的培训尚有不足。同样,有必要改进法医专家的教育、培训和进修。

6.23　研究

INMLCF科研处负责项目评估和预算批准工作。研究预算由国家规划办公室分配,并根据具体的投资项目进行分配。

研究人员可以通过以下方式在学校开展研究:

研究所的工作人员。必须有经科研处批准的在研项目,同时同意接受其监督。

研究所合作学校的学生。该学生必须有一个研究所的合作研究者。必须证明与研究所有明确的联系,并且其职业生涯与该研究直接相关。

与研究所合作的公立或私立、国家或国际组织的成员。

项目管理有三个不同的阶段:

(1) 立项阶段: 在收到研究方案后,检查所有规则和先决条件均得到满足,所有评估都得到批准后,给出项目编号并与研究人员签署承诺书。

(2) 研发阶段: 从研究人员签署承诺书并进行研究时开始。

(3) 结束阶段: 开始于研究人员根据研究部门的参数提交调查结果的最终报告,结束于按照任务书的要求提交成果。

所有项目都需要进行方法评估、技术评审(由学术同行进行)和伦理审查。

研究所目前开展的研究领域有:

(1) 法医临床诊断。

(2) 法医学基础研究。

(3) 尸体现象。

(4) 人权与国际人道主义法。

(5) 鉴定和群体研究(群体遗传学研究)。

（6）实验室检测方法的验证。

（7）司法精神病学诊断。

（8）司法鉴定原理。

研究部将最终调查报告整理发表在《哥伦比亚司法鉴定杂志》上，并成为哥伦比亚和拉丁美洲法医学培训的参考标准。该杂志已创刊80余年，正在申请国际SCI期刊。机构的学术水平有助于其专业人员的论文易被国际会议和主要出版物接受，特别是司法鉴定分析和法医病理学领域。此外，许多专家作为咨询员参与了指南和协议的制定，以及其他国家DNA鉴定、同一认定、性犯罪、枪支致死、灾害应急管理和窒息死亡等方面的培训。

6.24 未来方向

INMLCF在当局复杂的社会和政治环境中面临许多挑战。该研究所在哥伦比亚武装冲突导致的死亡事件调查中发挥了至关重要的作用。正义与和平法（Ley de Justiciay Paz）设立的法律框架为法外群体提供法律援助，以换取对危害人类罪行的供认和埋尸地点（数以千计的尸体）的供述。可以说，哥伦比亚最近的历史很多都是在INMLCF的解剖室中书写的。但是，鉴于和平谈判的进展，INMLCF必须为另一种情况做好准备：即冲突后的和平。

为此，研究所采取了人道主义政策并启动了一项新的“哥伦比亚多元化法医”政策，旨在包容该国文化、种族、宗教和性别的多样性。目前，法医临床小组正在根据受害者性别制定工作方案，该方案更加注重对于少数族群（如LGBTI）的关注。今年①，移动停尸房能够输送至本国偏远地区，特别是那些拥有较多原住民和非洲人后裔的地区。同样，在家庭暴力和性侵犯犯罪中，研究所将更加强对儿童和妇女的关注。病理学小组制定了一项杀害女性案件受害者的关怀协议，在过去十年中，杀害女性案件变得异常明显。该研究所将同时加强参与交通和火灾预防计划及灾害管理计划。

2014年，研究所迎来成立100周年庆典。作为哥伦比亚法律体系内的科学机构，未来的挑战之一是开展虚拟解剖和其他尸检成像领域的技术应用，为此将优化人力资源，以期在死亡调查中取得最佳结果。分子解剖等将在猝死的研究和应用方面发挥引领作用。研究所将继续努力开展法医实验室认可活动，并在各法医专业领域实施专家认证制度，以期成为他国和国际司法鉴定机构的认证中心。智能教室、远程医疗、骨骼库和国际期刊等研究项目将使国家研究所成为司法鉴定和其他医学及社会科学教学和研究的标杆。

致谢

特别感谢哥伦比亚法医学协会（ASOMEF）——第17届全国法医学暨司法鉴定大会（暨研究所100周年庆典）的赞助商，他们无条件地支持了这个项目。编辑概述由Andrés Rodríguez Zorro提供。作者还要感谢以下各方对本章各部分的贡献：历史，Jorge Arturo Jimenez Pajaro；案件种类，Sandra Lucia Moreno；法医人类学，Cesar Sanabria；法医临床医学，Martha Elena Pataquiva；法医精神病学，Luisa Fernanda Alarcón Rivera；DNA实验室，Rosa Elena Romero Martínez；生物学，Luz Adriana Londoño Vargas；毒物学，Patricia Heredia Marroquín；招聘，Ruth Yolanda Pabon；资金，Yaneth Cuestas Gomez；政治，Natalia Lozano Mancera；认证，John Alexander Vergel；认证，Miguel Arturo Velasquez Acevedo；法律问题，Aída Elena Constantín。最后，特别感谢哥伦比亚法医

① 译者注：即2014年。

学协会主席 Mario Alberto Hernández Rubio，感谢他资助了本章的翻译。

说明

本章仅介绍哥伦比亚国家司法鉴定研究所（负责协调和管理司法鉴定实践的组织）的运作，但该国还有其他司法鉴定及法医学实验室。

参考文献

第6章参考文献

原著表6.1

第 7 章
丹麦司法鉴定

Niels Lynnerup & Steen Holger Hansen，哥本哈根大学法医学系，丹麦

7.1 开端

丹麦司法鉴定学科的发展与欧洲其他国家一样，是一个渐进的过程。中世纪和此前的观点认为：如果人是无辜的，会有神迹发生，即使是炽热的铁也不会将其烧伤。从 16 世纪开始，丹麦的司法鉴定学科逐渐向理性和科学过渡，表现为对事件因果关系和证据的研究更加深入。1727 年在哥本哈根发生的一起枪击致命事件，可能是丹麦法律史上第一个有记载的鉴定案例。该案中，警察从死者的胸部取出子弹并进行了分析，并在嫌犯的马鞍上发现了推定的武器。尽管有不确定因素，但结合各位证人的证词，这一证据最终被呈现在法庭上。警察局长在此案的报告中指出，案件的侦破是在他的不懈努力下并运用了大量的科学手段完成的（Hoeck，1951a）。

约 100 年前，医学科学已经运用于刑事案件的诉讼中。法医学的第一次尝试，可以追溯到 16 世纪，当时哥本哈根大学医学系的教授应国王的要求，在法庭上审议医学证据。其中一起案件涉及一名涉嫌杀害其新生儿的妇女（Tryde，1939）。Ole Worm 和 Thomas Bartholin 教授认为，女性不仅在哺乳期、怀孕期或刚刚分娩时可以分泌乳汁。事实上，在罕见情况下，未怀孕的妇女甚至男性也可以分泌乳汁。因此，即使在嫌疑妇女乳房分泌乳汁的情况下，也不能肯定地得出该女性最近分娩的结论。嫌疑妇女被无罪释放，因为其乳房分泌乳汁不足以证明她最近分娩并杀死了其婴儿的结论（Tryde，1939）。

7.2 司法鉴定科学技术

丹麦现代司法鉴定调查技术开始于 1869 年。当时“最好的”警察才可以进行这项特殊调查（Hoeck，1951a）。那时，调查和取证的做法在很大程度上取决于当地警察，而警察的能力参差不齐。这也可能也是上述哥本哈根案件中的警察局长明确表示他不懈努力并运用了大量的科学手段的原因，因为这在当时并不常见。显然对更好的调查技术及确保证据和解释的需要成为一个问题，导致警察将这些任务具体分配给最优秀和最聪明的警察。

在许多的司法鉴定技术问题中，身份识别问题至关重要。在身份证件尚不普及的时候，确保犯罪分子的正确身份至关重要。犯罪分子可以轻易地声称不同的名字，而使得警方无法准确确定其是否曾被逮捕或被判刑。因此，1900 年丹麦警方成立了一个身份识别局，该局也是警方下属的第一个真正的司法鉴定技术单位（Brockmann，2009；Duedahl 等，2013）。该局使用了 Bertillion 方法，系统储存了自 1904 年以来的所有指纹。尽管费力，Bertillion 方法为确保正确识别嫌疑人和罪犯提供了第一次尝试。1915 年丹麦高等法院关于指纹的判决更证实了它的价值，这意味着指纹分析在丹麦成为常规（Brockmann，2009）。完整的 Bertillion 系统逐渐过时，只有面部照片与指纹被保留

(Duedahl 等,2013)。截至 2014 年,丹麦警方自动化指纹识别系统(AFIS)的数据库样本量已达到335 000 人(丹麦警察局,2014)。

撇开身份识别问题不谈,第一个真正的警察技术司法鉴定是在1922 年建立的“警察技术实验室”(Hoeck,1951b)。经过一段时间后,这项技术服务由几个分支组成,如弹道学、刑事摄影、文件检验和证据追踪。2007 年丹麦警察的一项重大改革将这些职能集中在国家层面,即现在的“国家警察司法鉴定技术中心”(Brockmann,2009;丹麦警方,2014)。

7.3　丹麦司法系统、警察和司法鉴定

《丹麦司法行政法》是规范丹麦刑法的主要法令,包括与警察、刑事起诉和法院有关的法律(Retsinformation,2014)。该法案于 1919 年实施,意味着丹麦建立了一个全面的现代司法体系。1911 年,丹麦建立了一支国家警察部队(当时的州警察和县警察组成的丹麦警察部队于 1938 年才真正合并为一支警察部队)(Hoeck,1951b)。因此,目前丹麦的警察队伍是一支由国家直接雇佣的国家部队。2007 年,丹麦开始对警察进行重大改革,将 54 个警区改为 12 个警区和一个国家警察局(Rigspolitiet,丹麦语)。司法部长任警察总长,通过国家专员和警区专员行使权力(司法部,2014)。国家警察局从事的工作包括: IT 犯罪调查;道路交通事务;毒品、摩托车党、帮派和卖淫的监控;与其他国家警方的国际合作;司法鉴定技术调查。分区警察也可以向国家警察局请求各种调查和特殊职责的协助。丹麦约有 11 000 名警察(司法部,2014)。

根据《司法行政法》,警方负责调查罪行。收集的证据和调查工作的结果将提交给检察机关的专家团队,包括检察长、地区检察官、警察局长和哥本哈根警察局局长。司法部长是检察机关的首席行政长官。律师与调查警察密切合作。控方律师必须评估案件是否可能在法庭上胜诉。若有胜诉可能,律师将出庭,试图让犯罪者在地方法院被定罪。检察长是检察院的负责人,如果要在地方法院以上的高等法院审理案件,地区检察官将负责审理此案。检察长在最高法院对刑事案件进行公诉,最高法院是丹麦法律制度的最高一级(司法部,2014)。

值得注意的是,丹麦法院对专家证人或司法鉴定技术证据没有如美国的“Daubert 规则”这样的正式要求。原则上由法官评估司法鉴定技术证据和专家证人的证词是否可以被采信。各类司法鉴定技术和医学分析的结果及专家意见可能在庭审程序中发挥作用,专家证人也可能被要求出庭质证。

7.4　法医学

早在 17 世纪,在哥本哈根大学的教授讲座中就引入了法医学,但是法医学真正成为一个专业的教学系统则始于 1819 年,并且成为医学学位的考试科目。然而,此时的法医学还不是一个完全独立的专业。法医学首次成为独立专业是在 1905 年(Gormsen,1979)。1935 年,哥本哈根大学法医系分为三个专业:法医病理学、法医血清学(现为法医遗传学)和法医化学。

奥胡斯大学的法医学部门于 1959 年成立,现在是欧登塞大学的法医学院,1971 年奥胡斯大学改为南丹麦大学(奥胡斯大学,2014;南丹麦大学,2014)。1916 年和 1937 年,分别在奥胡斯和欧登塞设立了法医尸检区域办事处。

值得注意的是,丹麦的三家法医学研究机构均隶属于大学,它们独立于丹麦医疗卫生系统和警察及司法部门。这种自主性在一定程度上为其在疑难案件鉴定中保持独立和公正提供了保障,如处理医院的医疗事故,与警察工作有关的死亡或在监狱及其他国家机构的死亡等。

法医部门还应丹麦国家工伤委员会、军事检察院和保险公司的要求进行法医检验。

7.5 法医病理学

直到2008年,法医病理学才被公认成为一个独立的医学专业,并且当时,大多数法医病理学家都是病理学专家。丹麦的所有医学尸检都在三所大学进行。根据丹麦法律,如果出现以下情况,必须进行法医解剖:① 已经发生或者怀疑发生了犯罪行为;② 死亡原因不明且死亡案件存有疑点;③ 死亡方式不明;④ 为防止日后出现可疑情况认为有必要进行尸体解剖的;⑤ 与药物滥用有关的死亡。在法医解剖之前,由法医病理学家或卫生医疗官员与警方合作进行法医尸表检验(Retsinformation,2014)。

丹麦法医病理科每年进行约1 500次尸体解剖,这个数字在过去的十年里一直在下降。根据尸体解剖确定的死亡方式中,自然死亡占35%~38%、意外事故占37%~41%、自杀占6%~9%、凶杀占3%~5%、不明原因占12%~15%(Tangmose Larsen 和 Lynnerup,2011)。

丹麦开展法医病理学鉴定的所有三家机构均拥有CT设备。每次尸体解剖之前,可进行CT扫描,即虚拟解剖,它是尸体解剖的重要补充。该技术对于存在某些特定病变的三维重建非常有效,既可以为尸体解剖提供重要补充,也有助于完善骨折、病理与创伤性病变、体内异物等病症的记录。

7.6 法医临床学

三所大学的法医病理学家也进行法医临床鉴定。与尸体解剖案件不同的是,法医临床检查案件的数量一直在增加,现在已经超过了尸体解剖鉴定的案件。法医临床检查是应警方、被鉴定人包括嫌疑人及受害者的要求所出具,重点是对损伤进行记录,也可能包括对生物痕迹证据的保全。对于枪击和刺伤等严重暴力行为的受害者,法医临床鉴定可能与医生的治疗活动同步进行,包括记录术前和术中的损伤和创伤修复。在此时,法医还会考虑受害者的生命是否处于危险之中。

性侵犯受害者是目前法医临床鉴定中最大的受害者群体。这些检查在性侵犯受害者中心,由经过专门培训的护士和妇科专家合作进行,除了法医鉴定以外,她们还负责性侵犯受害者的后续治疗。同样的,受到身体和性虐待的儿童受害者在医院专门的儿童受害者中心接受检查。检查由儿科护士和儿科医生密切合作进行。酷刑受害者也可在国家医疗机构接受检查。在申请避难的情况下,可根据丹麦移民当局的要求进行此类检查,其结果可能对避难申请的全面评估产生影响。

7.7 法医遗传学

哥本哈根于1926年引入Landsteiner的ABO血型分析系统进行血清学分析,并于1935年设立了法医血清学部门。显然,随着20世纪后期现代法医DNA方法的出现,法医遗传学得到了巨大的扩展。1958年,哥本哈根设立了法医人类学系,开始通过组织学、血清学和形态学(如头部形状、面部特征等)相结合的方法进行亲子关系鉴定。如今,现代DNA技术已经完全取代了这些分析。

丹麦哥本哈根大学的法医遗传学系是丹麦唯一的DNA实验室,开展刑事案件和亲权案件的鉴定。在盗窃、强奸或谋杀等刑事案件中,分析来自犯罪现场的血液、唾液、组织或精液等生物材料的DNA谱并与嫌疑人的DNA谱或DNA数据库中的记录进行比对(哥本哈根大学,2014)。

在亲权案件中,将来自一名或多名男性的DNA图谱与儿童的DNA图谱相比较。在此过程中，通常会要求母亲参与鉴定，以强化分析结果。在移民案件中，也会对移民与在丹麦寻求永久居留的人之间是否存在亲缘关系进行检验（哥本哈根大学，2014）。

7.8　法医毒物学

哥本哈根法医学部于1972年接管了法医毒物化学的分析工作。而在此前，这类分析均由药理学研究所完成（Gormsen，1979）。法医学部从1922开始对酒精，特别是其与交通违法的关联性进行分析。

现在，哥本哈根、奥尔胡斯和欧登塞的法医学部均开展法医毒物化学分析。这些分析涉及与尸检有关的法医毒物学分析，以及吸食毒品和麻醉品后影响驾驶能力的相关法医毒物学分析。法医毒物学分析包括：血液中酒精含量检测；酒精、药品、毒品和合成毒品的筛查、鉴定和定量分析及协助警方对查缉的药品、毒品和合成类固醇进行调查（哥本哈根大学，2014；奥胡斯大学，2014；南丹麦大学，2014）。

7.9　法医牙科学

1964年，丹麦哥本哈根牙科学校开设了法医牙科学专业（Severin，2005）。事实上，早在1897年法国巴黎Bazar de la Charité火灾事件之后，北欧人已经意识到可以利用法医牙科学进行身份识别（Keiser-Nielsen，1992）。法医牙科学最终成为牙科学校的一个专业，主要是受到了1947年哥本哈根机场飞机事故的影响，在这次事故当中包括瑞典王储在内的22人遇难（Severin，2005）。

哥本哈根牙科学校现已并入哥本哈根大学的健康科学院。1993年，法医牙科学科转移到法医学院的法医病理学专业，法医牙科学包括对死者的齿痕鉴定和活体的年龄鉴定。尤其是后者通过对咬痕的分析判断被鉴定人的年龄，即是高于18岁还是低于18岁（Severin，2005）。在哥本哈根大学法医学院法医病理学系设有一个永久性法医牙科学家岗位，此外，在奥胡斯、欧登塞和哥本哈根的三个法医学研究所中，还有10～15名全国范围内活跃的法医专家（丹麦法医学会，2014）。这些法医牙科学家是以自由职业者身份受聘为顾问，可随时接受国家警察局下属的灾害遇难人员身份识别（DVI）小组召集开展工作（见下文）。除法医牙科学专家外，还有60～70名经验丰富的牙医（丹麦法医牙医学协会成员，DROF），可协助法医牙科学家开展工作（丹麦法医学会，2014）。

7.10　法医人类学

丹麦所有三所大学的法医学研究机构都开展专门针对人类骨骼遗骸的法医人类学研究。哥本哈根大学法医学系法医人类学部针对监控图片和视频进行分析，包括面部图像比对、步态分析和光度测量。典型的案例是运用于银行抢劫案件，行为人被监控录像捕捉到后，如果警方找到嫌疑人，可以评估嫌疑人与犯罪者之间的相似度（哥本哈根大学，2014）。

哥本哈根法医人类学部还收集了来自丹麦考古发掘的一系列人体骨骼，包括30 000多件丹麦史前和各历史时期的藏品，年代从中石器时代（公元前10000～公元前6000年）到17世纪不等，地域包括格陵兰岛、法罗群岛、埃及和其他文化区域（哥本哈根大学，2014）。此外，南丹麦大学也建有一个重要的骨骼库，主要收藏了来自丹麦中世纪时期的骨骼（欧登塞大学人类学样本库，2014）。由于其收藏规模和全面的藏品考古记录，使其在丹麦和国际学界中独树一帜。

7.11 灾害遇难者身份识别(DVI)小组

国家警察局有一支由警察和丹麦大学的技术人员、法医病理学家和人类学家组成的灾害遇难者身份识别(DVI)小组。在2004年的东南亚海啸发生后,丹麦DVI小组随之启动,并开展相关的灾害遇难人员身份识别工作。

7.12 国家司法鉴定学会

除了丹麦法医牙医协会以外,丹麦还有一个国家司法鉴定学会,定期举行司法鉴定知识交流会。协会还特别组织其他医学专业及非医学从业者的培训课程,如警察和律师(丹麦法医学会,2014)。该协会的另一个重要职能是与丹麦卫生与医药管理局和三所大学机构密切合作,管理和监督法医病理学专业教育。

该协会还主办了 *Scandinavian Journal of Forensic Science*。该期刊的论文可以在线免费获取,纸质版每年印刷2次(Scandinavian Journal of Forensic Science,2014)。

参考文献

第7章参考文献

第 8 章
埃及司法鉴定实践

Dina A. Shokry，开罗大学医学院，开罗，埃及

埃及有 3 个政府部门开展司法鉴定：司法部法医局、高等教育部法医和毒物学部及内政部刑事证据调查总局(图 8.1)。本章通过阐述这 3 个政府机构的司法实践，来探讨埃及司法鉴定的各个方面。

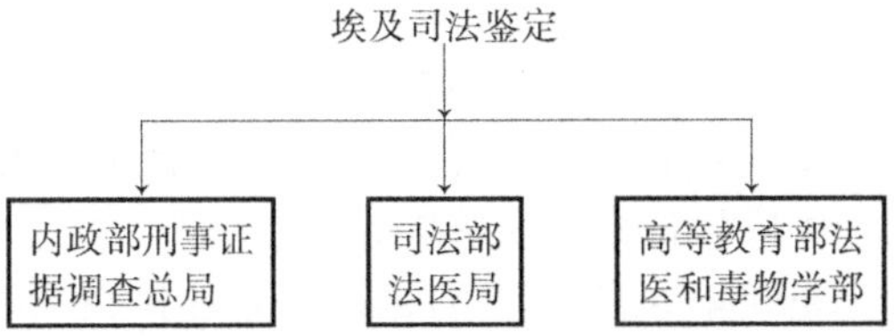

图 8.1　埃及司法鉴定

8.1　高等教育部法医和毒物学部

8.1.1　历史背景

埃及法医的起源隐藏在古代的迷雾中，可追溯到家族和部落生活的起始。人类历史的记录可追溯到 6000 年前。就目前所知，古埃及最早进行司法鉴定实践，进行专家质疑并且进行尸体解剖。尸体解剖的历史与医学和解剖学密切相关。据埃及历史学家 Manetho 考证，皇家医生 Athotis(公元前 4000 年)撰写的医学专著是第一本包含解剖学描述的著作(King 和 Meehan，1973)。

埃及人 Imhotep(公元前 2667～2648)可能是第一个真正的法医专家。他把首席大法官的职位和 Zoser 法老医生的职位结合在一起，就像英国的一些验尸官，拥有法律和医学双重资质(Deadman，1965)。

在古埃及，医生的行为受到法律的限制。早在公元前 17 世纪，刺伤就可以被区别出来。埃及人还对毒药有深入的了解。由牧师对死者是否为自然死亡作出裁定(Oliver，1932)。

在近代埃及，1820 年一个外国医疗组受邀在 Abu Zaabl 医学院教书，其中包括教授法医学课程。Khedive Ismail 时代，Ibrahim Hassan 博士在 1862 年完成法国的医学研究后，前往德国柏林大学参加法医学培训。

1870 年，Ibrahim Hassan 博士首次把法医学作为一门独立的学科在医学院进行授课，他的继任者是 Colin 博士和 Hamilton 博士。1928 年，法医系升为法医学院，Sidney Smith 教授是法医学院首任主任，同时负责学术工作和现场调查工作。开罗大学法医博物馆也是在那个时期建立，作为迄今为止世界上最伟大的法医博物馆之一，其拥有 1 000 多个不同损伤和死因的样本。Glaister 博士一直追随 Sidney Smith 教授，一直到 1932 年学术工作和现场实践分开。Mohamed Omara 博士是第一位担任开罗大学法医学系主任的埃及人(Ramzy，1992)。如今，埃及已有 17 所公立医学学校(Kasr El-Aini，Alexandria，Ain Shams，Al-Azhar University-for males and females，Al-Fayum，Al-Minya，Assiut，Banha，Bani Suwayf，Sohag，Mansoura，Minufiya，South Valley，Suez Canal，Tanta and Zagazig Universities)和两所私立医学院(埃及科技大学和埃及十月六日大学)，每个学校都有

法医和毒物学系(埃及大学最高理事会,www.scu.eun.eg/)。埃及的大学司法鉴定系包含法医学和毒物学两个学科。

8.1.2 招聘和培训政策

埃及大学不同部门的示教讲师是从申请该职位的最优秀的医学毕业生中招募。申请人需要通过硕士(MSc)和医学博士(MD)研究生阶段学习,满足研究生大学课程(临床法医学、法医病理学和司法鉴定)的培训要求。

8.1.3 人力资源

埃及高等教育部法医和毒物学部有数百名工作人员:全职教授、助理教授、讲师、助理讲师和示教讲师。

获得博士学位后助理讲师成为讲师。若要晋升高一级职位,需要通过最高司法委员会对其研究和科学活动的考核。候选人在五年任期届满才能申请高一级的职位。

8.1.4 职责

(1) 教学。埃及大学法医学和毒物学部门的工作人员负责本科生和研究生学术教学工作。司法鉴定和毒物学是埃及医学本科第四年(临床阶段)的核心课程科目,考生需通过笔试、实践和口语考试。司法鉴定和毒物学的教学大纲涉及法医学、法医和临床毒物学及医学伦理和法律等主题。法医学和毒物学研究生学位(毕业证书,硕士和博士学位)也由各大学授予。

(2) 研究。研究项目按照每所大学的战略规划开展。个人学术研究计划也是大学学术活动的组成部分。

(3) 培训研讨会、研讨会和学术会议。

(4) 法庭委托的法医学鉴定。埃及大学每年接受 2 000~3 000 例委托,法医学鉴定报告由 3~5 位教授审阅签发。

(5) 个人咨询。为不同的鉴定需求,提供法医学鉴定报告。

(6) 实验室分析。对个人和机构的样品进行化学和分析,进行滥用药物和毒物的筛查。一些法医部门也可以完成亲子鉴定中 DNA 分型的鉴定。

(7) 中毒控制中心的临床毒物学实践。大多数埃及大学的法医系都有一个临床毒物学部门来处理急性中毒案件。

8.2 司法部法医局

埃及司法部法医局对保障司法正义具有举足轻重的作用,揭示了很多案件中的未解之谜。

8.2.1 历史背景

埃及法医的历史可以追溯到司法部的建立。早期,法医局的管理由卫生部任命的法医案件兼职工作人员进行。从 1890 年开始,法医职能由卫生部委托的医生行使。

1890 年 6 月 1 日,Hassan Pasha Refky 博士从卫生部调任到司法部,成为法医局历史上的第一位法医专家。他的办公室在上诉法院大楼内,只有复杂疑难案件才转交给他处理。

1897 年 9 月,Nolon 博士被任命为首席法医,其办公室设在司法部内,但在 1902 年 1 月他的办公室被转到检察院。

1906 年 4 月,Thomas Hamilton 博士被任命为 Hassan Pasha Refky 博士的助理,于 1909 年 4 月转入内政部。1909 年 7 月,Mahmoud Maher 博士被任命为 ThomasHamilton 博士的助理。

1928 年 1 月,Sidney Smith 博士升任首席法医官,Mahmoud Maher 博士成为高级法医官。1928 年 11 月 24 日,司法部长 Ahmed Pasha khashba 阁下发布了埃及法医局的第一份章程(Ramzy,1992)。

现在有大量司法鉴定专家在司法部法医局(图 8.2)的分支机构工作,覆盖埃及大部分省份。

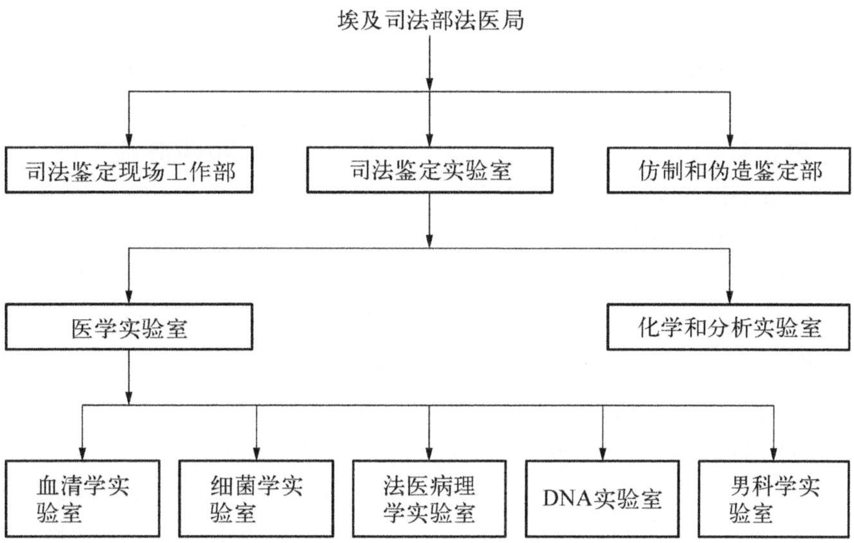

图8.2　埃及司法部法医局机构架构图

8.2.2　司法鉴定现场工作部

司法鉴定现场工作部涉及尸体解剖和临床司法实践。该部门覆盖全国28个省中的19个省。总部和中央停尸房位于首都开罗Zenhom区。大多数省份(开罗、亚历山大、布海拉、盖勒尤比、扎加齐格、伊斯梅利亚、贝尼苏韦夫、法尤姆、基纳、阿斯旺和索哈格-赛得港-谢赫-曼苏拉)都设有司法鉴定现场工作部,没有设立的省份就近处理(如杜姆亚特的案件由曼苏拉司法鉴定现场工作部处理)。摄影和影印部门包含活体照相和尸体照相,影印文件和报告也是其工作的一部分。在法医影像部门中,X线被用于枪炮伤等损伤检验,比对显微镜被用于武器检查。

8.2.2.1　人力资源

司法鉴定现场工作部的法医专家总数为160人。埃及各省司法鉴定现场工作部的法医专家总数为90名,其中15名在开罗总部工作。有70名专家在各阿拉伯国家工作。

8.2.2.2　职责

司法鉴定现场工作部的职责是为检察官和法院委托的案件出具法医学鉴定报告。

临床司法鉴定包括各种损伤评定,涉嫌违法流产、涉嫌强奸和性犯罪、企图杀人与自杀、医疗事故和医疗责任、怀疑阳痿和性功能障碍、工作场所事故和残疾评估等。

疑似自杀或自杀案件尸表检查和尸体解剖也是法医专家的工作。

只有少部分需要法医专家出具现场检查报告的案件才需要进行犯罪现场调查。由于法医数量有限,因此不能对所有案件都进行现场调查。

8.2.2.3　工作量和案件数

2013年,开罗尸体解剖3 141例,临床司法鉴定5 252例。

8.2.2.4　招聘和培训

新的法医是通过报纸公告和面试后选拔出来。培训6个月后,就可以开始其职业生涯。

8.2.2.5　顾问和咨询

若有需要,特别在医疗事故中,来自不同医学专业(外科、整形外科、放射科、精神科、泌尿科、神经外科、麻醉科、心脏内科和心脏外科)

的顾问会向法医专家提供科学意见。顾问的意见会写入最终的法医鉴定报告中。

8.2.3 司法鉴定实验室

司法鉴定实验室是法医局工作的一部分。司法部法医局包括两个主要的实验室：

（1）医学实验室。位于开罗总部，并进一步细分为五个专业实验室：

• 血清学实验室，负责将案件或犯罪现场中提取到的生物样本（血液、精液和唾液）分组。实验室共有 35 名医师，2012 年共接收到 1 941 例案件。

• DNA 实验室，通过血液、血斑、精液、指甲和骨骼的检查和分析来进行亲子鉴定和个体识别。该实验室有 11 名专业医师，全部是接受过实践培训并获得专业学位的医学毕业生。2012 年完成 2 774 例鉴定。实验室对于无名尸的样本也进行检查，并存储检验结果以供未来进行匹配。

• 法医病理学实验室，主要对解剖尸体的组织样本进行处理和检查。通常是通过经典的 H&E 染色和电子显微镜检查，该实验室共有 13 名医学病理学专家，2012 年完成了 729 例鉴定。

• 男科学实验室是进行疑似阳痿和性功能障碍鉴定的专业实验室。他们关注常规实验室检测（血糖、CBC、肝肾功能检测等）、精液分析和测试以评估性功能。共有 5 位医生，2012 年接受并完成了 372 例案件。在性功能评估中，怀疑阳痿的鉴定会咨询男科顾问的意见。

• 细菌学实验室，其责任是分析从疑似细菌污染的器具和病例中提取的样本。该实验室在 2012 年接收了 24 例案件。

（2）化学和分析实验室。埃及司法部法医局的行政结构设有 6 个化学和分析实验室，覆盖埃及所有省份（亚历山大、伊斯梅利亚、阿苏伊特、曼苏拉、阿尔加比亚和巴尼苏夫），并在开罗设有中央实验室。实验室有 86 名专家，都毕业于理学院和药学院。实验室的主要职责是筛选生物样品中不同毒物和滥用药物。2012 年 1 月至 12 月，完成 7 297 例案件。分析主要使用化学和仪器技术。

8.2.4 仿制和伪造鉴定部

8.2.4.1 职权范围

该部门专门从事各种货币、司法所需的正式和常规文件的真伪鉴定。案件主要来源于检察院或法院。

8.2.4.2 案件类型

（1）刑事案件：涉及国家权利的案件。

（2）民事案件：主要处理公民民事权利的案件。

8.2.4.3 任务

（1）笔迹鉴定。

（2）签名的检验和比较。

（3）政府和私人文件上的印章印文或指纹鉴定。

（4）全部或部分伪造文件鉴定。

（5）各种类型的当地/全球货币鉴定（不论是硬币、纸币，还是塑料和电子卡片）。

（6）各种类型的护照和签证，以及本地和全球的旅行许可证鉴定。

（7）武器和汽车底盘检验。

（8）鉴定书写时的不同病理情况，是否受到胁迫、酗酒或吸毒的影响等。

（9）书写时间鉴定。

（10）自动或化学消除的文字的恢复和再现。

（11）静电复印机（常规和彩色）的检验。

（12）检验电脑及其配件，如扫描仪和打印机，寻找物理证据。

（13）检验印刷机器，包括传统和最新的印刷机器，寻找物理证据。

（14）文件检验以确定它们的时间顺序，并确定文件核心与签名之间的关系。

（15）打印设备的输出和可疑文件的联系。

（16）审查绝症和临死前的遗书和笔迹。

(17) 挥发性和消失性油墨水书写原稿的可视化。

8.2.4.4　分支机构

(1) 中央行政部门：位于法医大楼，负责开罗省的案件。

(2) 公共行政部门：位于司法部大楼，负责调查吉萨、法尤姆和贝尼苏韦夫的案件。

(3) 亚历山大部门。

(4) 坦塔部门。

(5) 尤特部门。

(6) 基纳部门。

(7) Kaliobeya 部门。

(8) 伊斯梅利亚部门。

(9) 塞得港部门。

(10) 曼苏拉部门。

8.2.5　人力资源

在仿制和伪造鉴定部工作的专家共有 262 名，其中大多数毕业于理学院和药学院。一些专家在培训课程中为银行工作人员和检察官分享经验。2012 年受理案件总数为 29 931 件。

8.3　内政部刑事证据调查总局

内政部的个体识别部门成立于 1898 年，此后，警察在司法实践中的贡献越来越大。内政部刑事证据调查总局下设两个机构(图 8.3)。

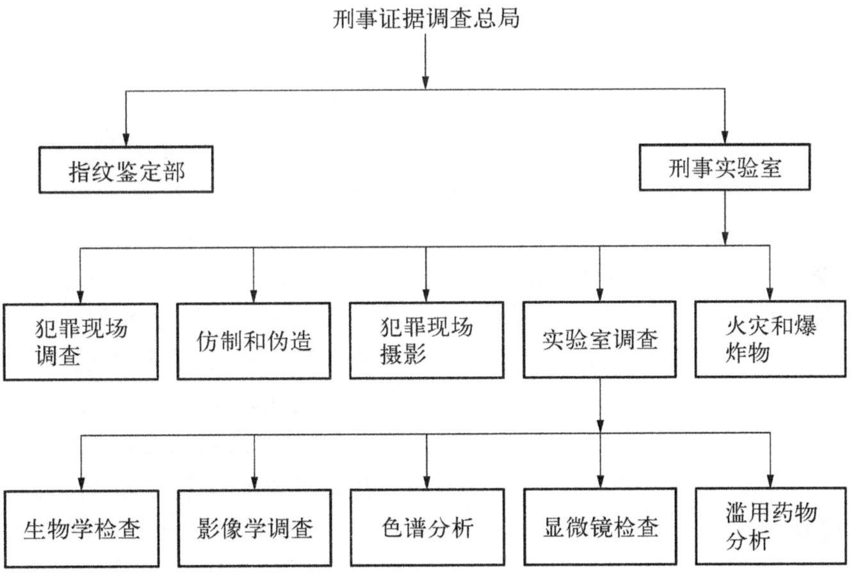

图 8.3　刑事证据调查总局

8.3.1　指纹鉴定部

指纹鉴定部成立于 1957 年，用于埃及人的指纹登记，后来用电脑登记取代了人工，现在已经完全数字化，数据库几乎囊括了所有埃及人。

8.3.2　刑事实验室

刑事实验室包括以下专业。

(1) 犯罪现场调查部负责现场的文件记录和摄影。犯罪现场调查人员有责任保护犯罪现场，保存物证、收集和提交科学检查证据。证据包括指纹、可疑污渍、纤维、头发、衣服，武器等。

(2) 仿制和伪造部负责调查涉嫌的文件和货币。该部门还包括声纹分析和声学分析单元，包括磁带过滤和增强、磁带认证、枪击声学、对话重建和任何其他有问题的声音事件的分析。

(3) 犯罪现场摄影部负责拍摄犯罪现场的

照片并制作录像带。照片和视频用于准确再现犯罪或事故场景,以供法庭和/或调查中使用。它是证据收集过程的一部分,为调查人员提供受害者、犯罪地点和物品照片。该部门的职责延伸到通过手绘图、数字再现、面部重建和个人身份识别来进行面部识别和匹配。

(4) 火灾和爆炸物调查部主要负责火灾和爆炸碎片的收集和分析。

(5) 实验室调查部进一步细分为五个单元:

a. 生物学调查科。职责包括对血液、唾液和精液等生物样本进行分析,并将其与嫌疑人或亲子鉴定中假定的、生物学父亲进行匹配。

b. 影像学检验与调查科。

c. 色谱科。

d. 组织学检查科。

e. 滥用药物检验与分析科。

这些实验室和单元的大多数工作者都是具有科学背景和资格的人员。

刑事证据调查总局的组织架构分为中央行政机构和 5 个地方行政机构,其中中央行政机构覆盖开罗、吉萨和克洛伊比亚省;地区行政机构包括西三角洲地区、伊斯梅利亚市的苏伊士运河和西奈地区、坦塔市中部三角洲地区、尤特市的上埃及北部和基纳市的上埃及南部地区。

司法部和内政部的实验室工作职责有重叠,检察官或法官负责分配工作。

8.4　资金政策

司法系统中的大部分机构由埃及政府通过收支平衡的方式供资。法医局由司法部提供资金,医学院校由教育部提供资金,犯罪现场调查实验室由内政部提供资金。

8.5　政治影响

埃及为人类提供了世界上最古老的政治制度。在尼罗河畔成立了历史上首个统一的中央政府,所以政治永远是埃及人生活中至关重要的部分。埃及司法鉴定领域的工作者认为,独立、客观是实现正义的基石。

政治动荡导致案件数量激增,给司法鉴定实践带来沉重的负担,迫切需要制定具体的战略计划来应对危机。

8.6　司法鉴定的未来

随着时间的推移,埃及司法鉴定管理也发生了变化。过去,学术研究和现场调查工作一直由开罗大学法医学系主任兼首席法医官一人负责主持。1932 年,学术研究和现场调查工作进行了行政剥离。Bernard Knight 认为将从事法医病理实践的人员同大学中教授法医病理的人员分离是埃及法医学领域的严重缺陷(Knight,1996)。

未来发展的核心建议是开展多种形式的综合性合作,这是埃及各大学法医学系及负责现场工作的法医局的主要目标。其他建议包括:① 大学的法医从业人员对大学附属医院中创伤受害者进行法医学处理和记录,并参与临床司法鉴定实践,以弥补司法部法医鉴定人员数量不足的缺陷;② 鉴定工作人员全天候 24 小时(每周 7 天,每天 24 小时)进行临床工作,以更好地保存生物学证据。特别是在性侵犯案件中,目前因受到法医局工作时间的限制,受害者往往会在侵害发生的数天后才能到法医局接受检查;③ 对来自大学和司法部的司法鉴定从业者进行统一培训,这些培训项目由大学和司法部的最高司法鉴定理事会组织开展。

埃及司法鉴定领域发展过程中的其他关注点还包括:

- 鉴于司法鉴定学科迅速而持续的发展,培训项目、后勤和装备的发展是提升埃及司法鉴定实践的基本需求。

• 引入不同的司法鉴定相关专业，如法医人类学、考古学、牙科学、影像学、精神病学等。这一措施将使专业法医成为埃及司法系统的一部分，有助于更好地处理司法鉴定案件。

• 由专门的机构来开展危机管理战略的实施和重组。

• 制定内审和内部控制战略，建立司法鉴定实验室的国际认证和认可体系。

埃及是人类社会中第一个文明国家，在这片土地上孕育了最早的司法鉴定实践。埃及的司法鉴定科学工作者有信心在未来的发展过程中更好地履行公平正义的使命。

最后，引用亚里士多德（希腊哲学家，公元前 384 年~公元前 322 年）的话作为本章结尾：我们重复的行为造就了我们。因此，优秀不是一种行为，而是一种习惯。

致谢

非常感谢 Zenhom 病理室负责人 Hisham A. Farag 博士提供的埃及司法部法医局的行政结构和案件流程信息，信息来源于各机构的文件归档系统。

参考文献

第 8 章参考文献

第9章
爱沙尼亚司法鉴定实践

Marika Väli,爱沙尼亚塔尔图大学病理解剖学及法医学系;爱沙尼亚司法鉴定研究所,塔林,爱沙尼亚
Üllar Lanno & Ivar Prits,爱沙尼亚司法鉴定研究所,塔林,爱沙尼亚

9.1 简介

爱沙尼亚司法鉴定研究所(EFSI)是隶属于司法部的国家机构,于2008年1月1日成立。

该研究所致力于为刑事案件提供司法鉴定专家意见,促进司法鉴定领域的发展、开展对警察机构的培训、就研究所职责有关的事项进行磋商及对国家数据库的登记和管理。该研究所成立之初组织架构包括司法鉴定部门、DNA部门、文件部门、IT部门、化学部门、指纹部门、犯罪现场部门、交通部门、技术部门、保安警察鉴定部、司法精神病部、经济部、行政部、质量部和人事部。后来,研究所撤销了犯罪现场部和保安警察鉴定部,并移交给警察部门。

质量管理体系基于两项国际公认的标准:检测和校准实验室能力通用要求(ISO/IEC 17025:2005)和EVS-EN ISO 9001:2008质量管理体系标准(ISO 9001:2008)。此外,质量管理体系还扩展到第三个标准EVS-EN ISO/IEC 17020:2006,检查机构能力认可准则(ISO/IEC 17020:1998)。在研究所的活动中,研究所遵循欧洲司法鉴定研究所联盟(ENFSI)的原则:客观公正、科学专业、经济合理、结果可靠,并在国家和国际层面上得到认可。自1998年以来,EFSI一直是ENFSI的成员。

9.2 历史

爱沙尼亚第一项重要的司法鉴定活动是1921年8月5日检察官办公室司法鉴定内阁(Cabinet of Forensic Science,CFS)的成立(图9.1)。CFS的创始人是拉脱维亚,里加的化学家Karl Schneider教授。

图9.1 1921年司法鉴定内阁
资料来源:爱沙尼亚司法鉴定研究所档案

内阁重组始于1938年。司法鉴定研究所(Forensic Science Institute,FSI)是第一个提供司法鉴定服务的机构,于1938年4月6日发布“法院宣言”后正式开业。当时FSI主要服务于检察官,为法院诉讼做准备。此时Feliks Wittlich教授担任主任。第二次世界大战期间,FSI的活动停止。

从1944年开始,苏联陆续合并了波罗的海国家爱沙尼亚、拉脱维亚和立陶宛。当时司法部并不独立于其他政府部门。最高法院管理低级法院(人民法院),应用宪法确定的法律或由

苏维埃的法律解释。宪法监督委员会负责审查法律和行为是否合乎宪法。苏联采用罗马法的审问制度，法官、检察官和辩护律师共同致力于寻找真相。司法鉴定由警察犯罪调查实验室、检察官办公室技术检查实验室和塔尔图大学法医系同时协作进行。1944年底，设立了法医学首席专家的职位。在20世纪五六十年代，法医学检查越发复杂，为满足这种需求，尸体解剖由其他专业的医生进行，由此产生了一定数量的尸体挖掘。在原苏联时代，爱沙尼亚法医病理学家在俄罗斯（主要在列宁格勒，现名圣彼得堡）进行持续培训。司法精神病鉴定在医院精神科诊所由医生进行。

爱沙尼亚于1991年8月20日从原苏联体系中独立出来。此后，爱沙尼亚需要应对近50年来苏联全面统治的后果，同时采取措施迅速有效地融入欧洲经济领域。爱沙尼亚的改革针对经济、执法及司法系统。

1993年，警察犯罪调查实验室和检察官办公室技术检查实验室在国家警察局内合并，标志着司法鉴定领域开始了第一次改革。这个新组织的名称是司法鉴定中心。同时，1993年，负责法医专家分析的机构更名为爱沙尼亚法医局（Estonian Bureau of Forensic Medicine，EBFM）。2002年，EBFM从社会事务部移至司法部管辖。

2006年春，司法部下属的爱沙尼亚法医局和内政部下属的司法鉴定中心启动合并事宜，这是司法鉴定领域的第二次重大改革。这一合并倡议在2006年3月份举行的部长会议上被提出。2006年6月，司法部长和内政部长同意将两个机构合并为司法部管辖的一个政府机构。2006年10月，共和国政府会议批准了爱沙尼亚法医局和司法鉴定中心的合并。2007年2月，政府决定在2008年1月1日合并机构（既要最大限度地减少因延长合并时间而产生的人员风险，又要尽量保持法医系统的平衡）。2007年6月，爱沙尼亚议会通过了修正后的《司法鉴定法》（*Forensic Examination Act*）。同一时期，政府决定将司法鉴定中心的活动终止，其任务、权利、义务、公共财产、记录管理将从2008年1月1日起转移到爱沙尼亚法医局。2007年8月，在共和国政府会议上决定成立司法鉴定中心清算委员会，部长负责合并之后立法的修正。2007年12月，共和国政府会议上决定了合并所需的立法修正，2007年12月14日，司法部长签署了合并机构的章程。爱沙尼亚司法鉴定研究所于2008年1月1日组建完成，有185名工作人员（图9.2）。

图9.2　EFSI总部

资料来源：爱沙尼亚司法鉴定研究所档案

9.3　案例类型

EFSI每年约进行1 800例司法精神病学检查、2 500例法医学检查、4 600例刑事技术检验和6 400例法医毒物学检验工作（图9.3）。

9.4　结构

EFSI由司法部刑事政策司管理。该研究所由五人监督委员会管理，该委员会根据各机构提交的有关司法鉴定事务的意见指导其运作。委员会由内政部副秘书长领导，司法部副秘书长、国家检察官办公室检察长和最高法院刑事庭法官组成。委员会会议每年召开4次。

EFSI的运作遵循自己的章程及国家的法律法规。

EFSI 的结构单元是其各部门和办事处，分部可能由部门组成。研究所包括法证部门、DNA 部门、文件检验部门、IT 部门、化学部门、指纹部门，车辆和道路交通事故调查部门、技术部门、4 个法医部门、司法精神病学部、经济部、行政部、质量部及发展和人事部（图 9.4）。

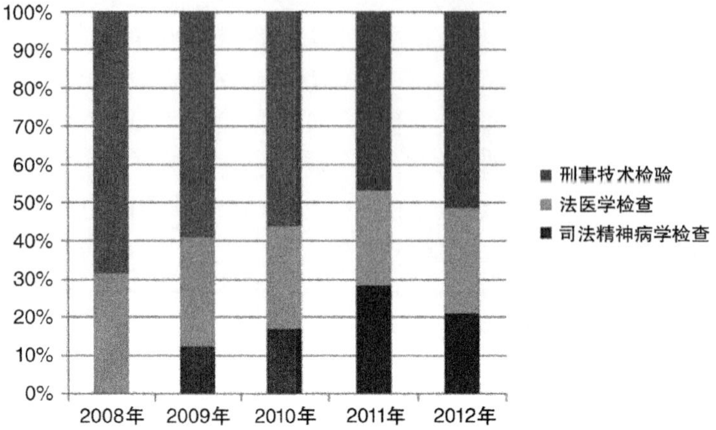

图 9.3 司法鉴定案件分布（2008~2012 年）

资料来源：爱沙尼亚司法鉴定研究所档案

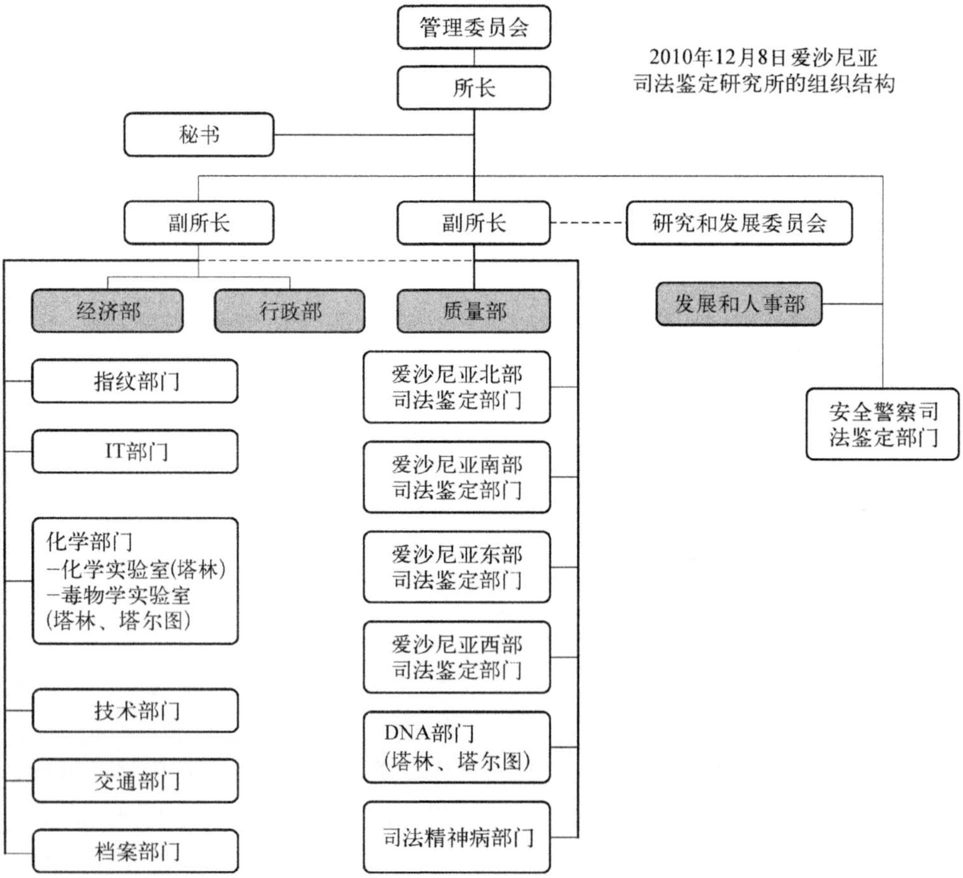

图 9.4 爱沙尼亚司法鉴定研究所的结构

资料来源：爱沙尼亚司法鉴定研究所档案

4个分所分布在爱沙尼亚北部、南部、西部和东部四个地区。

EFSI章程规定了各部门在其工作领域的主要功能。各部门的详细任务在各个单元章程中列出，由主任批准。研究所的结构根据司法部长条例附件1确定，该条例在§43(5)“共和国政府法”和§301(1)和(2)“司法鉴定法”基础上制定。

EFSI目前拥有176名员工，其中包括87名司法鉴定人员。该研究所的工作人员包括刑事侦查人员、法医病理学家、司法精神病学家、法医心理学家和专家。EFSI的检测范围目前覆盖了超过40个不同的领域。“司法鉴定法”上发布了最终更新的EFSI检查和检测项目列表，并附有相关的收费标准。

根据其章程，研究所在其结构中有一个研究和发展委员会(Research and Development Committee，RDC)。RDC由雇员和专家组成，每年召开四次会议，并就新方法和新技术的采用方面提出建议。RDC的主席是发展局副局长，副主席是质量管理人员。两者都由RDC成员推选。委员会通过投票决定。委员会有20名委员，其中包括司法部的代表。EFSI的任务是管理国家认可的官方认证专家名单，其中包括12个科学领域的60位专家。该清单的目的是向法院提供合格的专家，以扩大研究所的活动范围。该清单正式公布于该研究所的网站上。

9.5　爱沙尼亚司法鉴定部门

DNA部门进行DNA鉴定，鉴定的对象是人类DNA。分析的目的是将现场中获得的DNA基因图与当事人进行比对，该部分工作量最大。DNA部门还进行亲缘关系鉴定，目的是识别个体身份或确定亲子关系。除了刑事或民事诉讼，个人也可以向DNA部门申请进行亲子鉴定。EFSI的DNA部门是国家DNA数据库的授权处理部门。该数据库包含从现场获得的10 000多份谱图和34 000人的DNA信息。

文件检验部门分析包含纸张或塑料的数据，如身份证件、驾照、现金、合同、遗嘱、发票、申请书、文凭、证书等，并进行技术比较分析。

笔迹鉴定是司法鉴定的经典分析领域，主要目标是确定写字人。因为目前的主要技术手段是使用放大镜和显微镜作为笔迹特征比较分析，因此专家的工作经验是至关重要的。文件分析通过检验机制文件(护照、驾驶执照、现金、合同等)，为文件的真实性或为其产生方式提供意见。

文件分析时可能采用微观和光谱方法，并且可以与化学分析部门合作共同开展文件材料分析(见下文)。文检专家通常会收集相关技术数据，并同时与其他主管部门交换信息以便识别欧元伪钞。财务分析的目的是帮助诉讼主体解决复杂的经济犯罪。涉嫌刑事犯罪案件时，会计的组织主体、报告主体、伪造会计数据或提供不正确的数据、材料损害和程度、审计结论的准确性和其他必要的情况都需要进行分析。2009年，研究所采购了一台新的文检仪(Foster + Freeman VSC 6000)。2010年，该设备和立体显微镜(Leica Stereo ZOOM荧光显微镜)连接进行了现代化改造(图9.5)[①]。

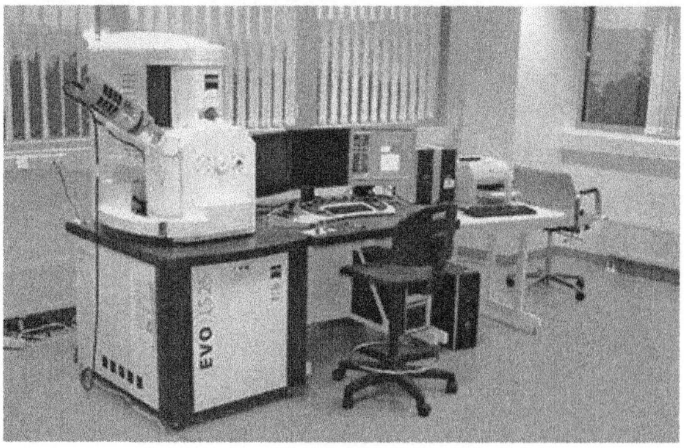

图9.5　扫描电子显微镜

资料来源：爱沙尼亚司法鉴定研究所档案

IT部门在诉讼主体要求下，通过分析计算机及其相关的数据介质(硬盘驱动器、CD/

① 译者注：原著中，图9.5与正文不符。

DVD、软盘，记忆棒和存储器），对关键字、通信、文件和文件夹进行检索。

IT部门也分析其他数字或电子设备，这些设备可能包含对诉讼至关重要的数据。最常被分析的数据介质是来自个人电脑和笔记本电脑的硬盘驱动器，也有来自各种特殊用途设备（计算机），如视频安全记录设备、带硬盘驱动器的DVD刻录机、视频游戏机等。该部门一直通过图像分析来帮助诉讼主体解决录像或数字图像有关的问题（将视频转换成各种格式、处理和质量改进、解决视频文件的播放问题、提取帧、回答与数字图像有关的问题，从数据媒体和设备中搜索与诉讼有关的图像和视频文件）。

语音信号分析包括分析录音的真实性、提高录音质量即消除背景噪声、电话干扰、无线电干扰、慢速播放音乐、街道噪声等，使录音尽可能易于用户理解。它还进行数据转录，即写下录音内容同时识别说话人（图9.6）。

图9.6 语音分析
资料来源：爱沙尼亚司法鉴定研究所档案

化学部门对麻醉物质、毒物学、油漆残留物、纤维、爆炸物、金属和枪弹进行专家意见评估和分析。地区性的化学部门设在塔尔图，专门进行毒物学评估和分析。主要任务是对毒物学、麻醉物质的评估和分析，大多数用于分析麻醉物质和毒物的方法都经过认可。枪弹残留物和元素分析的电子显微镜方法也获得认可。

最终修订的关于毒物鉴定的法律于2009年7月1日正式生效，国内中毒鉴定有关的分析工作都集中到EFSI化学部。2010年，化学部门采购了离子色谱仪Dionex ICS 1600和液相色谱/质谱仪Agilent 6410（图9.7）。

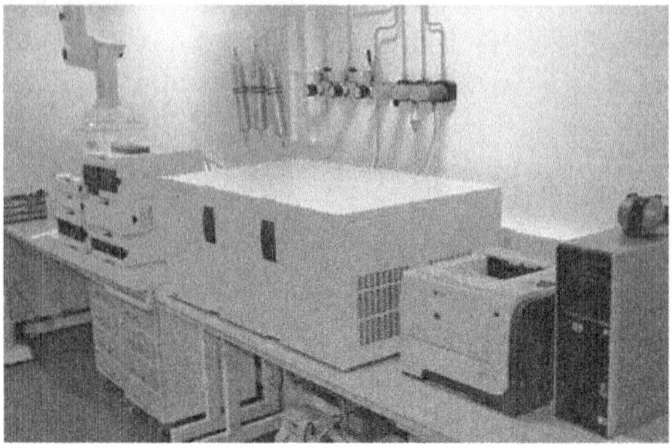

图9.7 Agilent 6410液相色谱仪/质谱仪
资料来源：爱沙尼亚司法鉴定研究所档案

该部门将气相色谱/质谱仪Agilent 7890/5975用于进行麻醉药物和毒物分析，带裂解装置的气相色谱/质谱仪Agilent 7890/5975用于可燃液体和油漆分析，气相色谱仪Agilent 7890用于麻醉药物分析。

法医部门分布在爱沙尼亚的四个地区：爱沙尼亚北部的塔林、爱沙尼亚南部的塔尔图、爱沙尼亚西部的帕尔努和爱沙尼亚东部的科赫特拉-耶尔韦。

所有部门都对活体和尸体进行法医学检验，包括在塔林进行法医放射学和医学犯罪学专家评估和分析，在塔尔图进行医学毒物学专家评估和分析。对活体进行法医学检查以评估健康损害状况（损伤）、查证侵犯个人健康或性自主权的犯罪、解决执法当局遇到的其他医疗问题。若明显为自然死亡或刑事犯罪，则对尸体进行尸表检验。如果涉及由外部环境因素的作用（如缢死、溺水、交通事故等），则规定进行法医尸体解剖。

医学毒物学分析是为了在审判前调查当局或法院的审查裁决的基础上评估有毒物质的影响。医学犯罪学专家评估是为了根据骨骼或部分骨骼来验证死亡的原因或机制。2010年，还可以向法医部门申请与诉讼无关的损伤鉴定。

2010年10月,实施了一项用于数字化尸体解剖和数字化活体检查的三维技术。塔林法医部门新装了CT扫描仪(Siemens Somatom Emotion 6)(图9.8)和MRI扫描仪(西门子1.5T Magnetom Avanto)。

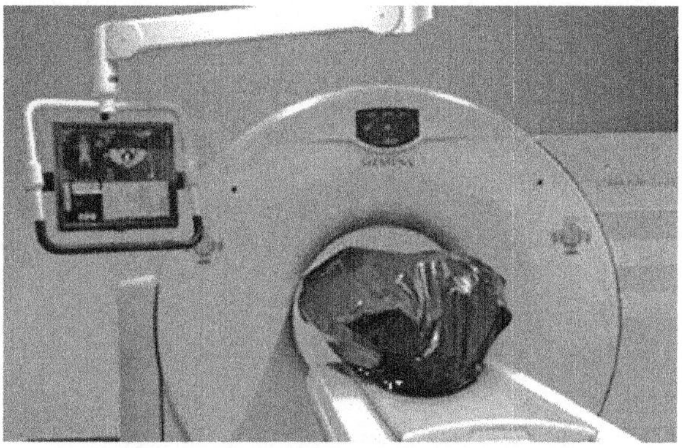

图9.8 CT扫描仪(Siemens Somatom Emotion 6)
资料来源:爱沙尼亚司法鉴定研究所档案

2009年,研究所在司法精神病学和心理学部门组织了司法精神病学、心理学和性学专家评估。专家评估不能通过私人委托的有偿服务进行,而是根据法律在案件或诉讼程序的框架内由诉讼的机构来决定。平均而言,每年进行1 500~1 600次专家评估,其中大多数是监护权诉讼,涉及限制行为能力或者非自愿的监护。专家评估的另一个重要组成部分是刑事案件,进行犯罪发生时犯罪嫌疑人或受害者状况的专家意见评估。专家评估也被限定在与遗嘱有关的纠纷,决定父母的监护权等。

车辆和道路交通事故调查部门进行交通技术分析、车辆技术检查和交通痕迹检查。交通技术分析领域包括与交通事故重建有关的问题及需要对车辆的移动过程进行计算分析。除其他方法外,他们还使用在整个欧洲最常用的交通事故重建方法:PC-CRASH程序(图9.9)。

对车辆进行技术检查的目的是检查确保车辆交通安全的系统的工作能力,识别任何故障和损坏,以确定在不考虑驾驶员意图的情况下,哪些方面可能影响车辆的运动或可控性。车辆

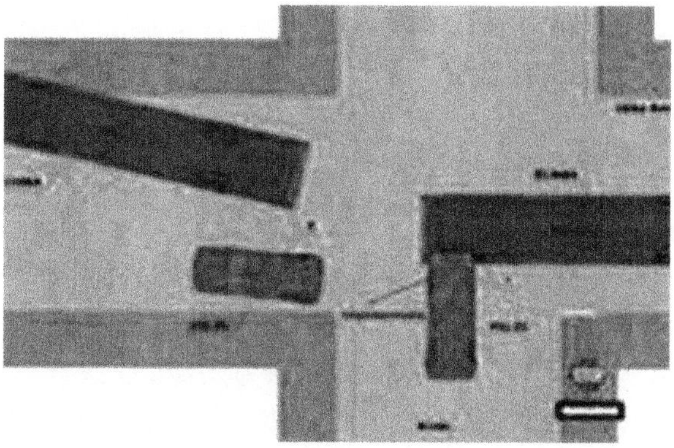

图9.9 PC-CRASH程序
资料来源:爱沙尼亚司法鉴定研究所档案

技术检查的目的不是检查车辆的技术状况是否符合"机动车辆和拖车技术条件要求"的规定,而是要分析车辆与特定评估任务和(或)交通状况(交通事故)有关的技术状况。

交通痕迹检查领域包括车辆识别、车辆遗留痕迹及车身上痕迹的鉴定和检查。

指纹部门的活动领域包括:指纹显现、指纹拍照、指纹识别、事件场景相互关联、国家指纹数据库维护等。

各种物理、物理/化学和化学方法被用于收集擦划立体印痕。多采用国际公认的ACE-V原则,包括定性/定量痕迹分析、比较分析、评估和确证分析作为鉴定基础。指纹部门维护国家指纹数据库,数据库保存了超过145 000人的纸质和电子化的指纹信息,指纹部门每年大约进行3 800次专家意见评估和分析(图9.10)。

技术部门进行痕迹鉴定、引爆装置和爆炸

图9.10 十指捺印卡片
资料来源:爱沙尼亚司法鉴定研究所档案

检查及火灾和枪械检验。

痕迹鉴定的目的是根据事件现场留下的痕迹的特征来鉴别留下痕迹的对象。痕迹检查的对象是闯入者留下的标记,鞋类、足迹和轮胎留下的标记,锁,与物体分开的零件,塑料袋,死亡标记,密封圈,损坏衣服和其他痕迹(如血迹形态,耳朵、手套留下的痕迹等)。

引爆装置和爆炸检查分为两组,取决于是否需要鉴定、爆炸是否已经发生、事件和爆炸对象是否需要重建。工业生产和自制物体都可以分析。鉴定物体的主要目的是识别其结构、性能和炸药容量,并验证物体的类型和标记,引爆装置中可能的功能及用处。爆炸检查中的目标是确定爆炸的中心,分析事件现场发现的物体和爆炸之间的联系,识别引爆装置的可能结构和爆炸机制,并重建事件。

火灾调查的目的是鉴定火灾的技术原因并收集有关火灾进展的数据(火源的位置、火灾源头的数量、火势蔓延的路线、燃烧过程及其进展的时间特征和情况是否有利于火势的蔓延)。

枪械检查包括对枪械、气体武器、气动武器、子弹及弹痕进行检验。目的是鉴别所提供的物体是否属于武器,识别武器的类型、系统、型号,武器改装、制造方法,武器的可用性,在特殊情况下可根据子弹、炮弹和其他弹药筒部件识别武器,根据各种物体上留下的痕迹确定射击的距离和方向,以及其他与射击有关的情况(图 9.11)。

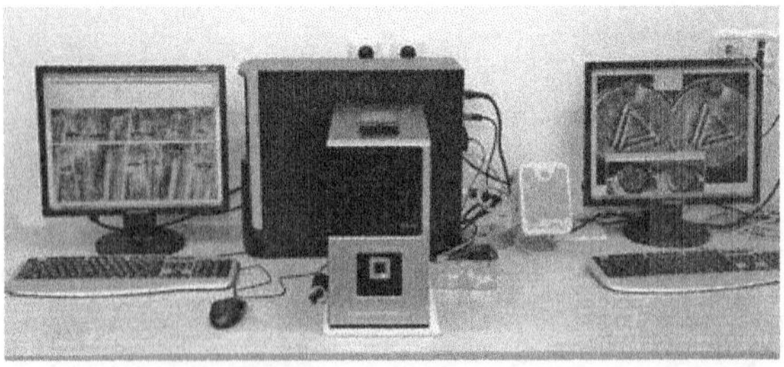

图 9.11 自动枪弹鉴定系统

资料来源:爱沙尼亚司法鉴定研究所档案

9.6 国家指纹数据库和国家 DNA 数据库

国家指纹数据库和国家 DNA 数据库已经建立,并且其章程已经通过共和国政府的批准。司法部是国家 DNA 和指纹数据库的主要管理单位,并且授权国家司法鉴定机构——EFSI 进行处理。

9.7 爱沙尼亚中央银行的 NAC 和 CNAC 服务

2011 年 1 月 1 日[①],欧元成为爱沙尼亚的官方货币。为了检测和更新欧洲中央银行的欧元纸币和硬币的赝品数据库,EFSI 在国家中央银行的监督下担任全国 NAC 和 CNAC 机构。

9.8 实验室认可/质量管理

为了实现目标,研究所实施了质量管理体系,该体系基于以下三项国际公认的标准。

(1) EVS - EN ISO/IEC 17025,检测和校准实验室能力的通用要求。

(2) EVS - EN ISO/IEC 17020,检查机构能力认可准则。

(3) EVS - EN ISO 9001 质量管理体系的要求。

研究所于 2003 年获得了爱沙尼亚认可中心的认可。

(1) ISO 17025(认可证书编号 L127)的认可范围包括研究所在毒物学、麻醉药品和精神药物的测定、枪击残留物和电子显微镜、DNA 鉴定、质量检验、假币调查、指纹和信息技术的开发和鉴定方面的活动。

① 译者注:爱沙尼亚于 2011 年 1 月 1 日正式成为欧盟第 17 个成员国。

（2）ISO 17020（认可证书编号I072）的认可范围涵盖了活体和尸体法医学检查领域。

研究所自2009年起获得Bureau Veritas Eesti OÜ认可（初始证书号为EST90645A，现为EST62212A）。认可是对独立第三方的确认，即司法鉴定检验和分析及与之相关的活动符合国际公认的管理标准ISO 9001的要求。

除了他们的日常工作之外，研究所的工作人员不断创新、改进方法促进技术进步。

9.9　能力保证

根据《司法鉴定法》，EFSI雇佣的鉴定专家要具备以下能力：具有完全民事行为能力；在法律或法律规定的范围内熟练掌握爱沙尼亚语；已经在爱沙尼亚共和国高等教育机构受过该专业的高等教育，或者未受高等教育但教育达到上述水平并且已经在鉴定或研究机构从事专业领域工作2年以上。所有上述要求在同一法案中进行了限制。在签订雇佣合同后，鉴定人应在雇主面前宣誓：

“我（姓名）发誓，要根据我的专门知识和良知，诚实地履行鉴定专家的职责，公正地提供专家意见。若提供虚假的专家意见，将接受《刑法》第321条的处罚。”

鉴定专家应签署誓言并注明宣誓的日期。誓言的签署文本应附在劳动合同副本上，由雇主保存。

司法鉴定专家的能力由法律和公共防卫专业委员会2006年12月11日批准的职业资格标准规定。已经制定了Ⅲ、Ⅳ和Ⅴ级的鉴定专家资格标准。

司法鉴定（刑事）专家（Ⅳ和Ⅴ级专家）的能力由法律和公共防卫专业委员会2009年5月12日批准的职业资格标准规定。

为确保研究技术人员和科学家在专业范围内具有高素质及竞争力，EFSI遵循欧洲司法鉴定联盟（ENFSI）教育和培训常务委员会最佳实践指南文件：ISO 17025和ISO 9001标准文件；塔尔图大学医学院的在职培训课程；以及EFSI长期培训计划和年度培训活动计划。

该研究所通过定期参加合作练习和国际能力验证来确认其专业素质。

根据《司法鉴定法》的规定，满足下述条件者方可纳入官方认证的专家名录。

（1）在申请列入名录前，已在申请正式认证并符合国家认定的考试条件的科学领域工作满3年。

（2）有机会利用专家研究所需的技术资源；

（3）拥有固定收入。

EFSI充当其执法社区内所有合作伙伴的国家级培训机构。

9.10　资金

司法鉴定机构开展活动的资金来自国家预算拨款。EFSI年度预算由司法部的预算分配，预算周期从每年的1月1日至12月31日。

根据《司法鉴定法》，EFSI可以鉴定服务的形式获取外部收入，但外部收入不得超过所在专业领域收入总和的20%。这包括私人委托的案件，如亲子鉴定、毒物学、图形学、电子显微镜检测和法医检查。

客户应根据检查价格表向鉴定机构支付费用。若没有相应类型的收费标准，应以最接近的检验类型的价格应作为基准，达成一致收费。

9.11　研究

根据研究所的章程，由雇员和专家组成的研究和发展委员会每年召开4次会议，并就机构采用新方法和新技术提出方向性建议。

爱沙尼亚司法鉴定研究所有3名具有博士学位的工作人员，同时参加了塔尔图大学法医学博士学习。三位鉴定专家中1名在司法鉴定领域,2 名在 DNA 领域,他们的研究课题如下：

• 酒精相关的分子和病理形态学损伤。

• 不同手枪造成伤害的法医学鉴别。

• 不同年龄组儿童急性酒精中毒临床表现及生化检测。

• 生物化学和病毒学检查用于死后诊断的可能性。

爱沙尼亚司法鉴定研究所化学系的专家正在他们的研究范围内拟订检验次黄嘌呤的方法来确定死亡时间。

过去数年中,塔尔图大学病理解剖学、法医学 2 篇博士学位论文通过答辩,3 篇博士学位论文研究正在进行中。每年发表 2~3 篇国际学术论文。

自 2011 年 4 月 6 日以来,该研究所每年通过传统司法鉴定会议来庆祝其周年庆。此外,每年度都会向最杰出的科学家或科学研究项目颁发特别奖项。

该研究所出版了爱沙尼亚语的专著和培训教材:《法医学》(2006 年)、《法医牙科学》(2009 年)和《司法鉴定学》(2013 年)。2011 年,EFSI 所史(1918~2011 年)出版。

由于该研究所是爱沙尼亚唯一开展司法鉴定的机构,因此需要与国际接轨以确保高科学水平(参加 ENFSI 组织的工作组会议、研讨会和学术会议,与其他机构交流经验等)。目前与拉脱维亚、立陶宛、芬兰、瑞典、荷兰、丹麦、德国、瑞士、波兰、俄罗斯和许多其他国家进行密切的国际合作。

爱沙尼亚司法鉴定研究所的雇员参加了由 ENFSI 资助的各类项目：基于"欧洲司法鉴定导师计划 2"(EMFA 2)和"能力验证及协作训练新程序的建立"的质量负责人项目;"针对警方重要资讯科技系统的网络攻击、保安及网络攻击程序""打击及调查针对重要政府基础设施的网络攻击"项目;DNA 和指纹部门的专家参与了"指纹图谱调查方法对 DNA 分析的影响"项目。

9.12 未来趋势

该研究所遵循欧洲主要机构联盟——ENFSI 和 ECLM 的发展战略。未来的发展趋势以 2011 年 11 月 13 日发布的"建立欧洲司法鉴定科学领域和发展欧洲司法鉴定基础设施的欧洲司法鉴定 2020 展望"为指引。

欧洲司法鉴定 2020 展望的愿景是实现全欧洲司法鉴定研究所和实验室的认可;确定司法鉴定人员的最低能力标准;建立共同的最佳操作手册并应用于司法鉴定实验室和研究所的日常工作中;强制参加能力验证/实验室间比对;实施犯罪现场调查的最低质量标准;实现全欧洲司法鉴定活动的协调一致,以避免重复鉴定、减少技术和质量差异、减少处理跨国犯罪所需时间;加强数据交流,更新和使用会员国的数据库;运用司法鉴定的最新成果打击恐怖主义、有组织犯罪和其他犯罪活动;加强执法和司法工作人员的培训和继续教育;加大研究和开发项目,促进司法鉴定的可持续发展。

第 10 章
芬兰司法鉴定与法医学的历史与现状

Erkki Sippola,芬兰国家调查局司法鉴定实验室,万塔,芬兰
Pekka Saukko,图尔库大学生物医学研究所,法医学系,图尔库,芬兰

10.1 司法鉴定

10.1.1 历史

1908 年赫尔辛基警察局成立人体测量办公室,拉开了芬兰司法鉴定的序幕。但人体测量学办公室从未进行过人体测量,只负责指纹鉴定。起初,实验室只聘用了一位司法鉴定专家(图 10.1)。他唯一的工具是光学显微镜。1914 年,人员增加到了 3 位。

图 10.1 Harald Rosenberg
Harald Rosenberg 是警方的第一个摄影师,他在瑞典和俄罗斯学习犯罪现场摄影,尽管他使用的工具相当简单,但业内公认其为专业人士;资料来源:经芬兰国家调查局许可转载

人体测量办公室后来被命名为痕迹鉴定办公室,并于 1926 年成为犯罪调查中心。在 20 世纪 20 年代,通过指纹和枪械鉴定解决了几宗杀人案。随着案件数量逐渐增加,更多警官参加了犯罪现场调查的培训。1926 年该中心处理的案件仅为 56 例,但在五年后就超过了 500 例。当时犯罪调查中心涵盖了指纹、痕迹、笔迹和枪械鉴定等学科(图 10.2)。

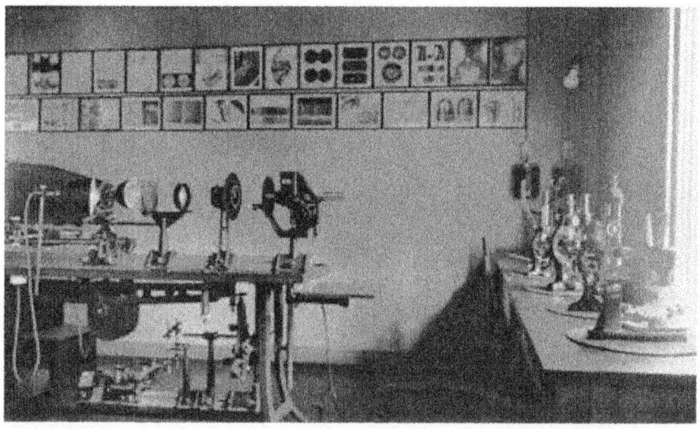

图 10.2 1929 年购买的一个微型相机(图中的主要设备)同时期,还增加了多种显微镜;资料来源:经芬兰国家调查局许可转载

1930 年,芬兰再建了一个化学实验室。新雇佣的法化学家进行了毒素、血液和促进剂的分析。1931 年,犯罪调查中心迁至新地方,机构分为光学部门和化学部门。在 20 世纪 30 年代,工作人员只有 4 人。1937 年,新颁布的法律确认了犯罪调查中心的地位,工作人员增加至 18 人、年案件数增至 800 例、收集了近 10 万名被定罪者的指纹。

第二次世界大战的爆发使得犯罪调查中心的工作量和人员锐减,其中 6 名工作人员被派往前线。不幸的是,有两人于 1942 年遇难。为避免犯罪调查中心被炸毁,该中心进一步向北转移到博腾区,并在 Koivulahti 村的一所学校中运作(图 10.3)。实验室也被临时安置在教室里。

图 10.3 由于 1939 年冬季战争的爆发,犯罪调查中心被转移到 Ostrobothnia,在 Koivulahti 村里的一所学校中运作

资料来源:经芬兰国家调查局许可转载

第二次世界大战后,由于犯罪活动增加,案件数量又开始增长,但这一现象也与警方的活动有关。1955 年,一个新的机构——国家调查局(National Bureau of Investigation,NBI)成立。犯罪调查中心成为 NBI 的一部分,随后更名为司法鉴定实验室。

20 世纪 60 年代,司法鉴定的方法和应用开始增多(图 10.4)。气相色谱法大大地提高了测量准确性,35 毫米胶卷相机的推出使犯罪现场摄影水平提高到一个新的高度。此外,20 世纪 60 年代还引进了彩色摄影。非法药物的滥用也使得案件数量迅速增加。

图 10.4 芬兰警方的第二辆犯罪现场调查车

所有的设备通常都装在汽车里;这张照片于 1964 年在赫尔辛基拍摄;资料来源:经芬兰国家调查局许可转载

司法鉴定实验室的扩建导致场地局促。空间太小以致发展受限。最终,实验室于 1976 年搬到了新地方。1978 年购买了第一台扫描电子显微镜,随后在 1985 年购买了首台 FTIR 显微镜。20 世纪 80 年代,国际合作特别是和斯堪的纳维亚国家、德国及美国的合作开始增加。

1994 年,NBI 增加了一座全新的建筑,首次根据现代司法鉴定标准设计建造实验室。20 世纪 90 年代,司法鉴定的主要发展是引入质量管理体系。1996 年第一次针对 EN 45000 标准进行认证,后来转换为 ISO 17025 标准。同时,案件数量大大增加:1991 年司法鉴定实验室收到 8 500 份鉴定申请,1999 年收到 14 000 份鉴定申请。DNA 鉴定的增加是司法鉴定案件数量增加的主要原因。同时,司法鉴定实验室工作人员增加到 90 人。

进入 21 世纪,实验室信息管理系统(LIMS)的引入带动了司法鉴定实验室 IT 基础设施的大规模发展。LIMS 首先被用于药物检测和 DNA 专业。十年后,LIMS 进行了升级,并覆盖了整个实验室。与大多数其他国家不同,芬兰的 LIMS 直接与警方案件登记系统连接,可以在两个系统之间上传和下载数据。那段时间,还引入了其他的数据系统(Kaartinen,2008)。

2010 年,NBI 的司法鉴定实验室雇用 125 人,年检案量 30 000 例。该实验室是欧洲司法鉴定联盟(ENFSI)的正式会员。该实验室向芬兰警方、海关、边防部队、移民局、国防部队及其他一些机关提供服务。

与许多其他欧洲国家不同,芬兰司法鉴定实验室属于警察部门,不属于司法部。100 多年的经验证明,芬兰司法鉴定体系运作良好,没有迹象表明公正性或中立性受到破坏。

10.1.2 案件类型

在芬兰,NBI 的司法鉴定实验室独立负责大部分司法鉴定案件。然而,酒后驾驶和交通违法案件样品的毒物学分析由国家健康和福利研究所(National Institute of Health and Welfare,

THL)分包进行，而法医尸体解剖的死后毒物学筛查都在赫尔辛基大学 Hjelt 研究所法医学部门的法医毒物科进行。此外，海关实验室负责检查海关查获的非法毒品和药物检测。NBI 的司法鉴定实验室涉及 20 多个鉴定学科。化学组负责检验非法药物（包括药物分析）、策划药物、兴奋剂、毒药、纵火材料、环境污染物和爆炸物。

比对组负责检验枪械、弹药、射击残留物、各种微观样品的元素组成、纤维、毛发、玻璃、油漆、痕迹、血迹、电热器和各种车辆相关问题。

DNA 组负责各种 DNA 鉴定。

文件和数字技术组负责文件、笔迹、纸币和硬币真实性检验、信息和电讯（电脑、手机、GPS 系统、相机和各种数字存储设备）和数码影像鉴定。

指纹组负责指纹鉴定，以及法医人类学鉴定（图 10.5）。

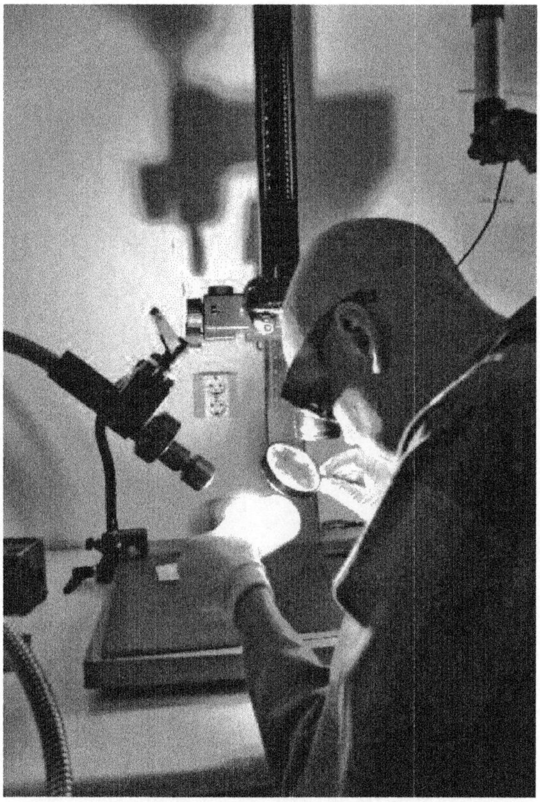

图 10.5 几乎所有的现代鉴定技术都被司法鉴定实验室广泛应用

各种不同的光源用于指纹鉴定；资料来源：经芬兰国家调查局许可转载

此外，司法鉴定实验室还包含客户服务、CSI 支持服务和内部支持等特殊部门。客户服务部门负责样品和案件的所有后勤工作，包括一个协调中心，该中心帮助客户在高规格案件中优先进行样品处理和案件检验。CSI 支持服务部门负责 CSI 单元的质量审核，并帮助 CSI 单元起草 SOP，警察人员的司法鉴定培训也由他们负责。内部支持服务部门负责实验室的质量体系、采购、ICT 系统和通信服务。

司法鉴定实验室负责管理国家 DNA 和指纹数据库，以及语音、鞋印、枪械、弹药、药物分析数据库（表 10.1）。实验室还根据普鲁姆条约［国家调查局（NBI），2012］与欧洲交换 DNA 和指纹数据。

表 10.1 2012 年 NBI 司法鉴定实验室案件数量

案件类型	案件数量（例）
醉驾	11 500
DNA	7 000
药物	3 800
指纹	2 200
文件和货币	2 000
纵火	500
痕迹	500
枪械	300
其他	2 200
总共	30 000
其他：	
DNA 和指纹参考检材	30 000

10.1.3 司法鉴定的组织结构和资金

NBI 的司法鉴定实验室是警察机构的一部分，因此它与当地警察部门，特别是 CSI 部门都有很好的关系。CSI 部门负责所有犯罪现场调查。在大量的犯罪案件中，犯罪现场调查通常由第一反应人员即普通巡逻警察进行。在芬兰，所有警察部门都使用相同的案件管理系统，为文件和监管链提供平等的平台。司法鉴定实验室的报告（声明）很少在法庭上受到质疑。每年只有约 50 例案件需要专家出庭作证。

司法鉴定实验室接受邻国的实验室或国内可信实验室的鉴定结果。分包是为了避免因需维持极少量的服务而牺牲实验室的整体效率。最常见的外包服务是酒驾案件中的血液检测。

司法鉴定实验室由警方国家财政预算全额拨款。因此,实验室为客户提供的服务是免费的。近年来,裁减人员的压力巨大,压力转嫁到司法鉴定实验室,引起了工作积压。

在2010年,年度总拨款从1 200万欧元上涨到1 300万欧元[国家调查局(NBI),2013a]。

10.1.4 司法鉴定专家的招聘和任职资格

司法鉴定专家的招聘在芬兰发布公告招募。每个公民都有平等的机会申请任何空缺。实际上,制定公告的目的是为了明确职位所需的学历和工作经验。一般招募化学家、工程师和技术人员。

芬兰没有任何大学或学校提供司法鉴定教育(法医学除外),因此每个新员工都需要在司法鉴定实验室接受进一步培训。实验室为每位新员工量身定制培训。培训内容包括法律、审前调查,鉴定方法和质量体系等。新员工在作为专家开始工作之前需要通过能力考核。

只有芬兰公民才能被任命永久职位。所有提名名单,包括临时人员和学生都需要经过芬兰安全情报局的安全调查[国家局调查(NBI),2013a]。

10.1.5 实验室的质量管理体系

NBI司法鉴定实验室于1996年首次通过了EN45000标准认可,后来又通过了ISO 17025标准体系认可。目前所有常规鉴定方法都属于认可范围。司法鉴定实验室一直非常积极地向国家认可中心推荐欧洲最好的法医专家进行技术评估。这一做法成效显著,在很大程度上提升了实验室的质量。

在芬兰,并不需要司法鉴定人在线正式登记注册,实验室提供的证明足以说明其具备的能力。

司法鉴定实验室目前正在开展的项目是使SCI部门也通过ISO认证[国家调查局(NBI),2013a]。

10.1.6 NBI司法鉴定实验室使用的技术

NBI司法鉴定实验室所有学科都使用现代技术。实验室在用的仪器设备大都不到7年。购买新仪器时,主要的选择标准是可靠性高、稳定性好和性能强。由于尖端技术很难适用于大量日常工作,一般很少使用。

许多资源被用于开发实验室自动化和数据系统。LIMS覆盖整个实验室。同样,文件管理系统也用于管理所有正式文件。文件管理系统还支持电子归档。实验室自动化主要应用于DNA实验室,药物领域也在计划开发这项技术[国家调查局(NBI),2013a]。

10.1.7 司法鉴定研究与发展

NBI司法鉴定实验室有一个由研发主管指导的项目管理系统。所有项目的想法都需要根据现有的发展策略进行评估,通过评估的项目接受管理。

司法鉴定实验室主要关注应用研究,很少进行基础性研究。过去十年中的大部分项目旨在开发新鉴定方法、计算机系统、工作流程或服务。在过去的十年中,司法鉴定实验室已经协调或参与了许多欧洲资助的项目,其工作量由欧洲几个实验室共同分担。美国和澳大利亚的实验室也参加了这些项目合作[国家调查局(NBI),2013a]。

10.1.8 司法鉴定的未来方向

2013年,司法鉴定实验室确定了未来2~3年的战略目标[国家调查局(NBI),2013b]。

互动合作

实验室与员工、客户一起共同发展。

实验室遵守全体员工早期关怀原则,增进所有工作人员的互动。

实验室确保工作人员有足够的能力提供和

开发服务。

实验室利用大量的培训计划开发管理和领导技能。

实验室通过培养项目经理和指导小组成员,提升项目执行技能。

实验室通过适当和合理的方式进行积极的交流和沟通;实验室开展互动沟通,以实施战略计划和保障人员福祉。

实验室的管理是为了在所有工作人员中建立信任。

司法鉴定调查全生命周期

实验室帮助警方开发数据系统,为文档和监管链提供无缝衔接平台,并支持实验室的服务。

实验室培养警官的能力,以实现可靠的取样、样品制备和实验室检查。

实验室协助警方开发 CSI 单元的质量管理体系,使其能够达到 ISO 认证。

实验室将确保其职责范围内的所有登记符合现行法律的要求。

实验室将采取必要行动确保所有分包商的能力得到认可。

统一、现代和有序的司法鉴定调查

实验室将为参加 ENFSI 活动设定要求,以支持芬兰司法鉴定的发展,以达到欧洲最高标准。

实验室将规定所有 CSI 单位的最低标准,涵盖所有人员、能力、设施、材料和设备。

实验室将推动政策出台,未来将把 SCI 单元和实验室的质量体系结合起来。

资金

实验室将帮助国家警察委员会规定所有 CSI 单元关于犯罪现场调查的最低目标;实验室将与国家警察委员会一起制定服务水平协议,确保实验室的服务能力符合客户的需求。

实验室将利用所有相关外部资金来研发项目。

实验室将加强与芬兰其他公共实验室的合作,以节约成本并避免不必要的重复工作。

实验室将制定人力资源战略,以改善未来的招聘和帮助人力资源的分配。

10.2　法医学

10.2.1　法医学的历史

立法规范芬兰医疗行业和法医鉴定活动可以追溯到芬兰隶属于瑞典王国的时期(1150~1809 年)。17 世纪,瑞典法统扩展到芬兰,因此,芬兰实施瑞典的法律体系。

在 18 世纪,芬兰引入了关于法医死亡调查的几项规定。1726 年,国王允许进行尸检以确定劳动期间孕产妇死亡的原因。1734 年制定了一部全面的瑞典法典。根据 1734 年的这部法典"当一个人不清楚是死于疾病还是他杀时,法官或皇家州长应让尸体在埋葬之前得到检查"(Sveriges Rikes Lag,1734,第 28 章第 6 节)。

1744 年,国王的指示要求省级卫生官员就法医鉴定事务向法院提供咨询和专业知识。它还规定了各项服务的报酬,包括规定省级卫生官员在场时由外科医生进行尸体检查和尸体解剖,这表明偶尔也会进行尸体解剖。

当瑞典对俄罗斯战败时,芬兰成了俄罗斯的附属国,并持续了一个世纪(1809~1917 年),但允许保留自己的立法、宗教和原瑞典的法律与政府体系。1811 年,芬兰执行管理委员会在图尔库成立,并于 1832 年更新了省级卫生官员及法医的职责。1841 年制定了第一个详细的说明,规范了法医尸体解剖的法律框架和操作要求,以及疑似中毒案件中取样规则。1878 年,执行管理委员会与另外两个政府机构合并组成国家卫生委员会。

1991 年,传统的国家卫生委员会与国家社会事务委员会合并为一个机构,1992 年被国家法医事务管理局取代(Saukko,2008)。

10.2.2　法医学组织

自 2010 年以来,芬兰法医的权威部门是国家健康和福利研究所(THL),该研究所成立于2009年1月,由国家公共卫生研究所(National Public Health Institute,KTL)和国家福利与健康研究与发展中心(National Research and Development Centre for Welfare and Health, STAKES)合并形成。在THL卫生和社会部门下属的服务系统部有一个法医部,雇佣了来自5所城市的医学院法医系的全职法医官员(法医病理学家)。他们主要进行尸检,指导和监督卫生保健专业人士对死亡原因进行调查,在某种程度上还涉及其他行政事务,如审查各辖区的死亡证明,然后再送到芬兰统计局(芬兰中央统计局)。

10.2.3　法医学专业(法医病理学)

1857年,在赫尔辛基大学产生了第一个病理解剖学和国家医学院,随后在1902年又产生了法医特别系,1946年变更为法医学系。法医毒物学副教授职位在1948年设立,并于1998年转为全职教授。

还有三所大学也设立了法医学系:图尔库大学(1963年)、奥卢大学(1966年)和坦佩雷大学(1989年)。从事法医病理学的医学专业称为“法医学”,自1955年以来法医学在芬兰就作为一个独立的医学专业存在。1986年,大学医学院负责培训医学专家和研究生。自1999年以来,法医学专家从医学院毕业(需要6年时间)后至少需要5年的课程学习,其中包括在法医学部门进行至少3年半的法医学专业培训(一般来说,培训中每年需要进行175例尸检),在临床病理学部进行至少6个月的培训,以及9个月的全科医学和其他医学领域的服务,通常在最后一年完成统一的书面考试(Saukko,2008)。

芬兰共有5所医学院校(赫尔辛基大学、图尔库大学、坦佩雷大学、库奥皮奥大学和奥卢大学)和4个法医学系。由于历史原因,坦佩雷大学教授有义务在库奥皮奥大学教授本科生。所有大学法医学部门都参与法医尸检工作。此活动基于THL与大学之间各自的服务合同。大学雇用必要的人员,如秘书、尸检技师等,并提供服务和设施,其成本由THL预算支付给大学。社会事务和卫生部主要负责法医尸检工作的监督和预算。

10.2.4　死因调查

根据关于死亡标准的法令,当大脑功能无法挽回地停止时,宣布一个人死亡(关于死亡标准的法令,2004)。一旦死亡,必须立即将死亡报告给市政当局主治医师、医生或警察(死亡原因勘验决议,1973;死亡原因勘验法令,1973;全国卫生委员会通告,1983)。作为一项规则,只有医生才能确定死亡事实,并且在颁发死亡证明之前,必须对身体进行检查,正式确定死亡并查明死亡原因。确定死亡原因有两种选择:医学上或法医学上,一般优先考虑后者。下列情况下,警方应进行调查:不知道死亡是否由疾病引起;死者在最后一次患病期间没有得到医生治疗;死亡是由于犯罪、事故、自杀、中毒、职业病、调查或治疗程序引起,或有理由怀疑死亡可能是由上述原因引起。另外,突然和意外的死亡,特殊情况下的死亡,如服役期间、羁押期间、被捕、囚禁或非自愿精神病住院治疗及身份不明的死亡病例,均要经过法医学调查。在法医案件中,警方的调查不是一项刑事调查,但如果有犯罪迹象,它可以转变成刑事调查。通常由THL或大学法医部门的法医病理学家进行完整的法医尸检。所有死亡证明中大约三分之二(2011年为72%)基于临床调查。警方会在大多数非自然死亡案件中下令进行尸体解剖,相当多突然和意外死亡被认为是自然的,2012年共有10 042例尸检,占死亡人数的19%。

自1979年以来,医院尸检率(23%)一直在下降,2011年尸检例数约占所有死亡人数的7%。所有死亡证明都由THL的法医审查,在一些主要城市也由市卫生部门的其他官员审查。这为死亡证明的质量保证提供了更多的可能性，随后死亡证明将发送给芬兰统计局。

10.2.5　死后法医毒物学

芬兰法医尸检相关的所有死后毒物筛查样品均在赫尔辛基大学 Hjelt 研究所法医部的法医毒物学科进行检查。2011 年，实验室进行了 6 661 例死后毒物筛查。与法医毒物学、临床药理学或滥用药物测试相关的检测数量接近 3 000 例。筛查的重点是对酒精、挥发性物质、滥用药物、处方药、迷奸药、液化石油气，一氧化碳、氰化物和一些农药的大规模筛选分析。自 1997 年以来，该实验室已通过了芬兰测量和认可中心(Finnish Centre for Metrology and Accreditation，FINAS)认可的 T115 实验室能力测试。

10.2.6　法医生物学

赫尔辛基大学法医系法医生物学实验室提供个体识别的 DNA 鉴定服务。主要应用于下列案件：法医病理学家或警察发现的身份不明尸体，难民家庭团聚及儿童福利官员、法院或个人提出亲子鉴定。此外，该实验室为其他实验室提供混合斑检测服务。科学研究项目包括：个体识别、药物基因学，讲芬兰-乌戈尔语人群的历史、猝死遗传学表达的 DNA 方法应用。

10.2.7　法医牙科学

赫尔辛基大学法医学系法医牙科学/DVI 单元聘请了一名全职法医牙医师，并在当局要求下根据牙齿发现和骨结构的 X 线及咬痕分析，开展鉴定和年龄评估。其他大学部门在法医牙科学案件中特别雇佣牙医师。

10.2.8　法医精神病学

法医精神病学是芬兰独立的医学专业，在赫尔辛基大学和库奥皮奥大学都有法医精神病学专业。THL 负责协调所有法医精神病学检查，受法庭委托评估谋杀或其他刑事罪犯的刑事责任。法医精神病鉴定在专门医院进行，法医精神病学专家对被告进行大量的精神病学研究，时间最长为两个月。

10.2.9　法医临床学

除赫尔辛基大学法医学系外，临床法医案件通常由全科医生或医院医生处理。赫尔辛基大学法医学系是芬兰唯一一家提供一天 24 小时法医服务的司法鉴定机构，案件包括药物影响驾驶、滥用药物、殴打、性犯罪、犯罪现场调查、亲子鉴定和难民家庭团聚案件。其他法医学部门只在某种程度上涉及临床法医学，即对法医专业的研究生进行培训。

10.2.10　法医学研究

所有法医专业都积极开展各自领域的科学研究。赫尔辛基大学法医学系主要研究领域包括死亡的原因和机制，以及通过关注非自然死亡来了解死后的发展。赫尔辛基大学法医学系还对各种毒物的种属、效果和使用情况开展研究。法医学研究有助于社会和个人层面的法律保护，并与公共卫生密切相关。

10.2.11　法医学的过去，现状和未来

几十年来，由于缺乏部门间的协调和统一领导，各部门在发展和支持法医活动方面力度不足，芬兰的法医学体系发展受阻。教育部没有增加大学的培训岗位，造成了专业培训的瓶颈，导致法医病理学家短缺、尸检率不断上升、在职人员的工作量增加。内务部负责管理警察局和省政府，是唯一能提供法医病理学家永久性全职岗位(除大学编制)的机关，但其拒绝设立新的法医病理学家职位，这使招聘新人变得更加困难。随着时间的推移，社会事务和卫生部成立了大量委员会、一个工作小组(1991 年)和一人委员会(1997 年)来解决法医方面遇到的问题，但并未采取任何行动将专家建议付诸实践，失去了改革体系的宝贵时间(Saukko，1998)。

随着 THL 成为新的法医权威机构，芬兰的

法医系统现在有统一的组织构架和专业化的领导。目前面临的最大挑战在于无论在鉴定服务系统,还是学术圈都缺乏法医病理专家。THL共有13名专家,其中11名全职工作;大学法医部门另外聘请了6名专家,其中包括4名教授。法医尸检率相对较高,2012年THL法医病理学家的工作量最低的每年169例(兼职病理学家)尸检,最高的630例尸检。这种情况使服务体系接近强度极限,并迫使当局采取措施招聘更多受训人员,同时通过更彻底的资料审查减少不必要的法医尸检,以减轻工作量。也许只有时间会告诉我们体制的改革和措施是否及时有效。

参考文献

第10章参考文献

第 11 章
法国法医学

Bertrand Ludes,巴黎法医学研究所,巴黎,法国

11.1 法医学的历史

《欧洲法医学》一书中讲述了法国法医学的历史(Ludes,2008)。在对历史进行了初步的了解之后,笔者将根据法国政府的决议,介绍法国的法医学组织架构。

伴随着巴黎、斯特拉斯堡、蒙彼利埃三个医学院的创立,法国的现代法医学诞生于法国大革命(1789 年)之后。

1794 年,法国的医学院进行了重组,并在重组后的医学院中增设教授职位。1798 年,Francois Emmanuel Fodere(1764~1835 年)第一个发表条约,该条约明确了民事法医学、刑事法医学、行政法医学、健康和医学警务之间的差别(Sournia,1989)。

法国内阁执政期间,Nicolas Pierre Gilbert(1751~1814 年)认为法医是"一个最高尚的职业"。他改革了法医学教学领域,将"睿智的报告"用于法庭,同时,建议对上诉法院附近医学院的卫生技术人员进行法医学培训。

在此期间,法医临床学引入到课程教学中。1814 年,巴黎医学院院长 Le Roux des Tilliets 提出设立法医临床学教授制,但课程仍以理论教学为主。

1813 年,斯特拉斯堡法医和公共卫生系联合主席 Fodere 发表了"法医学、公共卫生和健康警务"条例。1818 年,他给出了法医学定义:"将物理、自然和医学知识应用到立法、司法和地方政府的管理、公共卫生的维护当中"(Chaumont, 1997a, P247)。他同时也写道:"那些认为法医学只需要解决鉴定报告准确问题的人们是错误的"(Chaumont,1997a, P247)。

Victor Balthazard 在他的《法医学总论》(1906 年)中更严格地定义了法医学:"法医学是将医学知识运用到民事和刑事案件,并且是唯一能解决这些专业问题的工具"(Chaumont,1997a,P248)。

Matteo-Jose Bonaventure Orfila(1787~1835 年)开创了病理解剖学和毒物学,给法医学带来了新视觉,并广泛使用显微镜进行检查。值得一提的是 Jean-Dominique Esquirol(1772~1840 年)带动了司法精神病学的兴起(Chaumont,1997b)。

当时法医学专家的主要工作仅限于公众要求的太平间的尸检工作。1860 年 Ambroise Tardieu 首先在虐待儿童方面开展了社会法医学的工作(Tardieu,1860,P361－398)。

虽然法医临床学作为一个学科引入,但由 Le Roux des Tilliets 院长提出的法医学教学仍然停留在理论层面。1877 年左右,Alfred Vulpian 院长(1826~1887 年)组织了太平间的实践教学,由 Paul Brouardel(1837~1906 年)负责实施。Brouardel 在 1879~1906 年任法国巴黎医学院的法医系主任,并担任巴黎大学医学院院长。Alexandre Lacassagne(1843~1924 年)在 1880~1913 年间 30 余年一直担任里昂医学院的法医系主任,使里昂的法医学得以发展。Lacassagne 主要进行犯罪行为的医学和社会学研究。里昂医学院发展了犯罪人类学,并由 Edmond Locard 博士(1877~1966 年)创建了第一个警察科学技术实验室。里昂大学内设有法

医学研究所。

1853 年在罗纳河边、Hotel Dieu 医院对面的一艘驳船上成立了里昂第一家法医学研究所。

Louis Roche 教授于 1916 年 9 月 10 日出生在圣埃蒂安，担任里昂医学院法医学和伦理学专业的大学教授，1955 年任法医学系主任。他创办的 Alexandre Lacassagne Editions 出版社迄今已出版 200 本原创作品，其中包括法医和医学类图书。他一直活跃在法医学领域，直到 1985 年退休。

11.1.1　历史背景

值得注意的是，斯特拉斯堡医学院的法医学科经过两次世界大战的洗礼后仍然保留了下来。1795 年，斯特拉斯堡医学院创建之初的教学课程中就包括了法医学。1795 年 4 月 20 日，法医学由军医 Joseph Noel（1753～1808 年）最早进行授课。法医学系则创立于 1796 年，Noel 被任命为法医学教授和医学院首位院长。

1808 年 3 月 17 日，学院转型为医学院，法医学在高等教育中的地位得以确立。按照 1809 年 2 月 7 日的指令，法医学院是指定的 12 个院系之一。Louis Michel Tinchant 院长（1741～1835 年）是一名军事外科医生，于 1809 年继任 Noel 的职位。他教授法医学直到 1813 年 1 月 23 日去世（Chaumont，1997a）。

Francois-Emmanuel Fodere（1764～1835 年）于 1814 年加入医学系，留在斯特拉斯堡直到 1835 年去世。Fodere 给出的法医学定义："法医学是一门应用不同医学分支的知识与技能去解释法律条款的艺术"（Chaumont，1997a，P248）。

1840 年 Gabriel Tourdes 担任法医学院主任。他是法医学教学实践方法的真正创始人。

这段时间，法医学教学是斯特拉斯堡医学研究的重要组成部分，在期末考试的 2 064 个问题中，306 个涉及法医学。Tourdes 于 1900 年 1 月 26 日在斯特拉斯堡去世。他漫长的职业生涯使其成为法国法医学史上最杰出的人物之一（Chaumont，1997a）。

1918 年法国在第一次世界大战中的胜利标志着法医学的复兴。自 1919 年起，Chavigny（1869～1949 年）带领斯特拉斯堡医学院法医学走在世界前列。Chavigny 教授从 1907 年起一直在巴黎的 Val de Grâce 学院教授法医学。他在里昂跟随 Lacassagne 学习，法兰西第二帝国期间他是 Gabriel Tourdes 教授的学生。在斯特拉斯堡医学院，Chavigny 从无到有地创建了教学体系、实验室、设备、图书馆等。Chavigny 的学生 Camille Simonin 教授（1891～1961 年）继任 Chavigny 的职位。

1932 年，斯特拉斯堡医学院更名为法医学和社会医学系。Simonin 在斯特拉斯堡继续发展法医学，直到 1961 年由 Chaumont 教授继任。

法医学研究所位于斯特拉斯堡医学院所谓的历史地段，建于 1870～1890 年间，由德国人建造。第二次世界大战期间，该研究所没有被占领军摧毁。1945 年，Simonin 创建了一个运行规范的研究所（Chaumont，1997a）。

11.1.2　新的学科组织

1994 年 12 月 30 日高等法医学理事会的成立（1994 年 12 月 30 日《第 94—1210 号决议》）使过去 18 年间的法医学活动更加规范。许多法医和司法鉴定工作者对之前的组织（Gosset，2007；Demichel，2004；Hecketsweiller，2006；Penneau，2003、2006；Proust，2007）提出了很多问题。他们强调了尸检率低的问题，以及加强大学法医学教育的必要性。

法医高等理事会颁发了以下指令：

1997 年 5 月 27 日（DGS/DH 97—380 号），建立强奸案受害者区域治疗中心，不仅为受害者提供医疗服务，同时提供法律服务和心理治疗。

2000 年 7 月 13 日（DGS/DH 第 2000—399 号），扩建受虐待儿童援助中心。

2001 年 10 月 22 日（DHOS/E1/2001/503），发布《暴力事件受害者和心理创伤者紧急入院指南》,针对暴力和其他侵犯事件的受害者。

1998 年 2 月 27 日(DH/AF1/98/No 137),建立紧急法医中心。在此之前,卫生部和司法部在一项跨部门项目下的地方性大学附属医院建立了 26 个法医站。这些法医站将死亡和临床实践联系起来,由大学附属医生、医院顾问和私人顾问一起实行每天 24 小时工作制。这些法医站保证了教学医院的高科技水平。

1995 年 2 月 1 日,法医高等理事会发布了关于大学附属医院和其他教学医院内法医站提供服务的报告。2006 年 1 月,此报告通过索姆地区代表 O. Jarde 发给了法国总理(Jarde, 2006; Rapport IGAS)。

从教育的角度来看,法医高等理事会建议大学创办法医学和卫生法律学位。这导致:

法医学领域临床研究职位的产生;

医院和大学临床研究部门的产生;

法院附近医院中法医部门的产生;

新法医学学位的产生(DESC 和 Capacity,见下文);

医学学习第一年法医学教学的产生;

生物学研究新领域的产生(毒物学、基因指纹分析等)。

法国法医学实践最大的改革由"2010 年 10 月 27 日关于实施法医学改革的通知[NOR: JUSD1033099C(circul CRIM - 2010 - 27/E6)]"引发。

这项国家层面的改革于 2011 年 1 月 15 日开始实施,包括由全球预算提供资金,而不是由刑事司法部门支付服务费。在国家层面确定了法医学行为的性质,并使法医鉴定更为便捷。法规(组织和资金)实施两年后,法医学学科在医院体系、临床医生招聘方面更多地受到重视(Chariot,2012)。

开展临床和病理法医学鉴定活动的不同机构见表 11.1。

表 11.1 配法医站的医院和地址

配法医站的医院	地　址	地　区
奥尔良地区中心医院	1 rue Porte Madeleine - BP 2439 - 45032 Orléans	中心
旅游大学地区中心医院	boulevard Tonnellé - 37044 Tours	中心
南弗兰西兰中心医院	59 boulevard Henri Dunant - 91106 Corbeil-Essonnes	法兰西岛
马恩拉瓦雷中心医院	31 avenue du Général Leclerc - 77405 Lagny sur Marne	法兰西岛
克雷特伊社区中心医院	40 avenue de Verdun - 94010 Créteil	法兰西岛
凡尔赛中心医院	177 rue de Versailles - 78157 Le Chesnay	法兰西岛
雷内杜博斯中心医院	6 avenue de l'Ile-de-France - BP 90079 - 95303 Pontoise	法兰西岛
枫丹白露中心医院	55 boulevard Joffre - 77305 Fontainebleau	法兰西岛
第戎大学中心医院	1 boulevard Jeanne d'Arc - BP 77908 - 21079 Dijon	布尔戈尼
米卢斯中心医院	87 avenue d'Altkirch - 68051 Mulhouse	阿尔萨斯
拉罗谢尔-雷阿尼斯中心医院	Rue du Docteur Schweitzer - 17019 La Rochelle	普瓦图-夏朗德
费利克斯居永中心医院	Bellepierre - 97405 Saint-Denis	留尼汪岛
罗斯蒙中心医院	Rue des Flamboyants - 97306 Cayenne	圭亚那
佩皮尼昂中心医院	20 avenue du Languedoc - BP 49954 - 66046 Perpignan Cedex	朗格多克-鲁西永
瓦朗西纳中心医院	114 avenue Desandrouin - BP 479 - 59322 Valenciennes	北部-加莱海峡大区
滨海布洛涅中心医院	Rue Jacques Monod - BP 69 - 62321 Boulogne-sur-Mer	北部-加莱海峡大区
克雷伊中心医院	Boulevard Laënnec - BP 72 - 60109 Creil	皮卡第
波城中心医院	4 boulevard Hauterive - 64046 Pau Cedex	阿基坦
里尔大学地区中心医院	2 avenue Oscar Lambret - 59037 Lille	北部-加莱海峡大区

续 表

配法医站的医院	地　　址	地　区
贝藏松大学中心医院	2 place Saint-Jacques - 25030 Besançon	弗朗什孔泰
公共援助-马赛医院	80 rue Brochier - 13005 Marseille	普罗旺斯-阿尔卑斯-蓝色海岸
图卢兹大学中心医院	2 rue de la Viguerie - 31059 Toulouse	南部-比利牛斯
卡昂大学中心医院	Avenue de la Côte de Nacre - 14033 Caen	下诺曼底
雷恩大学中心医院	2 rue Henri le Guilloux - 35033 Rennes	布列塔尼
利摩日大学中心医院	2 avenue Martin Luther King - 87042 Limoges	利穆赞
南锡大学中心医院	29 avenue Lattre de Tassigny - 54035 Nancy	洛林
南特大学中心医院	allédel'Ile Gloriette - 44093 Nantes	卢瓦尔
亚棉大学中心医院	Place Victor Pauchet - 80054 Amiens	皮卡第
兰斯大学中心医院	45 rue Cognacq-Jay - 51092 Reims	香槟-亚登
昂热大学中心医院	4 rue Larrey - 49933 Angers	卢瓦尔
布雷斯特卡雷大学地区中心医院	2 avenue Foch - 29609 Brest Cedex	布列塔尼
鲁昂大学中心医院	1 rue de Germont - 76031 Rouen	上诺曼底
普瓦提埃大学中心医院	2 rue de la Mile trie - BP 577 - 86021 Poitiers	普瓦图-夏朗德
格勒诺布尔大学中心医院	Boulevard de la Chantourne - BP 217 - 38700 Grenoble	罗纳-阿尔卑斯
圣艾蒂安大学中心医院	1 chemin de la Marandière - 42055 Saint-Etienne	罗纳-阿尔卑斯
皮特尔角大学中心医院	BP 465 - 97159 Pointe-à-Pitre	瓜德罗普
法兰西堡大学中心医院	BP 632 - Route de Châteauboeuf - 97261 Fort-de-France	马提尼克
尼斯大学中心医院	4 avenue Reine Victoria - BP 1179 - 06003 Nice	普罗旺斯-阿尔卑斯-蓝色海岸
尼姆大学中心医院	Place du Professeur Robert Debré - 30029 Nîmes Languedoc	朗格多克-鲁西永
波尔多医学院中心医院	12 rue Dubernat - 33404 Talence	阿基坦
蒙彼利埃大学中心医院	191 avenue Doyen Gaston Giraud - 34295 Montpellier	朗格多克-鲁西永
梅斯-蒂永维尔地区中心医院	28 rue XXème Corps Amèricain - BP 90770 - 57019 Metz	洛林
克莱蒙费朗大学中心医院	58 rue Montalembert - 63003 Clermont-Ferrand Cedex 1	奥弗涅
斯特拉斯堡大学中心医院	1 place de l'Hôpital - BP 426 - 67091 Strasbourg	阿尔萨斯
里昂民用医院	3 quai des Célestins - BP 2251 - 69229 Lyon Cedex 02	罗纳-阿尔卑斯
公共援助-巴黎集团医院	1 place du Parvis de Notre-Dame - 75181 Paris	法兰西岛
公共援助-巴黎赖蒙庞加莱-贝尔克医院	104 boulevard Raymond Poincaré - 92380 Garches	法兰西岛
公共援助-巴黎约翰维迪尔医院	Avenue du 14 Juillet - 93143 Bondy	法兰西岛

11.1.3 法医学鉴定活动

法医临床学包括检查活着的受害者(虐待儿童、虐待妇女、暴力攻击、强奸案件)或者被拘禁者。法国的法医学鉴定特色之一是鉴定完全丧失工作能力的时限(ITT)(职业能力),这个时限长度在法律上是很重要的代表受害者自主能力的丧失情况。ITT 短于 8 天为程度较轻的违法,8 天以上就涉及刑事犯罪。

在大学的附属医院,法医全年全天候进行临床检查工作,有可能的话,还有警方要求的在犯罪现场外部开展的检查工作(Martrille 和 Baccino,2005)。

法医学鉴定活动包括官方规定的现场尸体检查和尸体解剖。大多数机构开发了死后放射影像技术。

鉴定机构有自己的实验室或经常与同一所大学医院中的实验室合作进行毒物分析,有时候进行遗传或牙齿痕迹鉴定。

必须强调的是,所有的法医学鉴定活动是在检察官和法官的监控下执行的,从犯罪现场贯穿整个调查活动,直到鉴定结束。例如,尽管1999 年出台了欧盟协议,但是否进行尸体解剖没有固定的政策,决定权掌握在地方法官手中,建立在个案审查的基础上。在 2012 年,法国有570 000 例死亡登记,约 8 500 例尸体解剖。

11.2 科学和研究机构

法国法医学领域的科研机构是法医学协会,它是全国性的学术团体,约有 400 名成员并设置了教育和科学目标。该协会设有一个特别专门针对年轻科学家的部门,称为初级俱乐部,对助理和医院实习生开放。该协会每两年为有创意的科学项目颁发“路易斯罗氏奖”。

大部分的法国教授和机构领导都与法国两个主要的研究组织——国家医学研究所(INSERM)、国家科学研究中心(CNRS)有关联或正合作开展研究项目。

11.3 教学

在法国的医学院,有 20~40 个小时的课程专门用于法医学教学,使学生能够出具恰当的死亡证明,以及为幸存的受害者提供医疗证书。这些课程教学也包括《医疗法》的基本原则,如医疗责任和医疗保密。必须强调的是,在医学院学习的第一年,学生要花几个小时学习生物伦理。在法医学和卫生法的其他方面,如人文学科、社会科学、临床实践、妇科学及与虐待、性暴力有关的内容也会开展相应的讲座。

职业医学、公共卫生学、精神病学、病理解剖学、内科学、外科学及全科医学专业的医学生在为期两年的专业实习之后,方可开展法医学和医学专业知识研究以获得法医学专业研究生学位。

法医高等理事会在 2000 年 1 月 10 日通过了一项立法,产生了一项名为“法医学实践资格”的新文凭。这种资格可以填补专业研究生项目的空缺,向普通医生和没有通过专业研究生的专家开放。获得这项文凭也需要两年时间,学生在独立实施法医学操作之前,必须在有经验的专业人士指导下完成超过 100 例的尸检(Martrille 和 Baccino,2005)。

研究生课程也经常用来培训未来的专家,为民事法庭或保险公司评估人身损害,从医学、心理和司法角度解释如何照顾受害者,也会进行社会保障医学领域和法律学院医学方面的讲座。法医学也是很多大学课程的一部分。大学在身体损伤方面的学习内容主要是人身损害赔偿,而不是法医学鉴定活动的全部内容。最后,一些全国性的硕士和本科文凭包含了法医学的部分内容。

必须指出,法国医生委员会认定法医学是一种医学实践和能力,而不是医学专业。

从事专业课程学习的学生可以获得不同科学领域的硕士学位。获得硕士学位需要两年,由医学院或其他学院,如法学和生命科学院授予。硕士学位包括人类学、法医生物学、毒物学、医学法、伦理学和生物学的不同领域。

专家名单由各上诉法院确定,约 530 名拥有法医学文凭的医生登记在册。地方法官并不总是对颁发的文凭和相应的水平有精确的了解。地方法官并不仅限于这些注册的专家,裁判官可以在注册名单外选择一名专家,但未注册的专家必须在法庭审理中宣誓。

通过继续教育,可以看到法医学协会在全国范围内的授课,包括犯罪现场、病历档案、虐待儿童等教学内容。地中海法医学会和比利时-意大利-法国-瑞士联合法医协会每年举办的地方和区域课程由里昂的 Daniel Malicier 教授组织，在尼斯举办的年度法医人类学研讨会由 Géald Quatrehomme 教授组织。其他地方性课程则通过医院或大学组织。Cristina Cattaneo 教授和 Eric Baccino 教授在国际法医学院下组织临床学科的研讨会。在格勒诺布尔医学院的网站上还有在线学习课程。

继续教育课程也面向警察、律师和法医学从业人员。

11.4 法国刑事技术研究机构

11.4.1 国家宪兵刑事研究所(IRCGN)(www. gendarmerie. interieur. gouv. fr)

法国国家宪兵队的司法部门坐落于巴黎附近的 Rosny-sous-Bois(93)，是由 IRCGN 的能力、法律和研究司组建成立。它雇用了 500 名军人、文职人员及法医病理学家、牙科医生和药剂师，为法国调查人员和法官提供高水平的技术性和科学性调查帮助。

法律和研究司是为处理信息至司法终结而成立。其主要任务是维护国家数据库、进行信息交叉检查并加强打击网络犯罪。司法鉴定对于解决案件、收集证据及对犯罪的事实和信息的核对至关重要。

IRCGN 涉及司法鉴定的所有活动，并获得了法国认证机构(COFRAC)认证。它有一个实验室和一个战术和运营小组，全天 24 小时待命，使专家与合适的专门物资能迅速到达复杂的犯罪现场或重大灾害现场。

这个小组包括两个部门：

宪兵队灾害遇难者识别部门(UGIVC)。在发生重大灾害时，由多学科、受过训练的团队组成 DVI 部门，在尸体修复、生前和死后的信息收集和数据交叉检查的基础上负责开展识别工作。

国家刑事调查组部门是由 IRCGN 的专家组成的特殊部门，能够在特定情况下执行全部或部分法医调查和协调业务。来自不同部门(指纹、生物学、生物化学、微观研究等)的专家运用多学科知识进行分析，在不同区域开展取材活动或在现场、实验室分析样品。

11.4.2 国家司法鉴定警察研究所(www. inps. interieur. gouv. fr)

国家司法鉴定警察研究所创建于 2001 年，是隶属于法国内政部的一个公共机构。它拥有法国最高法院批准的国家级专家，通过个案分析进行认证。它的任务是执行法官和警察下令进行的刑事方面的检查和科学技术分析。该研究所由六个警察实验室组成，即里尔、里昂、马赛、巴黎/图卢兹的司法鉴定实验室，以及巴黎警察局的毒物学实验室。这些实验室具有国家级的能力，中央机构位于里昂。约 700 名员工在该研究所工作，大多是科学家。该研究所的业务范围涵盖司法鉴定的全部领域，从遗传样本的开发到指纹鉴定、文件检验、弹道学和弹道伤害分析、数字技术、药物分析、毒物学，以及物理化学的各种媒介分析(火场残留物、土壤、油漆、油墨、纤维和射击残留物)。

司法鉴定专业性分析由国家、大学或私人实验室进行，尤其是毒物学和法医 DNA 鉴定。例如，通过昆虫学样本检查来确定死亡时间，主要在里尔的法医学中心和 IRCGN 法医学院进行。硅藻试验于 1992 年由斯特拉斯堡大学法医研究所引入，至今已有超过 1 500 例的案例。

硅藻是单细胞藻类，属于硅藻类，淡水中就有 15 000 多种。这些藻类可以被认为是水中存在的微粒，在溺水时可被吸入。一旦进入血流，硅藻被封闭在人体器官中。在严格的提取和鉴定条件下，检出硅藻就可以判定为溺水。

由于存在坚硬的硅质骨架，硅藻可以通过酶促反应或酸消化从腐败或烧焦的组织中释放(Ludes 等，1994)。根据藻类结构进行鉴定，中心硅藻和细长或羽纹硅藻可以通过对称性不同来区分。

从 2 g 肺样品中提取出的 100 μL 颗粒沉积物中，鉴定出 20 个以上的硅藻；从 2 g 组织样本

（脑、肾、肝和骨髓）中提取出的 100 μL 颗粒沉积物中，鉴定出 5 个以上完整的硅藻（排除碎片），则认为分析结果为阳性。骨髓被描述为一个密闭器官，如果硅藻到达这个组织，则可判断为溺水。

硅藻试验不能用来判断在浴缸或含有很少藻类的水（如冰水）中的溺死。溺水的地点可以通过比较水中微生物和肺中的硅藻种类来确定。

11.5　结论

2011 年 1 月实施的新法案加强了法国法医学机构的力量，也增强了法医学领域的实力。所有的检查、解剖和其他分析活动都是遵循检察官或法官的命令而开展的。*Journal of Legal Medicine* 代表了法国法医学的科学机构——法国法医学协会的官方声音，为研究小组获得国际公认提供了重要支持。

参考文献

第 11 章参考文献

第 12 章
德国法医学

W. Eisenmenger & O. Peschel，慕尼黑大学法医学研究所，慕尼黑，德国

在德国，法医学可追溯到约 500 年前，源于当时正在进行的《刑法》的编纂，即实质上的《市政法》。《刑法》（《市政法》）的编撰在很大程度上归功于 1495 年成立的帝国商会法院所施加的压力，鉴于此，Johann von Schwarzenberg 于 1507 年起草了《班贝根西斯刑法典》（*Compontio Bambergensis*）。这为《查理五世刑事法院条例》奠定了基础，该法典规定了死刑判决的法律法规，通常被称为《加洛林纳刑法典》（*Constitutio Criminalis Carolina*）。1532 年，《加洛林纳刑法典》经德意志帝国会议一致同意成为一部正式法律，规定在涉及谋杀、过失杀人、严重身体伤害致死、杀害婴儿，以及涉嫌因医疗事故和暴力致死的案件中，须征求有资质的专业医生的意见。同时，对于堕胎或绝育案件，以及涉及青少年和精神病患者的刑事责任能力相关案件中也应征求上述医生的意见。这标志着法医学正式成为欧洲德语区的一个专业领域。

随后，一些教育机构制定了若干法医培训方案，为医生提供科学的法医学实践。虽然法医学本身尚不属于一门独立的学科，但还是开办了许多法医学的相关课程。第一批以法医学为主题的书籍于 16 世纪和 17 世纪先后出版，因这些书籍都是用拉丁语编写，很快传播于整个欧洲大陆，其中以来自法国的 Ambroise Paré 及来自意大利的 Fortunato Fedele 和 Paolo Zacchia 编撰的书籍最为著名。

17 世纪下半叶及 18 世纪，德语区的大学教授们也就法医学问题出版了一系列相关著作，包括来自德国莱比锡市的 Welsch、Amann 和 Bohn，哈雷市的 Alberti，布拉格市的 Löw，耶拿市的 Teichmeyer，哥廷根市的 Albrecht v. Haller，以及 Büttner 和 Metzgerin Königsberg（仅列举一部分教授）。

值得强调的是来自维也纳的 Johann Peter Frank 对法医学领域所作的贡献。他认为法医学和公共医疗服务领域，尤其是与卫生学有关的领域，应属于国家的共有责任。为此，他创造了 Staatsarzneikunde（公共医疗与卫生学）这一概念，即公共医疗与卫生学研究。

将法医学与公共医疗服务相结合并不利于这两个分支学科的长远发展。因为随着这两个分支学科专业化程度的不断提高，意味着所获得的专门知识不能作为一项单一的、共同的任务加以管理。事实上，直至 19 世纪下半叶，这两个分支学科才最终分离。

法医学成为一门独立的大学学科的过程进展缓慢。尽管曾有个别大学开设法医学课程，但并非由专业的法医学教授授课，而由外科、生理学或解剖学等其他专业的教授授课。1804 年，Emperor Francis Ⅱ在维也纳颁布法令，任命了首批法律医学及医疗警察的讲座教授。Ferdinand Bernhard Vietz 教授曾为学生演示尸体解剖，起初在维也纳总医院（the Allgemeines Krankenhaus）进行实体解剖。1818 年，他的继承者 Joseph Bernt 创建了一间小型研究所，配备有一间存放尸体的停尸间和一个可进行实体解剖的演示厅。

1807 年，根据哈布斯堡帝国不同国家

Staatsarzneikunde 的标准化性质，在布拉格任命了第二批讲座教授。普鲁士王国也认同建立公共卫生部门是顺应社会发展潮流的，同时也是符合启蒙运动要求的，于是便设立了若干所谓的“Physicat”岗位。这些服务于公共卫生部门的人员主要满足公民对于医疗的需求，且其职权带有法医学性质。鉴此，1820 年，在柏林的弗里德里希-威廉姆斯大学任命了一位从事公共卫生和法医学方面的副教授。随后，分别于 1855 年在瑞士伯尔尼，1863 年在格拉茨，1867 年在基尔，1869 年在因斯布鲁克，直至 21 世纪初总共有 15 所大学设立了此方面的教授职位。另有 6 所大学在世界大战前设立了相应的教授职位。直到 1980 年，所有德语区的大学仅能在该领域设立一个大学教授席位。1980 年，最后一个教授职位设立于 1967 年成立的乌尔姆大学内。

1966 年，由于德国联邦科学和人文科学理事会（Wissenschaftsrat）在其关于医生资格的条例中提议，不应再将法医学作为一专门的学科，而应将其纳入处理临床事项的课程中，由此，法医学作为独立的大学学科受到了严重的威胁。但得益于德国法医协会、西德医学院协会、联邦教育部和青年部，以及家庭与健康组织做出的巨大努力，上述提议被制止。

1970 年，虽然法医学作为一门独立的大学课程被纳入《医生执照条例》，同时德国医学会议拟定将专业法医纳入《高级专家培训条例》，但是德国科学和人文理事会于 1976 年再次尝试废除将法医学作为一门独立学科的条令，他们认为法医学仅属于病理形态学领域的一个分支学科。德国法医协会主席及时阻止了这一废除条令。

在 20 世纪 90 年代及 21 世纪初，鉴于教育资金问题，许多大学皆在考虑是否仍有必要继续让全职教授或普通教授担任小领域医学课程的授课教师。1999 年，马尔堡大学的研究所关闭，其教学和相关服务由吉森大学接管。2003 年，亚琛大学法医研究所将其职责移交给科隆法医学研究所。大约在同一时期，洪堡大学和柏林自由大学的研究所合并，卫生当局下辖的柏林国家法律和社会医学研究所的工作人员亦与柏林自由大学的研究所人员合并，合并后的研究所由一名共同的工作人员管理。不久，吕贝克医学院和基尔大学的法医学研究所合并。无独有偶，马格德堡大学和哈雷大学的法医学研究所同样合并了。一些法医学研究所被视为病理学的一个分支，不再由专业的全职教授管理，在哥廷根同样如此。

除了大学里的法医学研究所外，也有其他法医学研究所被分配给一些大城市或联邦州的公共卫生当局。例如，在下列每个城市都有一个这样的法医学研究所：不来梅、多特蒙德、柏林（与洪堡大学法医研究所共用一名普通工作人员）和波茨坦。德国军方-德国联邦国防军-也在空军（德国空军）航空医学研究所设有自己的法医学研究所，主要负责飞机和直升机失事的法医检查。

最近，个别法医专家开始私人的法医学检验业务，但这些法医业务仅涉及较小的领域，如酒精含量检测或尸体解剖。

法医最常涉及的领域包括：尸体解剖；法医临床包括对遭受性犯罪、性虐待和虐待儿童的受害者进行检查；与管制物质、药物和各种严重中毒案件有关的毒物学检验；涉及刑事案件的 DNA 鉴定与亲子鉴定；在无名尸和大规模灾害过程中受害者的鉴定；庇护案件中青少年的年龄确定，并确定他们在需要适用青少年保护法案件中的问责程度；生物力学、交通医学和事故重建；以及许多专业领域，如法医昆虫学（昆虫学）或古病理学。20 世纪 30 年代以来，酒精研究在法医学中占有重要地位，这体现在检测血液中酒精浓度及确定酒精对个人驾驶能力的影响及其刑事责任方面。与其他国家法律不同的是，德国刑法允许在获取证据的过程中采集血样。因此，德国对人体酒精代谢进行了广泛研究，并制定了酒精浓度标准。根据机动车司机或骑行者的血液酒精含量来判定其是否可以上路驾驶。2003年，呼吸测试血液中酒精浓度被普遍接受，以评估个人的体内酒精含量是否适合驾驶。

德国法律规定，屡次因酒精超标而引发交通事故，或在路上驾驶时被检测出血液酒精浓度超标或血液中含有受管制物质的人员须提供戒酒证明后方可驾驶。因此，法医学还包括研究酒精中毒标志物检查或通过对嫌疑人头发进行纵向分析提供吸毒证据。

生物力学在其研发及价值方面皆引起了社会各界的广泛关注。物理参数对人体的影响，特别是包括加速度在内的力的影响，往往构成司法研究的一部分。这类研究需要自然科学家，如物理学家、工程师和计算机科学家与医生合作。只有极少的法医学研究所能够承担如此复杂的人员结构，德国目前只有两所大学设立生物力学系。

医学影像技术的应用是法医学发展的另一个方向，伯尔尼大学的 Dirnhofer 和 Thali 首次在该领域取得了研究成果。此后，许多德国法医学研究所购置了自己的仪器，现在能够例行进行 X 线检查和 CT 扫描，并在个别情况下进行磁共振检查。最近，使用有针对性的活检技术和使用心肺机建立死后循环也开展了相关研究。目前正在讨论这类研究对法医学领域的价值。

其他可纳入“法医方法学”的是研究稳定同位素，用于查明不明身份者的区域背景。

最近几年，临床法医学的发展特别迅速，例如，在汉堡、美因茨和慕尼黑设立了新的关于此方面的研究部门，以重点协助调查家庭暴力、儿童虐待及性犯罪案件。在性犯罪案件中，法医学检验仅限于使用镜检，如需评估阴道深处的损伤，则需要进行专门的妇科检查。

法医精神病学已经完全脱离了法医学。直到20世纪70年代，精神病学家的固定职位仍然存在于各个法医学研究所。然而，普遍的观点认为，最好的研究方法是将研究对象作为住院患者来接受治疗，由于禁止对患者在住院期间进行法医学研究，因此，法医精神病学被完全纳入临床精神病学。

在德国，处理指纹和检验文件真实性的程序不属于法医学的范畴。检验纤维、油漆痕迹和弹道也是如此。这些类型程序的检查一直是国家刑事警察局，即 Landeskriminal Hemter 或警察化验室的责任。由于这些警察机构还进行其他类型的科学检查，它们与法医学研究所之间存在一定程度的竞争，特别是在毒物学和 DNA 鉴定领域，在人类学和生物力学方面也存在一定程度的竞争。德国法官可以自由选择他们的专家证人，而检察官和警察在需要听取专家意见时往往求助于警察研究所。这方面的核心争论是，有观点认为：鉴定服务可以由警察部门以较低的费用提供，因为大学法医研究所的主要定位并不是为了提供这些服务，且大学研究所有经费来源。与此相反的观点则认为：国家刑事警察局办公室只要通过与缔约当局的内部会计制度即可获得其服务的报酬。事实上在过去几年里，大学法医研究所的许多服务部门重新分类后将相关需要的服务内容纳入其中，而国家刑事警察局的人员费用则变得极为昂贵，因此上述论点失去了以往的重要意义。法医学研究所进行的合同工作绝大多数来自国家调查当局，即警察、检察院或法院，而与私人或保险公司签订的合同数量要少得多，而且往往仅限于某一具体的问题领域。对挥鞭伤的生物力学评估，特别是对道路交通事故的生物力学评估，也包括在法医学类别中。

事实上，绝大多数法医学研究所的经费来自为警察和检察官办公室出具报告所获得的收入。这些收入用于研发及人事开支。对法医学研究所所提供的服务进行付款是根据一项具体法律执行的，该法律规定了对证人，包括专家证人的报酬（JVEG）。私人机构和从事私人执业的法医专家也须遵守这一法律，尽管某些服务费用，如尸体解剖，并不完全由赔偿支付。一个以大学为基础的拥有分子遗传学和毒物学部门的法医学研究所，能够提供服务并获利，而那些从事私人执业的法医可能会发现这一结构有缺陷。

由于法律要求所有合同都公开招标，导致竞争压力大、酬劳低。另外，由于法医学服务需要投入大量的人力物力，而报酬则受限于法律规定，因而部分机构因资金问题停止提供服务。

目前，德国的大多数研究所均按照 DIB－ISO 规范对整个机构或部分部门进行认证，因此，整个国家的检验程序和测试基本上都是标准化的，从而可以相互比较。此外，作为质量监控的一种形式，专业化验室应有常规试验项目（如 DNA、酒精），而这些是在公开招标中参与竞标的一个先决条件。

法医牙科学研究主要是在大学的法医学研究所与有兴趣的牙科学家合作进行的。与联邦刑事警察局 Bundeskriminalamt 合作，身份查验委员会（德国 DVI－Team＝IDKO）一再呼吁查明空难受害者的身份。该小组的核心成员是来自 Bundeskriminalamt 的官员，个案中由法医学研究所的专家进行补充。

德国法医学专家除了参与涉及德国受害者的几次国内灾害（其中大多数是道路交通事故和空难）之外，还参与了 1991 年曼谷附近的一架奥地利客机坠毁的国际调查工作、1998 年在南斯拉夫问题国际刑事法庭主持下展开波斯尼亚冲突受害者的挖掘工作、1999 年科索沃事件、2001 年发生在奥地利的造成 165 人死亡的波斯尼亚山区铁路火灾事件，以及 2004 年 5 月在泰国和斯里兰卡发生的海啸事件。

尸体解剖所揭露的死亡原因各不相同。在这些案件中，通常有杀人罪，包括谋杀和过失杀人罪，但也有因交通事故及工作而造成的过失杀人罪。此外还有家庭事故、运动事故、自杀和自然死亡等原因不明的案件。近年来，因医疗事故要求进行尸体解剖的数量急剧增加。另外，尸体解剖的数目也显示出了明显的区域差异。在慕尼黑进行的尸体解剖比例很高，占死者的 10%，这一数字是很不寻常的。在许多农村地区却极少对死者进行尸体解剖，统计数字显示，尸体解剖的比例低于 0. 5%。当距离法医研究所较远时，尸体解剖的比例同样较低。而造成这种情况的部分原因是尸体解剖和死亡证明必须遵守特定的法律和要求。在德国，各个区域都有自己的法律标准，这意味着整个国家没有一个统一的标准。尸体解剖及死亡证明的出具仅能由执业医生（无论其专业）开展，而更常见的是那些知名的公认的医生被要求参与尸体解剖。如这些医生通过尸检证明死者为非自然死亡或死因不明（对此尚无标准的国家法律定义），则必须通知警察。随后，警察将展开调查，并将其调查报告提交公共检察官办公室。该办公室通过向地方法院 Amtsgericht 提出申请，以决定是否需要进行尸体解剖。就传统病理学而言，医生可在死者近亲属同意的情况下申请尸体解剖（尽管进行的尸体解剖数量非常少而且呈持续减少的趋势），但这对德国的法医学并未发挥很大作用。1997 年进行的一项多中心合作研究显示，每年有 1 200～1 400 件杀人案（根据警方的犯罪统计，每年有 700～900 件杀人案）并未施以尸体解剖，这归因于普通医生并不熟悉鉴定事务及相关案件证据，同时也因为调查当局如将死者判定为自然死亡将极大地节约开支（这意味着无须警方参与调查）。

无论基于警务问题的警察犯罪统计数据如何，都没有任何其他统计数据涉及在德国全国范围内或在各州进行的尸体解剖的数目。另外，目前尚无统一的法律标准或框架来对尸体解剖进行统一规范化。

如以较早的区域研究为导向，兼顾多年来尸体解剖数量的不断减少，目前在全国各地进行的尸体解剖比例估计低于 1%～1. 5%。

对涉及医疗事故指控的案件进行评估是一项特别复杂的挑战。许多问题只能通过咨询相关临床领域的专家来解决。如心脏和血管外科手术或神经外科手术。通常情况下，在调查的早期阶段，如发生医疗事故死亡并需要进行尸体解剖，法医研究所就会介入。经验表明，组建团队处理这类案件是很有意义的，必要时甚至在尸体解剖阶段就让相关专家参与进来。近几年来，由于医疗事故死者的亲属投诉日益增加，此类案件也越来越多。

在提交书面调查报告后，法医病理学家通常也会作为专家证人被传唤至法院，并在法庭上接受咨询。这意味着，他将根据庭审进程和对证人的讯问中得到的信息做出口头报告。《刑事诉讼法》载有一项口头辩护原则，即在主审期间，唯一可用于做出裁决的信息是在审判期间口头辩论的信息，包括对专家证人的询问。在绝大多数案件中，专家证人都是由法院传唤的，并且是独立和公正地出具意见，这意味着其没有义务接受控方或辩方的询问。专家证人的报酬由法院支付，虽然在法律上是可能的，但这是相当罕见的。

在德国，法医学对于想获取医师执照的学生来说是一门必修课程。尽管各个学校的授课方法各不相同，但主要以讲座和实践相结合的形式开展，且通过考试的方式对学生进行考核。此外，课程也向学生传授了作为一名医生应坚守的法律和道德准则。因此，一些涉及医学法律和法医工作的同行在许多大学的伦理委员会中发挥了重要作用。

为了有资格参加高级培训课程并成为法医专家，候选人首先必须在该领域从事至少3.5年的全职工作，并至少每半年在病理学和精神病学领域工作一次（总共至少5年）。而在该领域工作期间，必须完成明确界定的工作和任务数量，如下所述（各州之间的数字不同，这里引用的数字是关于巴伐利亚的）：尸检的描述和评估（400）；来自犯罪现场和发现证据地点的调查结果、报告和评价（25）；法医尸体解剖和形态学发现与事件顺序的相关性报告（300）；组织学检查（2000）；图片证据的评价和证据的储存（10）；向法院提交口头和书面报告（200）；骨科学和/或牙科学专家报告（25）。

此外，法医专业人员培训课程必须包括以下内容：评估和诊断中毒事件；与亲子鉴定相关的法医分子遗传学基础；法医人类学和牙科学知识；交通和保险医学问题；影像学的法医学应用。

法医学的学习是在各个法医学研究所通过开设专业课程进行的，而非通过课外学习［尽管在特殊情况下提供了选修专业课程（如血迹模式分析）］。成为法医学专家的最后一个培训课程是州内科医师公会举行的口试考试。另外，由于法医鉴定领域是许多犯罪电影和恐怖片的中心主题，公众对于法医学的认识逐步提高，这也导致医科毕业生对该领域的兴趣增加，从而使法医学研究所可以在更多的候选申请人中挑选他们的学术助理。也有许多研究所正在致力于寻找具有专业经验的专家，而非毕业生。

经验表明，预测未来并非易事。法医学能否作为大学内一门独立研究的课程将对德国乃至整个德语区的法医学研究领域产生决定性的影响。抛开财政上的考虑，部分大学内的法医学未来仍有待商榷。但可以肯定的是：如法医学领域仅作为警察和检察官办公室的服务提供者，那么该领域的研究将陷入停滞、学术潜力将严重丧失，这对整个医学专业领域及社会都将产生重大影响。

第 13 章
中国香港特别行政区法政科学[①]

Sheilah Hamilton,法证中心,香港特别行政区,中国
Philip Beh,香港大学病理学系,香港特别行政区,中国

13.1 中国香港特别行政区法证科学背景

中国香港特别行政区(以下简称“香港”)的法证科学历史悠久、丰富多彩,多年来一直使用“法律化学”一词——而非“法证科学”——来意指司法鉴定领域,且直到 20 世纪 70 年代初,从事法证科学领域的专业人士一直较少(Clarke,2004)。自 19 世纪 70 年代以来,香港的法证科学一直由政府运作。香港的私人法证顾问或法证专业人士并不多,而法证专业人士往往是香港政府化验所(HKGL)的前工作人员或退休人员。

香港曾被英国占领。1997 年,香港回归中国,成为中华人民共和国的一个特别行政区。2013 年撰写本报告时,香港人口约为 715 万。澳门曾被葡萄牙占领,于 1999 年回归中国,亦是中华人民共和国的特别行政区,鉴于澳门与香港自成体系,在此不再提及。

虽然本文并非旨在谈论政治,但我们在撰写本报告时不应忽略香港曾被英国占领超过 150 年这一事实,尤其是基于历史发展而成立的“香港政府部门”。令历史学家高兴的是,政府部门发布了若干详细的年度报告,遗憾的是这些报告并未提及香港法证科学在 21 世纪是如何发展和运作的。

英国占领时期的一个特点是一些在不同政府任职的外籍人员经常变换工作场所。例如,1960 年,一位经验丰富的法证科学家 Ron Edgley 从坦噶尼喀省(后来的坦桑尼亚)转到香港政府化验所工作,一直工作到 1984 年退休(Clarke,2004)。随着法证科学在 20 世纪 70 年代越来越为国际社会所接受,新成立的香港政府化验所法证事务部(1969 年)的工作人员与英国内政部和伦敦警察厅化验所建立了密切的联系,英国内政部和伦敦警察厅化验所把香港政府化验所法证科学部视为英国法医实验室的亲密盟友。在 20 世纪 70 年代,香港政府化验所法证科学部会定期收到英国内政部中央研究中心的报告及资料(Hamilton,2013)。

13.2 早期发展史

香港最早需要法政分析的案例之一发生于 1857 年,当时有人试图在面包中添加大量的砷,以毒害欧洲共同体成员。然而由于添加的量过大,人们在食用之前便发现了面包里含有异物。尽管没有造成真正的伤害,但必须对面包进行毒物分析。此次毒物分析测试并没有在香港进行,而是在英国的陆军部完成,这表明香港当时要么是不具备相关的法医毒化专业知识、相关检测设备和有经

① 译者注:全书将“forensic science”统一翻译为司法鉴定,但在中国香港特别行政区约定俗成地将该词称为“法政科学”。

验的分析员，要么并没有人愿意参与这类事件。

约20年后的1879年，香港政府招募了第一位专业的“化验师和分析员”，即苏格兰人Hugh Mc Callum。他曾在西印度群岛的皇家海军医院做过三年的配药员，主要工作是处理法证或毒化相关工作。在他工作的头两年(1880年和1881年)的年度报告中提到，他对于这两年发生的所有中毒案例中的化学物质均进行了分析。Hugh Mc Callum的直接上司是一名殖民外科医生，后来被任命为医疗卫生部门(M&HD)的负责人。随着时间的推移，上级部门、分支部门和主管人员的称呼均发生了变化，但有一事保持不变：传统的鉴识科学工作由香港政府化验所完成。1978年以前，香港政府化验所是香港政府医务卫生署的一个附属部门，但后来成为一个独立的政府机构，由法证事务部和分析及咨询事务部组成。

1883年，当Mc Callum被调任到新成立的卫生委员会工作时，香港从英国招募了另一名“化验师和分析员”——William Crowe。William Crowe在被任命时年仅21岁，且没有海外工作经验。但他早年非常有远见，特别是在“法证思维”方面，这点从他对现在被称为“替代性”或“否定性”证据价值的看法便可以窥出一二——见条目13.1(Crow,1885)。

条目13.1 (Crow,1885)

在4月16日，九龙发生了一起谋杀案，随后警察送来一件外套，要求检查外套上的污点，以确定这些污点是否为人血。虽然这些污点看起来很像人血，但经检验，污点其实是由一些铁的氧化物所形成。该起案件的嫌疑人是一名工程师，在工作时可能使用了一些由铁颜料制成的油漆，在商业上被称为“印度和威尼斯之红”(Indian and Venetian red)。

化验师采取了适用步骤对外套进行检查后，报告中将“人血”一词排除在外，因为不能肯定地将人的血液与其他哺乳动物的血液区分开来。在化学类法律案件中，否定的证据与肯定的证据同样有价值。

13.3 早期的改变及挑战

在1903年，“药剂师和分析员”药剂学方面的职责被取消，而未来的化验师称为“政府化验师”或“助理化验师”，至少开始时如此。更重要的是，这一改变意味着这些化验师不再是简单的配药员。而在十年后，又发生了另一重大改变，即化验所的管理层从国家医院撤走，转到原属部门(MH&D)。

在香港早期的法政分析工作中，因为香港内部的治安状况较差，经常遇到许多困难与挑战，这些挑战包括但不限于：

(1) 工作人员长期患病而缺勤频繁。

(2) 为高级员工提供的福利——长期的海外回籍假(乘船回籍)。

(3) 化验所设施不足。

(4) 化验所设备和化学品短缺。

即使记录在案的工作人员数量似乎有所增加，但实际参与工作的人员却是少之又少，仍有大量的职位空缺待补。

尽管面临许多挑战，但多年来，政府化验所人员处理的刑事案件的数量、种类和复杂性都有所增加，其中包括：

- 药物中毒(多种不同类型的中毒——包括意外中毒和故意投毒)。
- 毒品，最初主要是鸦片和海洛因。
- 伪币，包括制造设备。
- 伪钞及金属板。
- 伪造支票。
- 检测邮票上已除去的标记。
- 火灾延时机制的检测。
- 火灾助燃剂检测。
- 武器和服装上血迹的鉴定。
- 精斑检测。
- 纤维识别。
- 布片上油迹鉴别。
- 枪弹残留物检测。
- 指甲里的残留胡椒碱检测。
- 炸弹残留物检测。

随着时间的推移，政府化验所的人员数量增长缓慢。到1941年12月，香港被日本人统治，当时在职编制人员8名，其中包括一名政府化验师，两名政府助理化验师及五名助理化验师，其中也有一些是本地华人（Clarke，2004）。

不足为奇的是，在1945年后，由于工作人员、设备和化学品的不足，香港的法证相关事项及政府化验所需花上很长一段时间才能恢复正常运作。

13.4　出庭情况

在很多情况下，香港政府化验所的化验师须出庭进行口头作证，这对于九龙区法庭来说是相当耗时的。由于连接九龙与香港岛的海底隧道（即政府化验所所在地）在1972年才投入服务，因此在此之前如需前往九龙，均须乘坐轮渡。相关年度报告显示，在1930年，政府化验所工作人员出庭口头作证的次数约50次，而到1962年，则超过120次。十余年后，1975年法院的出庭费用补偿为97英镑，1976年为103英镑（Hamilton，2013）。

13.5　出"现场"情况

早期有关政府化验所职员参与的罪案现场调查的资料有限。但毫无疑问，在1937年的动乱期间，政府化验师Victor Branson亲自参与调查了一宗发生在九广铁路上的可疑火警及一宗发生在香港海港的一艘小轮上的破坏性爆炸事件。两起事故均造成了大量的人员伤亡，但是Branson并没有发现任何蓄意破坏的证据。

十年后，一位新招募的政府助理化验师Rrichard Terry，仔细调查了在香港岛西部一座仓库发生的灾难性火灾现场，该事故造成约200人死亡。有趣的是，从"现场"的角度来看，Terry和参与调查的警务人员亦曾前往澳门，对80桶洗涤过的硝化纤维进行检查，以确定这与Terry所确定的导致这次火灾的材料是否相同。即使在年度报告中没有对"澳门"记录在案，但是我们有理由猜测，可能还存在其他类似这样的"现场"。

随着时间的推移和人口的增加，要求化验师去案发现场的需求也在逐步上升，这主要与人口增长（条目13.2）及1967年后严重刑事案件发生率上升（Jones和Vagg，2007）有关。另外，香港皇家警务处（RHKP）发出的"警察通令"（PGO）要求化验师（即1969年后新成立的法证事务部）参与所有可疑的死亡事件调查，并协助警方调查和收集可能有用的物证。

条目13.2　第二次世界大战后的香港人口

年份	人口	年份	人口	年份	人口
1945年	50万	1965年	359.8万	1985年	545.6万
1950年	236.0万	1970年	395.9万	1990年	570.5万
1955年	250.0万	1975年	446.2万	1995年	615.6万
1960年	307.5万	1980年	506.3万	2000年	666.5万

Jones和Vagg（2009）认为，20世纪70年代是刑事司法制度和香港整体管治的关键十年，可以说也是香港法证科学发展的关键十年。暴力犯罪不仅整体上升级，而且杀人案件也越来越多，且许多都发生于正常工作时间之外。其中九龙及新界的偏远地区的居民地是案件多发地。在1969年至1972年期间，香港政府化验所的三名员工包括Abnuten，Ronedgley和Sheilah Hamilton共同参与该项工作（图13.1）。

香港于1972年开始启用海底隧道，相较于油轮，极大地缩短了工作人员前往本港偏远地区凶杀案及其他罪案现场的时间。然而，尽管工作人员到达案发现场的时间被缩短，他们仍需在工作时间外花费大量的时间完成该项工作。1972年，香港设立若干科学鉴证主任

图 13.1 Sheilah Hamilton, Ronald Belcher, Ron Edgeley 及 Albert "Ab" Nutten

(SEO)职位,从而极大地减少了工作量。自该职位设立以来,所有上任者皆为具有多年在香港政府化验所从业经验的且以粤语为母语的人员。1975~1976 年间,化验师和新上任的 SEO 分别参加了 219 个和 253 个不同类型的犯罪现场的调查取证工作(Hamilton,2013)。

根据 2012 年香港政府化验所的年度报告统计数字显示,全年共有 447 个罪案现场,包括 287 个一般罪案现场、6 个有血迹的现场、26 个火灾现场、116 个交通事故现场及 12 个与毒品有关的案发现场。不过,应该强调的是,到 2012 年,香港政府化验所法证事务部的专业人员人数是 20 世纪 70 年代中期的数倍。

13.6 "新型"毒品的相关立法和影响

在 1968 年出台了新的立法,对法证事务部的工作产生了重大影响。之后,任何被拘捕的人士只要携带超过 0.5 克海洛因或携带五包任何数量的海洛因,均可被控以"贩运危险毒品"的罪名,而不仅仅是携带毒品。当时,海洛因归类在"吗啡酯盐类"下。而鉴于执行此项立法所需,需建立一个由一名药剂师和五名化验所助理化验师组成的麻醉科。每天早上九时(公众假期除外),警员会运送密封的可疑毒品样品进行检测,并于翌日上午十时返港,收取经分析后密封的毒品及经签署的化验证明。如毒品扣押官(和警官)是从新界来的,则当天中午便可领取检测毒品和化验证明。同时这项为期 25 个小时(或 3 小时)的服务仅适用于日常缉获的少量可疑麻醉药品检测,对于海洛因制造案件中大量的鸦片或海洛因类似物的毒品检测则并不适用。当时缉获 1~2 吨的鸦片案件并不少见。

在 1970 年,这些常规的危险药物包括:

- 生鸦片。
- 精制鸦片。
- 吗啡和盐酸吗啡。
- 海洛因。
- 海洛因丸。
- 巴比妥类药物。

13.7 司法鉴定科学家的培训

1969 年,自法证事务部开始运作不久之后,一种培训法医毒化专家的新方法开始流行。来自香港政府化验所的经验丰富的助理化验师可申请奖学金,前往英国一所大学攻读化学学士学位,然后在苏格兰格拉斯哥的思克莱德大学(University of Strathclyde)获得法证科学硕士学位。当完成这两个学位后,毕业生可以申请政府化验所有相关职位,并成为化验师。当然,成功申请的人员必须与政府化验所签署一份数年的服务合同。这一计划的所有候选人均为男性。除有数年工作经验的女医生外,直至 1975 年,香港法证事务部女性员工薪酬尚不能与男性员工薪酬持平。

13.8 火灾现场调查培训

其后数年,曾在火警调查方面有经验的法证化验师需在苏格兰爱丁堡大学连续修读每年一度的“火警科学及火警调查”课程，并参加一项与火警工程师相同的考试科目。

13.9 血型分析

1978年，香港政府化验所与原属部门分开后，法证事务部开始负责个人的血液分型及罪案现场物品上的血迹分析工作。虽然政府化验所的分析员或化验师在第二次世界大战前已有数十年的血液分析工作经验，但早在1884年(Crow，1885)，在Pang Teng-cheung医生的领导下已于1949年成立了一个独立的(警察)法证化验所。Pang Teng-cheung医生在英国留学回国后，获委任为香港首位警务外科医生(Pang，1959)。在之后的30年里，ABO血液分析技术大部分是由来自Pang Teng-cheung工作室完成，而非香港政府化验所，主要运用于血液和(或)沾有精液的物品检测(见另一节)。

然而，直到20世纪70年代，法医血型检测的重要性才为国际司法鉴定同行所认可。对涉案嫌疑人进行血型检测具有很大的参考价值。因此，在香港政府化验所与原属部门分离前，其最高管理层已达成一致协议将香港的血型鉴定工作移交香港政府化验所法证事务部，而该提议鉴于若干原因一直无法得到落实。

首先，血型检测使用的检测标记有很多种类型(ABO，PGM，EAP，HP，Esd和Rhesus)。另外，遗传标记在香港华人群体中等位基因的分布频率是未知的。而在应用之前，必须先确定这些等位基因的分布频率。在这一方面，香港红十字会做出了很大的贡献。作为回报，许多政府化验所的工作人员积极参与献血。在开展血型检测工作之前，当局借调了一名来自伦敦警察法医科学化验所在血清学和血型鉴定方面有较多工作经验的鉴识专员在香港政府化验所工作了一年。同时，要求部分去法证事务部工作的毕业生需具备法医学工作经验。

不久后，“血型分型”工作组又新增一项基于病理学的检验唾液及精液斑的工作，由Frederick Y. K. Ong.领导开展。同时令人惊喜的是，这项工作被来自英国的调派官员证明具有宝贵价值。

13.10 血迹喷溅方式分析

继20世纪70年代末至80年代初与伦敦警察法医科学化验所的法证科学家建立良好关系后，英国法证科学服务社(Clarke，2004)的专家为香港政府化验所法证事务部需要出现场的工作人员举办了为期一周的“血迹喷溅方式分析”实用课程。1998年，伦敦警察法医科学化验所更名，成为法医科学服务社(FSS)的一部分。根据2012年香港政府化验所的年度报告，相类似的培训课程仍在不断举办。

13.11 DNA鉴定

虽然在ABO检测和血液分型方面已经取得了相当大的成功，但直至20世纪80年代后期，才开始考虑将DNA鉴定运用到案件调查中。这一过程进展缓慢，香港政府化验所进行了大量的工作，确定了中国香港人口中DNA的频率信息。

13.12 香港DNA数据库

通过立法后，香港DNA数据库于2000年6月设立，这期间经受了各种争议。据此，“政府化验所代表警务处设立和维持以DNA资料记录犯严重可逮捕罪行人”。

如政府实验室年度报告所述，到2012年底，这一DNA数据库的数据量已增至42 465个。

13.13 越南战争及其对香港案件量的影响

（1）在20世纪60年代及70年代初期，不少曾在越南战争中服役的人员都来到香港参与“休养与复原计划”，简称为“R & R”计划。这一计划导致众多的年轻野战部队人员在香港湾仔和九龙的酒吧发泄情绪，吸食毒品，从而产生了一系列的严重问题。其中大多数是美国人，表面上他们购买的是从香港非法渠道获得的LSD（麦角酸二乙基酰胺，一种麻醉药），而事实上，他们购买到的是司可巴比妥。服用司可巴比妥后再大量饮酒，便会产生协同作用，由此导致死亡。通过尸体解剖，对血液和器官进行毒物检查，证实了死者生前服用了上述药物。香港政府化验所的工作人员一再建议美国当局警告那些曾经的服役人员：LSD并非以鲜红色胶囊的形式出现。

（2）还有另外两起因越南战争引致的案件，其中一起涉及载有2 651名越南“船民”的巴拿马货轮SKYLUCK（图13.2、图13.3）。在1979年6月，经过近五个月的对峙，这艘船最终在南海（香港对面）附近搁浅。当局怀疑这艘名为SKYLUCK的货轮与在越南海岸附近被发现的名为KYLU的货轮是同一艘。法证事务部的化验师对SKYLUCK这7个字母的油漆样品横断面进行检验，发现外层的“S－CK”含有几层黑白交替的漆层，而中部的“KYLU”含有的漆层较少。很明显，S－CK三个字母被涂上了黑白两色的颜料，以改变船名，从而证实了当局的这种怀疑。

（3）另外一起同样发生于1976年，但较上一起案例更早些。香港化验所的法证人员检查了藏在HUEY FONG的巴拿马货轮的一个废弃油缸内的3 000两（1两≈37.5克）可疑黄金（图13.4、图13.5），而该货轮在接近香港时，与3 300名难民（2 400名华人和400名越南人）一起被港警队水警部门的人员截停。这些隐藏的黄金叶片只是船民从越南到香港（虽然第一个停靠港是中国台湾地区高雄市）的全部费用的一少部分。

图13.2 SKYLUCK

图 13.3　SKYLUCK

图 13.4　HUEY FONG

图 13.5　HUEY FONG

法政人员清理了嵌在叶片表面裂缝中的黏稠油，分别对每个叶片进行称重，并确认每一叶片含有 100% 的黄金，而不是涂有黄金的碱金属。这些黄金叶片的估计总价值为 650 万港元（Ward，1999）。

13.14　法证科学家与香港其他政府部门的互动

早在一个多世纪前，香港政府化验所的连任工作人员就对其他香港政府部门提供的资料及一般大众和半官方组织提供的项目进行了审查和分析（Clarke，2004）。尽管有人要求协助，但近年来，由于工作量很大，而且优先处理“政府”的样品，法证事务部的化验师无法开展任何“非政府”的工作。

香港警方可能是政府部门中最易与香港法证事务部有关联的部门，其他相关部门还包括：

- 海关和税务部门(原预防性服务部门)。
- 消防处(FSD)。
- 入境事务处。
- 廉政公署(ICAC)。
- (香港)惩教署。
- 律政司(前律政署)。
- 医务部(原医务卫生署)。

早在20世纪70年代中期,法证事务部人员便经常向执法部门的工作人员和司法人员做相关讲座。

香港政府化验所为执法人员提供全天24小时服务。

每当一名警务人员(或其他人员)拟讨论某一罪案现场,或安排一名受过司法鉴定训练的人员出席该罪案现场时,① 会向香港政府化验所法证事务部提出要求;② 安排的人员应具有合格的专业知识;③ 如认为适当,则会安排一名海关人员(或化验师)前往现场收集证据。如确实需要另一个学科的专业人员出席,SEO(或化验师)通常会向提出原始请求的官员提出这一建议。现场可能相关的物品将由SEO确定,并在适当情况下(如死者的残骸)由SEO亲自收集,交给"分类管理人员",随后负责将这些物品交付法证事务部。

最后,一名指定警务人员(或其他人员)会将物品从现场运送到香港政府化验所,同时会提交一份要求表格,记录提交物品的相关资料、检验要求、运送物品人的详情,以及移交日期。由于有200多名鉴定人员在政府化验所工作,因此,下列检验项目均可以完成:

(1) 血液,体液,毛发和身体各部位的DNA鉴定。

(2) 上述样本的物种鉴定。

(3) 麻醉品,药品和毒药的分析。

(4) 毒物分析(包括尿液分析、酒后驾驶,药物驾驶及毛发药物测试)。

(5) 各种痕迹证据检验(包括纤维、玻璃、油漆、橡胶、塑料、胡椒碱)。

(6) 识别和比较不同类型的痕迹(包括鞋印,轮胎印,服装印花及锐边裁剪的表面)。

(7) 文件审查,包括不同文字的笔迹比较。

(8) 检验/分析火灾和爆炸产生的碎片和其他物品。

(9) 其他情况。

13.15 香港警务处所负责的法证子领域

1844年通过了设立香港警务处的条例。这一名称一直沿用到1969年,后变更为香港皇家警务处。当1997年香港回归中国时,名称又改回香港警务处。

13.15.1 指纹

早在1904年,香港就采用指纹取证来识别罪犯的身份。所有囚犯在被捕后及获释前皆须采集指纹。之后,随着指纹取证工作的开展,许多被系统判定为"初犯"的人员其实都有犯罪前科(Criswell 和 Watson,1982)。香港警方大力推进指纹取证计划,CID职员 Ng Bing-wu 先生在1919撰写了第一本用中文写成的书籍——《指纹艺术》(Sinclair,1983)。自从在一个多世纪前设立鉴证局以来,指纹的检验和比对一直是警方的职责。在20世纪70年代,若干被认为含有潜在指纹信息的记录文件被提交到政府化验所。法证事务部的化验师们在把这些可能含有指纹的物品交还警察之前,会用茚三酮对其进行检验处理。由于侦查技术日趋先进和"化学"化,1986年在鉴证局内设立了高级技术组(ATU),其下工作人员包括有资质的专业指纹化验师。

13.15.2 子弹和枪支

与很多国家和地区相比,香港的枪械案件较少。当案件涉及枪支时,香港警务处弹道组的工作人员会完成大部分的检查,把特定的武器与子弹和弹壳联系起来。然而,如果在事故中枪并没有开火，且嫌疑人在事件发生后不久就被逮捕，则可以进行铁锌（铁迹）法测试。在过去的几年里，法证事务部的化验师及香港警务处的弹道研究人员常使用铁锌法进行痕迹测试。

13.15.3 射击残留物（GSRs）

熟悉扫描电子显微镜（SEM）的科学家或具有相关工作经验的警官可以对各种表面的碎片，包括肉体和衣服的碎片进行检查，以确定是否存在枪击残留物。在过去，香港警务处的弹道组聘用了一名具备此能力的工作人员。后来由于这名人员离职，利用电子扫描显微镜探测枪击残留物的工作暂告一段落。

13.15.4 计算机取证

在案发现场或其他刑事活动中使用电脑及其他小型电子设备变得日益重要及普遍，香港警务处已就此设立一个专门技术小组以负责该类调查工作。其他纪律部门，如移民、海关和反腐败独立委员会（廉政公署）部门也在计算机取证方面取得了相当大的进展。

13.16 香港政府化验所的科学家关于 DNA 分型的政治观点

以下引述自香港政府化验所 2012 年年报，该年报描述了一类 DNA 鉴定：该鉴定无关犯罪，但它关系到每一位合法移居香港的中国内地公民。

在与广东省公安厅的密切联络和协调下，政府化验所处理了 2 093 宗与《2001 年入境（修订）条例》所管制的居留权证明书申请有关的个案。政府化验所亦通过提供 DNA 测试协助入境事务处处理其他居留权申请，以核实声称的亲属关系是否属实。2012 年共完成了 74 起居留权证明书确认案件。

不过，一般市民并不可以通过香港政府化验所进行类似的 DNA 亲子鉴定，只能通过私人化验所进行鉴定。

13.17 香港政府化验所招募

与香港特别行政区公务员职位招聘一样，当香港政府化验所有新的人员招聘需求时，会在本地报章或会刊登招聘广告。收到的应聘书常常会不符合招聘要求。原则上应具备相关的学历资质（通常具有一个或多个相关科目的硕士及/或博士学位），并有司法鉴定或相关经验。申请人必须会说粤语，并能读写中文。此外，申请人必须通过香港政府举办的公务员考试，以证明他们对“基本法”的认识。鉴于这些最起码的要求，非中国人士很难应聘成功。

13.18 香港的非政府或私营法证科学家

从上述内容可见，香港大部分的法证科学家都曾受雇于香港政府化验所。2013 年 6 月，政府化验所在 7 个地点雇用了 484 名工作人员，包括 1 个建于 1992 年的位于九龙何文田的主要化验所及 6 个分布于香港不同地区的分支实验室。

虽然报告没有说明其“法证事务部”和“分析与咨询事务部”所雇佣的工作人员的确切信息，但这两个部门的工作人数几乎相同，而该部的管理工作由少数非科学工作人员负责。

很显然，香港政府化验所的法证事务部并没有积极参与刑事案件的“辩方”事宜，亦没有资格以民事纠纷的专业身份介入。

但这并不表示香港没有为刑事审讯被告或民事纠纷当事人进行辩护的法证学专业人士，只是有经验的专业人士数目相对较少。

一些已退休或曾在香港政府化验所工作的法证科学家，特别是在笔迹鉴定和签名比对方面有专长的人士,在香港政府化验所工作较长一段时间后,便开始独立执业或服务于小型顾问公司,且他们常通过口头宣传、法律刊物或在个人网站上刊登广告来宣传自己。也有些人会给香港律师会或香港律师公会等机构作讲座,讲解相关法医专业知识。很多顾问(来自法律援助署)和其他法律人员都是以私人执业的形式开始他们的新事业。

此外,一些负责火灾调查、爆炸及相关问题的国际公司在香港设有分支机构。

然而,迄今香港还没有私人鉴证专家名册。专家协会(TAE)的成员可以在其出版物中列出他们在 TEA 的经验和资格,但其作用取决于"检索者"对名单的了解程度。美国法证科学院("法证科学院")的其他专业成员或研究员可能会把他们的联络资料列入每年的会籍名录,但由于这些资料是发给美国法庭科学学会的成员(而非外界团体),因此,这些资料对香港群众有何作用仍不清楚。

香港一些大学也聘请专业人士担任法证咨询工作。然而对这些专业人士的了解往往取决于口口相传。

香港医学会的会员当中,有丰富的非官方资源,包括曾就不同课题作讲座的法证专家。然而,尽管有时这可能是有用的,但这常常只是道听途说。

目前,至少有一家当地公司声称能够提供不同的司法鉴定相关领域联系人的姓名。

13.19 法医病理学

法医学极有可能是在 1877 年成立医学院后传入香港。该学院基本上采用了苏格兰的医学课程。不过,除了香港大学接二连三地聘用法医学专业的人士外,我们对香港早年的法医执业情况所知甚少。

众所周知的是,香港于 1850 年以后开始进行尸体解剖工作。在英国通过"死因裁判官条例"后(1887 年),香港于 1889 年也开始实施这一条例,引起了市民对尸检的极大关注。发生于 1894 年的鼠疫疫情使当地中国人开始认同尸检在准确判断死因方面的优势。当时,香港当局下令将所有鼠疫灾民的财物进行焚化。因此,受害人的亲属希望通过尸检证明死者不是由于瘟疫造成的,从而免于财物损失。

很久以后,在 20 世纪 40 年代末,Pang Teng-cheung 博士是当地第一位受雇于警察外科全职工作的医生。他在英国留学返港后,创办了一个由医生、警务人员和技术人员组成的机构,可完成死亡现场调查、法医临床检验、尸体解剖和血型鉴证。然而,随着血清学和司法鉴定学科的发展,法医病理学服务基本上侧重于其在法医临床学和法医病理学中的核心能力。在新世纪来临之前,许多年轻的本地医生被派往英国接受世界知名法医病理学家的培训。

目前,法医病理学服务处约有 16 名全职法医,在香港不同地区的三个公共殡仪馆工作。该服务处每年处理近 1 万起案件,并进行约 4 000 次尸体解剖。法医病理学家首先需要获得医生资格,然后接受 6 年的研究生培训,方可开始实际工作。

13.20 法医牙科学

在撰写本报告时,香港没有设置单独的法医牙科学小组或部门。这类检验服务是由几个从事私人牙科执业的专门人员提供。其中一位牙科法医学前辈梁博士曾在澳洲接受法证训练,并经常参与需要涉及法医牙科学的案件。

13.21 法医人类学

香港并无受过专业训练的法医人类学专家。在案件调查中有相关需求时,法医病理学家会自行调查人体遗骸,而他们对法医人类学的学习主要是通过自学。

13.22　学术发展

香港的法政科学发展存在短板,法政科学专业没有得到充分的承认和认可。香港大学仅有一名全职法医病理学副教授。另外有几名计算机科学家和工程师可以为社区提供临时的专家咨询服务。

参考文献

第 13 章参考文献

第 14 章 匈牙利司法鉴定实践

Eva Keller，泽梅尔魏斯大学法医和保险医学系，布达佩斯，匈牙利
Peter Sótonyi，国家法医研究所，布达佩斯，匈牙利
Agnes Dósa，泽梅尔魏斯大学法医和保险医学系，布达佩斯，匈牙利

14.1 匈牙利司法鉴定的现状和历史

匈牙利司法鉴定发展史

司法鉴定教学在匈牙利历史悠久，可追溯到 18 世纪末。1793 年，第一所法医学院在布达佩斯成立。此后，法医学一直是研究生学习的必修课。

匈牙利国内有五类司法鉴定机构：国家司法鉴定研究所、医科大学法医学院、司法鉴定研究所联盟（NFSI）、警察刑事法医学中心（包括 HIFS）和卫生科学委员会的法医学专家委员会。

14.2 案件类型

14.2.1 尸体解剖

在过去二十年里，匈牙利的临床尸检率大幅度下降，但法医尸检率相对稳定：4 所大学和 10 个法医科学研究所每年进行约 6 500 次法医尸检。法医尸体解剖根据欧盟部长委员会《第 R(99)3 号建议》“关于成员国统一法医尸体解剖规则”进行[http：//www. coe. int/t/dg3/healthbioethic/textsand documents/RecR(99)3. pdf]。

在所有非正常死亡的情况下，根据检察官或警察的决定进行法医尸体解剖。如果怀疑有犯罪行为，则由两名法医专家进行专门的法医尸体解剖。

只有大学和司法鉴定研究所联盟的成员机构有权进行法医尸体解剖，该制度创建于 2008 年。

14.2.2 法医临床学

在过去的二十年里，临床法医学的重要性与日俱增。法医临床学主要指刑事案件、民事法院和保险程序案件中的伤害评估、记录和估算（交通和保险医学）等传统领域。除此以外，一些新的研究领域开始引进临床法医学。如健康损害评估，这是判断各种社会保障福利的先决条件。在匈牙利，社会保障系统内做出的决定须提交法院审查，在法院诉讼程序中，法医专家就健康损害的程度提出专家意见。另一个重要领域是医疗事故（刑事和民事）。随着法院受理医疗事故的案件数量逐步增加，对法医鉴定的需求也大大增加。如没有法医专家的意见，法院不能对这些案件做出裁决。意见通常由一名法医专家和一名临床相关学科的专家出具。后者无须是注册的法医专家：在大多数临床学科中，因案例较少，因而并不鼓励临床医生通过注册程序成为法医专家，因此，也无须承担法医专家的相关职责（培训、考试和交费）。

14.2.3 法医精神病学

由于种种原因，在过去 20 年中，对法医精神病学专家进行专家咨询的需求不断增加，而这部分可归因于 2001 年的《监护法》改革。改

革后,如果监护精神病患者,就必须定期审查,审查期不应超过 5 年。有一种情况例外,那就是法院宣布患者的精神状态无好转的可能,此时无须定期审查。在《监护法》改革之前,没有进行定期审查的规定。另一个导致法医精神病学检查数量增加的因素是关于毒品犯罪的新立法。然而,这种案件结构的变化并非说明法医精神病学日益重要,任何一所医科大学都没有专业的法医精神病学教授。法医精神病学家在 4 所医科大学的法医研究所接受培训。许多法医精神病学专家不隶属于任何机构,而作为独立的法医专家开展工作。

14.2.4　法医毒物学

法医毒物学实验室既是大学研究所的一部分,也是 HIFS 和 NFSI 的一部分。一方面,他们调查死者的毒物学样本;另一方面,他们也进行血液酒精浓度测定和血液样本的毒物学调查。这些检查对于查明影响驾驶的因素,以及非法持有和使用毒品案件都十分重要。此外,大学毒物学实验室也为大学医院或其他签约医院开展临床毒物学研究。毒物学实验室通过了 ISO 标准认证。

14.2.5　法医遗传学和 DNA 鉴定

警察刑事法医学中心(HIFS)负责大多数 DNA 司法鉴定案件(刑事案件)。1992 年,该中心在一起谋杀案中出具了第一份 DNA 鉴定意见。此后,该中心紧跟 DNA 技术的现代化发展,目前拥有一支高素质的人员队伍(30 名工作人员)。

该中心每年参加由两家公司(GEDNAP 和 CTS)举办的 5 次能力测试。该中心针对当地匈牙利人群和实验室情况对国际公认的检验方法进行了验证。验证结果也被匈牙利的其他几个 DNA 实验室采纳。采用这些公认的方法,并根据长期积累的经验,专家组能够按照国际通用标准应对犯罪和遗传问题带来的各种挑战。

该中心的主要职责是为警察、检察官和法院提供 DNA 鉴定报告。经过国内和国际的长期培训,DNA 鉴定报告兼顾国际通用方法和严格的文件记录,可靠性经得住考验。在特殊情况下,该中心的专家也参加犯罪现场调查。为了支持这一活动,该中心自 2003 年以来一直参加血迹模式分析的能力验证活动。

该中心还承担了维护和管理国家刑事 DNA 数据库的任务。该数据库以 DNA 数据库软件为基础,与国际数据交换系统完全兼容。

司法鉴定研究所联盟(NIFS)也拥有一个设备齐全的 DNA 实验室,主要处理民事案件(亲子鉴定)。

14.2.6　司法鉴定材料检验

HIFS 拥有唯一能提供司法鉴定材料检验的部门。该部门拥有一支高素质的工作人员(化学家、地质学家和物理学家),负责调查除了人种起源之外的各种微量证据检验,包括有机和无机物质残留物。此外,物理学家还负责解答相关理论问题,如案件重现(人体坠落的方式)。化学专家还参与建立了染料、纤维、涂料等国家数据库和光谱分析资料库。

14.3　组织架构

匈牙利有五类司法鉴定机构:国家法医学研究所、4 所医科大学的法医学院、司法鉴定科学研究所网络[ISZKI(匈牙利语)]、警察刑事法医学中心(包括 HIFS)和卫生科学委员会的法医学专家委员会。除了这些机构外,私人鉴定专家在日常案件工作中也发挥了重要作用。

14.3.1　国家法医学研究所

国家法医研究所于 1975 年由卫生部长与内政部长、国防部长和检察长会议商定设立。该研究所是一个公共资助的机构,其总部设在塞默尔韦大学的司法鉴定和保险医学系。其最重要的任务是制定法医学的专业准则。该研究所共发布了21项指南,参与科学研究并在本科生和研究生培养方面发挥了重要作用。该研究所也负责收集并公布关于法医活动的数据。该研究所所长由卫生部部长任命,第一任所长是Endre Somogyi,现任所长Péter Sótonyi是第二任。

14.3.2 警察刑事法医学中心和匈牙利法医学研究所(HIFS)

刑事法医鉴定起源于19世纪。1876年《第14号修正案》设立了"警方法医"一职,并对其职责做了规定:主要是进行尸检,并判断是他杀还是自杀。

自1922年起,法医尸检工作主要是由公共卫生署的医师进行,第二次世界大战结束后,才有所变动。1945年后,警察刑事法医学中心从县城开始整顿。1963年,大部分尸检工作开始由警察刑事法医学中心的法医进行。每年约2 000次验尸,7 000~8 000次尸检和30 000~35 000次临床法医检验。1990年7月1日起,该鉴定中心在国家警察部卫生署内开展工作。

2007年,《第17号修正案》的颁布使形势发生了显著变化。该修正案修订了刑事诉讼程序,规定警方法医无权进行尸检。这一变动影响深远:警方法医空有才华,却只能大材小用,只能进行犯罪现场勘查。由此导致,警方法医人数急剧减少。目前,警方法医人员已并入匈牙利法医学研究所[HIFS(匈牙利语:BSZKI)],该所成立于1990年,隶属于匈牙利国家警察部。1906年,其前身是刑事技术和登记处,1961年,又更名为刑事技术研究所。

HIFS现有269名工作人员,包括专门从事刑事科学的医生、工程师、生物学家、化验家、物理学家和技术员。机构设备先进,拥有扫描电子显微镜和显微分光光度法仪器,可用于身份识别、技术分离及DNA自动化分型。尤其在以下领域科技成果颇丰:血型与DNA鉴定,笔迹与弹道研究,X线的刑事应用。实践和科学研究方面的重点是微观物质残留的物理化学检查,及药物定性定量分析。1989年,拥有指纹识别自动化系统的指纹鉴定处并入匈牙利法医学研究所,形成了匈牙利的指纹数据库及登记系统。

HIFS通过国际质量管理体系认证,资质优异。2000年,成为欧洲司法鉴定研究所联盟的一员,积极参与DNA、指纹、药物工作组的活动,并开展犯罪学相关研究活动。在国际合作大背景下,亦与国际刑警组织和欧洲刑警组织携手规范指纹与DNA数据库。无论是参与国际会议还是成果发表方面,该部门的科研成果颇丰。该部门由国家资助,涌现出了很多杰出的科学家,包括Imre Kertész博士、Vilmos Földes博士、Zsófia Santura博士及Gabor Nagy博士。

在武装部队内部,匈牙利军队拥有独立的法医学专家部门,是中央陆军医院内的军事法医学专家部(成立于1949年)。该部门与医院病理科展开合作,高标准执行部队内法医学专家的职责,由国防部拨款维持运营。部门领导须是法医专家,具有病理学资质(Viktor Fáber博士,György Dallos博士和Miklós Molnár博士)。

14.3.3 司法鉴定研究所联盟(NFSI)

1964年,司法部成立NFSI的第一个研究所,随后成员机构不断增加(表14.1)。目前已有12个研究所,分别是:

- NFSI布达佩斯审计,税务和技术专家研究所,成立于1965年。
- NFSI布达佩斯法医学研究所,成立于1964年。
- NFSI毒物学研究所,成立于1872年。
- NFSI德布勒森研究所,成立于1976年。
- NFSI Gyor研究所,成立于1977年。
- NFSI卡波斯瓦研究所,成立于1992年。
- NFSI凯奇凯梅特研究所,成立于1985年。
- NFSI米什科尔茨研究所,成立于1972年。
- NFSI塞格德研究所,成立于1981年。
- NFSI索诺克研究所,成立于1980年。
- NFSI松博特海伊研究所,成立于2000年。

- NFSI 维斯普雷姆研究所，成立于 1977 年。

这些研究所拥有高素质司法鉴定专家资源，他们负责法医学、精神病学、心理学、人类生物学、DNA 鉴定、身份识别(人类学)和毒物学、审计、税务方面的日常检案工作，并为检察机关、法院、警方及其他机关提供专业技术知识。2012 年，研究所共出具了 45 000 份专家意见(包括 2 725 例尸检案件)。

NFSI 现有 268 名工作人员，包括 101 名国际鉴识专家及 11 名实习生。

NFSI 还是司法鉴定应用研究的中心，开展了若干国内与国际研究项目。

表 14.1　NFSI 研究所出具的鉴定意见数量

研　究　所	法院委托鉴定(例)	警方委托鉴定(例)	其他机关委托鉴定(例)	基于合同委托(例)	合计(例)
NFSI 布达佩斯审计，税务和技术专家研究所	248	30	7	2	287
NFSI 布达佩斯法医学研究所	4 407	668	197	150	5 422
NFSI 布达佩斯法医学研究所塞克萨德组	213	458	8	3	682
NFSI 毒物学研究所	28	8 124	200	0	8 352
NFSI 德布勒森研究所	101	43	44	5	193
NFSI Gyor 研究所	1 638	4 417	75	42	6 172
NFSI 凯奇凯梅特研究所	720	1 506	38	73	2 337
NFSI 米什科尔茨研究所	3 066	2 601	34	47	5 748
NFSI 米什科尔茨研究所埃格尔法医鉴定组	410	539	16	5	970
NFSI 卡波斯瓦研究所	899	770	14	56	1 739
NFSI 塞格德研究所	125	85	40	29	279
NFSI 索诺克研究所	1 092	5 084	68	13	6 257
NFSI 索诺克研究所贝斯萨巴法医鉴定组	21	199	10	0	230
NFSI 维斯普雷姆研究所	881	2 212	18	70	3 181
NFSI 维斯普雷姆研究所塞克什白堡法医鉴定组	385	586	5	3	979
NFSI 松博特海伊研究所	657	807	39	22	1 525
NFSI 松博特海伊研究所佐洛埃格塞格法医鉴定组	40	684	1	0	725
其他	14 931	28 813	814	520	45 078

14.3.4　大学法医学院

全国共有 4 所医科大学，分别拥有独立的法医学院。

14.3.4.1　匈牙利赛梅维什医科大学法医学与保险医学院

赛梅维什医科大学医学院前身是特尔纳瓦医学院，成立于 1770 年。最初只设置了五个系。独立的法医学系成立于 1793 年。

József Jakab Plenk 是特尔纳瓦医学院的第一个妇产科与外科老师。他出版了两本法医方面的书籍：1871 年的 *Elementa Medicinae et Chirurgiae Forensis*(Plenk，1871)及 1875 年于维也纳出版的法医毒物学方面的 *Toxicologia seu Doctrina de Venernis et Antidotis*(Plenk，1875)。他的书是欧洲各大学的教科书。1793 年，大学引入了一门新课程——国家医学(法医学与医学公共管理)。Ferencz Schraud(1793～1802 年)及后来的 Ferencz Bene Sen(1802～1816 年)皆是首批讲师。

Ferencz Schraud 出版了三本关于法医学的书籍：*Aphorismi de Politia Medica*(Schraud，1795)，*De Forensibus Judicum et Medicorum Relationibus. In Vicem Introduis ad Medicinam*

Forensem Disserit（Schraud，1797）及 *Elementa Medicinae Forensis*（Schraud，1802）。

然而，由 János Jakab Neuhold（1700～1738年）所著的题为 *Introduction ad Jurisprudenciam* 的早期法医学著作并未出版。Neuhold 是 Komárom 县的首席医务官及德国自然科学院院士。

1822～1915 年，Sándor K. Ajtai 是该学院的负责人。他在维也纳工作时与 Rokitansky 是同事，后来成了 Szent Rókus 医院病理科的科长。1874～1882 年，担任克鲁日法医病理学系主任。

后来，Sándor K. Ajtai 担任匈牙利皇家理工大学医学院法医病理学系第一任主任，该大学于 1890 年 1 月 1 日在布达佩斯成立。他于 1872 年和 1892 年分别开设了法医精神病学及法医化学课程。他的名字与匈牙利 1902 年规划、1904 年的法医鉴定体制有关联。

1915～1935 年，Balázs Kenyeres 成为该系领导。在 Ajtai 的指导下开启了病理学家的职业生涯。1895 年，被聘任为克鲁日法医部负责人，1915 年起担任布达佩斯法医部负责人。作为一名学者与教授，他是恪尽职守的，他的 6 名学生后来也成了大学讲师。他还是匈牙利科学院院士，在拓展物质证明科学方面起到了决定性的作用。他的贡献于国际上亦具有相当大的价值，创立了学术期刊，名为 *Archiv für Kriminologie*、*Kriminalistische Monatsheft* 及社会科学方面的 *Gesellschaft für Kriminologie*。1935 年出版了著作 *Sachliche Bewewise bei der Klärung von Todesfällen*（Kenyeres，1935）。他编写了一部教科书——《法医学》，分三册，第一册发表于 1909 年（Kenyeres，1909）。1930 年成为哈勒帝国学院的荣誉成员。

1935～1944 年，Ferenc Orsós 接替 Balázs Kenyeres 成为该部的负责人。1918～1935 年，他是德布勒森大学病理学与法医学系主任，率先开展了活体反应与结缔组织异染性研究。他亦是波兰“卡廷事件”的身份鉴定首席专家。1944 年，他选择定居哈勒。

1946 年，人民法院宣布 Ferenc Orsós 为战犯，因此罢免了他所有的职位，包括其学术会员的身份。尽管苏联方面一直在施压，但美国并未将其交给匈牙利当局。1946 年，他收到了美因茨大学的邀请，邀请其担任艺术解剖学导师一职。1962 年，Ferenc Orsós 于美因茨大学逝世，葬于大学墓地。

1946～1955 年，法医部的负责人是 GyulaIncze。他广泛参与电损伤病理学及电生物效应研究。他关于硅藻类的研究可用于溺水验证，赢得了全欧洲的赞誉（Incze，1942）。

1956 年的巷战中，位于 Ulloi 街的部门受到重创。1956～1957 年，László Haranghy 博士担任该部门的主任，也是森梅威思医科大学第二病理学系主任，法医学实践与培训知识经验丰富。

1958～1969 年，应 Debrecen 邀请，Sándor Okrös 博士成为该部主任，他是 Ferenc Orsós 的学生，曾接受大量的病理学知识培训，并成为杰出的法医病理学专家。他在维也纳的哈伯达研究所待了很长一段时间，跟 Breitenecker 成为终生好友。Sándor Okrös 博士的学术研究是非常杰出及显著的，他关于肤纹型式的研究已出版成书（Incze，1965）。

1969～1992 年，Endre Somogyi 博士担任该部门的主任。他天性活泼，善于外交。他特别感兴趣的是新的形态研究技术，对电效应导致的微细组织损伤及相关病理机制研究做出了杰出贡献，受到了国内与国际广泛的赞誉。他发表了 241 篇论文，出版了 20 本书，书中的章节定义了他的科学工作。他所著的教科书——《法医学》有 6 个版本（Somogyi，1968）。还与 Péter Sótonyi 合作撰写了名为《心源性猝死》的著作，该书于 1984 年出版（Somogyi 和 Sótonyi，1994）。

1992～2003 年，Péter Sótonyi 担任该部门负责人。他接受了大量基础病理培训，专业度高。他在该部门建立了新的实验室（DNA，扫描电子显微镜和免疫组织化学法)。他的科研工作中,最值得一提的是其关于强心苷定位和离体心肌细胞模型的细胞化学分析研究。几所大学皆授予其荣誉博士及荣誉理事的称号。他在赛梅维什医科大学开设了博士课程。他所著的《法医学》出版了 4 个版本,且仍用于教学(Sótonyi,2011)。其所著关于匈牙利法医学史的书籍于 2009 年出版(Sótonyi,2009)。他是匈牙利科学院院士,现在是国家法医学研究所的院长。

自 2003 年以来,该院主任一直是 Eva Keller。她将保险医学引进该院。

14.3.4.2　德布勒森大学法医学院

德布勒森高等教育有 400 年的历史。1918 年德布勒森大学与医学院合并。最初,病理学系和法医学系是一个部门。1946 年,独立成两个部门。1919~1935 年,两个部门都由 Ferenc Orsós 负责。他最初就职于布达佩斯大学病理学系,拥有丰富的病理学知识,担任病理学的授课教师。他在活体反应方面的研究结果至今仍被引用和参阅(Orsós,1935)。1935 年,Ferenc Orsós 受邀成为布达佩斯大学法医学系的负责人。1936~1944 年,László Jankovich 担任法医部主任,负责病理科管理部门的工作。他的科学研究主要集中于碱中毒的形态学变化。

1945~1957 年,Sándor Okrös 被任命为法医部门的主任,他是 Orsós 学校最成功人士之一。其研究包括颅脑外伤相关的药液循环问题,帕奇尼颗粒的作用及脑垂体和垂体干的创伤性变化的研究。他利用偏振光学分析对创伤性肌肉组织变化及蛋白质组分肌动蛋白和肌浆球蛋白变化的研究成果显著。他在德布勒森大学对指纹鉴定法进行研究,1958 年受邀成为该部门负责人。

1957~1961 年,Sándor Okrös 的学生 János Nagy 担任该部门主任,1961~1980 年,再次被任命为主任。其科学研究主要包括酒精分解和检测,详尽描述了 Harger 技术的相关电位,并建立了酒精和乙醚测定的半定量分析方法。提及日格蒙德探测器,他的大名也是如雷贯耳。1980~2000 年期间,László Buris 成为该部门领导。他与美国和以色列建立了广泛的国际关系,还在该部建立了一个中东欧毒物学参考中心。他也加入了数个国际社会成为其成员,亦是欧洲理事会附属委员会成员。

2000~2006 年,该部的主任是 Mihály Varga。他拥有丰富的病理学知识。此前,曾在一家大型医院的病理科担任主任。他参与了一项关于酒精肝损伤的研究,先是以成员的身份,后来成为研究小组的领导。遗憾的是,他英年早逝。

该部门现任主任是 László Herczeg。

14.3.4.3　佩奇大学法医学院

该法医学院于 1918 年在伯拉第斯拉瓦的匈牙利皇家伊丽莎白科学大学成立。卡洛利四世国王授予 Béla Entz 正教授职称,并任命其为病理学与法医学系主任。特里亚农条约后,该法医学院搬至布达佩斯;1923 年后,搬迁至佩奇。1924~1925 年是佩奇大学法医学院的第一个完整学年。直至 1948 年这两个系独立前,Béla Entz 一直领导着这两个系。

作为 Antal Genersich 的杰出学生,Béla Entz 是一位高素质的病理学家及古生物病理学家,是匈牙利科学院院士,曾获得德累斯顿和慕尼黑大学的国家奖学金。

从 1934 年起,Konrád Beöthy 担任法医部门主任。

1948~1958 年,他继续担任该部门主任。1927~1929 年,他在维也纳的 Haberda 部工作,之后与 Entz 成为同事。1931 年成为著名的大学导师,1932 年成为私人教师。1945~1948 年,成为 Cluj 及 Marosvásárhely 的法医学教授。1948 年 1 月起,应邀成为佩奇大学的法医系主任。他的科学研究主要包括硅肺病发病机制及伤者康复。

1958 年,Lóránt Tamáska 担任该部门负责人,一直到 1961 年他离开佩奇大学前往德国为止。他在奥格斯堡、科隆、亚琛、吕贝克和杜塞尔多夫等多地担任医学专家。1961～1962 年，Gyula Farkas 被任命为该部门领导。

下任主任是 Robert Budvári，任期是 1962～1976 年。其科学研究领域是血液中乙醇研究和血清学。1976～1978 年期间，他担任国家医学专家学会负责人。1976～1977 年期间，Péter Guth 成为国家医学专家学会的领导。

从 1977 年起，László Harsányi 继任主任，直到 1992 年逝世。其专注于法医骨科学研究、骨骼结构的比较分析及医学专家鉴定研究。与 Vilmos Földes 一起出版了一本名《医学专家鉴定》（Harsányi 与 Földes，1968）的著作。1956 年事件后（如 Imre Nagy 和 Pál Maléter），他在受害者身份识别工作中发挥了举足轻重的作用。1992 年，Arpád Németh 上任。他主要研究呼吸困难综合征和透明膜病。于 1993 年英年早逝。

1994 年，István Bajnoczky 随后被任命为该部门负责人。他继续了 Harsányi 所创的“佩奇个体识别研究院”的伟大工作，参与了视频叠印技术的现代化和改良工作。基于医学角度，他开发了一套个体识别的科学方法。

14.3.4.4　赛格德大学法医学院

第一次世界大战结束后，1921 年，József Ferenc 理工大学从克鲁日搬至赛格德。

1921～1925 年，Károly Demeter 成为该部门领导。Kenyeres 搬到布达佩斯后，他成了克鲁日法医部主任。他对影像学和组织学的研究，使其于国际上获得赞誉。尤其是他关于贯通性枪伤的研究也十分受人瞩目。

1925～1934 年，László Jankovich 担任该部门负责人。他对中枢神经系统变化相关的中毒对照病理学与法医病理学的研究成果显著。

1934～1945 年，著名的病理学家 József Baló 担任病理学和法医学系主任，他是弹性蛋白酶的发现者。他的法医病理学研究中说明了脂肪栓塞机制及氨中毒对血液生成的影响；1945 年，József Baló 成为布达佩斯法医学部的负责人，后来担任第一病理学和实验癌症研究所领导。

1946～1973 年，Gyula I. Fazekas 担任独立后的法医学部门负责人。他的科学研究主要包括内分泌学，胚胎骨骼自由组胺总含量及损伤等，皆获得赞誉。他还被选为众多国际科学技术协会及研究院的成员。1978 年，与同事 Ferenc Kósa 一起撰写并出版了《胎儿法医骨学》一书（Fazekas 和 Kósa，1978）。

1973～1993 年，Vilmos Földes 担任该部门负责人。他的主要研究领域是犯罪学。他还与 László Harsányi 一起撰写出版了《医学专家鉴定》（Harsányi 和 Földes，1968）。

1994 年起，布达佩斯前法医部主任 Tibor Varga 应邀担任该部门负责人，奠定了以毒物学和 DNA 鉴定为重点的现代分析实验室的基础。他的主要科学研究包括心肌损伤活体反应，酗酒和滥药的临床和比较形态学特征及道路交通事故相关的医学科学问题。他还是卫生科学委员会的法医鉴定组主席，并于 2004 年撰写了名为《医疗保险》的著作（Varga，2004）。

14.3.5　卫生科学委员会的法医专家委员会

法医专家委员会的成立历史可追溯到哈布斯堡王朝时代。早在 16 世纪，便可经常于法庭上见到医学专家，主要是关于谋杀、自杀、杀婴、中毒和性侵犯的案件。若法官听取了多名专家意见，但意见不统一，便极难判定该案件。因此，1768 年生效的“Constitution Criminalis Theresiana”设了一个特殊程序帮助法院解决此类案件：处理这些案件时，法院可以指定大学来审查这些案件，并提出所谓的优先意见，便于解决这些有争议的医疗问题。之后组织架构发生了变动，设立了一个独立的委员会来解决该类问题，成员是司法部长任命的经验最丰富的法医专家。

最初,委员会的意见仅由主席来签发且该委员会无须在法庭上作证。2005 年,这种局面再次发生了改变,委员会的意见需由 3~5 名成员小组来提交,每个人都须签署意见,如果需要的话,也需在法庭上作证。每年该委员会提供的鉴定意见将近 400 份。目前,Eva Keller 担任该委员会主席,她的前任有:Tibor Varga(2001~2011 年),György Berentey(1989~2000 年),Imre Zoltán(1957~1989 年)及 Frigyes Doleschall(1954~1956 年)。

14.3.6 私人法医学专家

法医学专家过去都是在一个非常集中的机构内工作:他们都服务于上文所述的机构之一。这种状况于 20 世纪 90 年代开始发生变化,大规模的立法变革使得法医学鉴定独立出来。许多鉴定专家离开了警厅和大学院校,开始走上独立执业的法医学鉴定之路。大多数情况下,警方和法院可自由选择注册法医,但渐渐地,私人法医学鉴定开始占领法医案件的绝大部分,主要集中于法医临床学领域。但仍有些例外,如尸检仍然由研究院完成,私人鉴定专家无法接触到这类工作。跟其他法医鉴定专家一样,私人法医学鉴定专家需参加继续医学教育(CME)和司法部组织的法学课程。

14.4 司法鉴定整合

一些法医鉴定专家在匈牙利警方的刑事部门工作。近年来,除了进行尸检外,他们的工作还包括犯罪现场勘查、案例分析和法律陈述。另外,也需要参与法医临床研究和酒驾案件调查。他们也积极参与大学教育,如教授及培训法医。

另外,也设置了与法官、检察官和警官合作的继续教育计划。赛梅维什医科大学是法医学科学会议与继续教育中心。

14.5 培训

14.5.1 本科生培训

法医学是五年制医学本科生的必修课。该课程于四所大学内进行了规范化(布达佩斯大学、塞格德大学、佩奇和德布勒森大学),包括两个学期的授课。通过讲座、研讨会及参观尸体解剖室等方式进行课程教学。

第一学期关注卫生法,包括医疗事故、卫生保健提供者责任、医疗咨询、患者权利和社会服务等。第二学期侧重于法医学的传统领域:死亡学、法医损伤学(机械损伤、触电、交通伤害)、猝死和意外死亡、毒物学、交通事故医疗纠纷、DNA 检验、法医组织学、法医人类学和法医临床学等。在这一学期,学生需参观尸检室,并积极参加研讨会和讲座。

法医牙医学是四年制牙科医学专业本科生的必修课,为期一个学期。

所有学院的特色正包括在法学院进行专题讲座。

14.5.2 研究生培训

专业的法医学培训需 60 个月,前 12 个月与最后一年的医生实习期培训项目类似。接下来的 12 个月在解剖病理科实习,其次是内科门诊实习 3 个月、创伤科实习 3 个月、精神科实习 3 个月。伤残评定实习需要一个月。剩下的时间用来培训尸检及临床法医学。

课程结束时要求至少进行了 300 次组织学尸检,给出不少于 200 份法医临床案例的鉴定意见。

考试包括两部分,一是实务,二是口试。

至少有 3 年经验的持证精神病医生想要具备专业的法医精神病学知识需要 36 个月。培训包括必修课程和实习训练。

保险医学是一个相对新兴的专业。其培训由大学的法医学系进行。临床专业的医师都可完成课程并参加考试,包括口试和实务。培训为期 24 个月。

和医师一样,法医学专家也需要通过继续教育来补充知识,须修完由大学组织或认定的必修课程(听课并考试),科研成果和出版物可额外加分。必须严格遵守继续教育的要求,若不遵守会被剥夺行使职业的权利。

14.6 经费

司法鉴定的经费渠道多样,且颇具争议。大学法医系接受教育部的管理,但教育部只资助本科生和研究生的教学活动。高校基本上是为了法制和执法培养司法鉴定人员这一点也颇具争议。司法部和内务部并不资助教学,这一点对于大学学院来说是非常不利的。

高校的另一收入来源是他们为法院、检方和警方开展尸检、临床法医检查和毒物学检测及临床尸检的鉴定服务收费。大多数情况下(特别是临床法医检查)收费不能涵盖所有成本,主要是因为有专门的法律对证据鉴定有相关收费规制。

国家司法鉴定科学研究所由人力资源部资助,NFSI 由司法部资助。

14.7 政治影响

司法鉴定活动不受政治影响,司法鉴定专家独立进行鉴定。关于其鉴定意见,不允许任何人指手画脚。若新法律实施可能对司法鉴定产生影响,须先咨询国家医学院法医鉴定所,也可能间接影响了新法律的内容。

14.8 认证

所有法医鉴定专家须获得证书并注册。认证和注册由司法部进行。法医鉴定专家注册可在线进行。法医学、法医精神病学和保险医学及临床学专家均可登记注册。参加人员须是法医专家会会员,定期参加由司法部组织的必修课,参加必修课考试。对于从事临床学科的人(如手术,创伤科,内科),他们也须参加由法医专家会会员组织的专业课程。注册成功后,便可为法院,警方和检方提供鉴定意见。然而,有些案例中临床学的法医专家需要与专家合作,并提出相关意见(受伤,医疗事故等)。

14.9 实验室认可

大学法医学系的所有 DNA 和毒物学实验室及 NFIS 都会参加国内和国际的认可,并在 GEDNAP 处获得证书,证书每年需更新。实验室依据 ISO 17025 标准进行认可。

14.10 技术

司法鉴定和相关学术研究合理利用各部委拨款,已取得重大进展。高校也找到了发展实验室的资源。NFSI 和 HIFS 对 DNA 和毒物学实验室进行了较大的改造。赛梅维什医科大学的尸体解剖室已经翻新,各所高校的毒物学和组织学实验室最近均进行了现代化改造。

14.11 大型灾害事故应对

目前,国家没有 DVI 团队,但警方已经做好了成立 DVI 团队的第一步。据初步计划,2014 年将在 HIFS 的监督下建立新的 DVI 团队。

14.12 法律事务

法医学专业严格依法管理。“刑事、民事和行政法”均对法医鉴定意见和法医专家做出了规定，2005 年《第 47 号法案》规定了法医鉴定人员的权利和义务。

法医鉴定专家受司法部门监督（专业问题配合相关部门，如卫生部医务人员）。

所有医学专家都必须成为法医专家会会员。法医专家会成立于 1996 年，并通过了一项道德规范，若法医专家被指控存在不道德行为，专家会有权对其进行纪律惩罚，而最严重的处罚是从该会除名（这意味着该名法医专家从中央登记处除名，因此失去了作为法医专家的权利）。

14.13　研究

各类法医学研究院都参与科学研究，开展国内或国际合作。其中，需特别关注毒品致死、药物上瘾、药物滥用的神经科学、海洛因有关的大脑病理变化及酒驾方面的研究。最近 NFSI 参与了一项国际 DNA 人群研究。

14.14　未来的方向

法医学面临着诸多挑战。在匈牙利，法医病理学家和法医精神病学家的老龄化是一个大问题，招募年轻人加入该行业刻不容缓。但是，目前法医学专业对青年人的吸引力还不够，需要采取诸多措施。首先，政府需寻找到经济支持，以便招募到合适的人员。我们也期待将法医学认定为欧洲的专业学科。

未来，如何进一步提升法医学科研工作十分重要。对于大学来说，进行高质量的科研工作以提升自己的国际学术地位则是重中之重。

致谢

感谢 Gabor Nagy 博士、Sandor Kosztya 博士、Antal Kricskovics 博士和 David Petretei 博士为警察刑事法医学中心（包括 HIFS）段落撰写提供的数据，感谢 Eva Susa 博士为司法鉴定研究所联盟（NFSI）段落撰写提供的协助。

参考文献

第 14 章参考文献

第 15 章
印度司法鉴定

P. K. Chattopadhyay,阿米提司法鉴定研究所,诺伊达,印度

15.1 简介

司法鉴定是应用科学的技术和方法为司法提供服务,在印度有着悠久的历史。在古代的图书和文献中已经记载了指纹图案的几种类型,如 Chakra(圆形表示螺纹)和 Sankh(海螺表示环状),还有毒药/中毒征兆和症状等。事实上,指纹已被用于早期土地契约上的签名使用,即便到今天,人们仍继续使用指纹。中毒案件中毒物的分析和鉴定是以化学检查实验室的形式建立的,首先在马德拉斯(1849 年)设立,其次是加尔各答(1853 年)、阿格拉(1864 年)和孟买(1870 年)。我们今天所知的司法鉴定实验室成立较晚,即西孟加拉邦司法鉴定实验室成立于 1952 年,随后是哀昂格(1961 年)、巴米(1982 年)、查特吉(1961 年)、南达和特瓦芮(2000 年)、特瓦芮和拉维库马尔(1999 年)。特瓦芮的实验室代表了印度司法鉴定的发展。印度诸邦和中央司法鉴定实验室的建立时间顺序如表 15.1 所示。

1892 年,加尔各答成立了人体测量局,根据 Bertillon 人体测量法保存犯罪记录。

1897 年 6 月,加尔各答成立了世界上第一个指纹鉴定部门。

1906 年,西姆拉成立了政府的可疑文件检验部门。

1910 年,加尔各答成立了政府血痕分析专家处,负责检查血液、精液等。

1930 年,加尔各答的警察局建立了弹道学实验室。

表 15.1 司法鉴定实验室的建立时间

行政区域	实验室位置	建立年份(年)
安得拉邦	海得拉巴	1974
阿萨姆邦	瓜哈提	1963
比哈尔邦	巴特那	1960
恰蒂斯加尔邦	赖普尔	2002
德里	罗西尼	1994
古吉拉特邦	甘地纳格尔	1974
哈里亚纳邦	马胡班,卡纳尔	1970
喜马偕尔邦	章加	1971
查谟和克什米尔邦	查谟,斯利那加	1963
卡纳塔克邦	班加罗尔	1968
喀拉拉邦	特里凡得琅	1961
中央邦	萨格尔	1964
马哈拉施特拉邦	孟买	1967
曼尼普尔邦	因帕尔附近的帕加	1989
梅加拉亚邦	西隆	1987
米佐拉姆邦	艾藻尔	1998
那加兰邦	迪马布尔	1982
奥里萨邦	布班内斯瓦尔	1969
旁遮普邦	昌迪加尔	1976
拉贾斯坦邦	斋浦尔	1959
特里普拉邦	阿加尔塔拉	—
北方邦	勒克瑙	1964
北阿坎德邦	德拉敦	2006
中央司法鉴定实验室	加尔各答	1957
	德里	1968
	昌迪加尔	1978
	海得拉巴	1966
	瓜哈提	2013
	浦那	2013
	博帕尔	2013

实验室的组织结构大致如图15.1所示。

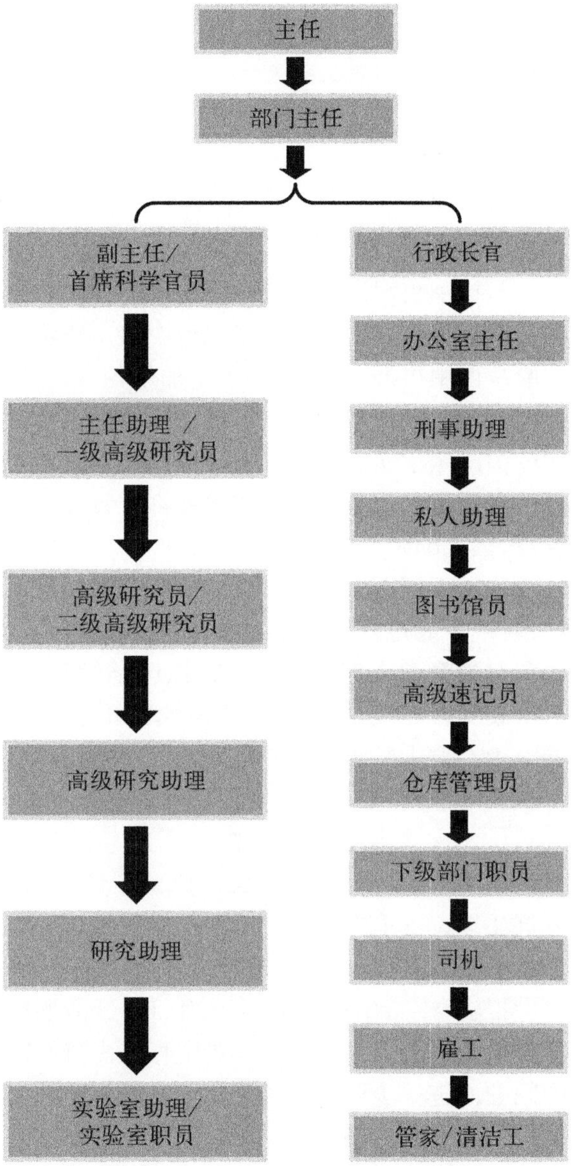

图 15.1　司法鉴定实验室的组织结构

不同实验室的部门数量（涵盖的学科）各不相同，主要设立的部门有：

- 弹道学和爆炸物部门。
- 生物物证部门/DNA 鉴定部门。
- 化学部门。
- 法医计算机部门。
- 毒物学部门。
- 刑事/仪器分析部门。
- 指纹/足迹部门。
- 法医心理学部门/测谎部门。
- 文件检验部门。
- 物理学部门。
- 摄影/技术援助部门。
- 血清学部门。

15.2　生物物证部门

血液、精斑及其他体液、呕吐物、粪便物、人体组织、毛发纤维、木材、叶片、骨骼遗骸等的鉴定。

15.3　血清学部门

基于血液和其他体液斑确定种属和 ABO 血型。种属鉴定和 ABO 血型的测定。

15.4　物理学部门

油漆、玻璃、金属（包括金属硬币）的检测；工具或切痕的比较；印章或交通工具上被擦除/改变的数字辨认等。

15.5　弹道学和爆炸物部门

犯罪现场收集到的枪支、弹药、弹药筒、枪击残留物、爆炸物痕迹的检验；对怀疑已拆卸或已爆炸的装置检测确定其程序和来源。

15.6　文件检验部门

笔迹、橡皮擦、消除、添加、变更、检测伪造品、打字/印刷品、墨水、纸张，烧焦文件等的比较和鉴定；秘写/伪装文字，相对老化的文件等。

15.7 DNA 鉴定部门

从血液、体液、组织、骨骼等提取和分析 STR 分型、mt-DNA 等进行鉴定。

15.8 化学部门

纵火案件中汽油/石油产品和其他易燃材料的分析，麻醉品和精神药物、酒精等的定性分析。

15.9 毒物学部门

从器官中提取、识别毒物等。

15.10 指纹/足迹部门

指纹、足迹和鞋类印痕的显影、提取、比较和识别，以及铸模的制备等。

15.11 法医心理学/测谎部门

在测谎仪的帮助下对嫌疑人、证人和投诉的供述进行核实，对嫌疑人进行科学讯问等。

15.12 摄影/技术援助部门

犯罪现场和犯罪相关证据、物品的摄影和录像，破译缩进的书写标记，文件的微观和宏观摄影等，以及制备海报和图表等。

15.13 法医计算机部门

所有与计算机相关的案件，包括黑客攻击、信息来源等。

15.14 讨论

包括中央司法鉴定实验室在内的各实验室的行政管理因各州而异。新德里中央司法鉴定实验室由中央调查局管理，位于加尔各答、昌迪加尔、德里、海得拉巴、普纳、博帕尔和古瓦哈提的中央法医学实验室由德里的法医学实验室主任负责管理。大多数联邦实验室都由警方部门管理，其他的则由内政部直接管理。

法医部门受卫生和家庭福利部的行政管理，着重于通过尸体解剖以确定死因。临床法医学对受害者或加害者均进行法医学检验，着重检查受害者或加害者的损伤类型和原因等，同时为本科生和研究生教授课程。科研工作处于次要位置，主要是基于案件开展。

虽然大多数实验室都配备了最新的先进仪器，但缺乏合格的人员加之资源紧缺，因而发展受阻。全国人权委员会仲裁主席 M. N. Venkatchalia 在《全国人权委员会 1998～1999 年度报告》中指出："因各种原因而拖延的刑事案件也往往由于司法鉴定实验室存在尚待解决的问题而进一步耽搁。这又为司法资源的分配增加了另一个阻碍因素。因此，改善司法鉴定实验室运作非常重要，因为这对于刑事司法系统的管理至关重要，委员会认为有必要调查这些实验室存在的问题，以便为其制定指导方针，使实验室能更好地工作……"虽然委员会已经成立了核心小组并提出措施改进实验室工作，但目前实验室工作并没有很大的改变。尽管如此，委员会也做了很多值得称道的工作，解决了很多涉及实验室的刑事案件。此外，大多数地区都拥有一定数量的地区司法鉴定实验室，同时覆盖有移动实验室。这对于犯罪现场调查，包括证据的收集、包装和转交最近的或合适的地区司法鉴定实验室并进行分析尤其重要。

中央司法鉴定实验室的经费来自中央政府，而联邦司法鉴定实验室则由各地方政府提供经费。另外，所有实验室都能获得中央财政关于设备修缮专项资金的支持。

科学和技术的巨大进步及其在司法中的应用要求所有有志于从事司法鉴定工作的人都必须在包括仪器分析在内的各个方面接受培训和指导。为了实现这一目标，大学开设了本科和研究生课程。1961 年，位于中央邦萨加尔的 Dr H. S. Gaur 大学开设了犯罪学和司法鉴定课程；1968 年，德里大学开设了为期一年的司法鉴定研究生课程。之后包括帕蒂亚拉的旁遮普大学在内的多所大学（约 25 所）开设了司法鉴定课程。然而，大学中存在着严重的资源紧缺、没有称职和敬业的教师来培养学生、教学课程缺乏统一性等问题。人力短缺严重、工作负担过重，导致了科研工作越来越少，但这些说服力并不强。正如印度政府委员会关于司法鉴定远景规划的报告中所强调的：科研工作不足的主要原因是缺乏科研能力。但是，对于从事司法鉴定基础研究的大学来说情况并非如此，因为在同行评审期刊中定期发表文章是大学职业发展和晋升的必要条件。因此，基础研究领域还有一定的科研工作，在各种论文中也提到了一些关于司法鉴定各方面的重要出版物，包括通过单个指纹来鉴别手和手指到 STR 分型均有涉及（Chattopadhyay，1972、1982、1990；Mukherjee 和 Chattopadhyay，1976；Chattopadhyay 和 Sharma，1989；Gonmori 等，1994；Sharma 和 Chattopadhyay，1994；Kaur 等，1997；Chattopahyay 等，2000；Singh 等，2005；Yuasa 等，2006；Chattopadhyay 和 Chattopadhyay，2006；Chattopadhyay 和 Bhatia，2008）。

参考文献

第 15 章参考文献

第 16 章
意大利司法鉴定

Cristina Cattaneo,米兰大学法医学系(法医人类学和牙科学实验室),生物学与生物技术学系,米兰,意大利
Antonio Grande,国家警察局科学警察中心,罗马,意大利
Luigi Ripani,意大利宪兵队科学调查处,罗马,意大利

16.1 简介

意大利是一个资源丰富的国家,但资源的利用方式复杂、组织结构杂乱无章,司法鉴定的组织构架很难清晰阐述。2010 年,警方记录的犯罪案件总数为 2 621 019 件,其中故意杀人案 567 件、抢劫案件 47 996 件(Clarke,2013),司法鉴定在案件的侦破中发挥着至关重要的作用。全国各地都有合格的专业鉴定人员,但由于缺乏与法官的沟通,同时对法庭调查多元性的认识不足,人员使用效率并未达到最大化。司法鉴定工作由不同的机构承担:科学警察(警方的司法鉴定团队、内政部的国家警察及国防部的宪兵队均有设立)、大学,甚至私人机构或个人等。对单个专家的培训可以在不同层面开展。与缺乏监管和培训的新兴领域(如植物学和人类学)相比,DNA 鉴定和病理学等专业相对传统学科获得更多保障。

为了能够充分阐明意大利司法鉴定的来龙去脉,首先必须要做的是简明扼要地解释意大利的司法系统,司法鉴定如何参与司法工作及司法鉴定专家的组成。

16.2 司法鉴定如何参与司法工作

在意大利,司法活动的主动介入行为是检察机关(pubblico ministero,PM)采取的。刑事调查实际上是从"notizia di reato"开始的,字面意思为"犯罪信息",即呈现足够的数据用于正式开庭或证实是否犯罪,以及该罪行是否可以归因于某一特定的主体。这项工作由 PM 和司法警察(judicial police, JP)共同承担,通常召用代理人执行。JP 这一术语是指来自警方部队(如意大利的国家警察和宪兵队)的人员和机构,也来自其他专门由总理招聘并进行刑事调查的公共行政部门。"犯罪信息"可来源于司法警察、警察总队、私人与医生等。如果普通公民是犯罪行为的目击者,没有义务向 PM 汇报。但一些专业人员,如教师和医师,在遇到怀疑是严重犯罪案件时,应当有义务向 PM 汇报。"犯罪信息"就是通过这几种来源而被创建。一旦 PM 收到这样的报告,必须立即将其抄录给法庭常务委员会(普通法院)检察官办公室的特定登记处(《刑法典》第 335 条)。从这一刻开始,PM 主要负责案件的调查,并将委任所有必要的调查(Gentilomo, Travaini 和 D'Auria, 2009)。

司法鉴定专家可能会在早期阶段即在收集犯罪信息期间就开始参与调查工作,但这种参与方式较为边缘化。以一个死亡案件的现场调查为例,对于死亡现场早期的初步分析如《刑法典》第 354 条所述的"敦促验证环境、事物和人员……"并说明了法警必须要做的记录及保存现场环境和证据工作,因为这些工作的延迟可能会导致物证发生改变,这对于案件来说是

至关重要。该法律条款称:“司法警察的人员和机构应注意犯罪相关的痕迹和物证的保存,现场的状况在检察机关参与和委托之前不应改变。如果之前描述的物证、痕迹和地点可能改变或有被改变的风险,或者检察机关不能马上介入或尚未启动调查,司法警察会进行所有必要的评估和调查……”

在此情况下,科学警察与司法鉴定专家一起作为 PM 的辅助人员介入调查。当然,其他机构(如大学)的司法鉴定专家也可参与进来。法医病理学家会经常遇到这种情况,因为科学警察团队内没有法医病理学家(除罗马市国家警察局的科学警察外)。司法鉴定家经常与警务人员及科学警察部门人员一起参与犯罪现场的调查。这种情况下,法医病理学家通常被认为是司法警察的辅助人员(《刑法典》第 348 条),通过专业技能协助警方人员对地点和事物进行评估和调查。详细地说,第 348 条规定:“在得知潜在的犯罪后,司法警察……收集任何有助于案件重建和罪犯识别的证据,搜寻与犯罪相关的证据,并保证现场的保存……在检察机关介入后,司法警察……遵循检察机关的指导,可以自行承担所有必要的调查以确定犯罪……当司法警察必须进行需要专业技能的工作时,他们可以召集足够的人员,这些专业人员是不能拒绝的。”

立法规定对于犯罪现场的调查并不需要告知辩护方,因为在调查早期阶段,检察机构和司法警察尚未真正地参与司法工作。

总而言之,在其他方面保障较少的情况下,司法鉴定专家可以较早地参与刑事案件。在这种情况下,PM 可以依靠科学警察团队内可用的司法鉴定专家,但可能无法利用外在的其他专家团队(如病理学家、牙科学家、昆虫学家),因为他们不属于警方的专家。因此,在这个阶段可能不会参与或涉及。这是该系统的一个(也许是不可避免的)缺陷。甚至可能会发生病理学家不会被召到犯罪现场,或者未收集适当的昆虫学证据的情况。最后,无论谁被召集或现场人员有谁,因为上述司法程序,这些专家通常被提名为辅助人员而不是顾问,因此承担更少的责任。

一个犯罪现场缺乏合适人员的有趣和常见案例就是关于埋葬尸体或遗骸的案件。大多数司法鉴定调查人员都知道,考古学是唯一可以正确指导尸体挖掘和恢复,而不会产生死后损伤的学科。尽管如此,警方的专家并没有考古人员,而且这些遗体通常会粗暴地被推土机挖掘、开凿和铲出,造成重要信息的完全分散和丢失,如沉积方式、创伤、个体识别、死亡时间等。现在,越来越多的地方法官,特别是警方的专家正在减少这种严重的错误,同时越来越多的法医考古学家开始参与其中。

回到地方法官的工作,必须强调 PM 的工作范围是验证在调查中直接收集的或通过司法警察收集的证据是否支持指控,并因此将被质询人转变为被告人(或辩护人)。但根据宪法第 97 条的要求,PM 若要公正地工作,还必须收集支持被调查方的证据。在这一司法阶段,PM 可能需要具有专业知识的人,这在技术上被称为技术顾问(consulenza tecnica, CT)。司法鉴定专家再次可能在这个阶段出现,当他们被任命为顾问时,这次是以一个更专业、责任更大的角色参与进来。CT 在《刑法典》第 359 条和第 360 条提到(他们必须意识到下述的结果)。如果需要执行的任务(如 DNA 鉴定)被认为是可重复的(即有足够的样品可以重复地进行专业分析),PM 不需要通知其他相关方,即被告方和受害方。反之,如果分析可能导致人员、事物或地点的改变,PM 必须告知被告方和受害方,并且各方通常也可以聘请 CT 为自己的顾问,即谁可以作为 PM 顾问进行所有技术工作(在此期间他们也可以提出建议和要求)。

《刑法典》第 359 条提到了顾问的作用,该条写道:“当检察官要求进行描述性、摄影性评估和调查或其他需要专业技能的操作时,可以召集顾问且不能被拒绝。顾问被允许参加调查的每一个部分”。因此,顾问可以是PM指定的任何适合这个案件的人,可以是来自大学、私人机构或属于国家警察和宪兵队的人员,尤其是涉及遗传学、犯罪学和数字图像分析。在顾问调查后,如果PM认为信息和数据指向了刑事犯罪责任,他将要求“审判庭”,换句话说,他会要求进行审判。在这种情况下,通常会在初级调查法官(Giudice per l'Indagine Preliminare, GIP)或早期调查法官之前进行一次早期的听证。如果法官对PM要求的专家意见不满意,可以要求进一步检验。另一种情况是司法鉴定专家被聘请为各方的顾问——只有GIP的司法鉴定专家将被称为perito(专家)而不是顾问。GIP确定是否将被告送去审判或者释放。如果GIP决定被告需接受审判,那么被告可以选择以何种方式接受审判:一种是patteggiamento,检察官与被告之间就刑期(最多5年)达成协议,另一种是rito abbreviato,这是一个立即判决的请求,不经过真正的审判和听证会,因此,没有证据的获取,最终的判决效率将被削减三分之一。

如果进行审判,除法官(第三方、中立方)之外,法庭上各当事方都会呈现所有证据。根据犯罪的类型和形式,法庭可以是独裁庭(一名法官),合议庭(三名法官)或重大犯罪法庭(官方或最高法院,有两名法官和六名平民法官)。参与案件早期阶段的各方所有顾问(如司法鉴定专家)都可以在法庭上旁听并接受检察官、受害方、辩护方和法官的质询。法官可能要求呈现进一步的证据,并指定专家(顾问)。如果是这样的话,其他方也可以聘请更多的专家。

《刑法典》第25条第221款规定了专家的任命,该法案写示:“法官可以在专家委员会中选择,或在特定专业领域具有专业技能的人员中选择……如果调查和评估涉及专业复杂,或者需要不同学科、不同领域的技能时,法官可以召集更多专家参与”。警察科学部门(警方和宪兵队)也可以有效地参与调查,特别是涉及遗传学、犯罪学和数字图像分析。审判将以无罪判决或有罪判决告终。因此,若以涉及遗传学的案件为例,我们可以看到,一个案例可能涉及多达9个DNA专家(即PM,辩护方和受害方各方至少一人,在早期阶段、GIP之前和最后审判期间)。

第一阶段的最终裁决可能会受到质疑。辩方和检方都可以上诉,上诉审判进一步规定了任命新的司法鉴定专家的可能性。上诉后可以进行撤销审判,程序与上诉类似,但撤诉对象限于书面的逻辑,如形式检查或程序错误等内容。

所有这些阶段中,顾问或专家可以是任何人,有时甚至不论其资质和经验。这是一个常见但却重要的问题。从《刑法典》中可以看出,通常由检察官或法官最终根据他们的个人意愿来召集司法鉴定专家。换言之,司法鉴定领域的委员会或专家名单并不存在,或者说它的存在没有实际意义和价值。人们还应该考虑,目前意大利对于大多数司法鉴定专家的资质认定不是强制的,只有少数几个领域(如遗传学和毒物学)正在开展这类资质认定措施。在法庭上,很少会提及是否具备资质等问题,但这一点在不久的将来肯定会发生变化。这可能导致在司法鉴定领域缺乏专业知识或经验人员的选择。

16.3　证据效力评估(评价证据的充分性)

关于评估证据有效性的标准和规则,意大利学术界有着悠久而充满哲学性的历史。最相关的规则为“违反事实的判断”,它为重建因果关系提供了指导,《刑法典》第40条描述了“违反事实的判断”,据此“如果罪行的存在所依赖的破坏性或危险事件不是其作为或不作为的结果,任何人都不能因罪行而受到惩罚。有义务阻止事件发生但没有阻止的,等同于造成事件发生"。这意味着在司法案件中,法官的观点是消除可能的原因,以验证案件是否真的发生。

关于审判中科学结论可否被采用的问题,对于意大利司法系统,法官基于自己的理念去判断证据是否被采用。就是说,意大利的法官被认为是"专家中的专家",因为他们可以决定专家们提供的结论是否可以被接受,以及专家是否提供了科学信息。尽管很少,但如果其他证据来源提供不同的意见或顾问给出的结论不能说服法官,可能导致法官做出与专家证人提供的结论不一致的决定。

在意大利,法医学"标准学"(该学科涉及证明因果关系的标准)有着悠久的历史,与其他司法鉴定领域相比,该学科在法医学中更受欢迎。从 Cazzaniga 的因果关系评估开始,Cazzaniga 确定了某一事件是否可被视为另一事件原因的具体标准,即基于地形学、年代学和该事件是否足够重要(Cazzaniga 1938)。现代的很多理论模型已经提出,如涉及现代法理学的统计学模型。换句话说,专家应该总是寻找法律去证明某一行为总会导致某一特定事件,如根据统计学概率。关于统计数据,2002 年意大利法理学介入了所谓的"审判法庭"(Cassazione Penale,SS UU sentenza 11.09.02n° 30328)一起医疗纠纷事故。它确立了统计规律本身不应被禁止,但应该具有可控的确定性,并通过实证检验来检查其可重复性。他们也必须抵制弄虚作假的认识论试验。这实际上导致了《刑法典》第 533 条中一个相对较新的条款,该条规定,除非有合理怀疑的证据,否则被告不得被定罪。这些逻辑和认识论的应用实际上代表了一种创新方法,这已经在 Daubert 和 Kumho 条款(Grivas 和 Komar,2008)中有所预示。所有条款都可能更加类似于哲学而不仅仅是司法鉴定,并且,在 Daubert 和 Kumho 条款中,以更加实用和不太冗长的方式表达逻辑规则是最重要的。所有司法鉴定专家都应该按照这些标准工作。传统上,他们是或应该是司法鉴定专家的文化的一部分,但直到现在,才开始被认真地考虑到。在其他司法鉴定学科中呈现证据时也包含了这些学科的思维方式。

从统计的角度上,最后一个有趣的说明应该是关于量化误差的过度和似是而非的使用。遗传学家为他们的工作方法提供了明显的精确量化,实际上这也自动转变为法官的一种风险量化。这导致意大利所有学科都产生过度和无法实现的量化需求。可能会发生这样的情况:法官会问一位刚刚通过牙齿特征识别受害者的牙医师,另一个无关个体拥有完全相同牙齿特点的概率是多少。尽管统计数据和方法在证据展示方面发挥了重要作用,但意大利的司法鉴定学家已经意识到并非所有数据都可以量化,并尝试寻求其他证据解释的方式(Grivas 和 Komar,2008)。

16.4 司法鉴定人员的构成

一般可以授权以下四个实体为司法鉴定专家:警方、宪兵、大学和个人。以下部分将详细讨论他们不同的职业特征。

16.4.1 国家的科学警察(内政部)

16.4.1.1 历史背景

科学警察部门成立于 1902 年,对警察开设的首个司法鉴定课程由当时的罗马市 Salvatore Ottolenghi 教授讲授。1903 年 10 月 25 日,大臣 Zanardelli(内政秘书)首创了司法鉴定课程。1919 年 12 月 7 日的国王法令使该课程正式生效。

国家的科学警察部门属于警察打击犯罪指导中心的范围,其组织结构如下:

第一部门

(1) 司法机关和人员。

(2) 资源的协调和管理。

(3) 国际关系、项目、培训和教学。

(4) 计算机分析和支持。

第二部门

（1）预防性鉴定。

（2）司法认定。

（3）图形分析。

（4）自动指纹识别系统（Automated Fingerprint Identification System，AFIS）。

（5）潜在指纹显现。

第三部门

（1）暴力犯罪分析（Unit for the Analysis of Violent Crime，UACV）和运营技术支持。

（2）法医遗传学。

（3）法医学、心理学。

第四部门

（1）药物分析。

（2）爆炸物、易燃物质、土壤分析。

（3）可疑文件、墨粉、油漆和纤维。

（4）电子设备。

（5）弹道和枪击残留物。

在整个国家领土上，按照科学警察的日常服务，科学警察设立在六个跨区域中心（都灵、米兰、帕多瓦、罗马、那不勒斯、巴里）和八个区域中心（热那亚、博洛尼亚、佛罗伦萨、安科纳、卡利亚里、雷焦卡拉布里亚、巴勒莫、卡塔尼亚），共有 89 个省级中心（C/O 警察总部），198 个照片识别和记录点（C/O Commissariati di PS）及 18 个照片识别点（C/O 边防警察局）。

16.4.1.2 案件类型和案件量

科学警察部门在上述的中心内组织训练和协调，同时负责国内司法机构或其他调查机构中警方承担的所有科学技术调查工作。在科学警察工作中，除其他外，还有 AFIS 和综合弹道识别系统（Integrated Ballistics Identification System，IBIS）数据库，以及 DVI（灾害遇难者识别）专业团队和小组，痕迹研究专家（ERT），指纹识别团队（GID），暴力犯罪分析小组（UACV）和疑难案件小组（UDI）与行动服务中心合作。在科学警察部门和那不勒斯区间中心及巴勒莫地区中心设有遗传学实验室，通过 DNA 图谱来鉴别个体。

科学警察部门承担以下领域的检测：

- 指纹记录。
- 犯罪现场调查。
- 指纹比较。
- 容貌绘图。
- 遗传学分析。
- 潜在指纹增强。
- 图像分析。
- 弹道分析。
- 汽车和武器中磨损序列号分析。
- 可疑文件。
- 药物的定性和定量分析。
- 调查性服务和社会治安中视频照片分析。

科学警察部门每年承担 15 000 次犯罪现场调查（可疑死亡案件和抢劫案），数千次社会治安的维护（运动会或公众集会等），AFIS 系统的案件超过 1 350 万例。遗传学实验室每年承担数千例 DNA 鉴定工作。最近科学警察部门在 Costa Concordia 沉船事故和 Lampedusa 沉船事故（超过 400 具尸体）中执行了 DVI 任务（包括超过 100 个部门的 DVI 警察）。

16.4.1.3 招募和培训

科学警察从警方工作人员中招募，他们将参加由科学警察部门组织的培训课程。而高级别的警方专家、医学专家及科研技术人员的招聘直接从广告、简历筛选和面试中招募。

科学警察的人员培训包括照片识别和指纹识别两门初级课程，之后可以承担犯罪现场调查中常规的指纹和照录像记录（如涉及社会治安的事件）。课程每年都会新增和更新。进一步的课程和更新会提供给专业团体、单位及实验室人员。

16.4.1.4 经费和认可

内政部根据实际情况提供经费，其最终来自欧盟的经费资助。科学警察已通过 UNI EN

ISO 9001 授权,法医遗传学、药物、枪击残留物实验室已通过 ISO/IEC 17025 认可。

16.4.2 国防部宪兵队科学调查部门(RaCIS)

Raggruppamento Carabinieri Investigazioni Scientifiche(RaCIS),是宪兵队内设的司法鉴定研究机构,负责司法机构中宪兵队的科学调查,为司法机构及警方服务。RaCIS 的总部位于罗马,是一个由很多部门组成的复杂机构:位于罗马、帕尔马、墨西拿和卡利亚里的四个科学调查部门(RIS),职责范围主要为刑事领域(指纹学、法医生物学、法医化学等);其他部门都位于罗马,信息技术部门承担所有 ICT 调查工作;指纹鉴定部门负责指纹数据库和预防性犯罪分析。在意大利国内,RaCIS 还有更多的机构在省指挥中心总部内运行,与其各自所属的科学调查部门有功能联系,名为科学调查科(Sezioni Investigazioni Scientifiche, SIS)。SIS 的工作人员在犯罪现场证据收集和药物分析方面具有专业技能。

16.4.2.1 RaCIS 的历史

1955 年 12 月 15 日,在罗马的军官学校创建了"内阁文书与技术科学调查中心"(Gabinetto Centrale di Documentazione e di Investigazioni Tecnico-Scientifiche),并于 1965 年 12 月 1 日命名为宪兵科学调查中心(Centro Gabinetto Investigazioni Scientifiche, CCIS)。随后,随着技术科学分析在意大利法律中发挥的作用越来越大,CIS 的组织构架和业务工作进一步修订,并与位于帕尔马、墨西拿和卡利亚里尤的外围部门的机构一起承担日常工作,直到 1999 年 CIS 才开始采用它现在的名称(RaCIS),并设立在罗马、帕尔马、墨西拿和卡利亚里。RaCIS 还完成了犯罪分析部门(自 2004 年以来)、预防指导部门(自 2005 年 9 月 1 日起)及信息技术部门(自 2006 年 11 月 1 日起)的创建。

16.4.2.2 RaCIS 的国际合作和交流

国际上,RaCIS 是欧洲司法鉴定联盟网络(ENFSI)的创始成员之一。ENFSI 包括来自 34 个欧洲国家的 63 个司法鉴定研究机构。RaCIS 内有司法鉴定不同领域的专家人员,并参与国际刑警组织(OICP)(如 AFIS 专家组、国际 DNA 调查人员会议、国际司法鉴定研讨会、灾害遇难者身份识别和国际法医枪弹研讨会)和欧洲刑警组织[如参与欧洲刑警组织爆炸物排爆网络(Europol EOD Network for neutralization of explosives, EEODN)]组织的活动。

16.4.2.3 RaCIS 的组织构架和工作

RaCIS,其法医部门涵盖了刑侦学和犯罪学的主要范围。各部门的主要工作如下:

在罗马、帕尔马、墨西拿和卡利亚里的四个科学调查部门(Reparti Investigazioni Scientifiche, RIS),应意大利国内各地宪兵队司令的命令,承担不同领域的技术调查,为司法机关和一些警方部队服务,并参照以下标准:

- 帕尔马的 RIS 部门承担意大利北部的技术分析。
- 罗马的 RIS 部门承担意大利中部和南部(除卡拉布里亚、西西里岛和撒丁岛地区)的技术分析。
- 墨西拿的 RIS 部门承担卡拉布里亚和西西里岛的技术分析。
- 卡利亚里的 RIS 部门承担撒丁岛的技术分析。

当案件较为复杂时,RIS 通过特勤科(SIO)确保人员充足,以及犯罪现场中的必要分析和技术调查,以整合和支持 SIS 技术分析部门的工作。

RIS 在各个刑事领域都有不同的部门:"弹道学""生物学""化学、爆炸物和易燃易爆物""指纹""语音分析""数码图像学"和"图形"。

在上述司法鉴定领域,RaCIS 的案件负荷非常大,特别是考虑到宪兵指挥部在意大利国内的分布情况,每年平均案例数超过 20 000 例。

信息技术部门（Reparto Tecnologie Informatiche）。该部门负责范围为意大利全国，承担电子数据取证方面和技术设备方面的技术调查工作，为 RaCIS 提供专业数据库的管理和开发。该部门包括三个小组：远程信息处理小组，电子数据小组和数据库小组。

预防指导部门（Reparto Dattiloscopia Preventiva）。该部门负责范围为意大利全国，承担指纹识别工作、宪兵队警员照片身份识别中的人员身份核实工作，在 AFIS（用于指纹）和 APIS（用于掌纹）数据库识别中心的新增和比对工作。

犯罪分析部门（Reparto Analisi Criminologiche）。该部门负责范围为意大利全国通过心理调查为暴力性案件（特别是重大案件）提供支持，并通过罪犯的心理档案和行为识别与其他犯罪的联系。此外，迫害行为小组创建于 2009 年，由部长理事会主席权利平等部和宪兵总司令部负责，该部门分析和监测以对脆弱受害者采取性行为或有害行动为特征的暴力迫害行为。

16.4.2.4　招募和培训、认证

RaCIS 的技术人员只能从宪兵队的军人中招募，并且可以担任以下职位。

办公室人员

这些人员是作为实验室主管和/或技术部门负责人的专业人员。这些人员属于科学调查中的技术人员，也是物理学（拥有物理学、工程学、数学学位）、化学（拥有化学、工业化学、制药学学位）、生物学（拥有生物学、生物技术、医学学位）和计算机技术（拥有计算机、计算机工程、电子工程、电信工程、管理工程学位）方面的专家。候选人先向国防部提交简历，然后国防部组织对候选人所申请专业（如化学、生物学、物理学等）的专业技术知识测试来评估，考试合格后即可招聘。

通过考试后可允许参加宪兵队学校的培训课程，该课程持续大约 9 个月，通过讲座和实验操作来学习法律学、军事和技术科目，并讲授各种 RaCIS 系统的技术操作和分析流程。在课程结束时，RTL 人员根据工作和人事需求分配到各个就业部门，两年雇佣期满后可获得实验室主任的头衔。

准尉和准将

这些人员是实验室分析人员，在 RIS 实验室中承担着鉴定工作。这些军事人员来自宪兵队的其他部门，选拔后被分配到 RaCIS，选拔基于以下标准：学术简历（至少有一个专业的三年制本科学位），并通过口语和写作考试，考试内容为报考科目相关的科学文化知识，然后是 4 个月的分析专业课程，课程分为两个阶段。第一阶段为刑事学（生物学、法医化学、法医计算机、弹道学、指纹识别、语音分析、图形、数字和图像分析、技术图纸和草图、人体体检、刑事诉讼和立法）的相关理论阶段，时间为 1 个月，之后是英语强化课程，持续 4 周。第二阶段为实践阶段，持续 2 个月，受训人员参与并协助专业实验室工作。在这个阶段，人员通过期中考试和期末考试进行专门培训。

下士

这些人员专门担任“实验室助理”，在具有技术职责的 RIS 实验室中工作。这项工作需要专业学科的高中毕业证书，并通过写作和口语的专业知识考试。然后，他们必须参加实验室助理的专业课程，这个课程持续约 5 个月，分为两个阶段：第一阶段为持续 1 个月的初级理论阶段，以提高他们的专业学科知识，第二阶段为实践阶段，持续 2 个月，协助实验室人员进行技术分析。

受训人员在韦莱特里的高级军事调查技术研究所（Superior Institute for Investigative Techniques of the CarabinieriI，STI）培训，那里有来自 RaCIS 的专业教学人员，培训结束后由国土指挥部招聘，承担犯罪现场样品收集工作。ISTI 的教学工作和专业领域的指南制定工作已经通过 UNIEN ISO 9001：2008 认证。

16.4.2.5　实验室认证和认可

药物、爆炸物和易燃物、生物和指纹及预防指导部门的 RIS 实验室采用 UNI EN ISO 9001：2008 认证的质量管理体系。其他部门(弹道学、语音分析、图像)的认证正在进行中。

关于生物学中各种痕迹和法医样品的程序，罗马和帕尔马的 RIS 遵守 UNI CEI EN ISO/IEC 17025：2005 认可。根据欧洲理事会 2009/905/GAI 决议，将此类认可扩展到墨西拿和卡利亚里的 RIS 部门及指纹分析部门的工作正在进行中。

16.4.2.6　灾害遇难者识别

RaCIS 中设立了宪兵队灾害遇难者识别部门。该部门旨在辅助大规模灾害受害者识别并尽可能提供相关的技术支持，根据国际刑警组织采用的死后和濒死工作技术准则，听从宪兵队总指挥部召唤到灾难现场。在一些轻微和重大的灾害遇难者识别(disaster victims identification，DVI)任务中，RaCIS 被要求参与工作。宪兵队 DVI 小组已经参与了以下灾害现场的受害者识别工作：纳西里亚(伊拉克，2013)恐怖袭击事件、东南亚海啸(泰国，2004)、喀布尔空难事件(阿富汗，2005)、沙姆沙伊赫恐怖袭击事件(埃吉托，2005)及拉奎拉周边地区的地震(意大利，2009)。

16.4.3　大学、医院和私人机构

宪兵队和警察局的实验室和法医专家某种程度上是制度化的，因此一旦有人离开，部门内的其他人只需要接受内部培训和管理即可自然增补，这并不意味工作质量一定会下降，但这确实暗示着内部一些培训或法规的管理和保障较少。

我们想到的第一个问题是，如果宪兵队和警方有司法鉴定部门，那还需要其他司法鉴定专家吗？答案是多方面的。首先，从前一小节可以看出，宪兵队和警察专家中并没有涵盖所有的司法鉴定专业。例如，除了罗马的科学警察最近复职了三名法医病理学家之外，警方专家中没有其他法医病理学家。同样，没有法医牙科学家、人类学家、考古学家、昆虫学家和自然科学家，这意味着这些专家必须由 PM 或法院从外部招聘，大学通常是当地 PM 和法院的招聘点。例如，罗马的法院通常会召集罗马大学的专家，除非那里没有需要的专家。但是医院(特别是病理学和毒物学)或私人机构或个人被召集的情况也并不罕见。法院也可能因为个人原因或认为可以提供更客观的保障，而召唤非宪兵队和非警方部队中的专家。例如，虽然警方拥有 DNA 实验室，但有时候法院和法官会指定一所大学实验室。此外，大学和私人机构也接受辩护方和受害方聘请，警方和宪兵队通常不能参与其中。因此，专家的专业领域很多，范围比科学警察更广，而且需求量高。

《刑法典》规定，顾问或专家将由法官任命。这实际上意味着法官可以自由地做出选择，这给许多白手起家的司法鉴定专家带来财富，同时给许多审判带来了不幸。除了根据法律必须由医生进行尸体解剖以外(如果死因必须诊断并在国家卫生注册处登记)，所有评估都可以由非专业人员进行，无论有无资质。意大利司法体系尚未严格地要求实验室和专家的检验或评审，即使在最常见的认证领域，如毒物学和 DNA 鉴定。DNA 实验室将来必须要通过认证，才能将 DNA 数据导入国家 DNA 数据库，但目前认证尚不存在。事实上，目前在意大利还没有官方 DNA 数据库，但已被获得批准并将由监狱警察管理，且有望在几年后能够运作。来自未认证实验室的 DNA 数据将不允许导入该系统，因此获得实验室认证或授权将使得工作变得方便。实际上，对于潜在专家来说无法将个人数据导入国家数据库肯定是一个缺点。许多毒物实验室也在争取获得认证。在这一点上，原因也并非直接或必然与法庭工作或司法取证有关，更为实际的是，地区和国家卫生法规要求提供酒后驾驶或行为能力等毒物学信息的实验室需要认证(但不包括法院)。

所有法院都有咨询顾问和注册专家，但法官几乎都不考虑，因为名单上的仅是那些希望被任命为专家的人，没有经过任何过滤或控制。对专业学科的认证没有任何要求，并且在审判期间也并不总要求顾问或专家的详细资质。幸运的是，一些参与方，如辩护方，通常会抓住关键的资质问题，有时会要求专家在法庭上列出他们的学位和工作经验。

法医病理比其他法医学科更有资质保证。但是，人类学家、植物学家和遗传学家可能具有多元的资质认证。这意味着一方面在法医遗传分析中有很多非常合格且能胜任的遗传学专家（拥有多个研究生学位且经验丰富的生物学家或专业医生），但也有不合格的军队人员参与犯罪现场调查。本文的其中一位作者曾见过一名超能力心理学家和一名超自然活动研究人员，他们被指定对视频监控系统进行识别。大多数学科的培训不尽相同，也并不规范，对于某些学科而言，根本就不存在培训。如果设想一个完美的法医学专家，就像警方专家那样，专家的履历当然应该获得重要专业领域（生物学、人类学、昆虫学或自然科学）的基础学位、参与涉及法律问题的司法鉴定教学，并且曾作为学徒工作一段时期。但是，情况并非如此。

这种情况的原因是司法鉴定研究生课程极其混乱、太过多元，有时令人尴尬。而大学司法鉴定实际上受制于数以百计的研究生短期课程和司法鉴定各专业的一、二级学科硕士学位。有些课程由有能力和匹配的教师授课，有些则不是。法官和 PM 明显无法辨别挑选需要的专家，因此法院和 PM 将根据对机构的了解（警察、宪兵、大学）、法医名声、甚至更主观的因素去任命专家。不幸的是，有时并不总能弥补和抵消这种随意性。在这种系统中，司法鉴定最终会根据旁听人的意见做出决定，并接受严格的交叉询问，辩护方和受害方雇用的众多顾问有时会作为质量控制的手段。意大利北部一个著名的法庭案件是关于如何改变涉及虐待儿童方面的审判结果。两名儿童由同一名未接受儿科或法医培训的专家医生检查，该医生担任 PM 的顾问，两名儿童被诊断为儿童性虐待案件的受害者，第一名是因为肛门病变，第二名是因为处女膜瘢痕。这名医生作为儿童虐待领域的著名专家已经工作了数年，并且一直由意大利北部的法院任命。在这两起具体案件中，辩护方提供了非常合格的专业知识，说服法官重新任命新的专家。专家表示，在第一例案件中，这名儿童患有并死于肛门肿瘤，在另一例处女膜斑痕的案件中，观察到分隔的处女膜，即处女膜上有一条隔膜，但这种异常在小女孩身上是常见的，并非瘢痕。经过一系列此类试验后，最高法院法官将此类信息告知了医生们，但并没有采取任何进一步的措施。与之相似甚至可能更难发现的案件可见于青少年色情、活体的鉴定及更难发现的层面，甚至是 DNA 鉴定方面。

在没有认证和认可的情况下（这不能总是保证质量，但至少证明了努力过滤不合格和随意的监管），PM 和法院几乎没有更好的方法去选择一个满意的专家。这也是由于 PM 和法院的课程设置中很少涉及司法鉴定培训，因此他们不知道在不同的案件中需要哪些学科及可能遇到什么样的危险。

与警方和宪兵队规整的等级制度不同，在这种不可控的司法鉴定工作中不可能对案件量、预算和教育进行统计。大学院校可能是非警方和非宪兵队的法医专家的主要工作场所，因此也没有案件负荷、预算和协议条款的官方报告，只有一个运作的总体思路。关于个体法医并没有任何信息。

在进入下一部分之前，应该了解的另一个前提是，如果警方和宪兵队中涉及 DNA 和毒物学分析，那么，他们通常来自指纹识别、纤维分析、行为科学和计算机科学等专业领域。而其他学科，往往围绕法医病理学开展。

目前的情况并不能保证司法鉴定工作会由合格的司法鉴定专家来承担。意大利国内有很多不称职的司法鉴定专家。然而另一方面，有大量称职的司法鉴定专家凭借其丰富的工作经验,甚至为欧洲法院输出了意大利司法鉴定。大学承担检案工作的一个优点是可以通利用学校的设施和人员。

因此,接下来的部分将着重描述大学内的司法鉴定专业学科。

如前所述,全国各地都有数百个短期(通常为 50 小时)研究生课程,涉及各种法医课题,针对各种类型的本科学位和学科,但没有学术资格。一般来说,有几门司法鉴定科学的硕士课程,如在帕尔马大学、罗马大学、帕维亚大学和巴勒莫大学,这些课程通常是为其他科学(有时是非科学)学位开设的。参与这些课程需要根据简历和面试来定。

各个司法鉴定专业的博士名额都被严重缩减,很少有名为"法医学"或"司法鉴定"或"刑事学"(如在维罗纳大学、罗马和马切拉塔大学)的博士学位,很多时候司法鉴定学者不得不将他们的博士生安排插入非司法鉴定专业。目前也很少有涵盖司法鉴定本身的国家教科书(Picozzi 和 Intini,2009; Lore,2012),如果有的话,大部分司法鉴定都是在法医学书籍的小节中出现的。

16.4.3.1 法医病理学

法医病理学是司法鉴定的专门性学科。在意大利的大学院校司法鉴定工作中,其他司法鉴定学科是围绕着法医病理学发展起来的。因此意大利司法鉴定的历史主要体现在法医病理学的研究。

事实上,在罗马时期,以法律编纂、法庭诉讼或交叉询问为特征,主要的法医学实践问题包括暴力性死亡、中毒(Lex Cornelia de sicariis et veneficis, Ⅲ sec. A. C.)、强奸和赔偿(Lex Aquilia de damno, 81 A. C.)。在中世纪早期,政治和领土的分裂使得法医学的工作形式很难确定,但据了解,在某些意大利城市,与法医病理学家作用类似的医生将依法检查死者尸体,以验证是否有犯罪行为发生。13 世纪颁布了法庭诉讼中专家证人出庭的首条法规,特别是在教会世界中,这可从教皇依诺增爵三世(1209 年),奥诺里奥三世(1220 年)和格雷戈里奥四世(1234 年)时期见到。13 世纪和 14 世纪的第一部共同法律中,法医证据变得越来越重要,可以想象在所有个体损伤,暴力性死亡和强奸的案件中都要求外科医生参与。在完成所有检查后,外科医生会向律师口述报告,随后在法庭交叉询问期间进行讨论。除了共同立法之外,另一个发展中的机构帮助稳定并强化了外科医生在法庭上的作用:教堂的教会法。在基督教哲学领域,对犯罪行为的深入研究,以及犯罪行为背后的意图(即犯罪的主观因素)的分析开始变得越来越重要。

随着专家证人(特别是医生或外科医生等)在法庭上重要性的提高,人们可以看到司法鉴定最初的书面文件和其试图展现的结构。从这个意义上来说,主要人物是 A. Parè(1575 年)和 F. Fedele(1602 年),他们在法庭上提出了专家证据的问题。Giovanni Filippo Ingrassia di Recalmuto 的《关于如何证明》是意大利第一本法医学著作。1612 年,Paolo Zacchia 所著第一部关于法医学的百科全书式著作《法医学问题》(*Quaestiones Medicolegales*),被认为是近两个世纪来整个欧洲法医学的经典教材。向现代法医学和科学领域迈出的最后一步是在 18 世纪,Illuminism 在司法鉴定中所引入的归纳推理的科学方法,后来发展为以单个案例的研究为特征。法医学以这种方式发展至今,或多或少成为我们今天所知的那样。

大学机构里通常设有一个法医科或法医室,其他所有法医专业(从遗传学到犯罪学)围绕它建立学术核心。这通常是进行司法尸体解剖的地方(当没有涉嫌犯罪时,意大利的尸体解剖主要是由两个机构承担的,司法机构和卫生健康机构)。所有工作通常需要组织病理学设备和放射学(本机构或邻近医院),遗传学和毒物学的参与。如前所述,有时医院也有类似的部门,特别是在没有大学的城市。病理学家和为临床服务的实验室专家,将承担一些法医检案工作。在这两种情况中，关于设备和人员的预算都来自教育部或国民医疗服务制度，但通常不用于法医用途。法院将单独支付给被指定为专家的个人，还有大学或医院部门预支的实验室费用。

法医工作的另一种与法医病理学相关的通常形式是，在活体（临床法医学）方面，包括儿童性虐待，儿童虐待，酷刑幸存者评估和一般人际暴力。

在意大利，医生真正的专长是做“法医”工作，在纯粹的地中海传统中，这包括法医病理学，但它包含更多（也许在当今时代太多了）。事实上，许多法医实践与司法鉴定很少或不严格相关。特殊类型的法医工作由社会保障机构承担，包括伤残和无行为能力，以及驾驶车辆的能力、驾驶船只的能力、未使用安全带、免服兵役、工作合理性、适用于残疾人的停车场和人身伤害的评估，特别是在保险方案中，评估民事伤残是主要的一项工作。法医专业这一任务的相关部分通常在兼职的基础上在私人法医室中进行的，病理学家对人员进行检查，主要出于司法目的或司法外的目的对人身伤害进行评估。这些活动中有很大一部分是代表保险公司的，针对事故或民事责任的保单。

但是，本章将只关注涉及司法鉴定的法医学领域，包括法医病理学，以及某种程度上的临床法医学。

法医病理学通常参与犯罪现场的司法工作，如尸体解剖和检查暴力受害者（性侵犯、虐待儿童、酷刑、一般病变）。通常在大学，其次是医院。

如前所述，法医病理学家不属于国家警察部队（除了罗马的三名属于国家警察的科学警察外）。因此，他们无须与 PM 或 JP 内的科学警察参与死亡现场工作。只有 PM 或 JP 才能决定是否要调用法医病理学家。最近在意大利北部的一项调查显示，大约 60%的涉嫌死亡案件的现场调查工作中聘请了法医病理学家。这意味着，虽然指纹和现场 DNA 采样由科学警察保证，但体温或幼虫收集并不能保证。

尸体解剖是完全由 PM 来决定的。如果 PM 不相信尸体是犯罪客体，那么尸体将会被移交给国家卫生机构，只有在全科医生无法证明死亡原因的情况下才会要求非司法的尸体解剖，这是因为意大利警察太平间监管条例规定，埋葬尸体的死亡原因必须得到诊断。另外，PM 和法院之间提出请求尸体解剖的理由可能会有所不同。例如，在米兰，所有交通事故的受害者都应该进行司法解剖，但罗马不是。事实上，很多 PM 的印象是，如果死亡原因明显（如严重的头部损伤），则不需要进行尸体解剖，只有在埋葬方要求提供有关死亡方式的信息，如是否存在滥用药物等，或当证人改变证词时才需要。如果可疑死亡案件中通常要求尸体解剖，则应由法医病理学家进行。不幸的是，有时候，PM 会指定一名接受过不同培训的解剖病理学家（因为，如在意大利的偏远地区，在医院找到一位普通病理学家比法医病理学家更容易）。根据欧盟的建议，在明显的故意杀人案件中，通常由两名病理学家进行尸体解剖。之后病理学家可能就无法胜任的部分工作要求其他专家（如昆虫学家、毒物学家）的参与，或者要求聘请一个辅助人员。如果被允许的话，这类有关专家可以对诸如身份鉴定、死亡时间及死亡原因和方式等问题进行彻底和全面的处理。通常由法医病理学家将 DNA 专家、昆虫学家等组织参与进来。即使死亡尸体不涉及法医学问题，PM 或法官常常也会通过法医机构来询问合适的专家意见。

在涉及活体（如虐待儿童）的案件中，受害者可能被带往已存在的机构（如强奸中心），通常设立在医院或大学内，并由临床医生和病理学家作为 JP 的辅助人员，或由 PM 直接任命，PM 通常在各个城市的大学机构或医院（或其他）内确定了病理学专家。大城市和中心地区通常与法院达成协议，并为所有法医和法庭日常工作设定轮值班表。

与其他司法鉴定专家一样，病理学家将与

其他当事人任命的顾问一起工作，并在PM或法院确定的截止期限内完成工作。并在之后的100天内提交报告和发票。在为辩护方或受害方工作时，发票不需要遵循任何规定或目的。在为PM或法院工作时，收费具体取决于样品检验的小时数或样品数量。在大多数案件中，顾问或专家会预计费用。法院通常在收到报告后6个月内支付，但通常要晚得多。所有这些导致了很多官僚作风和等待名单上大量更便宜的实验室，这也往往导致延误和/或使用不合格的实验室。检察机关或法院也可以决定是否支付发票上的全部或部分金额。法院对法医专家意见的一般预算尚不清楚。司法部由于缺乏资金，他们可能无法支付一整年的费用，因此在支出方面非常谨慎。这已经导致目前需求的尸体解剖数量和司法鉴定评估总体数量减少，除非是由科学警察负责，在一定程度上他们有自己的资金。然而，在某些情况下，科学警察中的人员可以通过同样的方式被任命为顾问或专家，就像警方部队以外的专家一样，支付方式也是类似的。

意大利的法医病理学家通常在获得医学学位后，需要5年（很快将改为4年）才能获得法医学专业学位。希望进入法医专业的人员还需参加考试。合格者在接下来5年中，获得与医院助理相当的月薪。与其他欧洲国家相反，尽管培训周期很长，但没有规定应该首先专注于病理学和/或法学，所有科目都包含在5年制课程中。与欧盟一致，法医专业包括病理学、法医病理学、法医临床学、民法和刑法、民事方面的法医学、司法鉴定和伦理学。尸体解剖和检案工作的实践培训由米兰、罗马、帕多瓦、那不勒斯和巴勒莫等较大的法医中心提供支持，每年每个中心承担500~800例尸体解剖。

政治对大学和国家卫生系统的预算有着严重的影响。一方面，大学职位任命的标准发生了变化，有利的一面是支持大学院校人员有充足的教学和研究课程。但萧条的经济和意大利目前所面临的困境大幅度地减少了大学中司法鉴定的学者人数（一些大学在教育部今年的预算中被削减了1 000万欧元）。国家卫生系统也是类似的情况。此外，法医学的很多学术职位都是针对非病理学家的。然而，越来越多的人意识到虐待儿童、人际暴力和政治难民申请庇护问题及对评估虐待痕迹等情况，已经开展了对这些方面的临床法医工作，可能为未来的新工作创造前景。然而，在法医学领域，意大利仍远不及法国改革，也远不及法国整体的医疗体系。在法国，急诊病房的工作人员往往是临床法医或病理学家。

大约20年前进行了一项关于年轻一代法医研究定位的全国性调查。Fiori强调了职业活动的蓬勃发展，并指出了如下类型的研究领域：理论研究和法医方法学；法医病理学，特别是涉及决疑方法；关于活体的研究；死亡时间；人类遗骸的鉴定；医学精神病学和犯罪学及血液学实验室技术应用于法医学，法医毒物学和法医病理学（Fiori，1969）。最近，Canepa对法医学的科研贡献进行了研究（Canepa，1995）。据观察，来自意大利的法医病理学研究显著增加（Viel等，2011），意大利作者在国内和国际期刊上发表的科学出版物在过去10年间有所增加，尽管许多学者（尤其是老一辈）将他们的学术出版物限制在刑事和民事问题上。

意大利法医学和保险学会（Societàa Italiana di Medicina Legale e delle Assicurazioni，SIMLA）是将法医学的各个方面汇集的主要科学团体，包括司法鉴定相关方面和法医学的非法庭方面，如保险问题。这个团体内有各种分组。在这种情况下，成立于1998年的意大利法医病理学小组（Gruppo Italiano di Patologi Forensi，GIPF）组织召开法医病理学会议、研讨会和科学活动。这一领域的教科书也很多，每所学校或大学都编写了自己的教科书，如米兰或罗马（Giusti，1998；Cazzaniga等，2006）。

主要的法医学学术中心位于以下城市：安科纳、巴里、布雷西亚、博洛尼亚、卡利亚里、卡梅里诺、卡塔尼亚、卡坦扎罗、费拉拉、福贾、佛罗伦萨、热那亚、拉奎拉、马切拉塔、墨西拿、米兰、米兰比可卡、摩德纳、那不勒斯(2个)、诺瓦拉、帕多瓦、巴勒莫、帕尔马、帕维亚、佩鲁贾、比萨、罗马(3个)、萨萨里、锡耶纳、特尔尼、都灵、的里雅斯特、乌迪内,瓦雷泽和维罗纳。

国家期刊包括 Rivista Italiana di Medicina Legale(即将被 SCI 收录),Minerva Medico-legale, Archivio di Medicina Legale, Jura Medica, Zacchia,Quaderni Camerti 和 Medicina e Diritto。这些期刊也涵盖了其他司法鉴定,然而,意大利并没有法医科学的专刊存在。

在学术上,法医学和相关司法鉴定属于 MED 43(所有大学学科都有一个数字代码)。因此,MED 43 包括法医病理学、遗传学、毒物学、犯罪学和大多数司法鉴定和不同来源的学院教授,即拥有医学、生物学、化学、法理学和心理学的学位。现有全职教授 48 人,副教授 64 人,教学助理或讲师 118 人。

法医学专业的研究生资格(除墨西拿授予的法医学和法医护理学专业硕士外)通常为博士学位。

16.4.3.2 法医人类学

法医人类学正变得越来越受欢迎,这不仅要感谢科学家在复杂案件中维护正义时所扮演的专业角色,也要感谢诸多电视连续剧中众所周知的 CSI 效应。电视中所见的人类学专家往往旁边有尸体解剖台和沸腾的东西,正在测量着骨头、观察显微镜或进行面部重建。

法医人类学确实对于骨骼遗骸或类似骨骼残骸的恢复、骨骼鉴定,死亡时间确定及创伤分析有着至关重要的作用,甚至在一些国家开始通过容貌特征进行个体识别。这在司法鉴定领域和病理学家领域已经开始变得清晰起来。然而,这是一门定位于在法医病理学和体质人类学之间微妙关系的学科,因为根据定义,它涉及人体骨科学(更典型的纯粹人类学场景),但也涉及只有医生或病理学家才能执行的诊断程序。这经常引发一些关于法医人类学家是什么或应该是什么的讨论,尤其是在如今资格认证和意识到法庭工作影响的时代。与很多国家一样,在意大利的这两类人之间仍存在很大的分歧或缺乏沟通。

有关人类学问题的讲座[生物学概况,埋藏学(研究死后改变),死亡时间推断,创伤评估等]通常包含在医学生的法医学课程内,以及艺术系和自然科学系的人类学和考古学课程内。在此情况下,真正的"法医人类学家"的专业人员并不存在,往往被各种专业背景从法医病理学到自然科学的专家所取代,这些专家可以随时被司法部门召集。

另外,很难参与法医人类学相关课程和良好的培训。博洛尼亚大学、比萨大学和米兰大学共同开设了体质人类学,古病理学和法医人类学的硕士课程,但法医学部分仅有 2 个月时间。关于法医人类学主题的书籍很少(Introna 和 Dell'Erba, 2000; Marella, 2003; Cattaneo 和 Grandi,2004),通过意大利关于法医人类学问题的出版物数量,可以看出有很多这方面的研究工作,在过去几年里,这一数字在国际水平上有所增加。

意大利只有两个已知的人类学骨骼收藏机构可用于培训法医人类学。一个在博洛尼亚的萨丁岛(萨萨里)收藏机构中,由 19 世纪大约 800 名已知个体构成。年龄和性别也是已知的。另一个是米兰大学和米兰市共同收藏,由 2 000 名已知的死亡个体构成,这些个体在 20 世纪晚期死亡,其年龄、性别、身材、死因都是已知的,很多人还有尸检报告和临床记录,其中有 150 例为婴幼儿。

法医牙科学与上述情况类似。由在法医领域经验丰富的牙科医师承担警方部门以外的专业工作。此外,在意大利,法医牙医学家通常涉及民事案件,包括身体损伤的量化赔偿,类似于法医师。佛罗伦萨开设有法医牙医学硕士课程,但是,它的重点是在非犯罪学方面。

此外,几乎没有针对法医牙科学专题的国家图书(Cameriere, 2003)。与人类学相比,国际出版物和研究工作目前远远不够。

意大利学会SIMLA于1996年成立了一个小团体，名为意大利法医人类学和法医牙医学分组（Gruppo Italiano di Antropologia e Odontologia Forense，GIAOF），过去几年中一直保持沉默，最近才开始关注躯体损伤和牙科问题。

16.4.3.3 遗传学和毒物学

遗传和毒物学检验是对犯罪现场和尸体解剖调查的生物学样本进行法医分析。在意大利，这些服务可以由大学机构和科学警察部门提供。在大学机构里，遗传学实验室通常由具有遗传学、生物技术、生物学专业知识的医师负责，毒物学实验室通常由具有毒物学和化学（通常是制药技术专业）专业知识的医师负责。如前所述，目前专业的法院工作无须认证或认可。

教育差异很大。目前在遗传学方面，罗马第二大学负责开设专门的硕士课程，而卡塔尼亚和博洛尼亚开设了法医毒物学硕士课程。

国家的毒物学教科书有很多（Gagliano Candela，2001；Zacà 和 Pellegrino，2006；Fucci 和 De Giovanni，2007；Froldi，2011），但遗传学则较少（Tagliabracci，2010；Giardina，Spinella 和 Novelli，2011；Marelli 和 Boeri，2012），国内和国际的学术出版物在过去10年间都有显著增长。

主要的社团是成立于1966年的意大利法医遗传学协会（Genetisti Forensi Italiani，GEFI），以及成立于1974年的意大利毒物学小组（Gruppo Tossicologi Forensic Italiani，GTF）。他们都属于SIMLA - Societàa Italiana di Medicina Legale e delle Assicurazioni 的子部门，每年举行全国性会议。

16.4.3.4 自然科学（昆虫学、植物学、地理学）

一些法医学机构与其他院系，如自然科学系等合作，使人们意识到昆虫学、植物学和地质学可能是非常有用的，而且这些学科也开始慢慢发展起来。这种关系也使得植物学家、地质学家和病理学家有着密切的合作，因此，虽然这些人员缺乏专业课程和长期的法医学专业培训，但他们正在学习将他们的专业学科应用于法医工作。

昆虫学是迄今最知名的，也是最先进的学科。全国各地都有很多关于昆虫学专业的大学短期课程，还有一些硕士课程不在法医昆虫学专业内而在司法鉴定专业中。2007年，意大利法医昆虫学小组 Gruppo Italiano di Entomologia Forense（GIEF）由大学院校法医病理学家和昆虫学家创建，目的是协调多学科并促进学科发展。目前该小组非常活跃，每年举行一次学术会议。关于法医昆虫学的国家级的参考图书很少（Introna 和 Campobasso，1998；Magni，Massimelli 和 Messina，2008）。文章既在国内也在国际杂志上发表，但文章发表量并不像遗传学和毒物学那么多。

目前植物学和地质学方面的专业工作通常由警方以外或者大学内的机构承担。关于该专业的意大利文章在国内和国际期刊上都很少见。

16.4.3.5 精神病学和行为科学

如前文所述，警方机构内有进行罪犯刻画的行为科学部门，法医部门内通常有法医精神病学家。通常承担这方面工作的精神病学家，他们接受过法医某些领域的培训。

司法部门经常需要精神病评估以确定罪犯的可信赖性和可靠性。然而因为缺乏资质认证，同时需要精神病学家心理学家，甚至有心理学知识的法学家等许多不同类型的专家。由此出现了一个非常有争议的问题，许多人认为与法医人类学相似，最终的心理病理学评估工作应该只由医生承担。犯罪学是一个常常与法医精神病学和心理学有关的学科（虽然内涵不同），但由于犯罪学渐渐普及，导致很多犯罪学家的出现,但实际上在其资质存疑。这种情况也从一个侧面反映了 CSI 效应,即来自各种背景和学科的“犯罪学家”出现在无数的谈话节目中。

意大利在法医精神病学、心理学和犯罪学的类别下注册了无数的协会,历史最悠久且经过认证的协会是成立于 1957 年的意大利犯罪学学会(Societàa Italiana di Criminologia,SIC)也出版了一些国家级的教科书(Fornari,2008;Ferracuti 和 Lagetti,2010)。法医精神病学家、心理学家和犯罪学家有很多的文字工作,并在上文所述的各地方刊物上发表文章。然而,在国际刊物中,意大利在这方面发表的文章很少。

16.4.3.6 可疑文件,工程学和计算机学,指纹学,犯罪学

因为一些原因,指纹分析几乎完全委托给科学警察。警方是“fotosegnalamento”的唯一管理部门,即通过摄影、描述和指纹识别罪犯,并将这些数据导入 AFIS(指纹自动识别系统)。他们实际也是 AFIS 的唯一使用者,并通过指纹进行正确识别。外部专家很少会承担这种专业工作,因为在意大利,任何形式或质量的训练都在警方内部开展。病理学家或人类学家可能参与早期阶段,只涉及处理木乃伊化、腐败的或烧焦的指尖,并改善指纹的提取。因此,关于指纹学的学术小组或活动甚至在教科书都不是很常见,在国内和国际的刊物上的出版物也不多。

对可疑文件来说,计算机科学和传统犯罪学的分析是非常相似的。有时,来自大学甚至是个人的化学家或图形学家将检查玻璃、油漆、纤维、枪弹残渣或纸张等可疑碎片。对于计算机科学,理工学院和工程学院也正在慢慢参与其中。但是,目前这类工作大部分仍然由警方承担。前文已经提到关于犯罪学方面的情况,还有一些例外,如地质学和植物学也正在开始出现。

16.5 结论

总体上,意大利的司法鉴定是多面的,优点很多但也有一些缺陷。为了弥补缺陷,需要学术和政治改革及对调查部门进行培训。目前正在尝试一些解决办法,特别是改善大学、警察和部际单位之间的合作。最近开展的 DVI 和失踪人员搜寻(Ricerca Persone Scomparse,RISC)工作就是一个很好的例子。

在前文有关警方的章节中,介绍了国际刑警灾害遇难者身份识别组织,包括内政部警察局和国防部宪兵队。然而,正如前面提到的,这些队伍中都没有法医牙医学家和人类学家,也没有足够的法医病理学家。在很多南欧国家,DVI 招聘大学院校的非军队或非警察专业人士。但到目前为止,考虑到可能会有一些负面影响,意大利还不可能这样做。尽管如此,内政部目前正在制定一项决议,即如果灾害发生,警方和宪兵队的 DVI 团队会被迅速召集。若没有足够的或必需的人员,则会要求就近可胜任的大学协助。然而这可能需要一段时间才能实现,因为如果灾害事件的发生与犯罪有关,检察机关将自动介入。检察机关可以授权甚至可以自行选择任何专家,因而可能并没有必要授权 DVI 团队。利纳特空难就是一个很好的例子。2001 年 10 月 8 日,一架 MD80 在米兰利纳特机场撞上一架小塞斯纳航班,事故造成 118 人遇难。虽然外国当局要求 DVI 团队的介入,但检察机关并未同意并且任命自己偏向的专家(即两位病理学家、两位毒物学家、一位牙医学家、一位遗传学家),专家们分别又选择了一些辅助人员。在司法当局不了解其他机构的规程的情况下,很可能会发生上述这种情况。

最后,不同机构的法医专家之间的合作已产生了积极的影响,并有望成立失踪人员搜寻(RIcerca Scomparsi, RISC)系统并建立失踪人员和无名尸体数据库。意大利官方已经意识到了国内无名尸体(国民和移民)的问题

(Cattaneo 等,2009),并开始着手寻找解决方案。内政部特设一个解决失踪人员问题的办公室,并配备专员。随着这个办公室的设立,数据库也正在建立之中,旨在收集关于失踪人员和无名尸体的信息,以便找到可能的匹配数据。这将促成警察、宪兵、省公署(内政部内另一机构)与大学院校和国家卫生病理学家之间的合作,以收集特定的尸体解剖数据。

事实上,本章作者的不同来源反映了意大利司法鉴定的多元性及在意大利建立更紧凑和统一的学科的愿景。

参考文献

第 16 章参考文献

第 17 章
日本司法鉴定的历史与现状

Hitoshi Maeda,大阪市立大学医学部,大阪,日本
Takaki Ishikawa,大阪市立大学医学部,大阪,日本;鸟取大学医学部,米子市,日本
Toshikazu Kondo,和歌山医科大学,歌山,日本

17.1 历史

17.1.1 死亡调查中的法医解剖

司法鉴定的科学史代表了人类社会文明的发展历程。德川幕府统治下的江户时代(17~19 世纪)是日本武士阶层封建统治的最后阶段,期间实行闭关锁国,建立了一个覆盖全国的法制体系,军官控制着行政管理、刑事司法和法院。18 世纪初,中国三本关于死后勘验的经典著作:《洗冤录》(1247 年)、《平冤录》(未注明日期)和《无冤录》(1308 年)传播到日本,其中《无冤录》被译为日文,名为 Mu-en-ruku-jutsu(1736 年),该书的标题即表明其内容是"防止虚假指控的指示和说明"(Tsunenari 和 Suyama,1986;Misawa 和 Honda,1996)。同时期,随着日本与荷兰间的贸易往来,欧洲文化逐渐引入日本,这是日本闭关锁国政策的一个例外。长崎市是日本唯一一个对外开放的港口城市,荷兰籍 Pompe van Meerdervoort 博士 1862 年在他的私人学校开始讲授法医学。

1868 年明治维新后,西方文明中的法律制度和科学技术被迅速引进,其中德国(普鲁士)对日本法律和现代医学产生了重大影响(Oda,2009)。1871 年,成立了日本法务省和东京裁判所,最初的法医解剖在尸体发现地点或附近进行,而后在法务省设立了专门的解剖室。1875 年,德国解剖学家 Wilhelm Doenitz 博士在东京警察医院附属的裁判医学院(东京医学院的前身,后重组为东京大学医学院)开设了法医学讲座。随后,德国生理学教授 Ernst Tiegel 博士和东京大学的德国外科医生 Julius Carl Scriba 博士分别设立讲座,但他们都不是法医学专家。Kuniyoshi Katayama 博士是日本法医学科的先驱者。起初,他是东京大学的医学生,作为口译员协助 Tiegel 教授授课。1879 年,Kuniyoshi Katayam 博士毕业后继续在 Tiegel 教授门下学习,1884~1888 年期间,他被公派至德国和奥地利(普鲁士)留学,跟随维也纳大学 Eduard von Hoffmann 教授学习法医学和精神病学。1888 年,Kuniyoshi Katayam 博士回国后被任命为东京帝国大学的第一位日本籍法医学教授,并在大学开设法医解剖课程(1897 年)。1899~1923 年,京都、九州、东北、大阪和北海道的五所大学院校均设立了由日本籍教授担任主任的法医系。1950 年,日本开设有法医学系的医学院校数量增加到 46 个。第二次世界大战之后,医学教育体系进行了重组,根据每县一所医学院校的政策新建医学院校以改善医疗服务(1970~1974 年)。截至 2014 年 1 月,日本共有 80 所医学院校,但各院校的法医实践工作差异很大(见下文细述)。目前,日本共有 8 所大学开设了法医牙科学专业。在此期间,医学院校外的警察也承担部分法医解剖工作。

根据第二次世界大战后实施的《新宪法》(1946 年),重新修订了《刑事诉讼法》以保障嫌疑人和被告人的权利(Oda,2009),但对于非

自然死亡的调查是由被称为“验尸官”且没有医学执照的警察所决定的,他们将案件分类为刑事案件和非刑事案件,并决定哪些案件需要法医解剖(详情见下文)。这一制度意味着警察队伍全面负责刑事调查,但是“非刑事”案件的尸体解剖工作受到阻碍,表现为:可能侵犯了民事和行政案件中死者的权利,甚至是忽视了刑事案件。基于此,1946 年,东京应驻日美军总司令总部顾问的要求,组织成立了监察医体系。最初是为了调查死亡原因,特别是调查占领时期因营养不足(饥饿)导致的死亡(Misawa 和 Honda, 1996; Shoji, 1996)。1947 年,七大城市成立监察医事务所(东京都称为监察医务院),分别是东京、横滨、名古屋、京都、大阪、神户和福冈,并根据法律规定调查不明原因死亡案件。目前,根据 1949 年的《死后检查和尸体保存法》,日本监察医体系的主要任务是在必要时通过尸表检查和尸体解剖来调查非刑事案件中非自然死亡原因。因此,与其他国家的体制有很大的不同(Misawa 和 Honda, 1996; Shoji, 1996; Tsunenari 和 Suyama, 1986)。目前,只有东京、大阪和神户等几个有限地区内还实行着监察医体系制度。

17.1.2　警察司法鉴定

日本的警察司法鉴定起源于东京警察厅,在 1904 年设立卫生学实验室用于毒物分析,并在 1909 年正式引入指纹识别(Nagano 和 Miyake, 1996)。1920 年,成立了刑事鉴定部门并纳入司法鉴定。根据第二次世界大战后引入的新宪法(1946 年)修订的《刑事诉讼法》(1947 年)中关于嫌疑人和被告权利的法规,科学证据对指控和审判变得至关重要。1948 年,全国警察总部的刑事鉴定部门(警察厅的前身)成立了刑事侦查科学实验室。1959 年,该实验室重组为警察科学研究所,并在 1983 年成立了法医培训机构。该研究所负责监管各都、道、府、县警察本部的司法鉴定实验室和刑事鉴定科的工作。

17.1.3　科研和学术机构

20 世纪初,东京大学的法医先驱从德国和奥地利(普鲁士)引入了法医学技术(Misawa 和 Honda, 1996)。早期的基础研究主要是 Sadanori Mita 教授开展的血清学研究,随后 Tanemoto Furuhata 教授将该研究扩展到血型学、指纹学、遗传学、组织学和毒物学。

1914 年,日本法律医学会(日本法医学会的前身)在东京举行第一次会议,由 Katayama 教授担任主席,日本刑事学协会也在同年成立。其他学术分支机构包括隶属于国际法医毒物学协会(TIAFT)的日本法医毒物学协会(自 1982 年起)、日本法医病理学协会(自 1993 年起)及日本法医科学技术协会(自 1995 年起),主要由警方法医学家组织。日本法医学会与国际法医学协会(IALM)、国际法庭科学协会(IAFS)和印度-太平洋法律,医学和科学协会(INPALMS)有一定联系,并于 1990 年与德国法医学会合作创立了国际法医学研究进展研讨会(ISALM)。

17.2　实践工作

17.2.1　日常工作

17.2.1.1　尸体检验

所有非自然死亡案件均由警方人员在专业医务人员(内外科医生)的陪同下进行调查。《执业医师法》规定:当专业医务人员(临床医生)确认为非自然死亡案件(包括四个月及以上的妊娠死产),必须向警方通报案情,但是非自然死亡却没有法律界定。1997 年,为了促进立法并建立脑死亡遗体捐献者器官移植制度,日本法医学会颁布了《非自然死亡通知指南》(1994 年),其中指出非自然死亡是指临床确定的自然疾病以外的任何死亡:① 外部原因致死(暴力死亡且无临床治疗史),包括意外、自杀、他杀和未知原因死亡;② 因并发症或人身伤害后遗症死亡；③ 涉嫌包括①和②中的死亡；④ 与医疗行为相关的意外死亡或怀疑为此类的意外死亡；⑤ 不明原因的死亡。

警方死亡调查包括刑事检查和行政检查。刑事检查通常在检察官监管下由法警参与，并由专业医务人员陪同。根据《刑事诉讼法》的规定，在警察"验尸官"的决定和地区法院法官的许可下(无须家庭成员或亲属同意)，尸体通常在大学法医教研室进行解剖。为了将非自然死亡划分为警方调查的刑事案件和非刑事案件，近年趋向应用CT死后成像作为暴力性死亡的补充检测手段，但是若不涉及特殊的法律问题，诸如肇事逃逸、多车连环事故和未知原因死亡等交通事故死亡，一般不会进行尸体解剖。另外，在调查与医疗行为有关的非自然死亡的案件中，临床医生经常反对警方干预这类临床案例。但当公众或家庭成员坚持案件涉嫌医疗过错时，警方通常会介入以防止医患关系的破坏，这更偏重于道德问题而不是法律问题。

行政检查是针对警方未发现可疑的犯罪证据(非犯罪死亡)的死亡案件。这类案件往往由监察医决定是否解剖，并不一定需要家人或亲属的同意，主要在东京、大阪和神户中心城区的监察医事务所中进行尸体检查；而在其他地区，尸体通常不经过解剖就被火化，除非是涉及法律或社会问题的特殊案例，则需要在家人或亲属的同意下进行尸体解剖。然而，法医解剖有时也收到法律命令，根据警方调查中监察医或其他专业医疗人员的建议，或者根据《死后检查和尸体保存法案》的规定，解剖学家或病理学家在尸体解剖过程中发现涉嫌犯罪的非自然死亡(如暴力死亡)时，必须通知地区警察局。

17.2.1.2 法医解剖

根据前文所述日本对非自然死亡案件进行尸体检查的法律规定，法医解剖分为：①《刑事诉讼法》规定的对刑事案件和涉嫌刑事案件进行的司法解剖；② 行政解剖是在警方调查中未发现证据表明涉嫌犯罪的情况下进行的。行政解剖包括由《尸体解剖和尸体保护法》(见上文)规定下的监察医系统中的尸体解剖，还有根据《检疫法》和《食品卫生法》的规定进行的尸体解剖。2013年4月，一部新的法律《死因调查和鉴定法》(2012年)启动了另一种法医解剖制度，旨在改善未设立监察医体系地区的死亡调查。

法律规定的刑事调查中，司法解剖通常委托给大学机构的法医病理学教授完成，相关法医鉴定还包括放射学、人类学和牙科学鉴定，但部分牙科鉴定由隶属于警方刑事鉴定部门的临床牙科医生执行。独立大学院校每年承担的司法解剖案例数量并不多，近年来，视地区和情况而言，在10~400例之间。根据过去10年间的犯罪统计，非意外他杀案件(600~1 000/年/1.27亿~1.28亿人口)的主要死亡原因是锐器伤、勒死和钝器伤。枪弹伤很少发生，主要是涉及犯罪组织、自杀。其他情况包括摔跌、火灾、溺水、窒息、交通事故、劳动事故和药物滥用及非典型自杀。甲基苯丙胺是滥用药物致死案的主要药物，其次是安定，而麻醉药和其他非法药物则不常见。

行政解剖是由监察医事务所承担的，在没有监察医系统的地区则在大学教研室进行。事务所调查以下方面：① 明显的非犯罪性创伤性死亡；② 未经临床治疗或临床诊断死因的自然死亡，包括抵达时的心肺停搏(CPAOA)、感染或食物中毒、异常情况下的疾病发作和无法解释的死亡；③ 在医疗行为中的意外死亡(正常程序之外的涉嫌违规行为)；④ 不明原因的死亡；⑤ 妊娠4个月及以上的孕妇死亡；⑥ 一些涉嫌刑事的案件(Shoji，1996)。过去20年内(1992~2011年)独立监察医事务所的检案数量一直在逐年增加，主要是由于老年人的非正常死亡：东京8 507~13 997人(约900万居民)，大阪2 697~4 825人(约260万居民)和神户922~1 626人(约150万居民)。主要死亡原因是自然死亡(约 70%),包括缺血性心脏病(约 40%),其次是脑血管疾病(约 10%),意外摔跌、溺水、窒息和交通事故死亡(大阪和神户常规病例未包括),以及上吊自杀和高坠溺水。但监察医事务所的解剖率并不高,东京从 32.8%(1992 年)逐渐下降到 18.4%(2011 年),大阪从 37.5%(1992 年)下降到 26.7%(2011 年),而神户维持着约 65%的高解剖率。过去 10 年所有的非正常死亡案件中,解剖率一直在 9%~11%左右(详情见下文)。

前文所述的新法规中,法医解剖是由大学机构承担的,这些大学机构的尸体解剖程序和实验室检查并没有差别。

17.2.1.3　警察司法鉴定

各都、道、府、县警察本部的鉴定系统是由司法鉴定实验室和刑事鉴定科构成,负责日常的刑事调查工作,包括犯罪和事故现场调查、生物物证及其他微量物证的检验、枪弹和爆炸物的检验、药物和化学分析、文件检验和心理测试。各都、道、府、县警察科学实验室每年检验数十万个样本,主要包括血迹、体液、滥用药物或化学品、笔迹、印刷品、化学物质、火药、车辆、纸币、硬币和邮票(Nagano 和 Miyake,1996)。前文所述的警察科学研究所监管各都、道、府、县警察机构,并承担特殊案件的鉴定任务。

在刑事案件中,用于个体识别的 DNA 鉴定几乎全在警察实验室进行,考虑到案件数量越来越多,还创建了数据库系统,这是警察司法鉴定的主要任务之一。另一重要任务是药物和毒物的筛查,特别是由于和歌山毒咖喱事件(1998 年)、邪教组织(奥姆真理教)在松本、大阪和东京使用神经毒气(化学武器沙林和 VX)进行国内恐怖袭击(1994~1995 年),以及尽管严控非法药物滥用但其仍在传播等原因。另外,建立了计算机辅助调查系统用于刑事调查和交通管制,包括获取街道和公共设施中的监控照片。

17.2.1.4　其他工作

生物物证检验

根据《刑事诉讼法》的规定,大学法医教研室应该根据警方的要求,协助警方对刑事案件中的骨骼遗骸和生物物质进行生物学、人类学、牙科学和放射科学鉴定及毒物学分析。刑事案件中的 DNA 鉴定并不是大学院校教研室的主要日常工作,兽医学和昆虫学检查工作可由各专业学科的专家承担。民事案件中非常少,但亦可能在律师或其他司法或行政人员提出官方要求时进行。亲子鉴定并不包括在日常工作内。

文证审查

刑事和民事案件中,在法官、检察官、警察和律师要求下,大学法医教研室的专家进行临床和死后文证审查,以评估或重新评估其法律问题,包括因果机制、损伤的严重程度、死亡原因和过程、酒精或药物影响与自身疾病的共同障碍,以及幸存者的生存能力、身体残疾或精神障碍。临床医生也可根据要求协助对此类医疗进行评估。其他专业学科的专家可以根据要求参与文证的法医审检,如交通事故中的工程问题及药物滥用或误用中的药理学问题。

活体检查

在日本,大学法医机构协助对受害者和攻击者进行法医临床学检查的案例并不多见,警方通常要求受害者或攻击者的主管临床医生帮助评估犯罪或意外后的人身损伤或精神障碍。但如果没有临床医师的治疗、消极合作或临床解释不足,则法医专家根据《刑事诉讼法》的规定,在地区法院获得法官许可的情况下可以检查受害人或攻击者,如开展身体损伤程度的评估、暴力犯罪导致的注射痕迹或精神障碍、交通事故、身体虐待或不赡养、毒品滥用。在民事案件中,法院或律师也可要求进行此类检查。

17.2.2　法律援助

17.2.2.1　被告人和嫌疑人的待遇

法医在刑事诉讼中的职责是对嫌疑人和被

告进行身体和心理方面的医学检查,以评估他们能够配合刑事调查或受审的能力。精神疾病的检查用于评估与“精神错乱”有关的精神障碍(刑事责任和限制责任),以及可能的医疗护理、治疗和康复,还可用于风险管理,根据法律规定防止与起诉和司法判决有关的进一步犯罪(Nakatani 等,2010)。精神和心理评估也有助于家庭或家庭虐待案件的管理,这些职能通常由各专业的临床医生担任。

在未成年案件中,家事法庭缓刑人员调查家庭个人状况及青少年犯罪的案件,同时协调家庭人际关系。他们是行为科学方面的专家,包括心理学、社会学、教育学和社会劳动,并从事家庭法院的科学职能。

17.2.2.2 被害人援助

根据《被害人基本法》(2004 年)和《支持被害人法》(1980 年)的规定,被害人可在案件期间从援助人员和热线处得到援助服务。在整个案件时期,必要时向受害者及其家属提供精神、法律和财务的支持(详情请参阅:http://www.moj.go.jp/ENGLISH/CRAB/crab-02.html)。

17.3 组织架构

17.3.1 概况

日本的司法鉴定机构包括:① 侧重于刑事调查的警察科学研究所;② 大学法医学、牙科学、药理学、精神病学和犯罪学教研室,以及在刑事和民事案件中提供相关专业领域的其他教研室;③ 主要在非刑事案件中进行尸体检查的监察医事务所。这些组织机构独立运行,在检案和科学研究方面有一些合作。

17.3.2 大学法医教研室

日本拥有 80 所医学院,包括 43 所国立大学、8 所县立大学和 29 所私立大学,除了私立学校外,每个学校都有法医教研室。各个教研室规模较小,一般有 3~4 个正式岗位,其中包括一名或几名法医病理学家,而教育、研究和办公室工作由兼职人员承担。如前文所述,每个教研室的法医解剖数量在 10~400 个。设施和设备根据财务和人员配备条件及各机构科研和日常法医检案的政策(主要与日常检案的数量有关)而有所不同。除解剖设施外,没有与法医实践相关的标准或指导方针,但大多数机构设有组织学、毒物学和库房,以及部分用于化学、生物化学、分子生物学和超声检查和放射学的设备,包括用于日常尸体解剖成像的 CT。总的来说,大多数教研室的毒物学设施不足,但也有小部分教研室几乎是毒物学专科。有 8 所法医齿科学教研室位于日本东部。

这些大学法医机构的主要任务是医学生的教育,法医学是毕业生的必修课,研究工作对于教育人员和学校学历也是强制性的。此外,在地区警察、检察官或法院的要求下,工作人员也有例行的法医检案(详见前文)。在一些检案中,大学机构之间有共同会诊或合作,但这些机构通常是独立于法医学警察机构的。

17.3.3 监察医体系

根据《死后检查和尸体保存法》的规定,都、道、府、县政府有权设立一个监察医事务所以调查死因,包括尸体解剖。第二次世界大战后,在 7 个主要城市建立的监察医事务所目前在东京、大阪和神户的 3 个依然存在,这些事务所隶属于各都、道、府、县的医疗事务部门,但只覆盖中心城区。其他 4 个事务所已经停止运营,主要原因是由于各都、道、府、县的财政危机。

东京都监察师事务所是规模最大的机构,主要覆盖 23 个区域的中心城区(Shoji,1996)。该事务所拥有 63 名法医(截至 2014 年 1 月,有 12 名正式成员和 51 名临时人员),在技术人员和办公室工作人员的协助下进行尸体解剖、组织学、毒物学、教育和行政管理工作。死后检查是在现场、医院或警察局里,并由授权警员陪同进行的。当需要确定死因时，尸体时被运送到监察医事务所进行解剖。在大阪和神户，监察医事务所也调查城市和地区人口的死因。这些事务所在设施、设备和人员规模方面比东京小，至多只有一个法医职位甚至没有正式法医的职位，大部分或全部由兼职人员承担。

17.3.4　警察科学研究所

警察科学实验室隶属于各都、道、府、县警察本部，设立有专门部门开展日常工作，包括生物学和其他微量证据同一鉴定及化学、毒物学、物理学、力学、工程学和心理学分析，并配备了DNA 分型仪器和先进的化学、毒物学、微观和超微观分析仪器，还有一些其他的部门。技术专家的数量为 10~70 名（Nagano 和 Miyake，1996）。

国家警察科学研究所作为国家警察科学实验中心，由一个总务部门和两个司法鉴定部门组成，司法鉴定部门涉及专业领域广泛，包括生物科、化学科、文证审查、心理科、物理科、声学、火灾事故调查组、爆炸调查科、工程学/机械调查科、青少年犯罪预防科（由青少年指导组、社会环境组和犯罪预防组构成）、交通科（由交通管制组、交通安全组和驾驶员车辆系统组组成）、鉴定中心和法医科学培训机构。研究所已经更新了用于研究和技术开发的设施和设备，约有 100 名科学工作人员。研究所职能包括科研工作及特殊检案工作、培训、国际交流和咨询，并监管 47 个都、道、府、县警察本部的法庭科学实验室和刑事鉴定科的常规刑事调查。

17.3.5　其他

警察外科医生和牙医分别受隶属于警察总部的各州、道、府、县召集，协助警察检查和鉴定牙齿。警察外科医生也在警察局拘留嫌疑人的健康医疗中发挥作用。在一些特殊地区，少数私人机构承担了包括尸体解剖在内的尸检工作。

一些大学院校的药学系设有药理学或法化学教研室。这些教研室参与了非法药物和天然毒素（包括河豚毒素和乌头碱）的分析。刑事和民事案件中也有一些私人机构提供司法鉴定服务。很多精神病学和犯罪学专家为刑事调查、罪犯及被害者精神障碍的评估做出了贡献。

17.4　司法鉴定证据整合

《刑事诉讼法》规定刑事调查包括警方的现场调查和证据收集，随后由警方实验室完成法医学检查及专家检查。专家检查包括大学教研室或其他机构（医院和诊所）执行的司法解剖和相关的调查。这些法医学检查给主检察官对嫌疑人的指控或在法庭上提供了一系列的证据。因此，检察官负责对犯罪嫌疑人的指控做出决定，并与警方合作整合犯罪证据。然而，检察官做出的不起诉决定，需要接受检察委员会的审查（Oda，2009）。

法医专家有助于法医证据的整合，可以根据法律规定的官方要求，也可以应警方或检察官的要求私下进行。其中包括另一位专家的重新评估（二次意见），在庭审的过程中辩护律师也可能会需要这些专家意见。在法庭上，法官主要问询检察官提交的文件，在需要时召集专家补充个人证据，但也并不总是如此。

17.5　专业招聘

17.5.1　大学法医教研室

大学法医教研室的标准人员配置一般包括法医病理学家、毒物学家，还有化学、生物化学和分子生物学等方面的专家。人员配置主要取决于各独立院校的状况和政策，主要原因是各教研室正式工作人员数量有限且日常案件数量不同，司法鉴定工作或科研工作的侧重亦不同。

日本大学法医教研室主要负责基础医学教育课程,这些课程并不适合检案工作。教育工作人员则需要专业学位(硕士或博士学位)和发表一定数量的论文,所以从研究生中招聘。医学博士也从其他医学专业的科研学者和临床医生中招聘,但持有资格证的人员数量仍然不足。为了解决这个难题,一些大学为医学生设立了博士后课程以鼓励招聘。对技术人员并没有特定的专业学术学位或专业职业背景要求。办公室岗位人员不足。

17.5.2 监察医体系

监察医是从法医病理学家、临床病理学家和解剖学家及医务人员当中任命,大多数是兼职人员,专业学位也不是必需的。其他工作人员包括解剖学、组织学、化学和毒物学方面的技术人员,以及办公室工作人员和其他技术官员,与前文所述的大学法医教研室配置类似。监察医事务所和大学教研室之间有人员交流。

17.5.3 警察科学研究所

当地警察本部的科学警察是政府雇员,被聘为技术专家人员,这个职位对于日本年轻学者来说是最有吸引力的工作之一。他们大多是学士学位,还有一些是硕士和博士学位(Nagano 和 Miyake,1996)。国家警察科学研究所,也就是中央警察科学实验中心,也招募了一些高学术成就的学者,与大学法医教研室及其他相关专业学科进行学术交流。

17.6 专业培训

17.6.1 大学法医教研室

各教研室都负责专业培训,包括法医病理学、毒物学和遗传学及其他相关专业,这些专业培训是在日本法医学会的指导下进行的,其中包括法医学和死后检查方面的医学专家委员会认证。除了批准医师资格证和法医学、临床病理学、解剖学的解剖资格证之外,其他是不受法律或政府的行政监管的。

专业培训包括日常和科研工作中的法医案例学习,学术学位的获取和法医学专家的委员会认证。教研室鼓励参加国内和国际交流培训课程,包括参加地区、国内和国际学术会议,与其他研究机构合作、海外留学及接受海外留学生和青年学者,外国学者促进了日本成员的培训全球化。

17.6.2 监察医体系

培训方案视各事务所的情况而定,但候选人在受雇前通常由高级别的监察医监管。

17.6.3 警察科学研究所

警察科学研究所制定了内部培训课程(Nagano 和 Miyake,1996)。在正式调查工作之前,招聘的工作人员在法医学培训机构完成初级课程。一些成员在大学中相关专业机构内学习,以便接受进一步专业培训和学位证书。

17.7 经费

17.7.1 大学法医教研室

大学法医教研室的经费来自所属大学的经费预算,这些预算由中央政府、地方政府、私立教育基金会组成。设施、设备和人员及教育和研究的运营成本由创办人个人资助。但日常供应、设备及人员的运营经费、日常检案工作的成本来源于委托方的服务报酬,这些客户几乎都是警方,这种形式尤其阻碍了法医解剖常规实验室工作的标准化。对于大型科研项目,每位学者均可申请中央政府和其他来源的拨款。

警方为司法解剖所支付报酬在很长一段时间内都很低,只为“解剖”支付费用,不支付实验室关于组织学和毒物学的检查费用。在民权运动的支持下，2006 年支付系统进行了修订以包括必要的支出，该民权运动是警方在一些刑事案件调查中存在疏忽之后才出现的。

17.7.2 监察医体系

监察医事务所由各地地方政府设立和资助(Shoji，1996)。东京的预算很多，但大阪的预算却很少，神户的预算也很低，后两者难以维持日常工作的质量。然而，神户的工作人员一直努力维持着高验尸率(约 65%)。

17.7.3 警察科学研究所

地方警察科学实验室的工作人员由各都、道、府、县政府雇用，运行成本由中央政府提供，国家警察科学研究所隶属于警察厅，由中央政府提供全部资金(Nagano 和 Miyake，1996)。

17.7.4 其他机构

高校其他与法医学相关专业的教研室财务状况与法医教研室类似。实验人员侧重科研工作在检案中的应用。除来自大学院校的基本经费外，每位学者还可以申请中央政府或其他研究专项的经费。

17.8 政治影响

17.8.1 大学法医教研室

大学院校法医教研室的司法鉴定工作并没有产生积极的政治影响。由于分配给这些大学院校教研室的任务是医学生的教育和科研工作，导致其日常检案工作能力不足，实质上妨碍了教研室的社会贡献。目前并无有效的措施来解决这个问题。

17.8.2 监察医体系

该体系的财务由各都、道、府、县地方政府控制，因此如前文所述，一些事务所已经停止运营。近年来，中央和地方政府的医务官员对调查非自然死亡的死因缺乏兴趣。

17.8.3 警察科学研究所

从预防犯罪和逮捕罪犯来维护和改善社会保障的政治角度来看，警方的预算一直有所保障，并特别考虑到了 DNA 鉴定和数据库管理。基于立法、司法和行政这三权分立的基础，司法鉴定通常不会受到任何政治影响或干扰。

17.9 认证

17.9.1 法医解剖

一般来说，医学院校的解剖学、病理学和法医学的教授和副教授及监察医有权依据《死后检查和尸体保存法》相应条款的规定进行尸体解剖。同时《死后检查和尸体保存法》也规定，厚生劳动省大臣通过确定尸体解剖的经验，为上述教育专业的其他个人和正式工作人员颁发医疗执照。根据《刑事诉讼法》的规定，在法官许可下，允许检察官或其他人员(助理人员或司法警察)召集法医进行司法解剖。

作为一项基本原则，法医专家在参与尸体检查(无论是否解剖)和开具死亡证明时，必须持有医疗执业证书。对于委员会认证的法医专家，日本法医学会和厚生劳动省(将由日本医学协会接管)会为其颁发证书，并提供不包括解剖的尸体检查官方许可。参与尸体检查的警方人员则无须医疗执照或合作医疗执照。

17.9.2 其他

其他司法鉴定

对于案件调查中涉及的法医毒物学、DNA 鉴定和牙科学，日本国内目前没有人员认证体系，只有指南。警察科学研究所的法医专家已经为 DNA 鉴定设立了内部任职资格条件(Nagano 和 Miyake，1996)。

17.10 实验室认可/质量控制

实验室认可/质量控制是一个重要的问题。目前,日本的大学院校和监察医事务所还没有建立实验室认可或质量控制体系。在如前文所述的政治经济条件下,由于一些教研室的案件数量很少而且预算不足,无法提供足够的设施和设备及相关技术人员,大学教研室的现状无法提供广泛的实验室认可或质量控制。然而,在这种情况下,日本法医学会发布了法医解剖指南,包括解剖程序、样本收集和储存、实验室检查、报告和记录。因此,质量控制是各院校自己的事情,包括样品的可追溯清单、自动化分析、实验室检查结果与系统数据文件的双重检查。发生争议时需要重新检查或重新评估。警方机构在国家警察科学研究所的监管下采用内部审查和质量控制。

17.11 技术

17.11.1 概况

基于各机构在法律体系中发挥的作用(详见上文),司法鉴定实践工作中的关键技术问题存在重叠,且差异很大。大学法医教研室主要承担刑事调查中的司法解剖,并在需要时或没有监察医事务所的地区承担解剖工作。监察医事务所主要调查非刑事案件的非自然死亡原因,其中包括意外的疾病发作和环境危害,以及涉嫌暴力的死亡并需要警方进一步调查(甄别犯罪死亡)。警察机构专门从事刑事调查,为逮捕和指控嫌犯提供证据并在法庭上呈现证据。

17.11.2 大学法医教研室

大学法医教研室的关键技术问题主要是在涉嫌刑事的案件中,通过法医解剖结合放射学及实验室检查(包括组织学、毒物学、生物化学和分子生物学技术)的结果数据来综合分析,建立创伤、疾病、死亡原因和死亡过程的证据。从法医学的传统背景,生物化学和分子生物学技术结合通过免疫组化检测损伤后局部和全身功能的改变,并解释和展现死亡过程。此外,死后成像不仅用于病理检测,还可分析终末期心肺功能不全。独立院校有限的解剖案例数量,使得他们可以在充分准备后对每个案例进行精密的调查,包括全面的组织学和毒物学筛查(Maeda,2012)。

一些大学教研室拥有特殊的技术,如对于特殊化学品如生物毒素(如河豚毒素和乌头碱)进行DNA和毒物学分析,这些分析有助于在特殊的解剖案例中进行鉴定和死亡调查。这种特殊技术也适用于其他生物材料的检测。

17.11.3 监察医体系

由于监察医的首要任务是确定非刑事性死亡原因并甄别刑事案件,因此在日常工作中最需要病理学和毒物学技术。环境损害鉴定主要是指极端温度和空气污染,后者包括哮喘(污染相关疾病)和特定恶性肿瘤(劳动环境相关)。通过化学分析来检测污染物,包括石棉和其他致癌物质。

17.11.4 警察科学研究所

警察机构拥有多种先进的刑侦技术。最近司法鉴定的争论包括刑事调查与侵犯个人隐私之间的冲突,包括建立DNA数据库,以及通过计算机辅助调查系统使用街道和公共设施中的监控器(Nagano和Miyake,1996)。DNA鉴定的准确性和可靠性在复杂案例中也存在争议。非法药物包括策划药的检测和分析涉及走私,是一个全球性问题。在交通事故中文件和数据分析、计算机模拟的可靠性也经常被提及。

17.11.5 其他

在刑事诉讼中,精神疾病检查需要用来评估与"精神错乱"相关的精神障碍(无刑事责任和限制刑事责任),以及合理的医疗护理、治疗和康复。这是犯罪学的一个主要难题,但不一致的结果仍会导致额外问题。此外,目前在刑事调查中对被害者的全面支持至关重要。

17.12　灾害应对

在过去 50 年中,日本经历了过百人死亡的大规模灾害事件,其中包括 1963 年(458 人死亡)和 1965 年(237 人死亡)的煤矿爆炸,1971 年(162 人死亡)和 1985 年(520 人死亡)及 1994 年(264 人死亡)的飞机事故,1963 年(161 人死亡)和 2005 年(107 人死亡)的铁路事故。1995 年,地震伴神户及周边城市地区的火灾(阪神大地震,6 434 人死亡,3 人失踪),1993 年在北海道地震伴随海啸(226 人死亡和失踪)及 2011 年东北地区地震伴随海啸(东日本大地震,18 131 人死亡,2 829 人失踪)。其他灾害包括房屋火灾、台风、局部暴雨和火山爆发。但是,在阪神大地震(1995 年)之前,由于系统性应对准备不足,主要从邻近地区自愿召集法医工作者、警察医和警察牙医组成的临时尸体检查小组。当地的大学院校或监察医处理较小的灾害。阪神大地震(1995 年)造成了包括神户在内的广泛地区的巨大破坏,超出了监察医事务所和两所大学教研室的能力掌控范围。此后,日本法医学会与相关行政机关和机构合作建立了尸体检查支援系统(1997 年),为发生大规模灾害做好防备工作,该系统第一次行动是在东日本大地震伴随海啸之际(2011 年),该海啸摧毁了许多城镇,造成大约 2 万人死亡和失踪人员。在国外的官方行动则取决于外交部的要求。

17.13　法律问题

目前的刑事诉讼程序是基于对抗制度建立(Oda,2009)。应检察官或辩护律师的要求,法医专家被传唤出庭。根据《刑事诉讼法》的规定,参与刑事调查的专家被称为"专家证人",专家证人是不可被替代的,其在法庭的地位与其他证人类似。法律规定,根据法院命令审查证据的专家被称为"专家",这些专家是可被替代的。在案件中,当现有证据存在争议时,法官难以得到专家的专业意见,所以日本法医学会应最高法院的要求提供了一份专家名单。其他理工科专家、临床医生和医疗专业人员会根据具体情况参与法庭程序。专家们和他们的专业意见应该是"合理的"和"中立的",排除任何先入为主、预测或利益冲突。检察官和辩护律师可以根据自己的判断在法庭上提出专家意见,但由于官方支持系统的缺乏导致难以获得许可和费用,因此对被告进行重新评估或重新检查的机会较小。

检察官更倾向于在法庭上采用可视化的陈述方式。作为 1999 年以来司法体制改革的一部分,2009 年自地区法院引入混合法庭陪审员制度(在职/公民法官)审判某些严重案件如凶杀案以来,可视化的陈述方式有上升的趋势,并且辩护律师也要求采用这种陈述方式,(Oda,2009;详情获取: http://www.moj.go.jp/ENGLISH/index.html)。法庭上,通常限制或反对将犯罪现场和受害者的照片提交给混合法庭陪审员,因此会要求法医专家准备经编辑的插图或照片,这会产生额外的工作,应用 CT 或 MRI 进行尸体解剖成像对这一工作有很大的帮助。

17.14　科学研究

17.14.1　概况

大学法医学及相关专业学科教研室、监察医事务所和警察科学研究所是主要的司法鉴定机构,专职承担科研工作的职能,以发展和改善检案工作并提升社会服务能力。独立机构在医学和法医学教育、专业培训、检案工作和其他社会服务方面的工作与科研工作密切相关。

17.14.2 大学法医教研室

大学院校的主要研究趋势是发展和改进死亡调查的基本技术和实验方法,以及开展个案或系列案件研究。在法律、政治和体制背景下,由于各独立院校的日常案件数量不足,所以海量数据的系统化分析是日本法医学会的一部分工作。最新的研究目标是通过证据的可视化来解释涉及死亡原因和死亡过程中创伤与疾病的病理学状态,研究方式包括应用免疫组化、生物化学、分子生物学及使用 CT 或 MRI 进行死后成像,这一趋势正逐渐转向尸体解剖数据的收集。一些研究机构专门从事遗传学研究工作,包括 DNA 鉴定或毒物学分析。法医心理学和犯罪学方面,近期的研究侧重犯罪调查和预防的策略,以及罪犯的管理和被害者的支持。法医病理学家也协助调查被害者及其家属的心理反应(Ogata, Nishi 和 Maeda,2009; Ogata 等,2011)。

以科研用途使用生物检材时,应遵守独立院校和学术机构的伦理准则,并依据文部科学省和厚生劳动省的官方指南,与国际标准保持一致。关于动物实验,有制度的和国家的指导方针。鼓励同欧洲国家的交流,特别是与德国、美国和澳大利亚的交流。

17.14.3 监察医事务所

监察医事务所主要的研究工作是死后数据分析。数据包括突发性自然死亡、自杀、老年人死亡、夏季和冬季极端环境温度造成的死亡、交通和劳动事故的统计数据。由于日本人的沐浴习惯,事务所对老年人沐浴时溺水死亡与自然死亡的差异特别感兴趣,因为案件往往涉及伤亡保险。这些数据有助于对相关死亡人员进行行政管理。事务所在特殊研究项目中有可能会与大学院校合作研究。

17.14.4 警察科学研究所

警察科学研究所的司法鉴定研究重点是刑事调查技术。国家警察科学研究所作为日本的中央警察科学实验室,开展了广泛的研究工作,包括 DNA 鉴定、人类学、化学/毒物学、文件检验、心理学/社会学、物理学、声学、火灾事故调查、爆炸事故调查和机械学/工程学(Nagano 和 Miyake,1996)。研究所鼓励各都、道、府、县的科学警察研究所参与研究工作,以发展和完善与中心实验室和大学教研室有关的刑事调查程序。

17.14.5 学术机构

涉及法医或法律日常检案工作的专业学术机构包括法医学、犯罪学、赔偿科学及法医病理学、毒物学和警察科学的社团或协会(另见历史)。日本法医学会和日本法医毒物学协会分别出版国际期刊 *Legal Medicine* 和 *Forensic Toxicology*,其他学术机构也发行日本出版物。

17.15 过去和现在的问题

17.15.1 死后检查和法医解剖

前文所述日本历史背景所导致的主要问题包括:① 由非医警察进行身体检查,或者在内科医生或外科医生陪同下进行;② 警方人员处理刑事和非刑事案件死亡分类时对涉及医疗、福利及民政事务的法律和社会问题缺乏深入的理解;③ 大学教研室和监察医事务所并不适合承担非自然死亡的调查,维持法医日常工作的资金也不足,但是警方的预算却很多。警方不理解也不重视对于非刑事死亡但属于非自然死亡调查的社会意义,当其没有发现明显的犯罪迹象时,也对调查死亡原因失去了兴趣。日本的临床医生对于确定死因的社会和法律意义也没有足够的了解。此外,医务管理人员对非自然死亡原因的调查意义认识不足,并关闭了一些监察医事务所,然而仍存在许多与自杀有关的社会和医疗问题,如老年人群和贫困人群的孤独死亡。

在设有监察医事务所的地区,警察处理不当可通过法医检查包括尸体解剖解决。然而,存在的问题是实施尸体解剖的数量呈现下降趋势。另一个问题是在一些地区,大学院校之外的私人医生承担的法医解剖缺乏系统的实验室检查。2013 年 4 月,根据《死因调查和身份识别法》(2012 年)的规定,在没有监察医事务所的地区开始新建法医解剖系统,然而相关的解剖系统尚未建立,实际应用的案例亦很少。没有胜任的法医解剖系统,犯罪证据就会丢失,案件也会被警方划分为"非刑事"死亡案件。即使在大学中,由于组织不充分和资金短缺,设施和设备也并不充足,尤其是毒物学。

在前文所述的政治背景下,虽然是偶发的,但是警方调查中也存在他杀案件被忽视的情况。过去 20 年(1987~2007 年)内,媒体至少报道有 13 起他杀案件中的被害人未经法医解剖而火化,推测的死因包括窒息(绞扼和闷死)、溺水、中毒、静脉空气注射,甚至头部受伤和刺伤。还有一些案件因为法医解剖的不完整,甚至是法医解剖中的严重失误而导致证据丢失。过去的 10 年间(2003~2012 年),日本每年的死亡总人数从约 101.5 万人增加到 125.6 万人(1.27 亿~1.28 亿人口),其中 13%~14%为非自然死亡并且人数呈逐渐增加的趋势(13.4 万~17.4 万人),而他杀死亡人数逐渐减少,但只有 1.2 万~1.9 万非自然死亡(9%~11%)案件进行了法医解剖,包括司法解剖和行政解剖(不包括交通事故死亡)。总体法医解剖率在设有监察医系统的地区(1.5%~30%)与没有监察医系统的地区(1.5%~11.5%)差异很大,各都、道、府、县的司法解剖率(1.2%~9.8%)也不相同。此外,根据各事务所和(或)监察医的情况和(或)政策,监察医事务所的法医解剖率(20%~65%)也大不相同。这些因素意味着关于非自然死亡调查,日本人正在遭受实质性的不平等和不公平,而这与基本人权、社会保障及福利密切相关。

17.15.2 警察法医学

在 2000 年以前,诉讼中曾经出现使用可疑血液和 DNA 分型确认凶杀案中嫌疑人时,被告或疑犯在辩护律师的要求下通过反驳专家意见被证明无罪。此后,加强了 DNA 分型的培训和质量控制,同时也改进了技术。毒物学分析的准确性问题也存在,由于警方机构配备了最先进的设施,同时大部分检材都已经消耗完,剩下的部分不足以重新检查,因此其他机构往往难以提出反驳意见。与之类似,交通事故分析的充分性经常被质疑,但辩护律师难以重新评估。上述这些问题仍未解决。此外,最近在讨论人们的隐私保护与在计算机辅助识别系统中使用监控器的问题。

17.16 未来方向

17.16.1 死后检查和法医尸体解剖

根据上文所述过去和现在存在的问题可见,日本非自然死亡事件死后检查的改革中最重要和最迫切的要点是:① 对于非刑事死亡案件,建立一个由政府负责的体制以确保法医鉴定专家亲自对尸体进行医学检查,为警方刑事调查提供最佳医学信息,并为进一步调查提供足够的建议;② 建立以优化非自然死亡原因调查的有效机制,并提供充足的资金来维持各地区刑事和民事案件中的法医日常工作;③ 通过教育和培训,让警员、医学生及临床医生理解非刑事死亡但又属于非自然死亡原因调查的社会意义。在专业培训、质量控制及争议案件的重新鉴定方面,法医解剖程序和复杂的实验室检查也是非常重要的(Maeda,2012)。精密的实验室检查可以在尸体数据分析科研工作的基础上更新技术和数据库,这对于满足社会和法律的需求及与医学科学的发展非常重要(Maeda, Ishikawa 和 Michiue,2011,2014;Maeda 等,2010)。在这种情况下,独立机构和专业人员可以为认可和质量控制做准备,以及为国家和国际大规模灾害行动做出贡献。针对这些问题,日本法医学会正式提出建立一个死亡调查医学中心的建议,其中毒物分析中心和网络已于2009年建立。尽管仍然存在许多困难,但关于死后调查系统重组的讨论正在行政协调下进行。

此外,与相关医学专业(包括急诊医学和精神病学)及社会组织或团体的合作(包括医疗护理和心理关怀),对于被害者和家属的支持及犯罪打击和预防都很重要。通过司法鉴定案例研究的反馈发现此类合作促进了各专业和机构的发展。

17.16.2　警察司法鉴定

由于警察司法鉴定科学研究所承担识别嫌疑人和排除无辜者的双重任务,除了政治和社会影响之外,独立自主的内部认可和质量控制及各学科最新的学术标准是至关重要的,但也需要通过外部检查进行公众监督。在日常工作中,根据重新鉴定的规定,需要严格而系统地控制证据的储存。刑事案件调查中,个人数据存储和隐私保护也至关重要。

参考文献

第17章参考文献

第 18 章
韩国司法鉴定

Heesun Chung,忠南国立大学研究生院,大田,韩国
Soong Deok Lee,首尔大学医学院法医学系,首尔,韩国
Sikeun Lim,国家司法鉴定研究院法医 DNA 鉴定部,原州,韩国

18.1 韩国司法鉴定历史概况

司法鉴定的研究领域一直在拓展,对其进行分类或定义似乎很难。以司法工程学为例,没人能否认它与司法的相关性,而且这种相关性可能会继续增加,但是它能否被纳入传统的司法鉴定领域,或者两者的分界点在哪里,目前很难界定。这一现状在韩国也不例外,甚至就在此刻,司法鉴定领域都在拓展。

从法医病理的角度来看,韩国的司法鉴定历史悠久。自高丽王朝(918~1392 年)以来,从中国传入的法医学文献所载的内容就已用于实践。1438 年,朝鲜王朝世宗王时期,《洗冤录》在韩国翻译出版(参见 Jong-Min Chae,2007,法医学教材,Jeongmoon Gaak),并在法医学实践操作中被广泛应用。同时,办案官员都到现场亲自进行解剖。韩国摆脱日本的殖民统治,建立独立的共和国后,韩国的现代法医学也开始发展。1948 年韩国独立后第 3 年,为了协助警方进行科学的案件侦查,法医学、理化检验和指纹鉴定三个主要专业学科成立。随着民主化进程的推进,韩国社会越来越重视案件侦查的科学性,并以科学证据为基础来评价法庭判决是否恰当。因此,对司法鉴定的需求也不断增长。

18.2 韩国的司法系统

和其他国家一样,韩国的司法鉴定与司法系统密不可分。所有的调查权和调查责任都归属于检察官,但实际上绝大部分的调查工作是由警方完成的。在案件的某些环节中,检察官会直接进行调查。所有的起诉都由检察官提起,法院在调查阶段不介入案件。

与此同时,韩国也有一项特殊的制度:司法警察,如军警或海警(韩国海岸警卫队,KCG)。在这一体制中,司法鉴定与相关部门(如警方、检察部门所属的办公室、军警或海警)共同发展,甚至体现出重要的部门特色。

18.3 韩国司法鉴定相关部门

韩国大部分司法鉴定机构都与司法系统密切相关,如检方、警方或司法警察(在铁路、环境、食品和监督等相关领域执法)的鉴定机构。

18.3.1 国家司法鉴定中心(NFS),前身为国家科学调查研究所(NISI)

1948 年,作为警方的一个部门,NFS 成立,负责法医病理、法医化学和指纹鉴定。1955 年,NFS 脱离警察系统,成为独立的研究所。从那时起,NFS 帮助警方鉴定犯罪现场勘验中发现的大量法医物证。同时,NFS 也在发展司法

鉴定科学技术方面发挥了重要的作用。从20世纪70年代起,随着韩国经济的提升,NFS也迅速发展。1986年,NFS迁至新址,同时也扩充了职能。从1993年起,NFS开始在首尔以外的地区建立分所,目前一共有四个主要的分所。2013年秋,随着总部的搬迁,NFS计划新开一家分所。现在,NFS致力于成为世界级的司法鉴定研究机构。2010年,NFS的行政地位进一步提升,由原来的NISI改名为现在的NFS。NFS不属于警方,而隶属于安全和公共监管部(MoSPA),管理法医病理、法医毒化、电子数据和声像资料、司法工程(包括一个交通事故分析部门)等多个领域的司法鉴定、技术研发和教育培训。截至2013年7月,NFS共有328名雇员,其中247人从事具体的司法鉴定分析工作。

18.3.2 检察院司法鉴定,国家电子物证中心(NDFC)

从1979年引入测谎仪开始,检察院启动建设司法鉴定体系。到1991年时,文件检验、图像鉴定、法医物证(DNA)和法医毒物分析等专业陆续建立。1992年检察院实验室落成,专业技术人员不断加入,整个体系初具规模。之后,检察院持续引进技术人员,增加专业设施。2008年10月,最高检察院成立电子物证中心(DFC),后该中心更名为国家电子物证中心(NDFC)。

NDFC为检察院的调查工作提供了多方面的支持,如数据库恢复和分析、手机分析、电子邮件和金融账户检验、用最新的IT技术破解密码等。电子物证团队在首尔和釜山等7个地区的检察院开展工作,并为电子数据技术人员提供必要的培训。现在NDFC有120名电子物证专家。

18.3.3 军方司法鉴定,国防部科学调查研究所(ISI)

ISI成立于1953年,起初是军警的一个研究部门,后来专业和部门不断增加,到1987年时,ISI已成为国防部(MND)下属的一个机构。ISI承担的任务包括为调查提供技术支撑、物证检验、研究及设备管理,专业有法医化学、文件检验、爆炸和火灾处理、测谎等。值得一提的是,目前法医物证(DNA)部门正在通过DNA鉴定来辨认朝鲜战争中的死者。

18.3.4 韩国海岸警卫队(KCG)研究所

2007年,KCG成立研发中心,该中心于2010年升级成为KCG研究所,旨在为KCG提供研发成果,同时改善海洋环境生态。它的主要任务包括为海上犯罪案件调查提供技术支持、调查案件、研发设备、提高污染物的定性分析能力、为海洋中废弃污染物问题提供系统战略解决方案、监控向海洋中排放的废弃物、评估排放废水的污染程度等。

除了上述研究机构以外,韩国最高检察院和警察部门还设置了管理司法鉴定相关事宜的监管体系,各高校也有相关的培训和研究所,以及一些小规模的司法鉴定机构,本文不再赘述。

18.4 韩国司法鉴定的现状与面临的挑战

18.4.1 鉴定案件规模

NFS和NDFC是韩国最主要的两家司法鉴定机构,负责大部分案件的鉴定。2012年NFS受理了298 729例案件,NDFC受理了87 943例案件。就NFS而言,这些年来案件数量持续增长,2008年的案件量为256 386例,2009年的案件量为278 040例,2010年为276 614例,2011年为297 357例(图18.1)。具体分析2012年的案件结构:5 150例为病理解剖、104 164例为法医物证(DNA)、61 132例为法医毒物分析、17 371例为司法工程、14 183例为文件检验和图像鉴定、536例为犯罪心理鉴定,35 878例为酒精检测和微量物证。2010年7月26日,NFS和NDFC两家的DNA鉴定部门合作,着手

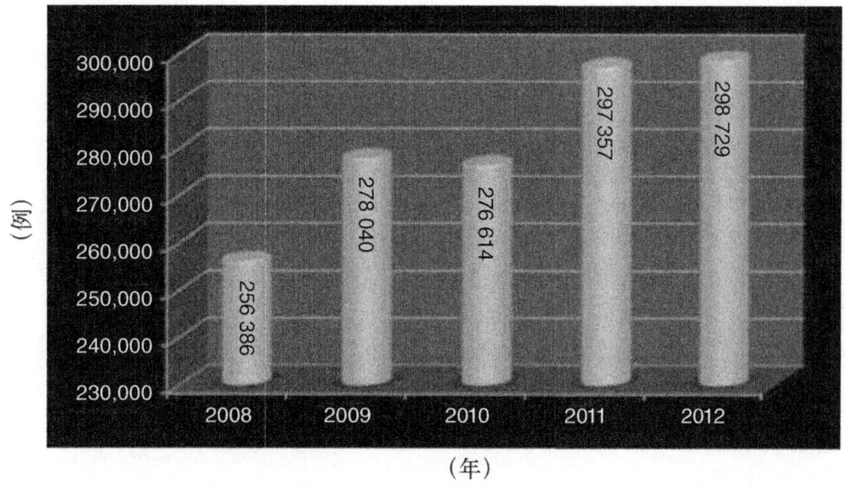

图 18.1　韩国国家司法鉴定中心（NFS）2008～2012 年受理案件数量

建立国家司法鉴定数据库，包括犯罪现场的 DNA 证据、在押嫌疑人和部分特定类型案件犯人的生物学信息。截至 2012 年 9 月 30 日，犯罪现场数据库收录了 36 010 例案件的信息，在押嫌疑人数据库有 23 755 例，罪犯数据库有 45 789 例。

18.4.2　司法鉴定的作用

司法鉴定为许多案件提供了重要的线索和证据。有一例"首瑞（Seorae）村杀婴案"：2006 年，首尔首瑞村一户法国人家中的冰箱里发现了 2 具婴儿尸体。法国人 C 报警称这 2 个婴儿（不是同卵双胞胎）是自己的孩子，之前他和妻子 B 去了法国度假。经 DNA 鉴定，C 是两个婴儿的父亲。经过解剖，两个婴儿是出生后不久死亡的。警方认为凶手一定是认识 C 的女性，且很有可能就是两个婴儿的母亲。调查人员搜集了案发屋内的牙刷和梳子等生活物品，送 NFS 检测后发现了一名女性的 DNA，与死去的婴儿有亲子关系。不仅如此，该女性的 DNA 还与 C 和 B 的另外两个儿子有亲子关系。据此，警方怀疑凶手就是法国人 C 的妻子 B。然而 B 和 C 否认指控，声称不认可韩国的法医 DNA 技术水平。为了证明 B 就是死去婴儿的母亲，必须要收集 B 的生物样本，但是她拒绝提供。韩警方经过调查发现 B 的子宫组织还保存在一家邻近医院里。这份组织样本的 DNA 鉴定结果与案发屋中发现的女性 DNA 完全吻合，与死去的婴儿有确凿无疑的亲子关系。这些检测结果和组织样本一起被送往法国一家 DNA 鉴定实验室复检，得到了验证。最终，B 被判谋杀了两个婴儿。通过这起案件，韩国的法医 DNA 鉴定技术在国际范围内获得了认可。

18.4.3　韩国司法鉴定面临的挑战

"女牙医母女被害案"也被称为"韩国的辛普森案"。该案历经 8 年法庭辩论，最后以嫌疑人无罪释放告终。1955 年，首尔一间公寓起火。火灾过后，公寓里的浴缸中发现了一名女性牙医和其女儿的尸体。检察官认为女牙医的丈夫 L 有重大嫌疑。可是该案中最重要的两个时间点，即被害人的死亡时间与现场起火时间无法确定。嫌疑人最后被宣判无罪。尽管根据旁证，检察官确信凶手就是 L，但是他们毕竟没有确凿的证据。这起案件之后，现场证据的有序收集和快速检测受到了空前的重视。

总的来说，随着社会的快速发展，韩国的司法鉴定有了长足的进步，但是仍需继续前进。因此，要持续开展研发工作，建立高度完善的社会体制，并积极促进司法鉴定同行与司法系统的交流与和谐发展。

18.5 研发(R&D)

系统性的司法鉴定研究刚起步时,少部分研发工作由私营司法鉴定机构承担。2000 年,韩国政府开始支持研发工作。政府部门已认同司法鉴定对建立社会安全网络、保护人民权益的重要性。最近,正计划建立一个新的 R&D 体系。2013 年,韩国政府对研发的投资为 16 万亿,居全球第 6 位。占韩国 GDP 的 4%,投资支持力度居全球第 2 位。然而,司法鉴定领域的研发工作仍然处于较低的水平。若不考虑成果的有效性,就成果的共享程度或产业化程度及与人力资源发展的联系而言,研发工作仍较缺乏。NFS 作为韩国最大的司法鉴定研究机构,2013 年在研发上的投入是 37 亿。除了政府研究所以外,高校、联合研究机构和企业的研发水平还处在低位,未来有望逐步提高。

近年来,韩国司法鉴定在国际上的知名度不断提升。NFS 在 2005 年主办了第 43 届国际法医毒物学家大会(TIAFT),又于 2011 年主办了第 3 届亚洲司法鉴定协会(AFSN)。2014 年,韩国作为主席国筹办了第 20 届国际法庭科学大会(IAFS)。同时,韩国申办 2017 年第 27 届国际法医遗传学大会(ISFG)也获得了成功。

18.6 教育和司法鉴定从业人员

在法医学领域,医学博士们一直很关切后辈的培养问题。从 20 世纪 70 年代起,部分医学院校开始建立法医系,现在已有四分之一的医学院校有法医系。正是这些院校培养了新一代的法医鉴定人或科研人员。不过,并没有一所司法鉴定类的专科院校,也没有官方学校提供司法鉴定所需本科课程(如化学、物理和生物)。

由于 CSI 等热播剧的影响,许多年轻学生开始对司法鉴定感兴趣,想接受专业的司法鉴定教育。于是,一些高校开设了相应的研究生课程,如庆北国立大学、忠南国立大学和顺天乡大学。警方也制定了特别的规定,允许法医学专家像 CSI 成员一样加入警队。采用类似的方式,韩国社会为培养后续的司法鉴定专业人才投入了许多资源。而对于直接应用司法鉴定的群体,如警察、检察官或者律师,在他们各自的基础教育课程上也增加了多种讲座课程。

18.6.1 庆北国立大学的"科学调查"研究生学院

该学院创立于 2003 年,学制为 5 学期。共有 3 个专业:法医护理、科学调查及法医学。每个专业 30 名学生。主要研究方向包括:罪犯识别、法医学、计算机技术、心理学和人类学等。此外,公共安全及预防工业事故也是关注重点。

18.6.2 忠南国立大学的"和平与安保"研究生学院

该学院创立于 2002 年,2004 年侦查学系也并入了该学院,同时还有军事科学和技术系。2013 年,他们开始打造学院—产业—军队合作的综合教学体系。

18.6.3 顺天乡大学的"司法鉴定"研究生学院

该学院始建于 2011 年,拥有一个私人司法鉴定实验室,正尝试参与由官方研究所负责的犯罪现场物证鉴定。2013 年,共有 72 名学生在司法鉴定系和犯罪侦查系学习。

18.7 与司法系统的交流及相关工作的标准化

18.7.1 立法

司法鉴定最终是为法律服务的,因此司法鉴定不可能从司法系统中分离出去。各个国家的司法制度都有自己的特点，而一个国家的法律对取证的规定直接影响到该国的司法鉴定。在韩国，没有直接规定如何取证的法律，而律师们的意愿似乎也不强。相比之下，司法鉴定学家则更希望为这一领域立法，目前仍在奔走努力中。

立法的效果在刑案 DNA 数据库建设中体现的很明显。十多年来，韩国也试图建立一个全国性的刑案 DNA 数据库，类似于英国的 NDNAD 或美国的 DNA 数据库。这一计划最终在 2010 年成为现实。无论出于什么目的，建立与 DNA 相关的数据库都需要特定的法律，因此韩国制定了一项《刑案 DNA 数据库法案》，并由国民议会批准通过。经过这一立法，韩国的法医遗传学进入了更高的发展阶段，加强了对人员的约束，有了必须遵循的标准。立法进程也使相关内容更加透明，无论公民还是犯罪分子，都可了解并维护他们的相关权益。在韩国，还有另一项与个人身份相关的立法，即《失踪儿童保护和援助法案》。它在 2005 年出台，并于 2013 年进行了修订。它关注的是 18 岁以下失踪儿童或失智症患者的身份信息，相关人群或其亲属的数据库也已建立。

18.7.2　与律师或司法系统的交流

由于要应用司法鉴定结果或受其结果影响，律师或相关人员多少也要了解司法鉴定。不过韩国的情况有些特殊，律师一般很少关心取证，与司法鉴定专家的联系也不甚密切。在一些案件中，律师认为司法鉴定的结果并不能正确反映事实，或者这些结果被误用了。在这类争议中，律师与司法鉴定人双方之间有不少误解。韩国的司法鉴定要继续发展，必须考虑如何解决这类问题。

18.7.3　标准化与质量管理(QA)

这一举措主要由韩国实验室认可委员会(KOLAS)负责实施，以 ISO 17025 为标准，对司法鉴定实验室进行认可。NFS 首先通过了毒品检测和 DNA 鉴定两项认可，并逐渐增加了认可项目和范围。2010 年，NFS 被批准成为标准物质(SRM)制备机构。之后，NDFC 通过了认可，许多司法鉴定实验室通过参加不同的测试项目而参与到认可过程中来。

18.8　不足与展望

综上所述，韩国的司法鉴定在较短的时期内取得了长足的进步。未来要进一步发展地更为成熟完善，还有许多工作要做。最重要的是整个司法鉴定行业的共同努力，此外，还需要全社会的支持，尤其在以下几方面：① 加强对整个司法鉴定领域的教育和研发力度；② 加强司法鉴定行业与司法系统的持续沟通；③ 建立适当的立法程序来解决司法鉴定的专业需求。

除了政府部门所属的研究机构外，一般学术领域和私营机构的司法鉴定活动也很重要，各方面需和谐相处，政府部门也必须认识到这一点，并予以支持。可以预期，未来政府和公众对司法鉴定在国家和社会安全方面重要性的认识必会不断提升。

第 19 章
利比亚法医学

Fawzi Benomran,阿拉伯联合酋长国迪拜警察总署法医部,迪拜,阿拉伯联合酋长国

19.1 引言与历史背景

1551 年起,利比亚一直由奥斯曼帝国统治,直到 1911 年被意大利占领。在第二次世界大战期间,利比亚是轴心国和同盟国必争之地,双方在这里打开拉锯战,直到 1943 年意大利和德国战败,利比亚又变成了英国的殖民地。1951 年,利比亚独立,成为君主制国家。1969 年,一名叫 Gaddafi 的陆军中尉,率领他的部队推翻了国王的统治。中尉随后任命自己为上校,统治了这个国家长达 42 年。2011 年 2 月,Gaddafi 的武装部队在班加西杀害了数十名和平示威者,这一行为引发了一场革命和武装冲突。最终在北约部队的介入下,Gaddafi 被杀、他的部队战败。在 Gaddafi 独裁政权时期,利比亚一直处于混乱状态,前任国王执政期间取得的成就尽数被毁。

尽管自 20 世纪 60 年代以来,利比亚的法医鉴定部门一直存在,但它仅是政府专家证人服务中心的一小部分。这个专家证人服务中心位于利比亚首都的黎波里,在班加西设有分支,隶属于司法部。在 Gaddafi 政权时期,它并不受关注,因此是一个不太令人满意的机构。它完全依靠邻国埃及的外籍医生支撑,双方为合同制关系。在 20 世纪 60 年代,利比亚的医生很少,法医则完全没有。

笔者是利比亚人,1983 年 12 月从苏格兰的格拉斯哥完成学业回国,成为第一个利比亚籍的法医病理学家。笔者在班加西工作,担任专家证人服务中心主任和高级法医病理学家。笔者还同时是医学院法医和毒物分析部门的负责人。

笔者努力发展法医服务,希望能在班加西建立一个独立的法医学研究所,能拥有良好资源和合格专业人员,能同时作为医学生的教育培训基地和司法鉴定机构,但收效甚微。1997 年 8 月,笔者终于放弃了,前往阿联酋加入了迪拜警察署,担任法医部主任,负责该部门的发展,并培训当地医生,以部分取代外籍医生。利比亚的法医鉴定仍然和以前一样,继续作为专家证人服务中心的一小部分,没有实验室设施、无法进行毒物学检测、没有分子生物学专业和 DNA 鉴定、没有组织病理学的相关设备,也没有 X 线仪器。

在利比亚,法医鉴定实践与高校的法医学教学分离,与其他专家证人服务一起并入司法部,这一制度设计来源于埃及,同样也被许多其他阿拉伯国家所采用。

19.2 阿拉伯国家的法医学①

被称为阿拉伯世界或阿拉伯国家的是 22 个独立国家,这些国家用不同的方言讲阿拉伯

① 译者注:本章大标题为利比亚法医学,但如原著作者在 19.1 中所述,利比亚没有法医。尽管原著作者曾努力建立一个独立的法医学研究所,并尝试发展利比亚法医学,但收效甚微。1997 年 8 月,原著作者放弃努力,前往阿联酋加入了迪拜警察署,因此 19.2 起转而介绍阿拉伯的法医学。

语,人口总量超过 3.7 亿。虽然大部分人信仰伊斯兰教,但还有许多人信仰基督教、犹太教,以及少数其他宗教。开展司法鉴定的阿拉伯国家之间的刑法存在微妙但重要的差异。

19.2.1 阿拉伯联合酋长国

在迪拜,法医鉴定始于 1982 年,当时在迪拜警察总部成立了一支分队,2004 年成为一个部门。差不多相近时间,建成了刑事侦查实验室,同样隶属于警察总部,现在它是当地最先进的实验室。阿布扎比的情况有所不同,有两个独立的法医部门,一个隶属于警方、另一个隶属于司法部,同时还有一个犯罪调查实验室隶属于警方。

19.2.2 苏丹

法医鉴定由卫生部提供,在医院的停尸房进行法医解剖。法医病理鉴定人也隶属于卫生部,但他们使用警方的刑事侦查实验室开展各项检验。

19.2.3 摩洛哥

摩洛哥没有单独聘用法医病理鉴定人的专业机构。法医病理鉴定人隶属于卫生部,并在医院停尸房进行法医鉴定。有些法医病理鉴定人在高校的教学医院执业,属于医学院的工作人员。与法医相关的其他方面则由警方的实验室处理。

19.2.4 阿尔及利亚

阿尔及利亚的情况在一定程度上与摩洛哥相似,所有的法医病理鉴定人基本上都是高校员工,分散在全国各地执业。他们使用医院或医学院的教学医院的设施,这些医院均隶属于卫生部。就司法鉴定取证而言,一般由警方的实验室负责,法医病理鉴定人也会送检样本进行鉴定。

19.2.5 突尼斯

法医病理鉴定人隶属于卫生部或高校。总的来说,解剖都是在医院停尸房进行的。司法鉴定取证则由警方负责。

19.2.6 巴林

法医病理鉴定人可能隶属于内政部、军事司法机关或检察院这三个政府机关之一,但他们都使用卫生部下属医院的设施。所有执业的法医病理鉴定人都是外籍。

19.2.7 科威特

有一个隶属于内政部警察系统的法医部门,它有自己的停尸房和解剖设施。司法鉴定取证由警方负责。法医鉴定与高校医学院是分开的,两者之间并无合作。

19.2.8 沙特阿拉伯

法医鉴定由卫生部下属部门提供,司法鉴定取证由警方负责。尽管医学院有面向医学生的法医课程,但是医学院不参与法医鉴定。

19.2.9 约旦

医学院的法医和法医毒化系与卫生部的法医鉴定部门有一定的合作。后者设置于医院中,有部分工作人员会在医学院授课,而医学院的教员也可以在法医鉴定部门承担一些工作。

19.2.10 黎巴嫩

法医病理鉴定人单独隶属于司法部下属的法医鉴定部门。其他司法鉴定实验室则隶属于警方。

19.2.11 叙利亚

司法部的鉴定人负责进行法医鉴定,而相关设施保障由卫生部提供。叙利亚没有像样的刑侦实验室供法医鉴定人使用。

19.2.12 也门

也门首都有一个法医局,还设立了一些分

部。该局隶属于检察院，大楼里有一些办公室，但是没有独立的停尸房或实验室。法医病理鉴定人使用卫生部下属医院的停尸房，设施非常简陋。

19.2.13 伊拉克

法医病理鉴定人和法医鉴定都是归卫生部管辖。巴格达有一个实验室，有法医毒物学和组织病理学专业，以及 X 线设备。医学院法医系的教员受政策限制，只能从事教学工作。

19.2.14 卡塔尔

内政部管辖的警察局负责进行法医鉴定。他们的刑事侦查实验室可以进行司法鉴定和毒物分析。在多哈唯一的医学院里没有法医学课程。不过法医病理鉴定还是在医院的停尸房进行。

19.2.15 阿曼

警方提供法医和其他司法鉴定服务。

第 20 章
墨西哥司法鉴定实践

Mario Alva-Rodríguez,墨西哥国立自治大学,Anahuac 大学,La Salle 大学和墨西哥军事医学院,墨西哥城,墨西哥
Rolando Neri-Vela,墨西哥国立自治大学医学院医学史和医学哲学系,墨西哥

20.1 引言

墨西哥是一个联邦制国家。除了个别情况以外,一般在全国性的案件中,司法鉴定和实验室工作归国家总检察院管辖,地区性的案件由相应的州和区检察院管辖。总检察院是政府部门之一,他们根据需求和可用资源安排每年司法鉴定的预算。总体上,不同分工的专业人员都能获得足够的财政支持。

墨西哥有许多机构提供与司法鉴定各专业相关的培训和课程,包括国家刑事科学研究所、各地的专业机构、大学及私人机构。墨西哥的司法鉴定中心从这些机构培训的毕业生中挑选工作人员,一般需通过课程评估和入职考试。由于工作的专业技术属性和案件侦查的紧迫性,司法鉴定人员基本不受政局变化的影响。

墨西哥司法鉴定机构的规模和能力各有不同:在国家及各联邦的首都城市,均设立了一些高级别的鉴定中心,有着较充裕的财政支持;其次是中等城市的鉴定中心;最后是处在第三梯队的小城市里的鉴定机构。第一梯队的鉴定机构在绝大部分专业上都有充足的人员和设施。他们组织联合学术会议,并定期评定鉴定人员和实验室。

第二梯队和第三梯队的鉴定机构的资源情况参差不齐,但是他们都根据自身条件尽力履职。当能力有限时,他们可以向上级部门寻求帮助。鉴于各司法鉴定机构对维护社会公平正义所作的贡献,司法和行政部门一直尽力对司法鉴定工作给予支持,包括增加预算,购买先进的设备、新建实验室。

在研究领域,有一些令人欣喜的进展,但由于资金有限,暂时还无法实现研究目标。

20.2 法医学发展史

在墨西哥,法医学是医学的专业学科之一。按照新世界(the New World)的编年史中所述,早在 15 世纪西班牙统治时期的墨西哥,关于法医案件的法规就已存在。当时,若犯强奸罪会被判处死刑,通奸会被判处石刑(被投掷石块),虐待妇女会被剥皮,与母亲或父亲乱伦会被溺死,投毒、主动流产或强奸母亲会被判处绞刑。若犯谋杀罪而获得家属的宽恕(如果死者的妻子肯宽恕,那么罪犯就会被当成奴隶出售,获得的钱财给死者妻子作为补偿)、突然发生疾病、对奴隶下毒、与女奴发生性关系致其难产死亡、与一名未成年奴隶或他人的奴隶发生性关系等,则会被判成为奴隶。(Lima,1986,P7-29)。

第一例尸体解剖是 1576 年在墨西哥城实施的,当时还处于西班牙殖民统治时期。一种被称为“matlazáhualt”的传染病在墨西哥城及周边地区肆虐,为了明确该病的病因而实施解剖。按照 John Tate Lanning 的观点,如果一个外科医生受雇于政府,那么他就有责任、有义务随时出诊去救治各种外伤,无论是否为节假日,

哪怕没有援手或者星夜兼程只是为了去救治一个受伤的乞丐(John Tate Lanning,1997)。而那些受雇于私人的同行们可能正舒舒服服地躺在家里,只有当雇主要求出诊时,他们才赶往患者家中,然后收取一笔不菲的诊疗费。

John Tate Lanning 还提到,西班牙医疗服务常常是警察的事情。如果病情发生在半夜,那么通常就由警察去解决问题。吵架斗殴是常有的事,一般负责诊疗的都是墨西哥城 Real de Naturales 医院里没有执照的医生。伤者常常是酩酊大醉,还会引发事态进一步升级。这一情况让管理者很头疼,在 1763 年他们征得了总督的许可,禁止惹事的恶霸们入城。此时,医生或外科人员就到现场诊治伤者,同时报告当局。

在医疗和治安之间的灰色地带,对于到底由谁来决定哪些人该被医院收治始终没有制度保障。直到 1815 年,管理仍然无序,书记员不得不收集之前所有的规定,才能确定正确的流程。根据清单,当伤者入院时,除了登记他本人的名字,还必须登记陪同人员姓名及伤者所属司法管辖区。然后医生可以检查伤情,并将其检验报告通过实习生转交给相应的当局。

在这一过程中,当值的外科医生要判断伤者身上的到底是新伤还是几天前的旧伤,以防止伤者掩盖之前的违法行为。为了防止被篡改,检验记录记载在另一本册子中。

这样一来,如果案件进入诉讼阶段,就能很快出具有关伤情严重程度或伤者状态的检验报告,以加快案件审理进程。当伤者死亡时,外科医生须尽快出具报告,而书记员要每天在医院等报告,以免耽搁案件进程。极少数案件中,医院会向法院和法官提供一份包括死亡人员和康复者的伤员名单,并说明是否有检验报告(Lanning,1997,P308 - 309)。

当 *The Real Protomedicato* 颁布后,1830 年医生手册 *de Jesús Fables* 汇编了与医疗实践有关的现行法律和规定,并将它们作为医疗实践的法律和治安命令发布(Alva-Rodríguez,2010,P3 - 14)。

在墨西哥高等教育恢复以后,墨西哥皇家教会大学(the Real y Pontificia Universidad de Mexico,墨西哥国立自治大学的前身)医学院被医学科学院(Establecimiento de Ciencias Médicas)代替。当时大学的管理者,医学科学院的创始人招募了一批法医学教授,包括 Agustín Arellano、Dávila 和 Tender 医生。1833 年 11 月 27 日,Agustín Arellan 第一个接受了聘任,并于 12 月 2 日宣誓就职。

Agustín Arellan 是医学科学院的公共卫生和法医委员会成员,其他成员还有 Pedro Del Villar 和 Salvador Rendón 医生。Agustín Arellan 还和 Olvera、Ignacio Erazo 医生一起承担了医学史委员会的工作。

Agustín Arellan 出生于墨西哥城,作为旧式大学的学生,他于 1819 年 3 月 20 日参加了考试,之后负责讲授 Luis José Montaña、希波克拉底格言、基础医学,以及生理学调查(教材的第一卷和第二卷由 francisco Xavier Bichat 所著)课程。1819 年 4 月 21 日,经 Fables、Flores、Contreras、Liceaga 和 Vara 医生评审,他获得了医学学士学位。两年后,他又参加了 Protomedicado 专业考试,1831 年成为外科医生。

法医学课程 1834 年废止,直至 1839 年恢复,由院长 Casimiro Liceaga 授课。1841 年,Arellan 短暂地接手之后,又陆续由 Casimiro Liceaga、José Ignacio Durán、Rafael Lucio、Manuel Robredo 和 José María Espejo 授课。

1849 年,José Ignacio Durán 教授法医学课程,随后由墨西哥的法医先驱人物 Luis Hidalgo y Carpio 接任。1860 年,Rafael Roa-Bárcena 律师编写了 *Manual Razonado de Práctica Criminal y Médico-Legal Forense Mexicana* 一书,内容涵盖刑法、刑事诉讼法和法医学。1869 年,Eugenio Maillefert 编辑出版了该书的第二版(Roa-Bácena,1869)。作者解释说,他写这本书的目的是为了向学法律和医学的学生提供与法医学相关的刑事诉讼法学知识。

在此之前,由于墨西哥国内缺少相关书籍,

专业人员不得不求助国外著作：主要是西班牙学者所著的刑事法律书籍和法国或西班牙学者所著的医学书籍。缺点是上述两国与墨西哥的法律有很大差别。

Roa-Bárcena 不仅是第一个把墨西哥刑法和法医学结合编撰的作者，而且他书的内容严格遵守1860年的有效法律。该书共529页，分为4个部分。第一部分是关于刑事案件的法律及法庭的组织和分配。第二部分介绍了一般犯罪的分类及相应的判决和程序，以及案件所需的法医鉴定内容。第三部分介绍犯罪行为（提起诉讼）的一般性的审查，特别是所涉及的每一项程序，包括法医取证事项、相关法律条文和具体实践。第四部分介绍了赦免和庇护等特殊情况。

为了使读者了解该著作内容的全面性，我们在此列举一些重要的章节题目：犯罪调查、起诉和自由、保释、证据、论据、判决、处罚、上诉、刑事诉讼和判决的执行。关于法医事务有：伤害或身体损害、其分类和特征、杀人、尸体解剖、埋葬和挖掘、窒息、中毒、堕胎、杀婴、强奸、强奸未成年人、乱伦、精神疾病，及专家声明或证明。在本书的最后部分，Don Rafael 为法学学生做了一个简短的词汇表，包括外科、医学和药学术语。

Hidalgo y Carpio 于1818年5月18日出生在墨西哥普埃布拉，从小家境并不富裕。1835年，他从普埃布拉神学院毕业，在那里接受了数学和物理学教育。他以勤奋和知识渊博著称，1843年9月25日，他从墨西哥国立医学院（Escuela Nacional de Medicina）取得医学学位，并已在墨西哥的医疗公报（*Gaceta Médica de México*）上发表了12篇文章。

作为墨西哥国立医学院的教授，Hidalgo y Carpio 研究墨西哥的地方疾病，他通过临床病史和病理证明表明斑疹伤寒（thypus）和伤寒热（typhoid fever）是不同的疾病。身为化学家和分析人员的他研究了血液的组织学和化学成分，对血液进行了毒物学分析，并发表了一种用于分析血液中有毒物质的通用方法。他还研究了显微镜和光谱仪。

据 Francisco Flores 所述，Hidalgo y Carpio 在不同的医学课题上都有许多独到的见解，他对欧洲人和墨西哥人的血液进行了比较研究，还研究了三氯乙醛对血液的作用；他进行了各种创伤凝血实验，界定了自杀的法律定义。他发现了一种未曾被研究过的窒息症状。他还提出了一些预防措施，以避免把仍有生命迹象的人当作死者而掩埋。他精通毒物学研究，研发了一种分析有毒物质的通用方法（Flores y Troncoso，1982，P741－742）。

Hidalgo y Carpio 还编撰了一部新的药典。作为一名卫生学家，他与卫生和健康委员会合作，为一座公墓建立了基地。他因发现牛痘病毒而获表彰，并与 José María Reyes 医生一起提出建立登记制度，以统计公民的死亡率。

1847年战争期间，作为外科医生，Hidalgo y Carpio 加入军事医学院，照顾伤病患。在 San Hipólito 战地医院，当 Pedro Vander Linden 不在时，他接替军中医疗队负责人的职责，为伤员提供医疗救助。后来他去了 San Pablo 战地医院，先当医生后成为负责人，直至1874年。

在 San Pablo 战地医院与 Miguel Jiménez 和 José Vilagrán 医生共事期间，Hidalgo y Carpio 对胸腔积液进行了一项重大的研究，提倡在开始时使用祛痰药，然后使用胸腔穿刺术作为最佳治疗方法。作为一位大胆的外科医生，他开创性地通过穿刺肋间隙和肝脏来寻找胆汁液。他对判断盂肱关节脱位的严重程度提供了很好的见解，还详细研究了肱骨头受伤和脓性感染。

根据问诊和观察的结果，Hidalgo y Carpio 写了《墨西哥法医学》（*Medicina Legal Mexicana*）一书，书中仔细介绍了死亡迹象研究得到的数据，同时认为关于人被活埋的故事要么是夸大要么是杜撰。他研究了自杀，以及妊娠期的最大长度。他通过实验证明，血液凝固并不是证明活人受伤的可靠现象。他还证明了脐带的干化在新生儿中并不是一个重要现象，而是受到物理和化学规律的影响。他发现了一种由于空气充满尘埃而引起的新型窒息。他还证实了许多淹死的人实际上是由于食物残渣从胃中反流阻塞气道而死亡。

Hidalgo y Carpio 写了《墨西哥法医学研究导论》(Hidalgo y Carpio,1869)一书,由 Imprenta de Ignacio Escalante 出版。

《墨西哥法医学研究导论》分为两部分:法医学和医事法学。第一部分有八章,讲述了法医学教育、医疗警察、医疗实践、医疗保密、医生的一般责任、高级医学、法医鉴定及医师费用。第二部分有二十章,包括非自控犯罪、婚姻注意事项、离婚、犯罪性流产和医疗流产、新生儿的出生和存活力、杀婴、谋杀、投毒、自杀、尸体的埋葬和挖掘等。

Hidalgo y Carpio 在书中花了很大的篇幅讲精神疾病,介绍精神疾病的治疗和相关法律、责任和诊断。他还谈到了患哪些疾病的人群可免除兵役,以及如何识别这些疾病和人群(Zacarías-Prieto,2010, P25-28)。

José Torres-Torija 曾经说,这本书中有两章引起了他的兴趣:一章是法医伤情分类,它将伤分为轻伤或重伤,并介绍了如何判断伤是否由事故造成。现行的制裁令人困惑,因为有时民事、刑事制裁与所造成的伤害的严重程度并不相符。而该书呼吁从一开始就由医生确定伤害的原因;另一章是医生实践的条件,特别是相关当局的情况。

José Torres-Torija 提道:

“我觉得这部分内容很有趣,而且西班牙与墨西哥的法律不同,因此我部分摘录相关内容:那些造成别人轻伤的,在支付了营养费、治疗费及其他成本后,将受到 50 鞭的刑罚,而后续是否继续受鞭笞,取决于伤者的恢复情况。如果违法者是黑人或者西班牙人,他们还需付 25 美元的罚款,然后在狱中待上 2 个月。如果违法者是穷人,那么第一次将被监禁 4 个月,第二次监禁 2 个月。如果意外造成他人重伤,黑人将在被打 50 鞭后,劳改 1 年,而西班牙人将在监狱中服刑 2 年,倘若再犯刑罚将翻倍。如果造成重伤,且不是意外,黑人将被打 100 鞭,劳改 2 年以挣到足以支付伤者的营养费、治疗费及其他成本费用;西班牙人除了一样交罚款外,还要在狱中服刑 4 年。这些都是指造成一处创伤所应受到的刑罚,如果有两处或以上的伤口,即使伤者已恢复健康,统治者还是有权根据案件的性质和具体情况增加鞭刑、劳改或监禁时长。”

Hidalgo y Carpio 接受轻重伤的分类体系及须判断重伤是否由意外造成,但他同时也提出了自己的看法,如他认为应将伤者的伤情与利益损失分开,还有不应要求医师在检查初期就给出明确的伤情等级判断。

当时(1868 年)Luis Hidalgo y Carpio 的观点在墨西哥产生了很大的影响,而且他还是《刑法典》起草委员会成员之一,他的观点被专家们普遍接受。1871 年,《刑法典》由总统 Benito Juárez-García 颁布实施。

由于他的道德和政治信念,他被迫离开教授职位,回去继续编写《墨西哥法医学研究导论》。后来和 Gustavo Ruiz Sandoval 医生一起合作编写了《联邦区法医学纲要》(*Compendio de Medicina Legal arreglado a la legislación del Distrito Federal*),该书于 1877 年出版(Hidalgo y Carpio 和 Ruiz-Sandoval,1877,2 卷),并在多年内都被墨西哥国立医学院(Escuela Nacional de Medicina)当作教科书使用(Archivo Histórico de la Facultad de Medicina,1851-1883,libro 26)。

作为自由意志的哲学派系, Hidalgo y Carpio 在对刑事责任的研究中,主张对犯罪分子进行个体研究,对于有些人犯罪可能是因为身体或精神状况异常,因此应当有缓刑。Hidalgo y Carpio 于 1879 年 5 月 12 日去世。

1870 年后,副教授职位空缺,随后 Agustín Andrade 接受聘任。他曾在圣格雷戈里奥(Colegio de San Gregorio)学院学习,然后前往巴黎参加医学课程学习,在 1859 年获得专业学位。他的主要研究论著包括:《从识别人的角度看鉴定职业标志》《鉴定的评估》《墨西哥自杀情况的统计》《扼颈与悬梁的比较研究》《墨西哥女性年龄与婚姻研究》《医生和司法部门》《土著种族的道德研究》等。

当时墨西哥另一个有关法医的现象是自然分娩困难，Andrade 认为这是由于墨西哥妇女的骨盆形态及阴道结构具有某些特殊性。Francisco de Asís Flores y Troncoso 在论著中提出，墨西哥妇女的耻骨比其他种族妇女的高，它明显向下、向后倾斜，这缩短了它的边缘与下肢及尾骨之间的距离；另外他还表达了自己对在墨西哥引入人身保险的看法（Flores y Troncoso，1982，P744－745）。

19 世纪，墨西哥医学研究的另一个问题是强奸造成的处女膜破裂。他们提出了一个关于处女膜如何抵抗外力的理论，计算克服每种形式阻力的机械力的公式，并运用于法医实践中，引发同行们关注处女膜形状随年龄的变化规律并记录相关特征在取证中的作用。

Flores 的同事 Miguel Barragán 在研究法医 Ignacio Maldonado y Moron 的司法实践经历的论文中提到，Maldonado 认为脐带是婴儿生命的重要保证。对于杀婴案，Flores 引用了 Maldonado 的研究成果，指出法医必须检查三个部位：外部，中间区域和内部脐带。Maldonado 在研究中间区域时提到，脐带脱落之前，周围组织必然有一系列肿胀、炎症和发红的反应，这些症状从外部来看是十分明显的。他在新生儿尸体的脐带和其他部位分别做一切口，发现了这一现象。如果脐切口显示渗出物和血液渗入组织，胎儿可能曾经存活。相反，外侧切口不显示这些变化。

根据胎儿听觉系统发育的基础及新生儿在生命的第一个小时内建立呼吸的机制，Maldonado 寻找并发现曾经存活过的婴儿的鼓膜室腔里有空气，由此他建立了自己的检验步骤：首先切下死婴的头部，或者将两侧颞骨从头骨上分离，然后清除可能存在的气体。接着他将颞骨浸入水中，用针穿孔鼓膜，若有气泡逸出，说明婴儿曾经呼吸过，因此是活着出生的。这一现象得到验证，并且在相反情况下表现为阴性结果。在刚死亡不久的婴儿身上，这一现象是最有价值的证据（Flores y Troncoso，1982，P746－747）。

19 世纪，墨西哥的法医类论著十分丰富：1870 年，Agustín Andrade 的《显微镜在法医学中的应用》，1880 年 José Ramos 的《鉴定人视角》，1873 年，T. G. Cadena 的《检察官办公室对 D. Felipe Raigosa 先生关于在首都第三法庭前的痴呆禁令的批判》，1878 年，Jesús García Fuentes 的《生前伤与死后伤的区分》，1877 年，Antonio A. Tapia 的《对"刑法典"第二章中一些条款的反思》，1887 年，Alfonso Ruiz-Erdozaín 的《"刑法典"之前联邦地区和 Baja California 州的医疗责任》，1877 年，Nicolás Ramírez de Arellano 的《对尸体的亵渎》，1880 年 Joaquín Rivero y Heras 的《浅析伤情的法医学分类》，1882 年，Eduardo Corr 的《关于癫痫患者刑事责任的一些医学考虑》、José Hernández-Ortega 的《对死亡证明的思考》，1883 年，José Antonio de Echávarri y Fernández 的《视觉能力与法医学研究笔记》，1885 年，Nicolás Mendiola 的《对警队中现行医疗组织的思考》，1893 年，Manuel Ortega-Reyes 的《法医学和法医》，1897 年，Alberto López-Hermosa 的《对"刑法典"第 570 和第 599 条的评论》。

与此同时，在墨西哥的期刊和报纸（*Gaceta Médicade México*，*La Independencia Médica*，*La Escuela de Medicina*，*Anales de la Asociacion Larrey*）上，也出现了关注法医学的文章。

在 Andrade 之后继任法医学教授的是 Nicolás Ramírez de Arellano，他在这个岗位上工作到 1915 年，他的副手是 Alfonso Ruiz-Erdozaín。其间在 1907 年，Juan Peón-Del Valle 临时接任，他既是个医生也是个伟大的小说家，但不幸早逝。1915 年，Nicolás Ramírez de Arellano 被委任为法律医疗服务中心的主任。

1880 年，警察医疗服务部门成立，接收当时墨西哥八个区的伤员。每个地区的医师与狱医、San Pablo 医院的医生都有联络。在法院，医学法律专家组和法医理事会创建，以便为司法管理提供协助。

根据政府在 1903 年颁布的《司法组织法》，联邦区和每个联邦州都设立了法医服务机构。在第 114 条中规定了法医服务机构由警察局医生、医院医生、监狱医生和医疗方面的法律学家组成。在第 119 条中规定，墨西哥城中需有四名法医专家、两名化学家、一名鉴定助理、一名档案文员和两名搬运工；还提及在 Tacubaya、Tlalpan 和 Xochimilco 等司法行政区，也要有一名法医专家；对法医专家的要求是：道德品质高尚，为人诚实，在外科、医学和产科学方面有官方认可的学位，教授，30 岁以上，并至少有 5 年专业经验。该法律还规定了每名法医专家的每日工资为四比索九十四分。1909 年，中央救济站在墨西哥城成立，其职能主要是救助遭受袭击、战斗或街头交通事故的受害者(穷人)。这些不幸事件被称作“血的事实”，恰好体现了医疗服务与警察之间的密切关系，也是与法医学的关系。

为了在城市的 8 个地区从事警察医疗服务工作，医生必须获得学位并成为该区域的居民，有几年医生都由警官指定任命，并警察总监是他们的上司。这些医疗服务机构被称为“绿十字”，那是中央救济站所在街道的名称。1911 年，Francisco I. Madero 总统任命 Xavier Ibarra 博士担任该救济站的负责人，后者将中央救济站的名称正式改为“绿十字”，意在与同年成立的“白十字”区分开来。“白十字”的任务是在革命斗争/墨西哥革命期间提供急救和运送伤员(Castañeda-Jaimes 和 Herrera-Franyutti，2009，P52 - 55)。

随着联邦区和各联邦州刑法的颁布，最高国防和社会保障委员会成立，法医服务不再依赖最高法院/高级司法审判。1931 年，警察医生不再隶属警察局，而是被归入联邦区社会行动总指挥部。

到 20 世纪，1935 年 1 月 28 日，联邦区和联邦州的法院法颁布，第 219 条规定，墨西哥城的司法鉴定服务由代表团、医院、监狱医生和医学专家组成。根据该法律，将在陪审团面前指定医师专家。申请人必须进行实践考试，就法医学某一理论进行论述，并且年满 30 岁，有至少 5 年的专业经验。

联邦地区司法鉴定中心位于联邦地区监狱附近的刑事法庭所属办公室，专家们负责对伤情进行评级、鉴定年龄，以及处理性侵犯和精神病等相关鉴定问题。毒物学实验室也在该办公楼内。尸体解剖在 Juárez 医院进行，司法鉴定中心的专家和该院的医生都能进行解剖。

关于 1958 年由墨西哥国立医学院技术委员会命名的法律医学讲座，当学生角色增加时，教授人数也增加。开始大多数新教师都是即兴讲课，首个有计划的法医学培训课程于 1964 年由 Alfonso Quiroz-Cuarón 开设，课程为期 10 个月，得到了医学院高等教育处、联邦区检察院和联邦区司法鉴定中心的支持。在 20 世纪里，Samuel García、Enrique C. Aragón、Francisco Castillo-Nájera，Luis Gutiérrez 和 José Torres-Torija 教授分别担任过法医班的班主任，Francisco Osorio、Xavier López-Portillo、José Alfaro、Aurelio Becerril 和 Alfonso Millán 则分别担任过副教授(Torres-Torija，1939，P223 - 242)。Francisco Flores y Troncoso 在他的《墨西哥医学史》一书中回忆了国立医学院曾用教科书的作者名字：Joseph Michel Briand、Louis Bayard，Peyróy Rodrigo、Pedro Mata-Fontanet、Johann Ludwig Casper、Briand y Chaudé 和 Hidalgo y Carpio y Paulier y Hetet(Flores y Troncoso，1982，P744 - 745)。20 世纪初，这些作者中的一些继续他们的工作，遵循 V. Balthazard 和 Ch. Vibert 的《法医学》(Torres-Torija，1934，P1 - 15)。Mateo Orfila 的《医学毒物学》在 19 世纪中期被国立医学院使用(Fernández del Castillo 和 Castañeda Velasko，1986)。

1958 年,国立医学院更新了法律医学课程的计划,经技术委员会批准,“法律医学”正式更名为“法医学”。

1943 年,Rubén Leñero 医院成立,并成为墨西哥城著名的法医活动中心。该医院以 Rubén Leñero 医生的名字命名,他在治疗斑疹伤寒患者时,自己也被感染,不幸去世。Rubén Leñero 医院设有一个检察官办公室以方便医学专家的介入。从 1960 年起被授权可以进行解剖,类似于联邦区医疗服务总指挥部的附属医院 Xoco 和 Balbuena 急救医院,后者于 1962 年获准进行尸体解剖。

1960 年由联邦区政府批准建造墨西哥城司法鉴定中心大楼,由建筑师 Leónides Guadarrama 指挥建造。

墨西哥有高质量的法医鉴定服务机构,如 Guadalajara 和 Jalisco 州,后者在 1998 年建立了 Jali 司法鉴定研究所,其他还有一些在 Monterrey、Toluca、Culiacán 和 Veracruz 等州。

1971 年,在 Veracruz 州的港口组织了改善法医专业环境的运动。同年,国家法医学校成立。1974 年 Veracruz 大学的法医研究所成立。

1974 年,在联邦区部的医疗服务部组织了一次法医学的专业化和硕士课程,它由获得墨西哥国立自治大学(UNAM)认可的法医学会授课。自 1986 年以来,该机构已经将该专业作为正式的两年制研究生课程。

同一年的多份公开声明发表,当局理解改善该专业科目的必要性,之后招募了法医,以及精神病学、毒物学和其他医学分支的专家。这是由 Miguel Gilbón-Maitreit 发起的,他于 1936 年开始在联邦区法医处工作,服务了 38 年后,于 1974 年退休。1980 年,在 Mario Alva-Rodríguez 的奔走下,公卫研究生军校设立了法医学硕士课程。

1984 年法医学专业在联邦区司法鉴定中心设立,得到国立理工学院高等医学院研究生院在学术上给予的支持,也是由 Mario Alva-Rodríguez 领导。同样,法医牙科学、法医人类学和防腐技术课程也首次开课。

第一届世界法医学大会于 1994 年在墨西哥 Queretaro 市举行,来自欧洲、亚洲、拉丁美洲、美国及墨西哥的学者发表演讲。

墨西哥的法医学的蓬勃发展令人瞩目,2013 年 1 月 25 日,墨西哥国立自治大学名誉理事会批准了法医学学士学位的课程计划,医学院已经启动了正式课程。

20.2.1　死亡调查的法医鉴定现状与发展

墨西哥是一个联邦共和国,有 31 个州和 1 个联邦区。各州划分为数量不等的地区,每个地区都有政府,重要性和规模不一。联邦区也被称为墨西哥城,是墨西哥的首都,有 880 万居民。联邦区和每个州都有自己的法律和刑罚,但大同小异。尽管如此,他们仍然自主运作,并且都采用法医体系。被称为“peritos”或专家的法医在官方司法鉴定中心(SEMEFO)工作。一般而言,各个州的司法鉴定中心由相应的检察总长办公室管辖,而在联邦区则隶属于高级法庭。无论联邦区还是各州的法医,都负责尸检和法医临床学鉴定。

20.2.2　尸检

尸检由联邦区或各州的检察官授权,并且是强制性的。最常见的情况是:交通事故、他杀、自杀、猝死和意外死亡、没有医生介入的死亡或涉及医疗事故的诉讼及掘墓(无论先前是否进行过解剖)。有时,在私立医院住院的病人死亡了,家属可以向总检察长办公室申请尸检,然后由 SEMEFO 执行。

20.2.3　犯罪现场调查

当一起死亡案件上报到检察长办公室时,需成立现场调查组,调查组由检察官担任组长,组员包括警方的调查员(负责询问证人、探查现场和逮捕嫌疑人)和刑事技术专家,如法医摄影师、现场刑侦人员、指纹专家、化学家、弹道专家等等,具体视情况而定。在场的法医负责确认死亡、检验死者的外伤并判断可能的死亡时间。检察官可以根据获得的现场证据来决定是否需由法医进行尸体解剖。若决定进行解剖,则尸体会被运往太平间,数小时后进行解剖。

20.2.4 尸检程序

法律要求每份验尸报告上有两名法医签字,所以往往是其中一人操作,另一人做记录。另有验尸技术员和法医摄影师协助。必要时,他们会请病理学家或其他法医专家参与案件讨论,提出建议或向实验室送样。

所有尸体解剖包括完整的外部和内部检查;需对伤处作详细描述,并推断造成伤处的工具类型;推断死亡时间。在特殊情况下,需在解剖前或解剖过程中拍摄X线片。

在外部检查和摄影后,首先解剖颅部结构并研究病理情况。解剖完中枢神经系统,取出硬脑膜以观察颅内骨骼后,通过中线切口检查胸部和腹部。对口咽结构和颈部器官进行原位检查,然后与胸腹腔脏器一起切除。解剖过程中,对重要发现需拍照固定。同时收集组织学标本、毒物和DNA样本。验尸报告中需说明死者的受伤机制、死亡机制,并给出可能的死亡原因,尸检后数小时内签发报告。

按照世界卫生组织的指导方针,像许多其他国家一样,墨西哥的死亡证明上登记着常见的人口统计信息。胎儿死亡案件中有一份单独的死亡证明,其中包括孕期健康和孕期数据。

比较棘手的是如何将组织学和毒物学结果写入死亡证明,这些检验可能需要两到三周才能完成。这一问题通过使用“器官瘀血”作为死因的惯例来解决,因为在这种情况下,尸体解剖不会获得很明确的检验结果。当毒物学和组织学结果可用时,可以通过“扩充版报告”来修改死因,将其改为:“急性海洛因中毒引起的器官瘀血”或“大叶性肺炎引起的器官瘀血”。

这个惯例替代了“未确定”的诊断结论,具有操作性。死亡证明上记载了死者的死亡方式(他杀、自杀、意外事件或其他),法医鉴定的“意见”也会对死亡方式发表意见,但最后还是由总检察长办公室来决定死者的死亡方式。

整个尸检程序很快,因此死者的家人通常可以在死后一天内收回遗体。整个周期如此高效,是因为背后有“全国人权委员会”代表死者家属督促并处理各项事宜。

20.2.5 法医临床鉴定

检验医师负责对那些明显不属于自然疾病的伤害、疾病和残疾进行评定。除了临床检查之外,他们还可提出任何必要的实验室检查和放射性检验。他们提供客观公正的报告和证词,用于证明被检查者在身体和精神上所受创伤的性质、程度和后果。

大部分情况下,临床法医检查的内容包括:伤口和预后、性侵害、最近流产的妇女、疑似家庭暴力造成的伤害或虐待、中毒或吸毒症状,以及对犯罪受害者和加害者的心理评估。一些法医机构的工作人员中有精神病医生和心理学家,以便确定被控嫌疑人的精神能力和对死者的生前行为进行心理分析。

如果临床病例非常复杂,超过了检查医师的能力,他可以要求总检察长办公室指定一名来自医院、研究所或大学的专家参与鉴定。

20.2.6 工作环境

一般来说,法医采用轮值制工作:可能是每天四、六或八小时,取决于不同的司法鉴定机构(SEMEFO),但即使超出工作时间,他们也会受理紧急情况,如某事故中的多个伤者。

法医鉴定全年无休,法医经常要在夜间进行尸体解剖,特别是在有法律或调查的紧急情况时。全国各地的司法鉴定机构之间有很多不同之处。

第一梯队的司法鉴定机构是属于联邦区和最重要州的首府城市的法医鉴定机构,拥有足够数量的法医师,其中大多数获得了法医专业认证;同时还有法医人类学和法医牙科学专家提供技术支持。这些机构有合适的大楼作为工作场所,有些还是新建的,拥有摄影、刑事技术、毒物学、DNA和病理学实验室。毒物学实验室通过免疫法进行筛选,然后通过气相色谱-质谱和串联质谱进行定量测试,通常在2~3周内出结果。DNA实验室使用聚合酶链反应扩增样品,然后使用自动化测序对13种DNA数据库基因座进行定量,以进行鉴定,并使用釉原蛋白等位基因进行性别测定。他们也依赖法医人类学和法医牙科专家提供信息。需要说明的是,检查医师不是病理学方面的专家。因此当他们进行尸体解剖时,他们将选出的器官和组织送到病理学实验室,由一名通过认证的病理学专家对样品进行处理,并报告检验结果。

第二梯队的司法鉴定机构由法医、实验室及合作者为核心组成。当遇到超出机构能力的检测时,他们会向州或联邦区的适当机构寻求支持。

最后,处于第三梯队的司法鉴定机构通常是只有几个检查员的小单位,有时候可能只有1~2个人:1名法医技师,可能还有1名摄影师和1名刑事技术人员。这些单位会向上级鉴定所寻求帮助,而上级鉴定所可能会派人或要求将待检尸体转移至本单位。幸运的是,由于这些司法鉴定机构负责的社区范围很小,因此刑事案件往往不会发生。

20.2.7 法庭上的角色

在墨西哥,被捕后首先假设是无罪的,举证责任在于州检方。控方和辩方向法官提交案件,然后由法官权衡证据并做出裁决。目前,墨西哥司法系统采取的是一名嫌疑人由一名法官审判的制度。未来七年内将实施新的法律,建立对抗制和陪审团制度,因此目前的审判情况正在逐步发生变化。作为官方专家的法医可以由法官传唤,澄清疑问或与对方专家进行面对面地讨论。这是在完全公开的系统下完成的,因此所有文件都可供双方使用。法医受法官的要求出庭,但他是完全独立并有权维持他的技术结论。

20.2.8 培训和认证

自20世纪80年代以来,要成为专业法医,必须经过至少两年的研究生培训。为此,有几所大学和医学院推出了多个研究生课程,这些课程由联邦区和几个最重要州的司法鉴定中心全力支持。这些正式课程由合格的教师、完整的课程、实践活动和定期评估保证。“墨西哥法律和法医学委员会”负责给从上述课程毕业的学生颁发证书。此认证有效期为五年,五年后需要再次认证。

20.2.9 教育

所有国家级的司法鉴定中心都积极举办教育活动,他们接受医学和法学院的学生,包括本科生和研究生、刑事技术人员、警察调查人员,牙医学和人类学专业人员及其他专业的学生。学生可以进入实验室、太平间,并使用其他设施。某些情况下,他们可以作为教授的助理参与实践。这些活动给学生提供了重要的实践机会。学生使用现代教科书、期刊和互联网学习。法医的书籍不仅有墨西哥作者的著作,还有来自南美、美国和欧洲等国家和地区作者的著作。

20.2.10 与其他专业人员的合作

法医们与外勤刑侦人员、执法人员及司法鉴定实验室和公立医院的人员都有稳定密切的联系。总体而言,这种关系是亲切友好且富有成效的。

20.2.11 其他思考

根据长期的实践经验,墨西哥目前很倚重现代法医学。法医师必须从正规和公认的专业课程毕业。

大部分鉴定所的办公场所都能够满足工作需要,有些还是新建的大楼,实验室拥有先进的设备和训练有素的技术人员。

目前法医鉴定正在得到法律部门、医学和法律专业人士及普通公众的认可。

法医们与其他司法鉴定专家密切合作，共同申请更好的装备和实验室设施以跟上科学进步的步伐，如整个社会所要求的那样，在司法领域取得更好的成果。

20.3 刑事技术鉴定实践

在16~18世纪，民事当局或法官负责犯罪调查，他们在警察或医生的帮助下收集证据，有时也亲自去犯罪现场。到了19世纪，随着全球科技的崛起，物理学、化学、生物学和药理学专业人士都在这一领域做出了贡献，提供了宝贵的知识信息。

在20世纪下半叶，指纹鉴定、个体识别（主要受 Alphonse Bertillon 研究的影响）及弹道学和毒物学等技术都促使了司法鉴定的发展。21世纪初，实验室纷纷建立，各州和联邦区检察官办公室的鉴定工作更受重视，程序更加完善，刑事技术的不同分支学科也逐渐成形。

1904年，警方的调查员兼记者 Carlos Roumagnac 收到了一项在 Belem 监狱所做的关于人类学基础的研究报告。1907年，他创办了墨西哥城警察局鉴定中心，并出版了《司法鉴定调查的要素》一书（Franco-Ambriz, 1999, P14－20）。

1914年，指纹鉴定专家 Luis Lugo-Fernández 在 Yucatan 州的 Merida 城建立了鉴定部门，最初称为“指纹识别部”，后来更名为“罪犯身份登记处”，之后又由 Ernesto Abreu-Gómez 更名为“身份鉴定和法医服务局”（Franco-Ambriz, 1999, P15）。

1920年，墨西哥城的 Benjamin A. Martinez 教授组建了警察总部的身份鉴定和法医实验室。他撰写了第一本关于警察和司法鉴定工作的手册《指纹鉴定实践与我的经验》（Franco-Ambriz, 1999, P20）。

1935年，警察学院成立。1938年，鉴定专家服务的主任 José Gómez-Robleda 在联邦区和各联邦州的总检察长办公室增加了犯罪学部，作为培训警察如何进行科学取证的学校。在联邦区刑侦局，文件检验、弹道学、估值、转运、火灾和爆炸等几个新专业被纳入刑事司法学，同时犯罪调查实验室和司法鉴定进一步强化。

1938年，José Rodríguez-Sandoval 在墨西哥州的 Toluca 城建立了鉴定局和刑警总部，后者在1954年成为犯罪调查实验室。

1955年，Jalisco 州的调查实验室成立，除了指纹分析之外，还增加了弹道学、文件检验和火灾调查，并于1977年成立了司法鉴定服务局。

José Amezcua-Manjarrez 在1959年、1960年和1968年分别组建了 Chiapas、Michoacan、Durango 州的司法鉴定实验室（Franco-Ambriz, 1999, P18）。

1961年，由 Salvador Iturbide-Alvírez 博士负责的司法鉴定技术培训研究所成立。

1971年，Rafael Moreno-González 博士担任联邦区和州总检察长办公室司法鉴定中心的负责人，他升级了鉴定中心的设施和设备，并推行应用新技术。他的团队成员包括：科学研究部主任 Raúl Jimenez-Navarro（Jiménez-Navarro, 1980, P15－17）、化学家 Martha Franco-Ambriz（后来写了《法医血液学》一书）（Franco-Ambriz, 1984, P14）、Arminda Reyes-Martínez（Reyes-Martínez, 1977, P1－16）、摄影师 Julio Tiburcio-Cruz 及其他合作者。

1977年，Rafael Moreno-González 博士出版了《犯罪学导论》一书（Moreno-González, 1977, P15）。随后又有多篇关于司法鉴定各主题的论著出版。作为杰出的刑事技术专家和教授，他还参加了许多课程、讲座和会议。

1976年，国家刑事科学研究所成立，本着长远的发展理念，该所为司法鉴定工作人员举办了许多培训活动。各州的许多检察官办公室(依靠各自的司法鉴定鉴定机构)都已建立专业培训机构,为司法鉴定的各分支学科源源不断地输送新生技术力量。

1981 年,Puebla 州的专家服务总局成立。

1985 年 9 月 19 日,墨西哥遭受了大地震,大量建筑物受损。联邦区司法鉴定中心的设施与实验室电脑毁于一旦,迫切需要新设备,并更新数据。需要的新设备包括:分光光度计、紫外和红外光源、原子吸收分光光度计、气相色谱仪、照相自动处理设备、免疫试剂盒和扫描电子显微镜 X 线能谱仪。

随后又引进了自动指纹识别系统(AFIS),1994 年法医遗传学实验室建成。在墨西哥,刑事技术鉴定以整合的方式开展,不同专业的专家之间密切合作。

在主要城市,不同专业的刑事技术人员配备充足。但在较小的城镇,由于人手不足,刑事技术专家必须负责多个专业的工作,此时就要求专业实验室提供技术支持以解决具体问题。

以下是刑事技术的不同分支学科。

20.3.1　指纹鉴定

墨西哥的绝大多数司法鉴定实验室最初都只有指纹鉴定,然后逐渐增加其他专业。早期的指纹专家都是自学成才,在实践中探索出专业的发展道路,后来的指纹技术人员就跟随这些学科带头人,经过长期的学徒训练后才能成为顶尖的专家。日积月累,指导规范逐渐成形,1977 年,指纹专家 Arminda Reyes-Martínez 的著作《指纹与其他识别技术》问世(Reyes-Martínez,1977)。

指纹鉴定的发展是一条漫长的道路:最初是依靠人工从一大堆文件卡片中查找、编目,艰苦地进行分类;而现在都是自动化流程(AFIS),这大大提高了检索速度和匹配的成功率。现在墨西哥的许多实验室都配备有 AFIS。指纹专家经过各个官方机构的培训,有前辈指导。他们必须参加考试选拔,然后接受进修课程。必要时,这些专家要到法官面前陈词,阐述他们的意见。

20.3.2　文件检验

长期以来,文件检验一直属于经验性的学科,直到 20 世纪 70 年代,它才经历了严肃的总结提炼,成为系统的学科。María de la Paz Vega-Corona 被视为这一领域的先驱,他既是专家也是后人的老师。Josefina Mendoza-Vargas 和 Elsa Fernández-Brondo 为推荐的分析方法和结论制定了指南。该指南长期作为教材,在联邦区刑事技术培训学院的课程中使用(Franco-Ambriz,1999,P19－20),并推广至官方和私人鉴定机构,如国家刑事科学研究所和检察官办公室的专家培训机构及全国的高校。招募的文检专家需要参加入职考试,并定期接受培训。同样,文检专家也可能需要出庭,参与法庭质证。

20.3.3　弹道学

枪械和发射武器的研究从 18 世纪发展而来,一直沿用基本的视觉检查,借助的工具从简单的显微镜到复杂的比较技术,乃至最新的计算机技术(IBIS)。

在司法鉴定机构工作的人员必须在认可的机构(通常会从战争物资服务部门招募退役军人)接受规定课程的培训,且课程内容不断更新。当然,他们也是需要出庭的。

20.3.4　交通事故

这一专业涵盖陆地、空中和水上交通工具的事故调查。专家是与车辆类型相关的机械工程专业人员。他们还接受有关事故方法学研究的课程和培训,内容包括现场重建和事故原因调查(是机械故障还是操作失误)。现场专家的常规工作是收集证据,如车辆的刹车痕迹,车辆的油漆碎片及其他部件碎片等,并将物证送到对应的实验室。一般还有法医摄影师参与取证。若发生多人死亡的交通事故，法医会加入调查。

20.3.5 犯罪现场调查

当一起犯罪案件发生时，多个专业的刑事技术专家组成现场调查组，一般包括法医、化学和弹道专家、摄影师、指纹鉴定专家、取证专家等，视具体案件情况而定。他们收集各种证据，包装并贴上标签，启动针对此类材料所要求的实验室监管链。这是一项真正的多学科工作，专家们需要不断更新他们的知识。

20.3.6 法医化学

在墨西哥城和各州首府，法医化学实验室的仪器设备都很齐全。较小和次要城市的实验室设备较少，在某些情况下只有基础检测设备。当鉴定要求超出这些实验室的能力时，他们向系统内的上级实验室寻求帮助。大多数情况下，法化学的专业技术人员的经历相似，都接受过相关培训，包括如何为司法当局提供分析报告，以及前往犯罪现场时应遵守的行为准则。

20.3.7 毒物分析

毒物分析实验室从事药物、毒品、杀虫剂和一般毒物的定性、定量分析，依靠各类仪器设备检测这些物质，即使浓度较低的情况下也能鉴定。在技术还不发达的时期，实验室中常用的方法有显色反应、薄层色谱和晶体学，结合毒物分析专家的判断，为早期的毒物分析鉴定提供了有用的结果。1980 年，Raul Jiménez Navarro 博士出版了《法医毒物分析》一书，对该学科的发展起到了很大的推动作用（Jiménez Navarro，1980，P15 - 17）。今天的毒物分析专家都是具有高水平能力的熟练专业人员。

当然，并非所有地区的实验室都有昂贵的复杂设备。各实验室的检测能力也有不同程度的变化，某些情况下，一些实验室需向其他机构寻求援助。

20.3.8 火灾，爆炸和建筑物倒塌调查

这一专业拥有合格的专业人员，他们开展实地调查分析，就事故原因、事件发生顺序和灾害的结果做出判断，然后撰写技术报告，提供给司法当局，必要时出庭作证。这些专家经常参加所在领域的会议和进修课程。

20.3.9 灾害应对

在墨西哥，政府建立了一个国家灾害应对中心，该中心旨在采用科学技术来预防和减轻自然和人为灾害。许多官方机构参与其中，陆军专门有一个保护公民的 DN - III - E 计划。司法鉴定中心也积极配合。

20.3.10 法医遗传学

墨西哥的遗传学在法医调查中的应用较晚。由于成本高昂，从 20 世纪后期开始，仅限于墨西哥城和一些州首府的高级机构。然而，DNA 技术的收效是众所周知的，且使用率越来越高。可以想见，今后许多实验室都必将引进这项技术。

DNA 实验室中技术人员的工作高效可靠。迄今遗传学最常见的应用是个体识别（活人和死者）和亲子鉴定。

20.3.11 发展有限的专业

在墨西哥，有些专业在实验室中的代表性不足，如法医昆虫学、精神病学及电子数据、多媒体技术。除少数鉴定事项外（特别是在墨西哥城），一般实验室并不依赖这些学科的专业人员。当需要进行研究时，他们会与其他机构合作或聘用私立机构的合格人员。

20.3.12 其他思考

墨西哥的司法鉴定获得了它所需要的关注度。无论是联邦、还是各州的首府、小城镇，根据所处的地理位置，各个实验室都能在不同层级上发展，这一点很重要。不过令人担心的是，各实验室招募工作人员一般只需经过最基本

的、按照任务需求设置的培训，而一旦上岗之后，又很难通过日常的工作使这些工作人员的能力获得持续的提升。

20.4 人类学鉴定实践

这个领域最早源于墨西哥 Puebla 州监狱的人类学系，它是由 Francisco Martinez-Baca 博士和 Manuel Vergara 博士于1891年4月2日创建的。他们做了细致的测量和统计，并拍摄了照片，1892 年发表了研究结果（Rodríguez-Manzanera，2013，P404－405）。

到20世纪中期，只有少数几篇关于人类学和犯罪学的论文发表：Javier Romero-Molina 的《关于国家博物馆收藏头骨的简要说明》（Romero-Molina，1939，P167－176）、Anselmo Flores 的《犯罪学与颅相学组成技术》（1945年）、Felipe Montemayor-García 的《Veracruz 州的犯罪人类学试验》（Montemayor-García，1995，P35－58）和 Anselmo Marino-Flores 的《颅相学与犯罪学》（Marino-Flores，1964，P123－146）。

1973 年出版的由 Luis Vargas-Guadarrama 和 Mario Alva-Rodríguez 合著的《颅脑放射线叠加法识别研究》于（Vargas-Guadarrama 和 Alva-Rodríguez，1973，P353－358），和 Mario Alva-Rodríguez 所著的《摄影解剖学研究与情绪叠加的方法》（Alva-Rodríguez，1974，P5－12）可能是联系刑事技术与人类学这两个学科的标志性著作（Romano-Pacheco，2003，P185－186）。

1975 年，联邦区司法办公室专家服务刑事调查实验室收到了人体遗骸的鉴定委托，该遗骸已处于高度腐败状态且部分白骨化，其中发现了人体头部。司法鉴定中心的主任 Rafael Moreno-González 博士在人类学家兼哲学家 Felipe Pardinas 博士的建议下，邀请了人类学家 Arturo Romano-Pacheco 来研究这些遗骸（Romano-Pacheco，2003，P188）。从这例案件起，只要有身份不明或死因不明的尸体、骸骨或人体组织送来鉴定中心，Romano-Pacheco 教授都被请来担任专家证人。

这引起了其他法医鉴定机构对这一专业的兴趣，也推动了墨西哥城和几个州增加相应的课程，其中包括一些经验丰富的人类学家的参与，如 Douglas H. Ubelaker、Ted A. Rathbun 和 John W. Verano。1997 年，墨西哥国家司法鉴定研究所在自然人类学家 Dennis C. Dirkmaat 的指导下举办了一个关于定位和回收秘葬遗体的技术课程。

目前，许多实验室至少有一名人类学家，如果没有的话，实验室会聘请一名专家解决特定案例或向有人类学专业的机构寻求技术支持。法医人类学专家拥有相应的职称，并至少修完各公立大学开设的一门相关课程，其中知名的有墨西哥国立自治大学人类学研究所提供的课程。

1993 年，联邦检察长与墨西哥国立自治大学签约，共同研究墨西哥人脸部的物理特征。人类学家走遍全国，为许多偏远地区的人们拍摄脸部和轮廓照片，包括土著人群、混血儿和克里奥尔人。走访包括：简短的采访，填写有关被访者及其祖先的年龄、性别和出生地的信息卡，然后拍摄一张彩色照片，并经过清晰化和数字化。研究人员同时记录脸部特征的表型变量，包括长度、形态和颜色数据，为被访者建立了包括 145 个变量的公制数据和角度，用于计算机的面部重建及预测个体老化的变化。最终，从单一的计算机图像中获得墨西哥人的面孔目录，该图像能反映一个人的面貌，这种方法是墨西哥人群的一个示例，也是定位人的一种方式。自那以后，这项研究被称为“墨西哥人之脸”。

20.5 法医牙科学的鉴定实践

在20世纪下半叶，确认了牙科在刑事调查中的实用性之后，司法鉴定中心开始整合牙科专业人员。1987 年，在著名的法医牙科学家 Thomas C. Krauss 博士的指导下，法医牙科学的首个课程在联邦高等法院举行。在这门课程之后，类似的课程开始在不同城市和州（特别是在 Querétaro）举办。1990 年，Querétaro 自治大学开设了法医牙科学专业的第一个正式研究生课程，学制为两年。

今天，许多司法鉴定机构都有牙医，执行常规牙科检查并将结果用于个体识别。这个专业的发展扩大了对尸体和活体咬伤的临床观察范围，可在许多情况下找到侵害者并向当局提供信息。全国各地的牙科学校将法医牙科纳入其课程，机构和私人组织也提供牙科专业的基础和提高课程。法医牙科学业已显示了它的存在价值，在事故、自然灾害及秘葬案件中，都要求法医牙科学家参与案件调查。

20.6　犯罪学的实践

在墨西哥，犯罪学常被当作司法行政的重要辅助手段。这门学科有多种定义，但在本文中，我们提出一个相对简单的定义，以说明犯罪学家工作方式的优点：犯罪学是一门科学，它负责：① 把犯罪当成一种人类行为和社会行为来研究；② 调查犯罪的原因；③ 预防犯罪；④ 研究对罪犯的待遇（López-Vergara，2000，P17－20）。

从这四个要素可以推断哪些目标对犯罪学家有用，以便让他们协助解决问题。例如，目标之一是充分研究实施侵害行为的人（这是使判决个性化并准确指出必要刑罚的唯一方法）。

Francisco Martinez-Baca 博士和 Manuel Vergara 博士率先在墨西哥 Puebla 州对罪犯和军人进行犯罪学研究，并在 1899 年发表了他们的调查结果（Rodríguez－Manzanera，2013，P405）。

1929 年，José Gómez-Robleda 博士担任最高国防和社会预防委员会医疗科和实验室主任时，整合了罪犯的医疗记录（Villarreal-Rubalcava，1987，P175）。1939 年，墨西哥国立自治大学第一位犯罪学博士 Alfonso Quiroz-Cuarón 毕业（Rodríguez-Manzanera，2005，P144）。两位专业人士共同处理了一系列具有重大社会影响力的犯罪行为，按照其研究结论，罪犯被抓获并得到了应有的法律制裁。他们是该学科忠实的提倡者，并通过各种会议、课程和出版物传播该学科思想。

Raúl Carrancá-Trjillo 教授（Carrancá-Trjillo，1955）和 Hector Solís-Quirog 教授（Solís-Quiroga，1962）分别出版了关于犯罪社会学的书籍，这些著作在犯罪学领域产生了重要的影响。

Luis Rodríguez-Manzanera 博士所写的第一版《犯罪学》于 1979 年出版，他一生致力于教学和调查工作（Rodríguez-Manzanera，1979）。

1971 年，Javier Piñay Palacios 教授接管了联邦区司法检察官技术研究所，三年后他开设犯罪学专业的进修课程，1978 年该课程成为硕士学位课程（Villarreal-Rubalcava，1987，P177－178）。

1976 年，国立刑事科学研究所正式成立，至今一直提供犯罪学的硕士课程及其他刑事科学领域的课程（Villarreal-Rubalcava，1987，P178）。

此外，Nuevo León 自治大学于 1974 年设立了犯罪学学位，是全国高等教育机构推动犯罪学发展的典范（Fernández-Sánchez，2005，P52－54）。

如上所述，在 20 世纪和 21 世纪初，犯罪学在墨西哥引起了极大的关注。还应指出的是，该学科的范围已经扩大，如增加对受害者和被监禁的人的专业看护。

参考文献

第 20 章参考文献

第 21 章
荷兰司法鉴定

Arian van Asten, Wim Neuteboom, Sijtze Wiersma & Zeno Geradts,司法部司法鉴定科学研究所,荷兰

21.1 历史

一般认为,现代司法鉴定始于 20 世纪初,随着 Edmond Locard、Alphonse Bertillon 等人的工作而开始。以今天的眼光来看,当时的科学家都是开拓者。因为当时司法鉴定实践都是由科学家个人完成的,没有司法鉴定研究所的支持。

荷兰的司法鉴定历史与大多数欧洲国家相似。在第二次世界大战之前,为数不多的荷兰科学家活跃在现在被称为"司法鉴定"的领域中(主要是兼职,而不是日常工作)。其中,著名的是阿姆斯特丹的药剂师 Co van Ledden Hulsebosch。在检察官的不断恳求下,没有任何经验的他在 1902 年完成了他的第一个案子。他所撰写的著作(Hulsebosch,1945)虽然没有任何的科学假设,但十分有趣,已经成为荷兰的经典之作。Emile van Waegeningh(1870~1944 年)(van der Pol 和 van Boxtel,2010)是一位多才多艺的人,身兼数职:药剂师、军人、发明家和商人,他对科学摄影的发展做出了重大贡献。警察和司法部门经常向他咨询,借助他的专业技能,有时会有惊人的结果。最后,必须提及 Leiden 大学。该校的毒物学系(Van Itallie 教授)在法医毒化专业领域享有很高的声誉,尽管这不是该系的核心工作。

第二次世界大战结束(1945 年 5 月 5 日)后的几个星期后,荷兰司法部下设的一个国家级的司法鉴定实验室[①](荷兰语:Gerechtelijk Laboratorium)建立。当时司法部比内政部更受青睐(已经监督警察部队)。由于司法部有独立的职权,新成立的研究所也被视作拥有独立地位的鉴定部门。第一任所长是 Wibo Froentjes,1974 年卸任。1949 年,另一个司法鉴定研究机构在同一座大楼内建立起来:法医病理学实验室[②]。Jan Zeldenrust 是法医病理学实验室的负责人,他一直工作到 80 多岁。这两位被公认为荷兰司法鉴定的奠基人。1999 年,这两个研究所合并成为 NFI(NFI,2013)。他们的独立地位保持了 50 多年,可以说是很了不起的。

NFI 从一开始就受到检察官、法官及辩护律师的热烈欢迎。人们认为,在刑事司法系统设立研究所是一个重要的改进。由于真相调查始终是其唯一的驱动力,NFI 独立和中立的立场很少受到质疑。

在过去的几十年里,NFI 在专业数量、员工人数(从 1950 年的 15 个增加到 2014 年的 650 个)、场地和预算方面稳步发展。

长期以来,除了一些专门的学科外,NFI 一直是荷兰唯一的司法鉴定研究所。这并非是荷兰法律规定的垄断地位,但事实就是没人采取过任何举措来另建一个司法鉴定研究所。21 世纪初,这种情况发生了变化,一些规模较小的司法鉴定研究所陆续成立了。

---

① 译者注:该机构名称多次更改,最近的一次是 1999 年确定的 Nederlands Forestych Instituut(NFI)。为了方便起见,本章始终使用 NFI 这个名称。

② 译者注:该实验室在成为 NFI 的一部分之前也曾多次改名。

作为欧洲司法鉴定联盟(ENFSI,2013)的创始成员,NFI在20世纪90年代初期的引领作用应当被铭记。NFI充分实现了为欧洲的司法鉴定专家及机构负责人搭建交流平台的目标。

21.2 案件的类型

在荷兰,几个司法鉴定实验室都很活跃。政府实验室即NFI处理大约90%的案件。基于此,下面主要介绍一些典型情况。近年来,私营实验室已进入鉴定市场。在几个专业领域如指纹鉴定和电子数据鉴定,警方也会进行调查。对于民事案件,保险公司提供更广泛的服务。

21.2.1 NFI

NFI专业种类比较齐全,从化学鉴定到法医学调查、从电子数据到人类的生物痕迹,但是不包括精神病学和牙科学。NFI由多个分析检测部门组成。与美国法庭科学学会(AAFS)相比,NFI在专业的界定和命名上有所差异,因此在本段中注明了对应的表述。

随着电子数据技术和生物识别技术的发展,在过去数十年中电子数据部门迅速壮大,现在包含以下专业领域:计算机调查取证、拦截、数据分析、(智能)手机、GPS系统、芯片取证和智能数据分析(AAFS:数字和多媒体科学)。

生物识别部由以下专业组成:文件和调查、打印机具和笔迹(AAFS:文件检验),指纹(AAFS:刑事技术),个体语音分析(AAFS:数字和多媒体科学),图像分析和生物识别(AAFS:数字和多媒体科学),以及交通事故(AAFS:工程学)。

法化调查部由多个专业组成:化学鉴定研究(AAFS:刑事技术)包括火灾调查、催泪瓦斯和胡椒喷雾调查、燃料和石油产品比较及其他化学品鉴定调查、爆炸和爆炸物(AAFS:刑事技术);还有一个毒物分析实验室,负责毒物分析(AAFS:毒物学)、毒品鉴定(AAFS:毒物学/刑事技术)、系统药物分析、药物比较和药物制造厂的调查。

前台部门有一个中心前台,负责管理进出该研究所的案件,同时有一个单独的团队提供司法鉴定建议。机动司法鉴定小组应检察官或警方的要求去犯罪现场工作。此外,法医考古学(AAFS:人类学)、环境废弃物和火灾风险、技术和材料研究(AAFS:工程科学)都位于该部门。

人类生物痕迹部(AAFS:刑事技术)拥有生物痕迹、DNA研究、血迹模式研究和亲缘关系鉴定等专家组。

法医调查部拥有法医人类学(AAFS:人类学)、法医病理学(AAFS:病理学和生物学)、法医学(AAFS:病理学和生物学)、法医毒物学(AAFS:毒物学)和照片服务。

微量物证部(AAFS:刑事技术)负责分析玻璃和胶带、枪弹残留物、油漆、纤维和纺织品、非人类生物痕迹、条纹和印痕,及武器和弹药。

荷兰DNA数据库是NFI内设的一个独立单位。该单位还负责管理荷属安的列斯群岛和阿鲁巴的DNA数据库及失踪人员DNA数据库。该部门根据欧盟普鲁姆条约的授权,在欧盟范围内进行跨境信息交流比较。

在NFI 2012年度报告中公布的案件数量如下(以100为基数):电子数据和生物识别技术1 200;法化研究8 000;前台300;人类生物痕迹1 600;法医学检验2 900;微量物证1 300。

21.2.2 牙科学

在荷兰,各地牙科医师都加入了全国法医牙科联合会(Lofo)。法医牙科学家也是灾害识别小组的成员(LTFO,2013)。

21.2.3 司法精神病学

荷兰司法精神病学和心理学研究所(NFIP)(NFIP,2013)是司法精神病学和心理学专业的中心。它是司法部和安全部的一个国家事务处，并入国家惩教机构。NIFP 为司法系统和社会合作伙伴提供独立的精神和心理专业服务（诊断、护理和咨询）。对精神病患者实施有效的监护和治疗，从而促进安全社会建设。

Pieter Baan 中心（PBC）是国家安全部与司法部的司法精神病学诊所。该诊所独一无二，因为它在严格的安全条件下提供多学科的临床检查，涉及：

- 嫌疑人。
- 犯罪嫌疑人在涉嫌犯罪时的法律责任能力。
- 再犯的概率。

Pieter Baan 中心的检查结果可能直接成为司法机构对嫌疑人进行处置的参考。

每年在 Pieter Baan 中心接受检查的嫌疑人近 250 名。法官在听证会上命令将嫌疑人送去 Pieter Baan 中心，进行为期 7 周的观察和检查。Pieter Baan 中心也可以建议对病人进行延期（6 年）留院监护，或者异地长期监护。

21.3 组织机构

正如本章“21.1 历史”中所述，NFI 自 20 世纪 40 年代末以来一直是荷兰唯一一家主要的司法鉴定服务提供者。除了 NFI 之外，部分其他个人及机构也参与了司法鉴定服务。

由于民事案件的需要，出现了一些私人笔迹鉴定专家。这个领域司法鉴定市场出现的主要原因是 NFI 认为它的工作重点应该放在刑事案件中，不愿意受理民事案件相关鉴定。此外，私人笔迹鉴定专家执业并不需要购买昂贵的设备。尽管如此，私人笔迹鉴定专家的人数从来不超过七人。现在这个数字还在下降，因为在数字时代，手写字迹越来越少。

基于实践和经济考虑，NFI 不能涵盖所有的司法鉴定专业，特别是对于鉴定频率非常低的学科。在这些情况下，NFI 担当经纪人的角色，与大学或其他专业技术中心进行联络。多年来，这一情况形成了专家网络，如果需要，可以随时咨询专家。很明显，NFI 的学科范围是动态的，也就是说，如果冷僻专业的鉴定需求增加，则 NFI 会考虑收录该专业学科。例如，法医考古学和法医绳结分析最近已被 NFI 纳入业务范围。

在荷兰醉酒驾驶立法中，按照习惯，嫌疑人有权提请另一个研究所对血液样本进行第二次验证分析，嫌疑人可以在全国四个指定的医院实验室中做出选择。1994 年为 DNA 鉴定制定了类似的规定。Leiden 大学人类遗传学系（FLDO）（FLDO，2013）是指定的复核机构之一，可根据嫌疑人的请求进行重新鉴定。根据严格的法规，嫌疑人只能对酒精和 DNA 这 2 项检测申请在另一家司法鉴定机构进行重新鉴定，以检验 NFI 的报告结果。根据荷兰的法律，并非所有人都有权要求重新鉴定。如果嫌疑人严重怀疑 NFI 或其他司法鉴定机构报告的正确性，法官可以决定在其他地方进行重新鉴定。

指纹识别属于荷兰国家警察的范畴，有专门的部门负责中央信息数据库（AFIS）。在遍布全国的 10 个地区警察局，数据输入设施均已到位；该数据库可供 150 个警察局和监狱进行在线咨询。目前，该数据库包含过亿的指纹和 300 万个手掌纹，这需要 30 TB 的计算机容量。数据库中未知的肇事者数量为 115 000，已知个体的指纹数量超过 900 000。国家警察平均每天识别 250 个个体。

21 世纪的前十年，英格兰和威尔士司法鉴定机构的私营化也在荷兰引发了辩论。一种声音是将司法鉴定研究所转到私营部门。其他人则认为，司法鉴定研究所是国家刑事司法系统的基本组成部分，因此应该由政府全权负责。除了这些观点之外，还有人指出，垄断地位（无论是在私营部门还是在公共部门）的产生是由不恰当的规则导致的。虽然并非初衷，NFI 事实上已经处于垄断地位。从法律的角度来看，也从未禁止荷兰有多家司法鉴定机构。警察，检察官和律师可以自由地委托司法鉴定机构或专家，结论是否被采信由法官在法庭上自由裁量。

其他司法鉴定机构不成气候的一个重要原因是资金体系。NFI 由司法部资助,并不向客户收费(警察和检察官委托了超过 90% 的案件)。潜在的、新的司法鉴定机构缺少资金扶持,不得不向客户收费。很显然,这种情况给 NFI 带来巨大的好处。尽管存在上述障碍,但过去 10 年来,一些商业性机构已进入司法鉴定领域。下列是主要的机构:

• Verilabs (Verilabs, 2013)——成立于 2002 年——与不少机构有着密切的合作。例如,英国的 Baseclear 和 LGC 司法鉴定研究所,它专注于病理学和毒物学。此外,Verilabs 还有志于在其他国家开展业务。

• 独立司法鉴定所(Independent Forensic Service, IFS)(IFS,2013)成立于 2003 年,主要专业包括法医学和血迹形态分析。2011 年,IFS 第二个实验室在美国建成。IFS 参与了多个国家的著名案例,他们进行调查并出庭质证。

• Maastricht 司法鉴定所(TMFI)(TMFI, 2013)成立于 2008 年,由 Maastricht 大学和 DSM Resolve 公司筹建,获得了欧洲委员会和林堡省(荷兰南部地区)的财政支持。它有一系列的司法鉴定专业。

• 法医病理学中心(CFP)(CFP,2013)侧重于病理学,但与其他机构合作涵盖了更广泛的医学类专业范围。

• Fox - IT(Fox - IT,2013)由 NFI 的两名前雇员于 1999 年建立,拥有一个专门从事电子数据调查的取证部门,还有加密和网络犯罪部门。

鉴于荷兰司法鉴定机构目前的资助体系,这些新机构未来的发展前景大有可观。

21.4 司法鉴定的整合

对犯罪现场的调查主要由警方负责。第一批现场处理人员决定是否需要专业犯罪现场调查(CSI)团队的参与。严格来说,检察官是调查的负责人,但实际上这个角色只在严重的犯罪案件中发挥作用。

荷兰国家警察分为 10 个区域单位,分布在全国各地。每个区域单位都有一个配备 CSI 团队的鉴定部门。除了在犯罪现场收集证据外,CSI 团队还拥有进行特定类型的现场检验设施,如工具痕迹、足印、耳朵或轮胎印迹及药物筛选。除了这些勘验,通常其他物证都由 CSI 团队移交给司法鉴定实验室,以进行常规或特殊项目的检验。

为了控制实验室的工作量,每年 NFI 都要和警方就最大样品数量签订协议。NFI 针对这一最大数量制定了一套各种类型犯罪案件处理的标准。该协议的另一个要素是约定最长工作时间。这种工作方式的优点在于实验室案件的周转时间是合理和可预测的。

根据警方的要求,在复杂、特殊案件中,司法鉴定实验室会为 CSI 团队提供建议和协助。NFI 创建了一个机动司法鉴定团队,主要负责可判死罪的重大刑事案件。机动司法鉴定团队每年出勤 70~100 次。该团队的成员与 NFI 的实验室专家密切合作。

少数情况下,NFI 会组织一个司法鉴定分析会议,这只适用于非常复杂的案件,每年约 20 次。在开始实验室调查之前,所有合作单位——警察、检察官和司法鉴定专家共同讨论调查策略。事实证明,这一制度对这些类型的案件非常有用。

报告的整合(包括多个专业领域及来自警察、鉴定机构和其他机构)是 NFI 的努力目标,但在日常实践中很少实现。NFI 正在认真尝试构建这个体系,但目前来看还是一个比较棘手的问题。

21.5 招聘

司法鉴定公共网站发布空缺职位信息来招

聘各专业领域的司法鉴定人，范围包括病理学家、物理学家、生物学家或计算机科学家。除其他内容外，招聘公告还包括教育和工作经验方面的要求，并要求熟练掌握荷兰语，以及有一份无犯罪记录证明(Justis,2013)。某些职位还需要情报和安全总局(AIVD)发放的安全审查许可(AIVD,2013)。

21.6 培训

在20世纪90年代早期，荷兰最主要的司法鉴定研究所NFI开展了员工内部教育和培训计划。NFI认为只凭化学或物理学学位的那点知识和同事所做的大致工作介绍，对于胜任NFI的工作来说还是远远不够的。该计划适用于刚入职和有经验的员工，并通过考试完成。成功通过考试后，员工有权签署司法鉴定报告，在法庭上被称为专家证人。报告专家的身份有效期4年，在通过另一次考试后可以延长。必须强调的是，这种方法并不是任何正式的法律或要求中规定的，它是由NFI在建立质量管理体系时提出的，是内部认证机制。

NFI教育和培训计划的特点是什么？首先，人们认识到，除了一套一般性原则之外，司法鉴定还包括许多(子)学科的广泛范围。可以肯定的是，笔迹、DNA、弹道学等方面的专家能力是完全不同的。这种认识导致了针对每一种不同的学科计划不同，NFI已经定义了大约35个学科专业。实际课程分为两个主要部分：通用部分(所有学科都相同)和专业部分(特定学科不同)。该课程的核心问题是："作为某学科的司法鉴定专家，哪些是必需的知识、技能和态度？"通用部分的要素是荷兰法律、法庭报告、统计和实践。专业部分侧重于特定学科的专业技术和方法经验。在对专业部分进行考试期间，由候选专家撰写一系列报告草案，供专家小组面试。此外，参与科学会议、在科学期刊发表论文也计入考察范围。最后，候选专家必须证明其达到了每年最小案件量的执业要求，以延长专家地位。通常面试的专家小组由内部人员和外部专家组成，以增强其独立性。

在荷兰，一些大学提供司法鉴定教育：

阿姆斯特丹大学提供荷兰唯一的司法鉴定硕士学位。该校MSc系统和网络工程专业也有司法鉴定专业相关内容。

荷兰司法鉴定的全日制学士课程来自：

- 阿姆斯特丹应用科学大学。
- 萨克森(Saxion)应用科学大学。
- Zuyd和Leiden应用科学大学提供司法鉴定ICT的本科课程。

在阿姆斯特丹应用科学大学，信息技术本科专业提供信息技术司法鉴定课程。

21.7 资金

在荷兰境内，刑事调查中的大量司法鉴定调查工作由安全与司法部提供资金。NFI预计2014年将有6 700万欧元的预算，其中有400万欧元的额外收入，包括欧盟资金、额外的案件收入、其他机构支付的培训及研发费用等。在司法精神病专业，2014年将有6.83亿欧元投入荷兰各个机构。

自2007年以来，警方、检察院和NFI设立了一项"服务水平协议(SLA)"，约定了NFI的检案数量、研发(R&D)和教育研究能力，具体内容是与NFI的产品和服务有关的协议。如果案件数量超过SLA所规定的，那么额外的案件服务可以获得客户额外的报酬。

荷兰境内的其他司法鉴定服务提供者根据具体案件获得报酬。

21.8 政治影响

在荷兰，政治气候的影响和政治取向的转变不会影响司法鉴定报告。如果政府采取紧缩措施，减少投入资金，那么 SLA 中约定的案例数量及研发费用将会降低。

21.9　质量保证

20 世纪 90 年代和 21 世纪，许多欧洲司法鉴定实验室引入了质量管理体系（通常基于 ISO 17025），这使得司法鉴定学家的能力得到了关注。人们认识到司法鉴定学家的能力是司法鉴定实验室工作质量的基石。

在后来的几年里，专家证人的能力成为荷兰立法的主题，不仅适用于一般学科的专家，也适用于司法精神病学等专业的专家。荷兰专家证人注册处（NRGD，2013）是为响应新的刑事案件专家法案而设立的。该法案于 2009 年由荷兰议会上院一致通过，并于 2010 年 1 月 1 日生效。NRGD 已在安全和司法部的主持下实现。这是通过专家会议和广泛的工作组调研形成的，其中涉及检察机关、司法委员会、荷兰律师协会、国家警察、NFI 和荷兰司法精神病学和心理学研究所。

NRGD 是专家证人的第一个注册机构，具有法律基础和独立地位。目前可为以下学科任命专家：DNA 鉴定和解释、笔迹、武器和弹药、司法精神病学和心理学、毒物学和药物。

2013 年期间，有 470 名专家在 NRGD 注册，分为以下几个专业。

专　业	注册专家数量（名）
DNA 鉴定和解释	20
笔迹	3
武器和弹药	6
司法精神病学和心理学	431
毒物学	7
药物分析和解释	3

新“刑事案件专家法”有双重目标：一方面是为了加强辩护律师的地位，该法明确允许嫌疑人有权要求进行额外的调查；另一方面，该法案意味着加强专家证人的质量、可靠性和能力。在不久的将来，原则上检察官只会任命登记注册的专家。

21.10　实验室认可和质量控制

荷兰法律不要求司法鉴定实验室获得认可，不过 DNA 和一些环境分析实验室例外。但是，目前荷兰的所有司法鉴定实验室都是经过认可的。认可基于 ISO 17025（ISO，2005）和 ILAC 指南 19（ILAC，2002）。NFI 已于 1994 年通过认可，是欧洲第二个获得认可的机构。第一个是英国的司法鉴定服务中心（FSS）。Ravavoor de Accreditatie/荷兰认可委员会（RVA）（RVA，2013）是国际实验室认可合作组织（ILAC，2013）和国际认可协会（IAF，2013）的签署国。由于 ILAC 的互认协议，荷兰司法鉴定实验室和全球 60 多个国家互认。此外，RVA 是欧洲认可机构协会（EA，2013）的成员之一。EA 与欧洲司法鉴定联盟（ENFSI，2013）合作，联合发布欧洲司法鉴定的指南文件（例如，在犯罪现场调查领域实施 ISO/IEC 17020 的指南；EA－5/03，2008 年 12 月）。

荷兰司法鉴定质量控制领域目前的发展情况如下：

- 增加实验室分析的部分。
- 包括非标准方法。
- 包括意见和解释（来源层面）。
- 范围灵活。
- 将 ISO 17020 引入 CSI 活动和一些特定领域（如考古学）。
- 将 ISO 15189 引入病理学和毒物学。

自 20 世纪 80 年代后期以来，NFI 和荷兰警方合作制定了司法鉴定技术准则。制定这些准则的目的是规范从犯罪现场提交证据到司法鉴定实验室的工作流程。目前，大约有 75 项准则已建立，规范了诸如证据的收集、运输、储存和证据标签等问题。此外，还开发了特殊的调查工具包（DNA、头发、射击残留物、纺织品、火药加速器等）。对于双方而言，这种合作方式在质量和效率方面都有明显的益处。

21.11　技术

本节主要介绍NFI而非荷兰整个司法鉴定领域的技术发展。不过鉴于NFI的主导地位，相信也能使读者管中窥豹，了解荷兰司法鉴定技术的大致发展。

在司法鉴定的调查和创新中，先进的技术设备起着关键作用。NFI保留了大量的投资预算，以确保最新的检测分析、医疗检查、物理和IT设备可用于司法鉴定研究和案件调查。近年来，NFI投资了以下最先进的设备：

• 具有聚焦离子束的双光束SEM（扫描电子显微镜）主要用于射击残留物和电子数据鉴定的技术应用，如物理硬件解密；

• 高分辨率轨道阱LC－MS（液相色谱-质谱）系统，用于复杂基质中对化合物进行高选择性、高灵敏度的定性和定量分析；

• 气相色谱-同位素质谱仪，用于纯化合物的同位素比值测定；

• 用于DNA提取、定量、扩增和提取物储存的全自动定制系统；

• GCxGC－TOF MS系统（二维气相色谱-飞行时间质谱），用于对复杂样品进行充分的二维气相色谱分离，以对样品进行整体化学特性的表征和目标化合物的定性分析；

• 显微激光剥蚀- ICP－MS（电感耦合等离子体质谱）系统，用于定量分析微量物证中的微量元素，如玻璃碎片、油漆碎片、人发、油墨、墨迹和纤维。

在高度专业化的昂贵设备使用率低，或投资并不经济可行的情况下，NFI会寻求与研究机构、公司和大学建立战略伙伴关系，以确保获得所需的设备和专业分析。例如，法医放射学常用于法医尸体解剖，但人体遗骸的医学成像不在NFI进行，而是在与NFI合作的两家荷兰医院进行。

司法鉴定技术并非总是作为商业设备或通过伙伴关系获得。在专门的创新计划中，NFI最近开发了内部司法鉴定技术。通过NFI新的产品业务线，内部研发技术被出售给国际客户。好几项产品的专利申请已经提交，并已开发出专业工具或产品。这些产品和工具“不以营利为目的”，收益用于支付开发成本，并确保未来为研发提供足够的资金。

这类工具和产品开发的一个例子是法拉第工具包（Faraday cage）。它用于保护作为证据的智能手机和移动手机（不关机）。另外，NFI开发了一种最先进的内存工具包，可以读取各种品牌和型号手机上记录的数字数据。NFI还提供各种量身定制的司法鉴定软件包，如Bonaparte，用于家族DNA搜索，以便在灾害遇难者识别（DVI）案件中快速准确地进行个体识别。另一个例子是PRNU（照片响应不均匀性）比较软件包，根据数码相机传感器像素来比对分析数码，从而追溯拍摄的相机。NFI的XIRAF/Hansken系统提供了一个完整的数字取证平台，可以上传数字证据。系统对索引和映射的大型、异构的数据进行索引定位，从而使调查员能高效地搜索证据。

最后，刑事司法系统的信息技术应用潜力巨大。与许多其他国家一样，荷兰的刑事调查仍然记录在纸质卷宗中。若所有文件、报告和档案都是数字化的，预计在整个刑事司法链中，速度，效率和质量都会有很大改进。NFI目前正在开展一项综合项目，将纸质档案转变为电子档案，其中包括用于处理实验室数据的LIMS（实验室信息管理系统）和用于全数字取证病例档案的系统。这将允许客户实时接收NFI信息，并监控正在进行的法庭调查的进度。全数字司法鉴定档案还将有助于NFI对案件进行数据智能分析和信息管理。

21.12 灾害应对

自2005年以来，NFI对严重的行业事件或恐怖袭击等灾害之后的司法鉴定调查投入了人力物力。在整个机构范围内提出了CBRN计划（C=化学制剂，包括武器类化学试剂；B=生物制剂；RN=放射性和核试剂），开发了新专业体系，以在国内外的重大灾害事件后提供快速有效的司法鉴定服务。

这一专业已成为NFI的常设专业：

－C的鉴定由法医毒物学和法医工程专家负责。

－B的鉴定由非人类生物痕迹的专家负责。

－RN的鉴定由法医爆炸物和法医工程专家负责。

－灾害遇难者识别由人类生物痕迹（家族搜索专家）和法医人类学专家进行。

－CBRN的受害者由临床法医进行医学诊断。

此外，CBRN研发和创新计划的重点是CBRN条件下的传统司法鉴定调查（电子证据、指纹和其他人体生物痕迹），以及和CBRN的取证，即C、B、RN试剂的定性、分类和溯源。

在国内或国际灾害发生后，NFI目前具备以下司法鉴定调查能力。

• 犯罪现场或事故现场，由对应的C、B、RN、电子数字、爆炸、医疗和追踪专家提供司法鉴定支持，穿戴包括气密服在内的防护装备进行调查。也包括对几种专用车辆的全面后勤支持。

• 对发生CBRN事件或恐怖袭击后获得的证据进行司法鉴定（在配备了处理C、B或RN试剂的合作实验室进行直接检测，或处理后由NFI检测）。

• 一系列新的鉴定方法，用于调查C和B类试剂及有毒样品。

• 通过使用特殊软件包进行家族性DNA检索（Bonaparte，由奈梅亨的Radboud大学开发）和法医人类学取样及研究（在2010年5月12日的黎波里Afriqiyah航空公司771航班的飞机坠毁事件中，该方法识别了103名遇难者）。

NFI法医CBRN专业计划的发展由荷兰政府资助，但最近NFI成功为其CBRN计划筹集到了国际资金。NFI目前参与了欧盟框架7计划FP7（CORDIS，2013）下资助的几个CBRN相关项目。最近提交的FP7 GIFT提案涉及来自9个国家的21个合作伙伴组成的联盟。这个CBRN项目是欧盟首次批准的项目，由NFI负责全面协调，并将于2014年初启动。

21.13 法律事务

2010年，荷兰对刑事诉讼中的专家和专家证据进行了法律改革。建立国家公共专家登记册成为荷兰立法的法律要求，可以在"刑事诉讼法"的新条款中找到（CCP，2013）。法官、检察官和辩护律师可以任命符合要求的专家。除了专业知识，专家在司法背景下工作的能力也很重要。

另外还有"刑事案件专家注册登记法令"（Besluit Register Deskundige in Strafzaken，2009）。专门的注册专家委员会（College Gerechtelijk Deskundigen）的任务是为注册专家制定标准并判断是否通过注册申请（Besluit Register Deskundige in Strafzaken，2009）。只有专业类的才能申请，专业领域可以根据既定的规范进行审查和证实。委员会将根据这一具体专业领域内知名的国际专家的建议，在专业领域（如DNA）中制定具体标准。不仅需要特殊的知识，而且需要熟悉在刑事诉讼程序中的角色和地位（Besluit Register in Strafzaken，2009）。

专家必须以独立、公正、专业和诚信的态度，谨慎专注地完成任务。这些要求在注册专家委员会制定的行为准则中有详细阐述。

专家的任命受新法规的约束。检察官和助

理检察官(警察)只能指定专家名录中列出的专家。警察只能指定技术领域的专家,但任命DNA专家的情况例外。

在实践中,警方不会指定专家,因为检察官委员会并未决定哪些专业领域是"技术专业"。并非所有的初步调查研究都必须由司法鉴定专家来执行。刑事调查中标准的司法鉴定调查通常由警方完成。

CCP中有几条条款,让主审法官有权主动或根据辩护律师或检察官的请求任命专家。主审法官也可以任命专家来检查先前专家的报告或调查情况。针对DNA鉴定,CCP设置了一些关于任命对抗专家的具体条款。

只有(主审)法官可以任命一名未列入专家名录的专家。根据CCP法令第12条的要求,须对该专家进行测试。如果主审法官任命专家,需通知检察官和被告。为了刑事调查的推进,这些信息不必马上知会检方和被告。现在法律允许专家与主审法官联系,弄清楚自己被任命的内容和职责范围。

专家法也加强了被告的地位。它让嫌疑人有权获知检察官任命专家的信息,但为了刑事调查的利益,这些信息暂时可以不传达。

被告还可要求检察官和(主审)法官进行额外的调查或反查询(第150条a.b,2012)。如果检察官驳回被告的请求,可以采用书面形式并应得到充分证实,但主审法官有权否决这一驳回。此外,被告也可以请专家,但必须支付专家的费用。CCP包含一项条款,规定被告有权要求提前知晓聘请专家的费用,并可要求法院退还该笔费用。

除此之外,专家法要求专家提供"知识告诉他"的意见,即有专业依据的意见。专家必须解释如何在报告中得出结论。此外,专家必须说明他所采用的研究方法,为什么他认为这种方法可靠,以及他在应用该方法方面有多大能力。专家需承诺他起草的报告真实、完整并已是他最佳的意见。

在预审调查期间,被告可以查阅书面文件内容,如专家的报告,除非出于刑事调查办案的利益,要暂时禁止向被告提供这些信息。

专家可以在法庭上以书面或口头形式报告。两种类型报告都是证据。警察在官方报告中写下的专家的口头意见也可以用作证据。

最高上诉法院严格执行的正式要求是:专家如果出庭必须宣誓。最高上诉法院将誓言视为证词有效性和可靠性的保证。

在荷兰法律中,没有采纳规则,而是用了决定和论证规则。法院不必拘泥于检察官和/或辩护方提供的证据材料。最后由初审法院决定(司法鉴定证据)是否可靠,是否能用作证据。

无论是法院还是被告人或检察官发起(CCP第315、328条),法院都有权利接受对抗专家的协助。荷兰最高上诉法院已经决定,被告有权获得用于对抗的鉴定意见。他们必须提出明确、积极和及时的要求,才能获准对司法鉴定证据启动重新检验。

荷兰法院受欧洲人权公约要求的约束,特别是该条约第6条规定的要求(公平审判权)。在某些情况下,欧洲法院要求法庭必须确保专家是中立的,并且列出了可能会违反公平审判权利的情况,如法庭对自己所聘专家与被告专家区别对待。此外,在审判时,法院必须给被告辩论和反驳专家证据的机会。

21.14 研究

NFI有三个主要任务:

(1) 进行案件的司法取证调查。

(2) 开发司法鉴定方法和工具。

(3) 成为司法鉴定专业知识的中心。

为了确保拥有最先进的司法鉴定调查方案,NFI持续开展一项实质性的研发计划。研究和创新成果经验证成功后,添加到NFI产品方案中,成为新鉴定方法的基础。

最近推出的来自NFI创新计划的现代化取证新方法、工具和产品包括:

- RNA 分析鉴定人类生物痕迹的来源。
- 基于 RNA 分型的子弹细胞学。
- 快速产品：6 小时内进行 DNA 鉴定。
- 用自动变焦显微镜进行三维工具痕迹检验。
- 不完整和扭曲指印的检验和比较。
- 基于网络的电子证据调查服务中心。
- 先进的非法药物和爆炸物的化学分析。
- 非人类生物痕迹的表征和比较。
- 法医统计产品包。
- 侵入性创伤的微量分析。
- 跨学科调查。

NFI 十分关注客户需求，因此创新研发的目的在于最大限度地提高司法鉴定信息的价值，同时最大限度地减少交付时间和调查成本。从 2014 年开始，NFI 将通过建立 7 项计划进一步专注创新。

21.14.1 实时现场化合物鉴定

开发强大的方法，无须专家到场即可直接在犯罪现场进行化学分析和鉴定。

21.14.2 法医识别和个体分析

对法医生物识别、生物和化学犯罪现场痕迹进行最先进的分析，以便在没有标准物质的情况下为寻找犯罪嫌疑人提供调查线索。

21.14.3 电子数据取证服务中心

创建一个数字平台，使警方调查人员能够有效地搜索大量“异构”电子证据。该平台还包括一个带智能数据分析方法的工具箱，以协助和指导数据搜索。

21.14.4 从来源到活动

进行基础科学研究和使用统计学方法分析证据，以便在实践层面进行证据评估。

21.14.5 先进的法医学

利用现代技术和医学成像进行微创尸检，并引入跨学科的法医学方法，以实现死亡方式调查而不是死因调查。

21.14.6 CSI 创新

引入先进的技术和工具，让犯罪现场调查人员记录、检测、选择和分析犯罪相关痕迹，并制作犯罪现场调查情况记录。

21.14.7 CBRN 取证

开发一个广泛的工具箱，用于对涉及化学、生物、放射性核剂的事件、犯罪和恐怖主义袭击进行司法鉴定调查。

21.14.8 项目的益处

每个计划将包括一系列跨学科项目，确保每个领域的相关创新以满足客户需求并推动司法鉴定发展。要使项目取得成功，取决于客户的参与度、相关的学术专业知识和高科技公司的创新能力。由于司法鉴定是一门应用科学，其他领域的新兴技术可以为司法鉴定提供充分的潜力支撑，这就是为什么 NFI 拥有广泛的公司-专业机构的国际创新网络的原因。NFI 在荷兰的三所大学有多个学科的司法鉴定特聘教授席位（生物痕迹、统计学、分析化学、刑事技术和言语比较与分析），以维持良好的学术联系，并为合作和研究资助创造机会。NFI 参与了国家和国际资助的几个司法鉴定项目和合作计划。

21.15 未来的方向

2013 年，NFI 首席执行官发布了题为“司法鉴定领域的趋势，挑战和战略”的愿景白皮书，可从 NFI 网站上下载英语和西班牙语版本（NFI，2013）。该文件反映了 NFI 对近年和未来司法鉴定部门快速变化的展望。这些变化与司法鉴定在刑事司法系统中的重要性和影响日益增加有关，因此不仅会带来挑战，而且会带来巨大机遇。

NFI已经认识到未来将影响司法鉴定的四个国家/国际层面的重要趋势：

（1）成长：自1945年建立以来，NFI已经出现了惊人的增长。2012年NFI处理的案件负荷大约是2000年处理数量的6倍。与此同时，员工人数几乎增加了2倍，从200人增加到600人。这种增长对于司法鉴定部门而言是非常典型的，引入新的司法鉴定技术后还会继续推动这一增长，从而可以对更细微的司法鉴定痕迹进行更详细的分析。新的司法鉴定能力的典型例子包括：人体生物痕迹的DNA鉴定，电子数据证据的提取和调查等。有趣的是，处理这些证据的部门也是现在NFI最大的部门，而20年前它还不存在。此外，随着司法鉴定技术的不断发展，司法鉴定调查的需求也在不断增加。在刑事司法系统中，可以迅速解决犯罪案件的新方法越来越受欢迎，并产生越来越多的案件需求。这是一个很自然的现象，成功的技术创新在司法鉴定领域制造了新应用的可能性，自然将会扩大司法鉴定市场。

（2）客户关注：司法鉴定研究所正在从"以内部专业知识和技能为基础的组织"转变为"以客户为中心的专业技术驱动的研究所"。由于刑事司法系统内外的客户越来越依赖司法鉴定信息，他们对提供的取证服务的质量、稳健性、多功能性、速度和成本方面的要求越来越高。因此，NFI激发了强烈的客户关注意识。通过6 Sigma优化流程等特殊的改进计划，在五年的时间内，实际案件工作量减少。至2012年底，平均报告出具时间减少了90%以上，总体的平均出报告时间少于14天。减少积案的一个重要手段是与主要国家客户签订服务水平协议。通过平衡30多个司法鉴定专业领域的供应和需求，避免了日益增加的工作量，并保证快速交付结果。

（3）去碎片化：司法鉴定本质上是一个分散的领域。大量的司法鉴定专业被认可，涵盖了广泛的科学领域。司法鉴定专家通常只在一个专业领域内工作，相对独立。此外，每个国家通常会自己处理并维持本国的司法鉴定调查体系。这是由于刑法具有显著的本国特征。各国的刑法和诉讼程序不尽相同，因此在全球范围内有大量小型的司法鉴定机构。从效率和质量的角度来看，这一局面很不理想；从纯粹的司法鉴定技术角度而言，对全球化和跨学科的方法并没有限制。随着司法鉴定发展成为一个高科技、以客户为中心的行业，NFI预计：客户定制的跨学科调查将会发展成新趋势，有足够能力的研究机构在现有的司法鉴定专业领域不断创新和改进，从而为全球范围内提供司法鉴定服务。

（4）司法鉴定意识：随着司法鉴定在刑事司法系统中的作用越来越大、新技术导致的司法鉴定调查越来越复杂，对技术人员培训和教育的需求也在增加。客户需要提高知识水平和司法鉴定意识，以便有效地使用根据他们的要求而产生的取证信息。因此，NFI于2010年创建了NFI学院。NFI学院开发了一套专业的司法鉴定培训和课程，提供给购买NFI产品、服务和调查的客户。该培训包括常识课程、有关刑事技术原理的电子课程、实践体验班、书面练习和专家培训，直至完整的司法鉴定会议。课程学员来自整个刑事司法系统（警察、检察官、律师和法官），但NFI也为更广泛的客户群提供法医课程，包括军事人员和急救人员。

21.15.1 展望

21.15.1.1 荷兰

在荷兰境内，使用贝叶斯统计方法的复杂司法鉴定调查分析将在刑事司法系统普及。此外，通过应用新技术，应能更快地获得检查结果，理想的目标是在犯罪发生后的48小时内获得第一批结果。荷兰境内的司法鉴定专家的数量将保持稳定，但各专业领域之间可能发生人员的流动。

21.15.1.2 欧盟

在欧洲，高成本且不经常使用的专业领域预计将集中在某些区域。"欧洲司法鉴定2020

展望”(European Forensic Science 2020)(欧盟委员会,2012)将为欧洲的司法鉴定领域提供更多标准化措施,使得跨国检测的结果可以便利地在其他成员国使用。

为了促进欧盟警察和司法当局之间的合作,以期到 2020 年建立一个欧洲司法鉴定区域,成员国和欧盟委员将共同努力在以下领域取得进展,以确保公平、一贯和有效的司法和公民安全:

- 司法鉴定机构和实验室的认可。
- 司法鉴定人员的最低能力标准。
- 建立最佳实践手册并在司法鉴定实验室和机构的日常工作中应用。
- 在国际范围内进行司法鉴定能力验证/实验室间比对。
- 将犯罪现场调查和证据管理的最低质量标准从犯罪现场应用于法庭。
- 承认司法鉴定执法活动的等同性,以避免因技术和质量的差异取消证据而造成工作重复并大大缩短处理跨国犯罪案的时间。
- 优化创建、更新和使用司法鉴定数据库的方式及共享方式。
- 在打击恐怖主义、有组织犯罪和其他犯罪活动方面利用司法鉴定科学方面的最新进展。
- 对于执法人员和司法系统,进行适当的教育和培训以增强司法鉴定意识。研发项目,以促进司法鉴定基础设施的进一步发展。

参考文献

第 21 章参考文献

第 22 章
新加坡司法鉴定的历史与现状

George Paul & Paul Chui,新加坡卫生科学局法医学部,新加坡

22.1 新加坡的历史

新加坡共和国是东南亚马来半岛南端的主权城市型岛国,其地理位置位于赤道北部(或北纬 1 度)137 公里(85 英里[①])处。新加坡由菱形的主岛和 60 多个小岛屿组成,菱形的主岛即广为人知的新加坡岛(Singapore Island),也被称为 Pulau Ujong(马来语名字)。新加坡北隔柔佛海峡与马来西亚毗邻,南隔新加坡海峡与印度尼西亚廖内群岛相邻。新加坡高度城市化,仅存少量的原始热带雨林,其领土面积通过填海造地不断扩大。

岛上最早有记录的定居点可以追溯到公元 2 世纪。现代新加坡是 Stamford Raffles 爵士于 1819 年由柔佛苏丹王国(柔佛州的统治者,马来西亚南部州之一)批准成立,当时是作为东印度公司的贸易站。当时定居的人口主要为中国人,以及小部分有权力的欧洲少数民族。1824 年英国获得了对该岛的主权,1826 年新加坡成为英国海峡殖民地之一[《新加坡自由西报》(*Singapore Free Press*),1861 年 1 月 3 日]。它成为印度平民和军事犯人的处罚地点(Anderson,2007),并被称为印度的"博特尼湾(Botany Bays)"(Nicholas 和 Shergold,1988),1852 年和 1853 年在槟城和新加坡发生了囚犯地小规模暴动(Turnbull,1970)。1867 年起,新加坡成为英国的殖民地,获批了殖民法,并直接向伦敦殖民地办事处负责,而不再向加尔各答的印度政府负责。

第二次世界大战期间,日本战胜英属马来亚,1942 年 2 月入侵了新加坡。战后,海峡殖民地于 1946 年解散,新加坡成为一个独立的皇家殖民地,并最终在 1963 年从英国政府独立;最初新加坡与其他前英国殖民地联合组成马来西亚,并在 2 年后脱离马来西亚政府,从那时起,新加坡有了独立的宪法。新加坡是议会共和制国家,实行一院制的威斯敏斯特体系;宪法将代议民主制确立为政治制度(US Central Intelligence Agency,2014)。行政权力由总理和总统领导的政府内阁掌管(http://en.wikipedia.org/wiki/Politics_of_Singapore)。总统是国家元首,由民众投票选举产生,对一些关键决定拥有否决权,但无太多实权(http://www.istana.gov.sg/content/istana/thepresident.html)。

新加坡的法律体系为普通法系(英美法系),高级法院判决中所确立的判决先例对同级法院或下级法院在其管辖权内的判决具有约束力,这与欧洲大陆的民事法律制度不同。一些法律反映了 1867 年前新加坡作为殖民地时英格兰和英国的法律,以及此后印度法律、帝国法律和海峡殖民地法对其产生的影响(Chan,1995)。此外,当新加坡还是英国直辖殖民地的时候,采用了一些源于印度的法律,如刑法和证据法(Chang 和 Lin,1995)。刑法,公司法和家庭法本质上是制定法。

---

① 译者注:1 英里 = 1.609 344 千米。

新加坡的法律制度以英国的普通法系为基础，但也有大量的地方差异。高级法院判决中所确立的判决先例对同级法院或下级法院在其管辖权内的判决具有约束力，这与欧洲大陆的民事法律制度相反。大部分领域的法律，如行政法、合同法、股权和信托法、财产法和侵权法大多是判例法，尽管某些方面已经由议会立法进行了修订。

然而，新加坡刑法本质上是成文法。陪审团审判制度在1969年完全废除，自此审判评估工作完全由法官执行。1992年修订的“刑事诉讼法”，允许由一名法官审判死刑（新加坡法律史的里程碑，http：//app. supremecourt. gov. sg/default. aspx? pgID = 39，检索日期：2014年2月22日）。新加坡对于强奸、暴动、故意毁坏文物和一些非法移民罪的处罚形式包括了以鞭刑为主要形式的体罚（World Corporal Punishment Research，2012；Kuntz，1994）。以前最终的上诉法院是伦敦的枢密院，但在1994年，新加坡设立了永久性上诉法院之后，1994年新加坡共和国宪法（修正案）（1993年第5号）取消了死刑案件向枢密院的上诉过程，废除了《宪法》第100条，新加坡最高法院判决不再上诉至英国枢密院。对于谋杀、某些贩毒和贩卖枪支罪的判决为强制死刑（US Department of State，2013），但是随着公众和立法机构对人道主义的讨论，这些案件中的某些情况已经由死刑改判为终身监禁。上诉法院是新加坡的终审法院，因为在1994年4月，伦敦枢密院审判委员会的上诉权被废除。新加坡总统有权根据内阁的建议给予特赦（Attorney-General of Singapore，2013）。

在18世纪末和19世纪初，所有毒物分析和其他司法鉴定都由新加坡政府分析员进行。该分析员还负责各种医学和其他科学调查，包括微生物和寄生虫调查，而这些是卫生服务体系中不可分割的组成部分，也是早期新加坡医学院教学和培训不可或缺的学科。

根据《刑事诉讼法》的规定，验尸官（国家验尸官）需要调查死亡原因。2010年《验尸官法》颁布，其中规定了验尸官需要进行死因调查的情形、死因调查的规程及相关的处罚措施，相应地这些部分从《刑事诉讼法》中删除。

22.2 案件类型

新加坡是一个城市国家，司法鉴定案件的性质与世界其他主要城市的性质类似，但犯罪率较低，这主要归功于高效的警力资源、严格的毒品和枪支管控，以及对谋杀和贩毒等重罪的死刑判处。监禁期间可以实施鞭刑和体罚。毒品管控措施不仅可以阻止毒品流入当地市场，而且可以阻止经由新加坡的跨境毒品买卖，同时也可以减少吸毒者的复吸。虽然绝大多数新加坡男子都服过兵役、能熟练使用军事武器，但严格控制民众获得枪支，也就意味着枪支相关的意外和死亡数量极少。

22.3 组织结构

1885年的海峡殖民地年度报告中第一次记录了科学家参与刑事案件，当时政府分析员Bott博士报告了毒物分析、食品和药品分析和血液测试。1907年，新加坡实验室为马来西亚和新加坡全国提供服务，并于1909年和1946年分别在槟城和吉隆坡开设分部。1939年，实验室化学部的工作人员被称为主任化验师，这个称谓在马来西亚延续至今。1947年，位于槟城、吉隆坡和新加坡的三个化学部在新加坡设立总部。该部门早期业务主要涉及商业问题和商业犯罪，如鸦片、酒类和毒品检测，还包括石油、酒精变质、爆炸物和船舶检查，但较少涉及刑事案件。1946年的一份报告谈及自杀用药从氢氧化钠转变为巴比妥类药物，以及在面包粉中意外混入了钡盐。甲醇致死也有报道（DSS Annual Report '89，1989，P1－37）。

1955 年,化学部下设了危险物质监督局。1957 年,随着国家的独立,三个分部开始相互独立运作,每个分部都拥有自己的化验师。1959 年,新加坡实验室化学部任命了首位非英国籍主任。此时,实验室报告主要涉及频繁帮派冲突后的血液样本。

第二次世界大战之前及结束后不久,主要由外科医生进行法医尸检,但事实上,只要在年度报告中提及外科医生的名字,并在尸检报告中列出尸检结果,任何政府当局的医生都可以进行法医尸体解剖。

20 世纪 60 年代末,尸检工作由解剖病理学家承担,但最终由全职的法医病理学家接管。

1976 年,化学部更名为科学服务部,并由卫生部直接领导。科学服务部逐渐成立各种检测单位,即辐射防护监测组(1972 年)、微生物学实验室(1973 年)、化学工程部(1974 年)、毒品检测部(1976 年)、尿液检测部(1977 年)、药物监管部(1980 年)、致癌物质实验室(1988 年)、先进仪器实验室(1988 年),计算机中心(1988 年)和烟草检测实验室(1988 年)。至此,科学服务部有三个部门:司法鉴定部,下设法医学实验室、麻醉品毒品实验室、毒物学实验室和文件检测实验室;卫生科学部,下设食品实验室、药品实验室、工业卫生实验室、环境烟草检测实验室及研发协调与规划部门;资源和辐射部,下设辐射防护实验室、先进仪器实验室、海关实验室及物资管理和计算机中心。紧接着毒物学实验室成立了包括临床毒物分析在内的急性毒物学部门,该部门为医院中疑似过量服药和中毒的案件提供分析服务。

随后,科学服务局(Department of Scientific Services,DSS)正式成立,它由司法鉴定部、卫生科学部及资源和辐射部三个部门组成,而法医学部(Department of Forensic Medicine,DFM)由法医病理科和法医临床科组成。

20 世纪 90 年代,随着大量公立医院改革成为私立医院及垂直整合的医疗卫生保健体系的成型(从初级医疗卫生保健服务到三级医疗卫生保健服务),2001 年,经由国会批准,根据《新加坡卫生科学局法》,撤销卫生部,组建新加坡卫生科学局(Health Sciences Authority,HSA)。

HSA 整合了司法鉴定和科学服务(以前隶属于科学和法医学研究所)、血液银行服务和国家药品监管服务。经过一段时间的组织重组,成立了三个主要的运营机构:

(1) 应用科学机构由分析科学(化学计量、食品安全和药物部门),司法鉴定(生物学、毒品和毒物分析部门),质量部门和机构办公室组成。

(2) 血液服务机构保障国家应急血液供应,包括以下分支部门:血液资源、血液供应,患者服务和临床服务。

(3) 健康产品管理机构由售前部门(西药、医疗器械、保健品和化妆品部门)、售后部门(预警、法规和医疗广告部门),审计和许可部门及机构办公室组成。

现在简要介绍各个部门及其工作性质。

法医学部(Forensic Medicine Division,FMD)为死因裁判案件提供法医学咨询服务,也为邻近地区和国家提供法医咨询服务(包括尸检工作)。病理学家会来到犯罪现场,在凶杀案和非正常死亡事件中协助新加坡警察局(Singapore Police Force,SPF)进行现场调查;他们与刑事侦查局(Criminal Investigation Department,CID)紧密合作。该部门正在不断审查工作流程并提升技术能力(包括自 2010 年以来实施的通过 CT 进行尸检)。此外,法医学部会提供法医临床咨询意见,运用专业知识分析死亡、虐待儿童、性侵、家庭暴力等案件中暴力所致的创伤和损伤情况。作为向家属提供一站式服务的一部分,法医学部承担了出生和死亡的登记服务,以及在死因裁判案件中提供死亡证明的服务。

在 2003 年爆发的 SARS 疫情中,法医学部提供了尸检服务,以协助新加坡政府寻找 SARS 的病原体,并在处理疑似高度传染性病例的生物安全措施方面取得了重大进展,并获得了一项新型发明,即一种移动集成式 BSL4 尸检设施。法医牙科学服务是由一名前新加坡武装部队上校提供的,他是一名法医牙科医师,目前在一家私人诊所工作,但仍然提供法医牙科学服务。还有一些部队牙科医师正在海外接受法医牙科医师的培训。法医学部没有全职的法医人类学家,因为没有足够数量的遗骸案件来证明其需要雇用一名全职的法医人类学家。为此,法医学部聘用了国外法医人类学专家顾问,同时也聘用了放射学、病理解剖学等相关专业的专家。同样,其他各个部门有都自己的海外咨询专家库,当发生重大案件时,便会向专家咨询,让专家提供独立意见。

司法鉴定部提供法医物证检验:火灾、枪支、爆炸、化学分析,痕迹和微量物证等。该部门还进行现场分析和重建。文检实验室是全球为数不多的有资质检测英文和中文笔迹和签名,篡改和伪造文件,墨水分析等的实验室之一。对于纵火和火灾现场,新加坡民防部队(Singapore Civil Defence Force,SCDF)会进行初步现场调查。船只事故的主要调查机构为新加坡海事及港务管理局;而工地事故是由新加坡人力部进行调查。现场证据会提交给新加坡卫生科学局,由司法鉴定部门进行检测。

根据《药物滥用法》(第 185 章)规定,违禁药物部为执法机关提供咨询和分析服务,检测查获的毒品及管制药品。作为药品监管项目的一部分,该部门还提供吸毒嫌疑人和假释犯人的尿液检测服务。

毒物分析部提供药物滥用的尿液检测及生物体液样本的临床和法医毒物分析,同时为法医学部尸检案件提供体液和组织的毒药物筛查服务。

生物学部提供个体识别和法医生物学服务。1990 年,卫生科学局成立了 DNA 鉴定实验室。该实验室是新加坡唯一获得美国犯罪调查实验室主管协会/实验室认证委员会(ASCLD/LAB)认可的 DNA 实验室。该实验室遵守 DNA 咨询委员会(DNA Advisory Board,DAB)法医 DNA 鉴定实验室质量保证标准。生物学部与新加坡警察局,建立和运作新加坡罪犯的 DNA 数据库。

HSA 药学部提供药品(西药、中药和保健品)、化妆品和烟草的质量和安全性检测服务。医院、诊所、贸易商及卫生科学局下设的健康产品监管组是药学部主要的服务对象。卫生科学局烟草检测实验室会进行主流烟气和烟草制品中焦油,尼古丁和一氧化碳含量的检测。

食品安全实验室主要从事食品加工检测,协助新加坡农业食品和兽医局(Agri-Food and Veterinary Authority of Singapore,AVA)检测自然生成的污染物(如霉菌毒素),环境中产生的污染物(如有机/无机污染物),食品与材料接触中产生的污染物(如双酚 A),以及食品加工过程中的污染物(如 3-甲基环戊烯醇酮)。

数字和多媒体调查不是由 HSA 负责,而是由刑事侦查局中接受过相关培训的专业人员负责。刑事侦查局有自己的网络犯罪部门,该部门负责调查并证实法庭上有关网络犯罪的证据。

22.4 司法鉴定工作流程

虽然犯罪现场是由警方的调查人员处理,但根据案件相关情况司法鉴定专家和病理学家也会应要求参与犯罪现场调查。在犯罪现场,警方会向专家咨询对现场进行保存、记录及寻找证据的最佳方式。执法部门开展的教育和培训能够使司法鉴定检测服务的价值进一步提高。定期举办的机构间业务会议可以使工作关系更为紧密,并通过反馈改进工作流程。此外,一个高级别的跨部门工作组会负责统领司法鉴定的发展,并更好地将调查人员和科研人员进行整合。

在 HSA 中,对于跨专业合作有正式的标准化操作规程,这样有利于不同实验室对证据进行有效且高效的检测，从而避免了调查人员重复提交样本。

报告直接提交执法机关，然后交由检察官。法医尸检报告将同时交给警方调查人员及验尸官，如果辩方没有质疑，报告就将作为庭审中的证据，无须专家出庭。在报告结果倾向于被告时，检察官可能与鉴定专家或病理学家讨论此案，从而更好地理解报告内容。辩护人在向检察官提交请求并获得同意的前提下，可以接触鉴定专家。

HSA 的工作人员在收到法庭通知时需要出庭进行相关陈述，出具相关证据，并接受询问。证据是基于个人专业单独提交的，这样避免了专家间的串供。虽然鉴定人是由检方通知出庭的，但他们可以客观的表述案件，无须担心检方的立场，也无须带有偏向性。

22.5　人员招聘

科研人员和普通员工的招聘同时在国内外进行。国内招聘主要通过当地的媒体，在职人员也可以申请空缺的职位。对国外招聘，相关机构倾向于招募具有特定技能和经验的工作人员。专业刊物上的广告可用于宣传空缺职位。正式的工作申请和面试流程可以帮助评估申请人是否适合该职位。评估是基于申请人的优点、能力和职位适应性。科研人员通常需要二级荣誉以上的研究生学位。实验室工作人员可以是当地理工学院的毕业生，也可以是持有当地理工学院文凭的人。

如果一名年轻的医生希望从事法医病理工作，其首先需要在法医学部门实习六个月，以评估其是否适合该职位。每年在全国范围内为医学专业毕业生进行一次培训选拔考试，这也适用于法医病理学。申请人在开始培训前，必须接受专业资格认可委员会（Specialist Accreditation Board，SAB）下设的专业培训联合委员会（Joint Committee for Specialist Training，JSCT）的正式面试，并接受评估。

22.6　培训和专业认证

HSA 已经开展了各种内部培训项目，以确保他们的工作人员符合岗位要求。

根据认证要求，如 ASCLD - LAB 和 SINGLAS（新加坡实验室认可计划，在新加坡等同于 ISO 认证），新加坡卫生科学局的司法鉴定专家在独立签署案件之前需要单独接受针对其工作能力及表现的同行评议。此外，新加坡卫生科学局还与一些国外知名机构进行特定学科的技术培训及合作交流。

接受专业法医病理培训的医生将接受为期 5~6 年的法医病理学和病理解剖学的培训。要成为有资质的病理学家，必须先通过英国皇家病理学院和澳大利亚皇家病理学院的考试，然后经过专业资格认可委员会的认证，最终进入病理学家的行列。培训期间还需要到国外法医病理部门进行培训，从而学习更多不同类型的案件。病理学家只有进入 HSA 作为法医病理学家工作，并经由国家政府公报公示后，才能成为正式的法医病理学家（根据 2010 年《验尸官法》），从而才能够在卫生科学局进行独立的法医尸检。

尽管美国法医病理专业协会的培养方式得到一定的认可，但是在美国需要先完成病理解剖学住院医师培训，然后再是法医病理学培训，这使得美国培养法医病理学家的时间太长，并不适合新加坡。

成为专业人员后，有一项强制性的继续医学教育（Continuing Medical Education，CME）项目，要求所有医学从业人员每两年完成规定的 CME 学分后才能继续从业。

对于所有科研人员和医疗人员，还会开展内部庭审培训，包括检察院和地区法院法官参与主持的模拟法庭、跟随资深专家/咨询人员出庭，参加疑难复杂的现场或案例分析等。在监督下处理内部案件的过程中，他们还会了解工作的法律框架，并认识涉及案件的不同人员，包括警察和刑事侦查局、验尸官，法医病理学家（如果他们有相关研究背景）等。

HSA 会提供专业的内部培训项目，以确保员工持续了解最新知识并胜任岗位。作为绩效考核指标，每名员工每年至少需要完成 40 小时的培训。卫生科学局鼓励员工参加会议并做主题报告，在同行评议杂志上发表文章，开展适量的研究工作。

HSA 拥有专门的奖学金和培训项目，为通过评估和考核的工作人员提供当地甚至海外的培训，以发展各类亚专科和专业技术，但参加培训的人员必须保证在其完成培训并取得相关资质后继续在 HSA 工作。HSA 会持续提供这些培训机会直到员工达到其专业领域的博士学位水平。

22.7 资金

HSA 的运营资金来自服务收费和政府资助。政府资助的数额是 HSA 与其上级主管部门定期协商后确定的。根据项目性质的不同，卫生部可能会时不时地拨款用于战略发展。

按照新加坡政府的规定做法和服务模式，司法鉴定实验室必须与重要客户（如新加坡警察局，中央肃毒局）就服务级别协议（Service Level Agreements，SLA）进行商议。一些分析实验室不得不在招标过程中进行竞争，以获得和政府机构合作的机会。某些科学实验室会为机构内部（HSA 的其他部门）提供服务，并采用交叉收费来促进财政运行和资源使用效率（如毒物实验室向法医学部收取后者使用毒物学服务的费用）。

法医学部预计可以通过业务实现全成本回收。法医学部对所有的项目有一套完整的收费标准，签字确认后可针对外部服务收取较低的费用，当进行全套尸检（包括与案件相关的全部必要的辅助调查）时可以一次性收取较高的费用。收入预计将涵盖所有方面的支出，从人力成本到设备采购和租赁，以及检测服务支出，如毒物学、微生物学、离子通道病检测（寻找离子通道缺陷的基因标记物）等。

随着多年来法医学部资金需求的持续增加，这种资金模式也随着技术和能力的提升在不断改进。

资金与案件的结果无关。在理事会批准最终预算之前，高级管理层会反复讨论和修改每年的资金预算表。如果费用增加，将提前通知客户。资金结算时会根据理事会批准的预算费用来执行。案件报告出具后就需要付费，无论庭审结果如何。

22.8 管理

HSA 由理事会管理，理事会成员为由卫生部任命，既有公共部门也有私人部门的专业人员。理事会主席由卫生部任命，并直接向卫生部汇报。董事会负责监督首席执行官，而首席执行官负责组织的日常运作。不同领域的专业人员负责监督该领域的学术运作，并在一定的框架内自由、独立地汇报案件，而不受高级管理层的影响。

22.9 政治影响

新加坡为其享有诚信和公平的国际声誉而倍感自豪。这是新加坡在高水准的基础上不断追求效率和优化改进的结果。这种转变在“局外人”看来似乎快得不可思议。然而，事实是，司法鉴定工作者完全科学、独立地处理每个案件，并坚决捍卫工作的公正性和独立性。

法院和总检察长办公室要求 HSA 的科研人员和病理学家出具客观的报告，并希望他们能在发生状况时接受国际审查。通常发生争议时，法院和总检察长办公室希望卫生科学局的工作符合国际标准，并能经得住外部审查。

有时，HSA 会和相关机构一起开展跨机构合作，制定法医病理学和司法鉴定未来的发展方向，以迎接未来的挑战。

22.10　实验室认可和质量控制

司法鉴定分析和毒物实验室：根据美国犯罪调查实验室主任协会/实验室认证委员会（ASCLD/LAB）项目要求，司法鉴定分析和毒物实验室于 1996 年 6 月获得了 ASCLD/LAB 认可。2012 年 6 月，司法鉴定分析和毒物实验室成功加入了 ASCLD/LAB 国际检测项目。ASCLD/LAB 国际测试项目纳入了 ISO/IEC 17025：2005 的要求及 ASCLD/LAB 针对司法鉴定检测实验室的补充要求。司法鉴定分析和毒物实验室获得了 SINGLAS 认可。

法医学：法医学部（2011）及其前身法医学中心（2005）获得了国家法医师协会（National Association of Medical Examiner, NAME）的认可，是目前唯一一家获得 NAME 认可的北美以外的机构。

22.11　技术

HSA 尽力购置最新的分析和科研设备，验证相关技术，从而在实验中开展应用。卫生科学局与新加坡国立大学等学术机构合作，开展多种联合项目及研究活动。卫生科学局密切关注国外的司法鉴定动态，学习相关合适的技术和最佳的操作指南，与国际顶尖标准保持一致。

科研人员和法医病理学家参与各种国际和海外的专业组织，了解行业的发展动态，并在国际合作交流中做出贡献。数十年来，HSA 有意识地将经营活动中的部分盈利投入到技术和战略发展中。

22.12　灾害应对

HSA 与新加坡警察局和新加坡民防部队（消防与救援）合作，联合处理大规模伤亡事件。为了保持良好的应急状态，工作人员会参加各种跨机构演习。

HSA 还制定了应急预案，运用移动集成式 BSL4 尸检设施来处理疑似高度传染性疾病。该预案包括了定期培训和两年一次的动员会，从而提升工作人员的操作能力和团队合作效能。

HSA 做好了参与区域大规模灾害的准备工作，在灾害发生后，参与事故死难者识别工作，进行 DNA 鉴定并确认死难者身份，如 2004 年亚洲海啸和 2011 年新西兰基督城地震。

22.13　法律问题

由于新加坡是英国的前殖民地，其继承了英国的对抗性法律体系。自新加坡独立以来，其法律体系开始逐渐脱离英国。

检察官提供、展示刑事审判的证据，然后由辩方提出质疑。庭审时需要展示的科学报告，会在庭审前提供给辩方审阅。最近法律的变化使得证据开示过程更加透明，并且辩方更容易接触证据。即使证据对辩方有利，也应该让辩方知道。辩方可能会召集他们自己的专家，但在司法实践中，这种情况并不多见。

司法部门敏锐地意识到科学在审判中的作用，并积极主动地让科研人员了解科学报告在审判中的作用。在诉讼过程中，法官经常会向科研人员和病理学家咨询，以明确相关的科学问题。数字技术已经融入了庭审过程，包括记录、文档编制、证据开示、法院文件交换、法庭陈述等。海外专家如果无法出庭，可以通过远程方式出庭，这一方案已被采纳。

庭审通常向公众开放。但是，媒体和公众不允许在法庭中拍照和摄像，也没有电视转播。

死因裁判案件由国家验尸官在国家法院审理。国家验尸官由新加坡总统任命，是一名受过培训的法官。2010 年验尸官法详细列出了死因调查过程中不同参与者的职责和责任。死因调查案件中的证据规则比刑事审判的证据规则要宽松得多。传闻证据是可以采纳的。近亲属有权向证人提问，无论律师是否在场。根据最新法案，验尸官不再当场做出判断，而是记录关于死亡情况的调查结果，并可以提出合适的建议，这将有助于防止悲剧再次发生。如果符合公共利益要求，检察官可以要求验尸官重现开展调查或重新进行检查。如果一个人被指控与他人死亡有关，验尸官的调查将暂时中止，直至完成起诉过程，而死因调查也将随之结案。

《卫生科学局法》第 16 条和 17 条规定，作为公职人员规定，新加坡 HSA 的工作人员不会因为善意的行为而被起诉。因此，HSA 的员工不会因为鉴定报告而被直接起诉。然而，就像其他医学专业的工作人员一样，HSA 也会为法医病理学家购买医疗赔偿保险。

22.14 科研工作

目前司法鉴定的研究方向主要为开发新检测方法，提高检测灵敏度及新药物、成瘾物质和掺假物质的检测方法等。上述研究中，有一部分可以在 HSA 内完成，但大部分研究都需要多个机构、多所大学的院系和实验室联合完成。海外合作研究主要是通过签署谅解备忘录和开展专题研究的方式开展的。HSA 还为调查人员研发了快速检测工具包，并与拥有相关技术的大学合作研发基于纳米技术的快速检测工具包，以便适应现场不同检测项目的需求。

22.15 发展方向

作为一个开放的社会，新加坡的社会文化和经济都很容易受到外界的影响。因此，在预测犯罪和非法活动演变的过程中需要保持高度的警惕。科技在侦查和解决犯罪方面发挥着重要作用，已为司法、法制和执法部门所公认。目前所面临的挑战是如何始终在国际研究中保持领先，并在问题出现前研发出相关的解决方案。预计会有持续的资源投入以满足不断更新的技术发展。然而，由于资源有限而且面临缩短周转时间的压力，自动化和采用工具包技术是必然的趋势，但这将不可避免地取代目前的一些工作岗位。

随着人口老龄化和出生率的继续下降，找到充足且合适的人员将是一个重大挑战。随着国家人口增速放缓，需要创新方案以解决技术人员增长受限的问题，如进一步推进自动化及采用工具包技术。使用 CT 扫描取代传统尸体解剖的压力持续存在。

迄今为止，HSA 一直以国家实验室的身份提供服务。然而，时常会有一些海外私人检测机构入驻新加坡，提供一些相对有限但有竞争力的服务。从长远来看，防止人才流失是需要密切关注的问题。

参考文献

第 22 章参考文献

第 23 章
南非司法鉴定的历史与现状

Herman Bernitz，比勒陀利亚大学牙科学院，口腔病理学和口腔生物学系，茨瓦内①，南非
Michael Kenyhercz，阿拉斯加大学，人类学系，费尔班克斯，美国
Burgert Kloppers，南非警察总署，司法鉴定实验室，弹道学部门，茨瓦内①，南非
Ericka Nöelle L'Abbé，比勒陀利亚大学卫生科学学院，解剖系，茨瓦内①，南非
Gérard Nicholas Labuschagne，南非警察总署，侦查心理学部门，茨瓦内①，南非
Antonel Olckers，DNA 生物科技有限公司[DNAbiotec(Pty) Ltd]；比勒陀利亚大学，免疫系和法医系，特聘教授，茨瓦内①，南非
Jolandie Myburgh, Maryna Steyn & Kyra Stull，比勒陀利亚大学卫生科学学院，解剖系，法医人类学研究中心，茨瓦内①，南非
Gert Saayman，比勒陀利亚大学卫生科学学院，法医系，茨瓦内①，南非

23.1 南非司法鉴定的历史

概况

南非司法鉴定的各个学科都有各自的历史、代表人物、问题及成就。这些学科必须一起处理以欧洲为中心和非洲传统社区相互隔离的历史遗留问题。这已经并将继续影响着该国司法鉴定的发展。在南非过去的司法系统中，种族隔离、家庭分裂、班图教育和种族统治的影响已成为一种惯例，由此导致当前社会极高的犯罪率(Centre for the Study of Violence and Reconciliation，2009)。民主政治转型后，新南非在消除赤贫方面进展甚微，贫富人群共同生活，为犯罪活动营造了天然的氛围。尽管饱受质疑，但外国人的非法入境也可能是高犯罪率的原因(Humanitarian News and Analysis，2013)。2012/2013 南非警察总署(South African Police Services，SAPS)官方犯罪统计数据显示发生了 16 259 起谋杀案、66 387 起性侵案和 105 888 起恶性抢劫案(South African Police Services Crime Statistics，2013)。这些官方统计数据的质量和准确性经常遭受质疑，主要是因为官方在原始数据收集和调查结果解释方面做得相对较差。预算限制导致司法鉴定工作人员人手不足及警务人员超负荷工作，但他们仍然要进行调查和分析并向法院呈交大量有关犯罪活动的相关证据，所有这些最终导致了司法鉴定领域目前存在的问题。

南非于 1652 年被荷兰殖民，1795 年被英国殖民，因此南非法律主要基于罗马荷兰法系，并受到英国法律的巨大影响。终止了种族隔离制度的南非废止了许多歧视性的法律，并在死刑、探视权、免费医疗和承认语言多样性等领域实施了开创性的举措。在南非，公平审判权现已在第 35(3)条中得到保障，该条款确保了被告理解审讯语言的权利(Du Preez，2013)。目前的"南非法律"至少由五个部分组成，即罗马荷兰法系的普通法系部分、罗马荷兰法系的民法法系部分、部落法、伊斯兰法系和英国法律(Beat，2002)。一个值得关注的问题是，国家检察机关和调查机关处于同一部门之中，造成了公众对其的不信任。立法机关对于法律体系的不断修正对司法鉴定领域有着直接的影响，如被称为《DNA 法案》的刑法(法庭程序)修正案

① 译者注：原文为 Pretoria，比勒陀利亚(Pretoria)于 2005 年 3 月 7 日改名为茨瓦内(Tshwane)。

B09－2013，于 2013 年 5 月 8 日进入议会讨论。《国家卫生法》第 8 章包含了国际法中如何在研究中使用干细胞和人体组织等几个方面的问题。虽然第 8 章及相关条例的颁布可能部分消除了监管真空，然而仍然遗留了一些重要的问题，而且可能进一步增加情况的复杂性（Pepper，2002）。

1994 年种族隔离制度终结，社会各个领域都发生了巨大的变化。高等院校大幅增加了所有种族人群入学学习的机会，这被认为是当时在包括司法鉴定在内的科学领域中具有代表性的事件。

医疗卫生从业人员，包括法医病理学家，法医牙科医师和具有医疗资格的法医人类学家，受到南非卫生专业委员会（Health Professions Council of South Africa，HPCSA）的严格监管，但司法鉴定相关学科进行的资格认证和专业审查与常规的监管相比不在同一水平线上。其余的法医科学学科受到了忽视，没有法定管理机构。质量控制方面的问题及现有机构在缺乏资质认证认可和伦理原则的情况下运行，导致了国家标准和指南的数量不足、内容差强人意（Olckers，Blumenthal 和 Greyling，2013）。尽管如此，南非拥有大量的高水平且非常能干的司法鉴定专家。司法鉴定服务项目涉及广泛，包括法医昆虫学，法医工程学，犯罪学，文件检验，计算机取证，法医护理学和指纹鉴定等，本章只选取了一些特色的司法鉴定学科进行详述。

23.2 南非的医学①和病理学

23.2.1 历史概况

在过去大约 100 年的时间里，南非的法医学服务主要是由官方任命的地区外科医师（district surgeons，DSs）提供。法医学服务包括法医临床学（涉及强奸和性侵、暴力冲突、老人和儿童虐待，酒驾等）和法医病理学（突然死亡、不明原因死亡和非正常死亡的法医学检验和尸检）。

地区外科医师通常是私人诊所的医师，但他们接受官方任命后代表国家或省级卫生部提供兼职法医学服务，服务主要包括三大类：为贫困人群和老年人提供常规医疗服务，官方性质的服务（疫苗接种、签发旅行证件、公务员入职前体检等）及法医学服务（包括法医临床和病理服务）。每个重要的地区（大致相当于英国的县，在南非 9 个省中有超过 350 个地区）都会任命地区外科医师。许多地区原则上只任命一名地区外科医师，但是人口密集的地区可能任命多名地区外科医师。这种体系的一个独特优势是，随着时间的推移，这些特定的医疗从业人员不仅在诊断技术，而且在法医学报告书写、法庭技能等法医学领域积累了丰富的经验和专业知识。地区外科医师负责评估每一起涉及人与人之间暴力冲突的事件和（或）案件，为警方提供报告，因此，大部分情况下，地区外科医师都是经验丰富的法医学工作人员。

在 1994 年第一次民主选举后，地区外科医师的正式任命和职位被取消，之前地区外科医师参与的案件改由当地的诊所和医院参与，由住院医师（急诊科医师）提供必要的法医学（诊断和治疗）服务。由于部分地区的医务人员相对较少，医务人员不愿意介入可能的法庭诉讼，大部分临床医师对法医学缺乏兴趣等，导致了必须出庭作证的医务人员的专业知识和技能急剧下降。

历史上，地区外科医师还提供法医病理服务，包括突然死亡、不明原因和（或）非正常死亡案件中的法医学检验。在大部分重要地区，法医临床和法医病理服务均由同一名医务人员提供。因此，地区外科医师会定期进行法医尸体解剖、撰写报告，随后出庭作证。在一些较大规模的城镇和城市，地区外科医师可能被任命

① 译者注：原文为 medicine（医学），译者综合上段认为应为 forensic medicine（法医学）。

专门提供法医临床和病理服务。在一些中心城市，专门的法医学从业人员（法医病理学家）被任命对死亡案件进行法医学检验。

虽然专业的法医病理服务是由医务人员提供的，但基础设施建设（法医验尸房）、行政和职能组织、后勤服务和预算都是由南非警察总署负责管理；同时，南非警察总署提供人力资源、车辆、设备及其他进行全面死亡调查所需的设施。因此，警方负责回收犯罪及死亡现场的尸体、法医验尸房的运行工作、协助病理学家进行尸检、与公众沟通及联系殡葬服务等。医务人员服务于国家和省卫生部门，南非警察总署不会向医务人员支付工资。

在 20 世纪 90 年代，就包括法医验尸房在内的整个法医病理服务的归属问题开展了一系列磋商，要求将法医病理学服务的预算、行政管理及运营由南非警察总署转移至省卫生部门。这项工作于 2006 年开始实施，南非九个省的所有法医验尸房转由省级法医病理服务部门管理。南非警察总署的职责仅限于保护犯罪/死亡现场及必要的警方/刑事调查，包括大部分的鉴定工作和收集物证，但不包括收集、处理和检验现场和法医验尸房中人体及其相关的证据材料。省卫生部门雇用法医病理官员（Forensic Pathology Officers，FPOs），负责收集死亡现场的尸体，将尸体运入法医验尸房，协助病理学家进行法医尸检，受害者身份识别和其他行政管理职责。

23.2.2　法律制度

在南非开展的法医死亡调查服务主要基于以下的法律制度：

- 《调查法》（1959 年第 58 号）规定，所有非正常死亡都必须通知警方，然后警方必须调查死亡情况，保护尸体，使医务人员可以进行相关检查，并由此得出较为明确的死因。
- 《出生及死亡登记法》（1969 年第 18 号）规定医务人员在处理所有正常死亡病例的时候都必须填写死亡通知单[具体说明主要的医源性因素和（或）死亡原因]。如果医务人员不能完全认定某病例系正常死亡，则必须向南非警察总署报告，并由法医病理服务部门进一步调查。
- 《国家卫生法》（2003 年第 61 号）。该法第 8 章提出了人体组织用于科研、教学培训、移植和治疗应用的相关规定。此外，该法还明确了非法性质的尸体检查。该法提出了南非关于提供法医病理服务的有关条例，该条例进一步规定了死亡调查的职责范围，并授权省卫生部下设的法医病理服务部门进行法医尸检和提供非正常死亡调查服务。根据法律定义，非正常死亡包括所有由物理和（或）化学作用力或物质引起的死亡，所有突发、不明原因和无法解释的死亡，（医务人员认为）可能由医疗事故引起的死亡，手术/麻醉过程的死亡，以及医疗过程中并发症导致的死亡。
- 《医疗专业法》（1974 年第 56 号）。医疗专业法最新修正案规定，手术/麻醉过程中发生的死亡及由任何形式医疗过程（诊断、治疗或姑息治疗）引起并发症导致的死亡，都必须接受包括尸检在内的法医学检查。
- 《刑事诉讼法》（1977 年第 51 号）规定用于刑事诉讼中确认事实和（或）现场情况的人体组织和（或）样本的采集和科学调查的相关条例。

23.2.3　南非法医学的教学和培训

在南非，目前有 8 所高等院校设立了卫生学院培养医务人员。每年约有 1 200 名医务人员从医学院毕业。南非现有 28 000 名在职医务人员为 5 200 万人口提供医疗服务。在南非行医的医务人员必须在南非医疗专业理事会（Health Professions Council of South Africa，HPCSA）下设的医学和口腔医学专业委员会注册。医务人员可以注册为全科医师或专科医师，而专科医师需要由南非医疗专业理事会认证，分为临床和病理两个亚专业。

所有医学院校在本科阶段都会讲授法医学

的基础知识，包括医疗法、基础死亡学、基础尸检技术、法医死因调查的原则和程序、基于法律和伦理角度的死亡认定和告示，以及法医临床专业的相关知识。不同医学院校之间关于上述课程的范围和内容存在较大的差异，在部分院校中该类课程只有几个学时，而有一些院校累计近 100 学时的理论和实践课程。大多数医学院校会要求高年级医学生在指定的法医验尸房参加一系列的法医解剖课程。

几乎所有的医学院校都提供法医病理学研究生阶段的规范化培训，从而让学生获得南非医疗专业理事会认可的且可以注册的学位，进而登记成为法医病理学专业从业人员。此类培训包括了 4~5 年的规范化培训课程，包括了各种病理学学科的正式学业评估，主要为解剖学和法医病理学。科研能力和科研产出是成功完成规范化培训的先决条件。直到最近，大多数医学院校都可以授予法医病理学方向的医学硕士学位（Master of Medicine，MMed），但是目前最终的考核由南非医学院负责，成功通过的候选人将被授予病理学院奖学金（Fellowship of the College of Forensic Pathologists，FCForPath［SA］）。

卫生学学院一般有 4 到 10 个经过认证的规范化培训岗位，而南非每年只有 4~5 名培训合格的专业法医病理学家。尽管南非迫切需要大量专业的法医病理学家，但目前在职注册的法医病理学家数量维持在 35~45 人之间。

医务人员也可以参加进一步的专业课程和职业培训，而无须接受正式的规范化培训，完成课程和培训后，他们可以申请南非医学院法医学和法医病理学毕业证书。但是，该毕业证书不允许申请专业学位，也不能申请成为南非医疗专业理事会认证的专业法医病理学家。

23.2.4　法医病理学服务：人口统计及服务视角

南非约有 5 200 万人口。南非统计局是负责人口数据统计的官方机构，同时完成死亡数据统计。尽管官方统计的数字较低，但如果纳入"非正常死亡"定义中涉及的全部案件，那么南非每年至少有 70 000 起非正常死亡案件发生。官方机构（包括南非警察总署）发布的犯罪和凶杀案件数据的可靠性和准确性一直是一个激烈争论的话题，而政府目前暂时不再公布这些数据。凶杀案件死亡人数高达 25 000 人，道路交通事故死亡人数高达 15 000 人，自杀死亡人数高达 10 000 人，这些只是南非每年死亡统计数据的一部分。

南非全国分为 9 个省，其中豪登省（人口约 1 200 万人）和夸祖鲁-纳塔尔省（约 10 万人）是目前人口最多的两个省。行政首都茨瓦内和南非经济中心约翰内斯堡都位于豪登省。最近报告表明，开普敦是市民遭受暴力或非正常死亡风险最高的大都市。

每个省级卫生部门都设有法医病理学服务部门，负责基础设施建设和人力资源管理，提供法医学死亡调查服务。在较大规模的城镇，一个较大的法医学验尸房可能由一名或多名法医病理学家任职，但大部分情况下，法医尸检是由非专科医务人员和规范化培训中的病理学从业人员进行操作。法医病理学家很少在农村和（或）小城镇工作。平均而言，法医学从业人员每年进行 400~600 次的法医尸检，尽管在某些地区的尸检数量可能远远超过这个平均数。

23.2.5　专家支持服务

南非法医学验尸房的法医学从业人员可以获得几乎所有司法鉴定学科全方位的专家支持服务。由于相对较差的职能组织和后勤缺陷，获取和使用这些服务往往是有限制的。通常情况下，组织学和毒物学服务是常规提供的，但其他的专科服务（包括人类学和口腔医学，法医遗传学/分子生物学及法医昆虫学服务）则很少提供。这些服务通常由南非警察总署的司法鉴定实验室，或者由大学、其他高等院校或科研机构的学术/科研部门提供。

23.2.6 不完善的地方

南非有相对完善的法律制度和服务平台，能够在所有地区提供系统化和常规的法医学死亡调查服务。但在许多地区，诊断服务的质量和案件处理的效率仍存在一定的问题，尤其是相对偏远的地方。存在以下问题：

- 专业人员不足，法医病理学家缺乏正式的培训；负责现场调查，收集信息并协助病理学家进行尸检的法医病理学技术人员缺乏培训。

- 不达标的验尸房设施、较差的验尸设备和相关调查设备，包括现代化的诊断和辅助设备，如照相设备，放射诊断设备等。尽管近期全国法医病理服务的资助大幅增加，但若需提供更好的服务，仍有大量工作需要完成。

- 死亡调查发展缓慢，缺乏标准化的操作规程，机构和部门间普遍缺乏谅解备忘录、标准化操作规程，服务水平协议等。

- 不可靠的法医毒物分析服务。

- 糟糕的验尸房信息管理体系，数据管理不全面，无法获得充足的资金及管理人员来改善服务。

- 缺乏认证程序，专业和机构间的审查和质量控制措施不完善，这些情况逐渐削弱了从业人员不断努力取得的成果，如提供诊断准确性，出具可靠且具有权威性的法医报告用于对抗性法律诉讼。

23.3 南非的法医牙科学

23.3.1 南非法医牙科学历史

《法医牙科学的适用范围和历史》(Hill 等，1984)一书是南非第一本关于法医牙科学的著作。1966 年，C. W. van Wyk 教授被任命为南非警察总署法医牙科学名誉顾问，这是南非第一个法医牙科学职位。1977 年，南非法医牙科-口腔科协会成立(South African Society for Forensic Odonto-Stomatology，SASFOS)，并与国际法医牙科-口腔科组织(International Organisation of Forensic Odonto-Stomatology，IOFOS)保持了密切的联系。最令南非自豪的是，H. A. Shapiro 教授在 1983 年筹办了第一本法医牙科学专业杂志。这本杂志被称为《国际法医牙科-口腔医学杂志》，1983 年首次出版，Shapiro 教授为该杂志的编辑。自那时起，法医牙科学蓬勃发展，大部分牙科学校都有法医牙科医师。在非洲大陆的数起大规模灾害中，法医牙科医师在受害者身份识别中起了重要作用：1968 年温得和克空难(C. W. van Wyk 教授)，1983 年比勒陀利亚恐怖袭击(A. J. Ligthelm 教授)，1987 年海德保区空难(A. J. Ligthelm 教授)，2007 年喀麦隆杜阿拉发生的肯尼亚航空公司空难(H. Bernitz 教授)及马普托弹药爆炸(H. Bernitz 教授)。H. Bernitz 教授是第一位被选为国际法医牙科-口腔科组织主席的南非人，他的任期为 2005~2011 年。在他任期内，《国际法医牙科-口腔医学杂志》由纸质期刊改为开放获取的网络期刊。

23.3.2 比勒陀利亚大学法医牙科学的案件类型

法医牙科案件来源于法医学系、法医人类学系、南非警察总署的受害者识别中心、西弗敦法医学实验室和茨瓦内的法医验尸房。具体的服务包括：

- 尸源鉴定。
- 确定骨骼遗骸的年龄、种族和性别。
- 确定犯罪嫌疑人和难民的年龄。
- 咬痕分析。
- 大规模灾害应对。
- 儿童虐待案件的牙科-口腔科调查。
- 其他。

23.3.3 法医牙科学的招聘和培养方式

南非有几所大学提供法医牙科学的相关课程。这些课程提供毕业证书、荣誉学位、硕士学位和博士学位。这些课程刊登在大学的网页和当地的牙科杂志上。南非是少数几个在大学培养研究生作为法医牙科医师的国家之一。

23.3.4　灾害遇难者身份识别(法医牙科学/法医病理学)

南非是第一批制定国家《灾害管理法》(2002 年第 57 号)的国家之一(Government Gazette,2003)。该法被认为是国际上灾害风险管理的典范,因为它通过立法落实了灾害管理的概念。

《灾害管理法》还制定了应急状态的准备工作,快速有效地灾害应对和复原工作及志愿者的参与。灾害是指突发的或逐渐进展的,广泛的或局部的,自然的或人为的事件,这些事件会或可能导致死亡、损伤或疾病;财产、基础设施或环境损害;破坏社区生活。南非有一个由警方人员组成的灾害遇难者辨认(disaster victim identification, DVI)小组,该小组由一名高级警官直接监督管理。所以医疗和牙科服务都是临时设立的,人员数量取决于灾害的规模和性质。这些人主要是大学工作人员,但必要时也可以招募合适且有资质的接受过法医培训的私人牙科医师。

23.3.5　法医牙科学研究

目前的法医牙科学研究主要关注咬痕分析技术,特定人群和代表性人群样本的齿痕特征,以及国内不同种族的年龄估计。这些研究方向在南非各个机构的研究项目中得以体现,是各机构学位课题研究的一部分。南非在法医牙科领域发表的论文数量有着骄人纪录。这些论文包括以下研究:年龄估计、大规模灾害管理、法医牙科学材料、牙科同一性认定及咬痕分析。目前比勒陀利亚大学和西开普大学是法医牙科学研究的领先者。

对于 10~18 岁年轻人群的年龄估计是一个疑难问题,导致有时只能在很少或缺乏证据的情况下,对犯罪嫌疑人进行判决。英格兰,加拿大和比利时有很多数据可以用于估计年轻人的年龄,但南非黑人人口的相关数据极少,甚至根本没有。目前对南非黑人儿童年龄估计的研究正在开展。

牙骨质在年龄估计中的作用也在研究中。这个研究项目将探索牙骨质评估年龄的可行性,牙骨质是一种矿化组织,每年都会形成环状结构,类似于树上的年轮。

目前正在与数学系和统计系的研究人员合作开展研究,利用概率统计来进行咬痕分析,最终应用于法庭案件。该研究应用贝叶斯统计对豪登省人群中特定牙齿特征的分布情况进行观察,已确定咬痕相关案件中嫌疑人犯罪的可能性。

目前正在开展一项研究项目,该项目是硕士学位研究课题的一部分,目标是收集和分析豪登省五种常用牙齿特征的代表性样本。这个有远见的项目旨在登记并收集省内 4 300 个咬痕,并分析前牙列五种特定牙齿特征的分布情况。

一项使用口腔锥形束 CT 扫描来进行身份识别的研究项目也正在开展中。

23.4　南非的法医人类学

23.4.1　体质人类学的历史

学科的发展取决于该领域的杰出研究人员及国家的社会,政治和环境状况。R. A. Dart, T. J. Dreyer, M. R. Drennan 和 R. Broom 原来分别为医师、动物学家、解剖学家和古生物学家,他们于 20 世纪初,在南非引入并兴起了体质人类学(Morris,2012)。研究聚焦于南非人群的起源,现代和历史群体的类型学和人类进化(Morris,2012)。Raymond A. Dart 是南非最杰出的学者之一,他在 1924 年发现了非洲南方古猿,或被称为“汤恩小孩”(the Taung child)(Dubow,1995)。

在 20 世纪中叶,体质人类学的研究开始出现了变化,从类型学的方法转向以更现代化的方式来描述人类的变化。体质人类学研究的一个转折点是 de Villiers(1968 年)关于现代南非黑人颅骨的研究，这为后来研究南非人群的特定规律，以及将这些方法应用于未知领域奠定了基础（L'Abbé 和 Steyn，2012）。

由于未受社会人类学和文化人类学的理论影响，南非的体质人类学仅在医学院校而不是人文学院进行授课和开展研究，这使得南非的体质人类学和北美的截然不同。因此，南非的体质人类学家并不总是接触人类学理论，相反，他们是基于解剖学和医学科学接受相关教育。

23.4.2　教育、培训和资质认证

在南非，法医人类学在大量失踪人员和身份不明尸体的价值仅在于如何调查这些案件。同样地，从逻辑上来看，在草原上发现骨骼受到的重视程度远不及一起凶杀案。

在过去的十年中，各学术机构已经完成了研究设施建设，以应对身份不明的骨骼遗骸。比勒陀利亚大学解剖学系于 2008 年成立法医人类学研究中心。西开普的开普敦大学及约翰内斯堡的威特沃特斯兰德大学分别于 2010 年和 2013 年成立了类似的研究团队。

比勒陀利亚大学、威特沃特斯兰德大学、开普敦大学和斯坦陵布什大学的解剖学系可以授予体质人类学的荣誉理学学士学位直至博士学位，而开普敦大学也可以授予生物医学司法鉴定的理学硕士学位。在各个机构中，学生往往来自基础医学课程，他们在人类学方面仅有的一点经验来源于体质人类学或法医人类学课程中关于人类进化的过程。没有明确的指南可以指导如何成为法医人类学家，也没有此类专业最低资质要求的说明。如果对于培训或从业没有最低限度的资质要求或标准，每名法医人类学家对于专业的掌握程度都不同，因此，一名法医人类学家是否有能力进行法医人类学分析在南非是一个至关重要的问题。

23.4.3　比勒陀利亚大学解剖系的案件类型

自 1993 年以来，比勒陀利亚大学解剖学系收到过自 SAPS 或当地法医病理学家进行人类学分析的要求（L'Abbé 和 Steyn，2012）。在 2002 年 1 月至 2012 年 9 月期间，法医人类学研究中心共完成了 555 例案件。大多数尸体是来自草原（26%），有不同程度的腐烂；最常见的是骨化尸体（50%）、其次是部分骨化尸体（31%）、高度腐烂尸体（15%）及新鲜尸体（2%）。随着经济的增长，在历史墓园及早期和晚期铁器时代的考古遗址中发现了不少骨骼。

平均而言，涉及男性的案件占 52%，其中黑人血统的南非人（76%）占比明显高于白人血统的南非人（5%），这些数字反映了该国的人口特征。因为遗体不完整或过于年轻，约有 11%的案件无法确认性别。大部分案件涉及的都是成人遗体（86%），估计只有 5%死亡发生在 11~18 岁，4.5%的死亡发生在 10 岁及以下。创伤性骨损伤主要包括死前创伤，主要集中在颅骨和胸部。死亡过程中的骨损伤，按发生频率顺序，主要为钝器伤、弹道伤和锐器伤。约有 9%的尸体被发现有焚烧痕迹，其中包括两起胎刑、死后在草原和垃圾场焚烧尸体，以及两起房屋起火。

23.4.4　研究

目前南非的人类学研究关注的是人群中现代南非人的演化，并与其他人群进行比较。人类演化的评估与法医学的适用性直接相关。始终坚持使用生物学描述的方法来研究人类的演化过程，使得南非的法医人类学可以与其他国家相媲美。

许多关于南非现代人演化的研究都聚焦于颅骨。历史上，颅骨研究仅限于单变量测量，如头颅指数，但这种方法尚不能充分分辨国内人群的差异。Steyn 和 Iscan（1997 年）对颅骨进行多元变量统计分析，发现中面部的分析比颅骨尺寸更具有分辨性，从而将南非的黑人和白人区分开来，精确度在 75%到 94%之间。尤其是，使用鼻部的宽度和高度数据进行分类的精确度高于其他中面部的数据。该研究结果再

次强调了中面部特征对于祖先血统的估计具有更好的分辨能力（Hefner，2009；L'Abbé 等，2011；McDowell，L'Abbé 和 Kenyhercz，2012）。

南非已经建立了一个数据库，运用 FORDISC3.0（FD3）软件，使用颅骨测量数据的多元统计分析方法，从而探索南非人群的差异，进行祖先血统的估计。该数据库包括了大量的现代南非人样本，其中包括了南非数量最多的三类人群，即黑人（158 人），白人（114 人）和有色人种（247 人）。运用有限元（Determine the finite automaton，DFA）算法（性别合并后的黑人，白人和有色人种）对颅骨测量数据进行分析，结果发现分类精度高达 82%（L'Abbé 等，2013）。使用整个颅骨，而不是仅仅是中面部区域，可以改善分类精度。有趣的是，当种群和性别同时纳入分析时，对于人群的分类错误则显而易见。白人和黑人的男性和女性被分入了错误的性别，但被认为是同一祖先；有色人种的男性和女性被分入了同一性别，但不同的祖先。

L'Abbé 等对整个颅骨使用几何形态测量法而不是线性测量法进行测量，比较了现代南非三类人群的颅骨形态，结果将分类精度提升至 90%（L'Abbé 等，2013）。在分析中，他们发现了两种主要的区分类别：白人和其他人种之间，黑人和有色人种之间。白人和其他人种之间的差异很大程度上是由于南非白人相对较高和较靠前的颅阔点的位置，整体面颅骨较小及较高的颅骨。南非黑人和有色人种之间的差异主要涉及颅骨的宽度，黑人的颅阔点与有色人种相比更靠前靠下。南非有色人种组内的差异也很大，他们是世界上最独特的人种之一，在洲内和洲际的贡献远大于其他人种。

目前正在评估使用颅骨后部测量预估祖先血统的可行性。从历史上看，尽管南非人群在最终的身高上存在差异，但却从未发现过颅骨后部测量数据的差异（Steyn 和 Smith，2007）。身高差异在 6~10 岁的南非未成年人中最为明显（Anholts，2013）。

一些研究生在估算南非北部尸体的死后间隔时间和尸体分解率时探索了研究课题（Myburgh，L'Abbé 和 Steyn，2013）。Keough 等评估了燃烧后尸体的新鲜程度、残骸的湿度和干燥度，他们定量记录了猪尸体燃烧后从新鲜到骨化的数据，发现了燃烧模式与骨骼湿度和干燥度的联系，为探索在草原上尸体可能的燃烧时间提供了一种方法（Keough 等，2012）。

23.4.5 未来的方向

南非已经成为一个研究中心，主要是由于法医学标准的修订契合了其他国家的要求/标准。除了为不同的人群制定特定的标准外，新的方法（如几何形态测量法）和新的分析技术（如多样的判断函数分析和多元自适应回归样条法）在南非科研领域价值凸显，而且法医人类学领域同样适用。在未来，为了提高针对南非人群研究方法的科学性，南非学生需要学习人类学理论和基础医学知识，因为法医学案件中各种方法的信度和效度需要有严谨的研究成果来建立。

凭借庞大的骨骼样本库及与欧洲和北美顶尖专家的合作研究，南非有望成为人类演化和法医人类学技术研究的领导者，尤其是在撒哈拉沙漠以南的非洲地区。制约因素包括犯罪率极高，不重视死亡调查中的骨骼遗骸，以及南非与学术界交流较少等（L'Abbé 和 Steyn，2012）。

23.5 南非的 DNA 证据

23.5.1 概况

南非最大的法医 DNA 实验室是南非警察总署的司法鉴定实验室（Forensic Science Laboratory，FSL）。主要的 DNA 鉴定实验室位于豪登省内的茨瓦内和西开普敦省的开普敦。这是仅有的两所司法鉴定实验室下设的 DNA 鉴定实验室。其他两所 DNA 实验室位于伊丽莎白港和德班，但他们仅进行 DNA 证据的恢复。

法律禁止私人实验室参与刑事案件的DNA鉴定。然而,有一些私人机构在民事案件中进行DNA分型,主要是亲权鉴定。过去多次尝试说服司法鉴定实验室将刑事案件的DNA分型外包的努力都以失败告终。然而,法医服务质量改善的呼声日益高涨,甚至还有人建议尝试公私伙伴关系模式来改善南非法医服务(Barnard,2014)。

23.5.2 使用 DNA 证据的案件

20 世纪 90 年代后期,南非法院开始采信DNA证据,State v. Parker(2000 年)使用短串联重复序列(Short Tandem Repeat,STR)技术来处理案件。自从那时以来,该技术得到了广泛的应用,2013 年在司法鉴定实验室的DNA鉴定部门处理了 314 613 例案件(Smith,2014)。每年的案件中大约 70%是性侵案件(Lucassen,Omar 于 2008 年引用),其余为暴力犯罪,包括谋杀和暴力冲突。每年有 60%的案件无法进行DNA分型,由于大部分样本无法提取到DNA,只有大约 10%的样本可以进行DNA分型(Omar,2008)。

23.5.3 司法鉴定整合

涉及DNA证据案件的犯罪现场样本收集过程在表 23.1 中列出。

从犯罪现场的证据收集到送到实验室的检测,每个过程中对于证据链的完整都非常重要。实验室中对样品进行的每一步操作和每一次测试都需要进行书面记录。这些记录都是可以审查的原始记录,并可以重新追溯。在实验室中,从对样本进行的操作开始直至完成最终报告都必须遵循质量手册的规定,这些规定记录在《标准作业指导书》(Standard Operating Procedures,SOPs)中第 212(4)(a)条的书面证词。整个分析过程都有详细的记录。通过最后的陈述来解释重要的发现。在法医DNA实验室中,只能使用以下三种表述中的一种来表达有效结果(Essential DNA Evidence Short Course,2013):

(a) 包含(inclusion)。

(b) 排除(exclusion)。

(c) 不确定(inconclusive)。

区分不同表述非常重要,因为它们是对DNA结果解释的一部分,否则就可能存在偏倚和误解。区分需要技巧,也需要对数据的客观评估。因此,合适且有深度的培训是非常必要的,随着时间推移这可以为今后技术的不断磨炼打下坚实的基础。

23.5.4 教育培训

过去,当有人要进入司法鉴定实验室成为DNA鉴定人员的时候,需要按照未经认可的教学大纲接受内部培训。2007 年,第一份正式的司法鉴定资格证书——国家司法鉴定证书,在南非国家资格框架下制定并登记注册。它目前是司法鉴定实验室工作人员的入门资格。

想要进入司法鉴定实验室工作的员工现在需要根据他们想要进入的部门取得相应的科学学位(SAPS,2014)。在进行DNA鉴定的生物学部门工作的员工,必须有全面的学科背景,因为分析师不仅需要在该部门表现良好,而且要能在法庭上解释实验结果。司法鉴定实验室有一套入职培训和内部培训体系,分析师在独立工作前,需要接受能力测试和操作指导(Omar,2008)。

在过去的三年中,许多南非学术机构开展了司法鉴定的科研工作,以满足市场不断增长的需求。这些科研项目是由机构自己决定的,而目前优先考虑的问题并非这些科研项目在全国范围内的统一性。在不久的将来,预计国家将会制定科研项目指南,说明科研项目必须遵守的最低标准,以便研究人员在南非自然科学专业委员会(South African Council for Natural Scientific Professions,SACNASP)注册登记。

表 23.1 DNA 证据流程的概述(经 Meintjes-van der Walt 同意改编,Meintjes-van der Walt,2010)

南非警察总署	犯罪现场	• 识别 • 收集 • 包装 • 储藏	
	调查人员 进行案件登记	• 案件管理系统分配案件编号 • 监管链 • 受害者/被告样本 • 转交实验室 • 储藏 • 控告、逮捕嫌犯,获取参考血样	
南非警察总署犯罪记录和法庭科学服务部门 (SAPS CRFSS)	司法鉴定实验室 生物部门	• 证据链 • 收到样品 • 预试验 • DNA 提取 • PCR • 电泳 • 电泳图谱 • 生成 DNA 图谱 • 评估质量 • 提交数据库 • 与数据库内的其他档案进行比较 • 根据案件背景进行解释 • 匹配声明,如适用 • 实验室报告:第 212(4)(a)条,书面证词	国家 DNA 数据库 (NFFD) • 样品采集 • DNA 数据比较 • 被捕犯人 • 被定罪的犯人 • 冷冻保存
国家检察机关	公诉	• 起诉书 • 预审 • 证据开示	
审判系统	刑事法庭	• 证据质证 • DNA 专家证词 • DNA 匹配 • 匹配的显著性 • 判决 • 量刑 • 关押 • 数据库样本录入;被定罪的犯人	
惩教署	惩教服务	• 被定罪犯人的 DNA 采集 • 上诉 • 假释	

注:DNA 案件的流程从犯罪现场识别证据直至递交法庭,最终交由惩教署。DNA 数据库与过程元素之间的联系用虚线表示。

令人鼓舞的是,迄今为止南非法律援助部门(Legal Aid South Africa)是南非雇用法律从业人员最多的机构,如果不算非洲的话,南非法律援助部门授权其工作人员接受 DNA 证据培训。南非法律援助部是一个独立的组织,为负担不起费用的人提供法律援助服务。南非法律援助部致力于为他们雇用的法律从业人员提供技能培训,从而使他们具有处理相关案件的技术能力,如 DNA 鉴定证据(Hundermark,2014)。

23.5.5 资金

司法鉴定服务的公共资金预算由政府提供,每年进行调整。不同部门由国家层面统一分配资金,包括警察局。在警察局,司法鉴定实验室隶属于犯罪记录和司法鉴定服务部门。该部门由犯罪记录和司法鉴定服务专员进行管理(SAPS,2014)。

如全自动化遗传样本处理系统(Genetic Sample Processing System,GSPS)等大型项目获得了来自外部资金的支持,如欧盟。通常这些大型基础设施项目在犯罪预防和管理方面对国家具有重要意义。

23.5.6　司法鉴定行业监管

南非自然科学专业委员会是法律规定的管理自然科学专业的机构,包括司法鉴定专业领域。《自然科学专业法》(2003年第27号)附表1中,司法鉴定被列为该法律监管的行业类别。司法鉴定最近从上述类别中移除,司法鉴定行业目前在南非尚未受到监管。

2013年,南非正努力准备在未来的一年里组建司法鉴定研究院(Olckers, Blumenthal, Greyling,2013)。成立相关专业后,研究院会向南非自然科学专业委员会申请恢复司法鉴定专业类别,从而重新对司法鉴定行业进行监管。南非自然科学专业委员会迄今为止一直与该领域的专业人员一起努力工作,以尽快恢复对司法鉴定的行业监管。

在南非组建司法鉴定研究院预计最终将形成行业持续发展的态势,使得司法鉴定人可以始终了解行业的最新进展,这也是他们在南非自然科学专业委员会登记注册的要求之一。研究院还应举办活动,促进同行间关于DNA证据的讨论,交流价值观和想法,以确保司法鉴定的诚信。

23.5.7　质量管理和实验室认可

南非国家认可体系(South African National Accreditation System,SANAS)规定实验室认可根据国际标准化组织(International Organization for Standardization,ISO)的标准进行(2006年《第16号法令》)。

自2000年以来,南非国家认可体系与国际实验室认可合作组织(International Laboratory Accreditation Cooperation,ILAC)签署协议,该协议有助于签署国之间接受经过认可的实验室结果(ILAC,2014)。南非国家认可体系涉及了多个领域,其中一个就是司法鉴定。南非国家认可体系的司法鉴定专业技术委员会(Specialist Technical Committee,STC)在国家层面为司法鉴定实验室认可制定指南。该专业技术委员会由多名国家级司法鉴定领域的专业人员组成。南非国家认可体系的认可意味着满足了实验室运行的最低质量标准,在检查当天实验室会被要求进行指定的测试。

普遍认为南非的犯罪率很高。从逻辑上讲,该国主要实验室的案件量应该很大,而南非警察总署的司法鉴定实验室确实如此。该实验室每年司法鉴定样品处理量高居世界首位,但该实验室却没有通过南非国家认可委员会的认可。目前南非有两个法医实验室通过认可,但和南非警察总署的司法鉴定实验室都没有关系。开普敦市卫生局法医化学实验室于2010年获得化学专业的认可(SANAS,2014),可以进行毒物分析。比勒陀利亚大学法医毒物学实验室于2012年获得认可(SANAS,2014)。这两个经过认可的司法鉴定实验室认可的专业都是化学专业,特别是毒物学。每个认可周期为期5年,到期后需要重新进行认可。

认可是一个亟须解决的问题,但幸运的是,政府部长委员会已经注意到了该问题。司法鉴定实验室缺乏认可问题依然存在,一些案件的证据由于实验室没有经过认可而被法院驳回(Report of the Portfolio Committee,2012)。警察部长委员会对该领域的监管有望帮助司法鉴定实验室在不久的将来获得实验室认可。

23.5.8　DNA证据

南非对于国家实验室分析人员提供的证据没有审查制度。如果是这样的话,分析人员无法发现并纠正证据中的科学错误和(或)违反职业道德的事情(State v. Rapagadie, 2010;

State v. Mlanga,2012; Bokolo v. State,2013)。监督和评估体系对任何司法鉴定实验室都是有极大帮助的,它可以确定分析人员在技术和职业道德层面上需要培训的领域。对于司法鉴定行业的监管势在必行,有助于提高鉴定意见在法庭上的证据质量。

23.5.9 DNA 分型技术

南非于20世纪90年代后期开始使用STR技术,首批案件在2000年后进入法庭诉讼。State v. Parker 报道了首批基于 STR 技术的 DNA 案件(State v. Parker,2002),然而在经过认证可以用于检案之前,国家实验室很早就开始使用STR技术。最初的试剂盒包含9个STR基因座(表23.2),但这个试剂盒并不能很好的用于检测,所以研发了15个基因座的STR试剂盒,经过认证可以供大部分法医学实验室使用。目前国际上很多使用23个或更多基因座的STR试剂盒来检测每个DNA检材。在南非,南非警察总署的司法鉴定实验室在2014年全面应用15个STR基因座的试剂盒(Smith,2014)。其他方法,如X和Y染色体单倍型和线粒体分析,都不是司法鉴定实验室常用的检测方法。

表23.2 一家商业公司推出的用于法医 DNA 鉴定的试剂盒(Life Technologies,2014)

试剂盒名称	STR基因座数量(个)	正式推出时间(年)
GlobalFiler™ PCR 扩增试剂盒	23	2012
AmpFLSTR® Identifiler® plus PCR 扩增试剂盒	15	2010
AmpFLSTR® Identifiler® PCR 扩增试剂盒	15	2001
AmpFLSTR® Profiler Plus® PCR 扩增试剂盒	9	1997

考虑到案件量,南非警察总署司法鉴定实验室于2007年启动了全自动化工作站,该实验室是南非第一个拥有此类样本处理系统的实验室(Omar,2008)。实验室工作站存放处理了积压的DNA案件,这些积压案件多年来阻碍了实验室向司法机关高效地提交证据。2013年初,工作站由于一次性用品短缺而被迫关闭(Barnard,2013),随后被永久关闭并拆解。目前实施的是半自动化工作站(Smith,2014)。这在技术和司法层面都是不合逻辑的,因为南非不仅丧失了在自动化DNA测序分析方面的主导地位,而且还将面临大量无法及时递交给司法机关的DNA案件积压问题。

23.5.10 影响 DNA 证据的法律问题

司法鉴定证据是基于科学的,并且必须将客观科学评估的数据呈现在法庭上。不幸的是,在法庭上,国家检察机关(National Prosecuting Authority,NPA)强调的是定罪,因为这是考核和评估检察机关的指标(Redpath,2012)。

DNA证据领域的独立专家通常受到南非卫生专业委员会的监管,这是法律强制要求的(Health Professions Act,1974),因为他们也可以从事司法鉴定以外的工作。南非卫生专业委员会有严格的行为准则,重点是消除违反道德的职业行为。虽然这不能保证专家一定遵守职业道德,但如果他们在法庭上做出违反职业道德的证词,他们将面临严重后果。南非警察总署司法鉴定实验室的专家证人的情况就并非如此,因为他们豁免于南非卫生专业委员会的法案。

《刑事诉讼法》(Criminal Procedure Act,CPA)(1977年第51号)与南非证据法(Zeffertt,Paize,Skeen,2003)都规定了科学证据如何递交给法院及如何在法院上使用科学证据。南非证据法只包含了九项关于如何处理DNA证据的条款,这些条款在STR技术出现之前就已经有了。刑事诉讼法需要持续关注DNA证据的发展情况并保持更新。为此,国民议会通过新的刑法(法庭程序)修正案。该修正案为国家罪犯DNA数据库及数据库样本采集提供了法律依据,从而更好地用于管理犯罪。该修正案颁布前,在法庭上使用DNA数据库样本一直处于法律真空地带。

23.5.11　未来的方向

证据解释。现在世界范围内更为关注的是如何合理解释数据(Butler,2014)。

职业伦理。这是南非司法鉴定研究院提议并且必须努力实现的目标。司法鉴定行业受到南非自然科学专业委员会的监管,有正式的行为准则和违反职业伦理行为的强制处罚,这都将有助于改善目前存在的行业内违反职业伦理的情况。

认可。正如现在私人病理学实验室的情况一样,南非的司法鉴定实验室必须获得认可。

司法鉴定的科学性讨论。有必要探讨如何提升司法鉴定从业人员的学术水平,也有必要探讨如何促进自然科学和法学专业之间的联系。南非的情况与世界其他地区的情况没有什么不同:专业技术人员没有接受过法律方面的培训,而法律专业人员也没有接受过任何科学方面的培训。然而,现在科学和法律的专业人员需要在同一领域工作,而该领域需要同时掌握科学和法律知识。最理想的情况是成立研讨小组,专业人员可以在更高层面讨论如何实现司法公正,而不受那些悬而未决案件压力的影响。这将是让南非人民感受到司法公正的重要措施。

23.6　南非的法医毒物学

法医毒物学和南非其他司法鉴定学科相比发展较慢。尽管许多学术机构和实验室都具备分析能力,但法医毒物学领域存在明显的不足,特别是在尸检时的检测需求、常规药物和酒精筛查及酒驾(Driving Under the Influence,DUIs)分析等方面。造成这种情况的主要原因可能是,法医毒物学作为高等院校和培训机构的一个学科缺乏学术平台。

南非有三个国家法医化学实验室(开普敦,约翰内斯堡和茨瓦内),它们为所有九个省的尸检样本(血液、尿液、玻璃体、胃内容物等)提供分析服务。然而,实验室在酶/生物检定分析、指甲和头发分析方面能力有限,往往由有经验的毒物学家提供综合咨询和(或)诊断支持等方面的服务。

每年南非大量的法医尸检工作并非由法医病理学家完成,因此,诊断服务(如组织学、毒物学等)有很大的需求。由于国内的暴力犯罪数量处于较高的水平及酒驾违法行为较多(道路交通死亡人数异常高可以反映这一点),导致了国内诊断资源较为紧张,而上述情况给本就日益紧张的诊断资源增加了更多的负担。

大量的日常工作,外加诊断实验室设施与法医验尸房并不在同一地点(有时地理位置相隔甚远),导致大量需要分析的案件逐渐积压,这无疑对司法工作造成了阻碍并产生严重的影响。在许多长时间逾期案件中,检验结果的有效性将不可避免地在法庭上受到质疑。

过去 20 年来,南非违禁药品的使用率迅速增加,而南非也成为运送违禁药品国际航线上的十字路口。目前迫切需要提高违禁药品诊断能力,这种需求不仅体现在法医(尸检)方面,而且还体现在调查许多被发现的秘密违法实验室及拦截毒品运输方面。这些行动中的大部分都需要南非警察总署司法鉴定实验室毒物学部门参与,该部门不属于国家卫生部实验室。重要的毒物学诊断服务分属不同部门(南非警察总署和国家卫生部)导致诊断方法和服务规范缺乏统一性。

最近,政府采取实质性措施来改善检测能力,这些举措包括开展高水平的培训项目,改善人力资源分配及购置新型精密诊断设备。尽管如此,南非的法医毒物学服务仍然是急需改革和扩大的领域。

23.7　南非的犯罪刻画

23.7.1　南非犯罪刻画的历史

南非警察总署自 1994 年以来一直使用犯

罪刻画作为调查工具。退休的 FBI 刻画师 Robert Ressler 于 1994 年访问南非，协助南非警方抓捕最凶残的连环杀人犯，后来开始训练南非警察总署警官对连环杀人案的调查。Ressler 是 FBI 犯罪刻画的先驱之一，声称创造了“连环谋杀(serial murder)”一词。

侦查心理学小组(Investigative Psychology Unit，IPU)最初成立于 1997 年，目的是协助调查心理动机犯罪，随后于 2011 年扩大为一个部门(更大的组织结构)。小组在成立时主要关注连环杀人案调查，因为 1994 年至 1997 年间连环杀人案的数量激增。多年来，该部门关注的重点延伸至犯罪行为的各种心理动机。这些犯罪行为往往没有外在动机(通常是金钱)。举例来说，这些案件包括但不限于连环杀人案、连环强奸案、性谋杀案、多种仪式杀人案、儿童性侵案、亲密伴侣谋杀案、儿童诱拐和绑架、大规模杀人案、狂欢杀人案和可疑的死亡情景。

小组成立之初，是由有心理学背景的成员组成的，后来加入了一名刑警。此后，刑警一直是该小组的成员；目前大多数成员都具有刑侦背景。

该小组最初驻扎在茨瓦内的刑事侦查服务总部。南非警察总署是国家级的警察部门，负责授权南非所有的警务工作，于是侦查心理学小组需要为整个南非的案件提供帮助。2009 年，该小组被重新分配至司法鉴定服务部门，并持续至今。

2012~2013 年间，该部门成员迅速增加。2012 年初，该部门仅有 2 名辅助人员和 5 名警察，所有人员都在南非警察总署的总部。截至 2013 年底，国家级侦查心理学部门由 4 名执业心理医师、6 名刑警、2 名研究人员和 2 名辅助人员组成，并计划招录更多刑警和心理医师。到 2013 年年中，侦查心理部门在九个省均设立了分部，每个分部均有一名刑警。计划将为省级侦查心理部门招录 10~15 名成员。目前，侦查心理学部门由 21 名成员组成，提供犯罪刻画和心理动机犯罪调查等服务，这使得南非侦查心理学部门成为世界上最大的犯罪刻画部门之一。

随着员工数量的快速增加，针对现有员工和新进员工的培训也逐渐增加。2012 年的培训是由国际刑事侦查分析小组认可的刻画师提供的，这些刻画师来自加拿大皇家骑警、加拿大安大略省警察局和洛杉矶郡治安部门。进一步的培训主要集中于风险评估和管理、法医学死亡调查、法医病理学、精神疾病的评估和诊断，性犯罪调查，连环纵火案调查，锐器伤尸体解剖，杀人和死亡调查，神经精神病学临床评定表培训，血迹形态分析和地理刻画。基本上，侦查心理学部门成员的培训计划遵循国际刑事侦查分析小组预备成员课程。

23.7.2 部门任务

侦查心理学部门最初专注于连环杀人案的调查，这些案件逐年增加。侦查心理学部门目前的任务是通过协助调查、培训和研究，从而在案件中协助识别和调查心理动机犯罪。

部门任务：

- 协助调查。
- 培训。
- 研究。

23.7.3 协助调查

侦查心理学部门会应南非警察总署的调查人员需要提供协助。该部门作为顾问的身份参与调查心理动机犯罪，提供犯罪调查分析服务，如罪犯刻画、调查指导、风险评估、证人和疑犯询问、犯罪现场分析、案件关联分析和出庭作证。该部门可以向从未处理过该类案件的调查人员提供此类案件的经验。

一些成员加入该部门以来已经参与了 100 多起谋杀案，从而使该部门成员在一定程度上成为世界上最有经验的连环杀人案调查人员。

该部门还协助国外的执法机关，如芬兰国家调查局、苏格兰场、荷兰国家警察局、印度中央调查局、斯威士兰皇家警察局及纳米比亚警察局等。

23.7.4　培训

该部门为调查人员提供培训，以识别和调查心理动机犯罪；培训对象包括南非警察总署的不同人员，如刑警和犯罪现场调查人员。还有针对检察官和其他对此感兴趣的人员的特别培训，如法医病理学家、心理医师、惩教署假释委员会成员等。这不仅有助于识别并成功调查和起诉此类犯罪行为，还可以告知调查人员何时及如何向行为分析人员寻求帮助。该部门向南非警察总署提供以下培训项目。

- 犯罪现场调查员进修课程。
- 重大犯罪和暴力犯罪课程。
- 家庭暴力，儿童保护和性犯罪课程。
- 有组织犯罪课程。
- 应特定省的要求，进行全省培训。
- 心理动机犯罪（Psychologically Motivated Crimes，PMC）课程。

心理动机犯罪课程针对刑侦部门和法医部门的 30 名成员每年授课一次。该课程的目的是培训调查人员有能力识别和调查此类犯罪。该课程具有很高的学术标准，通过日常测试，实践练习和作业对学员进行评估。

该部门还为国外执法机构提供培训，如比利时警方、苏格兰场、博茨瓦纳警方、法国警方、纳米比亚警方、澳大利亚联邦警察局及斯威士兰皇家警察局。

该部门还为海外大学的学生提供实习培训地点，如英国利物浦大学调查心理学中心和美国阿兰特国际大学加州鉴定及研究学院。

23.7.5　研究

对心理动机犯罪的研究有助于协助调查并提供相应的培训。由于国外研究结果在当地的使用价值有限，所以了解犯罪行为在当地的表现方式是必不可少的。为此，南非警察总署是为数不多的拥有结案和未结案连环杀人案数据库的执法机构之一。数据库详细记录了嫌犯数据，主要用于科学研究和犯罪刻画。

2013 年，该部门首次批准一个全职的研究岗位。

23.8　南非的法医弹道学

历史

司法鉴定实验室的弹道检验部门源于南非国防部队。在 20 世纪 30 年代，联邦国防部队军备检验员 M. S. Barraclough 少校为警方进行特定枪支检查。后来南非警察局刑侦部门的摄影师 G. C. Britz 上校协助他开展工作。

20 世纪 40 年代，弹道检验转移到南非警察局，Britz 上校成为弹道学部门的主任。弹道学部门成立时是作为刑侦部门的一部分，承担刑侦部门的部分工作，直到司法鉴定实验室成立。

随着司法鉴定实验室的成立，所有与司法鉴定有关的检验项目都纳入该实验室。弹道学部门于 1986 年成为司法鉴定实验室的一部分。该实验室在茨瓦内的西弗敦成立，并为全国提供司法鉴定服务。

弹道学部门进行枪支和工具痕迹检验及犯罪现场重建。在 20 世纪 80 年代后期，弹道学部门开始增加了偷盗家禽和非法狩猎案件的检测工作。

在 20 世纪 90 年代，考虑到弹道学部门前往犯罪现场的距离较远，因此分别在纳塔尔省，东开普省和西开普省设立了区域办事处。这些区域办事处逐渐发展成为完全成熟的地区司法鉴定实验室。

在 20 世纪 90 年代，自动检验技术得到了进一步发展。1997 年，弹道学部门开始应用集成弹道辨识系统（Integrated Ballistics Identification System，IBIS），以协助进行案件中子弹和弹壳与数据库信息的自动比较。

机械和冶金工程部门并入弹道学部门，从而可以进行交通事故重建和冶金材料检验。

弹道学部门有许多检验服务，包括以下项目：

- 枪支和工具痕迹检验。
- 枪击事件勘验和重建。
- 机械故障和冶金材料检验。
- 交通事故重建。
- 偷盗家禽和非法狩猎案件分析。

2013 年，司法鉴定实验室弹道学部门对约 38 000 例弹道案件进行了分析。

参考文献

第 23 章参考文献

第 24 章
西班牙司法鉴定实践

Angel Carracedo & Luis Concheiro,圣地亚哥·德·孔波斯特拉大学,司法鉴定学院,西班牙

24.1 历史

西班牙第一批涉及法医学文献包括 *Fuero Juzgo*(642～653 年)、*Fuero Real*(1255 年)和 *Código de las SietePartidas*(1265 年)等,但是 *Constitutio Criminalis Carolina*(1532 年)在西班牙和其他欧洲国家法医学立法进程中有着至关重要的影响,可以认为是政府干预医生在司法案件中的作用的开始。在 16 和 17 世纪,法国和意大利的法医学对西班牙有着重要的影响,尤其是 Paolo Zachia, Fortunato Fidelis 和 Ambrosio Paré 的著作。西班牙作家 Juan Fragoso 的专著 *Cirugia Universal*(1601 年)值得关注,其第二卷专门讲述了司法鉴定。西班牙裔毒物学家 Mateo Orfila(1787～1853 年)在巴黎从事教学工作,这标志着西班牙和欧洲其他国家一样开始了法医毒物学的研究,而法国对西班牙的法医学也有着重要的影响。Pedro Mata y Fontanet(1811～1877 年)是一名政治家、作家,同时是马德里康普顿斯大学第一任法医学教授(1843 年),他也是 19 世纪西班牙法医学领域最重要的人物。他所著的《法医毒物学的理论和实践》①是西班牙 20 世纪毒物学的参考书籍。而他最重要的成就是对司法鉴定组织结构的影响,他在西班牙创造性地设立了一个名为法医②的职位,该职位属于司法部的公职人员,被安排到各地的法院工作(包括农村地区),职责是协助法官处理各种类型的法医学问题(包括但不限于法医病理学)。这种模式在当时受到了青睐,法官会对全国各地专业人员的能力进行评估,而不仅仅是在大城市。

西班牙的问题在于,尽管有些人花费了巨大的努力想要融合学术和实践工作,并采用欧洲法医机构的组织结构,但学术和实践工作深度分离的模式至今仍然没有改变。其中,不得不提到 Lecha-Marzo 教授(1888～1919 年),他努力使西班牙法医学迈向现代化,但由于英年早逝,其努力未能成功。

24.1.1 法医学研究所

西班牙的法医学研究所于 1985 年成立(1985 年《第 6 号法令》),该研究所设立了法医②这个职位,但该职位不涉及学术研究,这种学术和实践分割的情况目前仍然存在。教学合作通过"教学和研究委员会"(研究所规章制度)来完成,在某些情况下,大学和法医学研究所的合作依然是具有成效的。

从 1998 年起下列机构成立(根据批准时间排序):

1998 年,瓦伦西亚,巴斯克地区。

2000 年,纳瓦拉。

2001 年,加泰罗尼亚。

2002 年,穆尔西亚,阿拉贡区,安达卢西亚,里奥哈区,阿斯图里亚斯,卡斯蒂利亚-莱昂,卡斯蒂利亚-拉曼恰,加那利群岛。

---

① 译者注:原文为西班牙语,Tratadoteórico-práctico de Medicina Legal y Toxicología。

② 译者注:原文为西班牙语,médicosforenses。

2003 年，埃斯特雷马杜拉，坎塔布里亚，巴利阿里群岛。

2005 年，加利西亚。

2006 年，马德里。

各研究所的组织结构各不相同，但总的来说，它们在各自所在的地区提供法医病理和法医临床服务。

24.1.2 国家毒物学和司法鉴定研究所

国家毒物学和司法鉴定研究所于 1886 年成立，成立之初的名称为司法鉴定实验室。该研究所是一个官方机构，为马德里、巴塞罗那和塞维利亚的法医学工作提供支持。后来更名为国家毒物学研究所（1935 年），负责完成法医要求的毒物分析。最后在加那利群岛成立了一家新的机构，其工作范围扩展至组织病理学、生物学、生物化学等，总之涵盖了案件所需的所有法医学实验室分析。最后再次更名为国家毒物学和司法鉴定研究所（National Institute of Toxicology and Forensic Sciences，INTCF），该研究所隶属于司法部。

24.2 案件类型

司法鉴定可以由法官直接提出申请，或经检方和辩方提议后由法官提出申请。还有一种可能性就是私人鉴定，检方或辩方直接自费进行司法鉴定，以支持他们的假设。

预审法官进行犯罪调查，但他不能参与审判和判决。警方进行犯罪现场调查，并由法医处理相关的法医病理学问题。

根据西班牙刑法，所有暴力致死和可疑死亡案件（包括意外死亡案件）都必须强制进行尸检。

几乎没有几家法医学研究所可以进行组织病理学分析，因此，此类案件通常和毒物学分析案件一起送到 INTCF 或者有些情况下送至大学。随后还可以进行生物学、生物化学或分子病理学领域的进一步分析。

弹道学、指纹识别和犯罪侦查学主要在国家安全部队[①]（国家警察局、国民警卫队和自治区警察局）（内政部）实验室中进行。

刑事案件的 DNA 分型在 INTCF、国家警察局、国民警卫队和自治区警察局和法医学研究所的实验室进行。私人 DNA 实验室主要进行亲子鉴定。

法医人类学、牙科学和昆虫学的检验主要在官方机构进行，但一些大学的实验室和专家也会被聘请进行相关检验。

临床法医学通常由法医执行相关工作，但其他学科的专业人员也越来越多地参与其中。尤其是法医精病学，精神科医师经常需要参加相关检查。伤残鉴定通常由法医完成，但在这个领域有很多私人鉴定。

医院中的法医学

西班牙的一些医院已经开始聘用法医学专家，法医学部门对医院临床实践中出现的法医学问题进行评估，制定规程和条款来减少一系列法律问题，尤其是持续增长的医疗责任案件。

由于缺乏登记备案和官方统计数据，很难估计具体的案件数量。只有少数机构会公开数据，而绝大多数的机构却不会公开数据。

24.3 组织结构

正如 Luna 和 Pérez-Cárceles（2008 年）所述，西班牙现有的法医学组织结构是基于 19 世纪末的组织模式，因此现有的组织结构急需改变，以适应现代的科学和专业体系。

从实践角度来看，西班牙法医学的组织结构是围绕法医学机构建立的。各机构的工作由

① 译者注：原文为西班牙语，Cuerpos y Fuerzas de Seguridad del Estado。

法医[1]和国家法医学协会[2]的成员完成;国家法医协会与下文详述的机构一起组成了西班牙的法医学组织。

国家法医学协会的工作取决于西班牙司法部或各自治州司法当局。

其他机构包括:

- INTCF 毒物学研究所需要司法部提供来自法官和法医的技术支持。INTCF 的主要工作是法医毒物学、法医遗传学(分析犯罪现场的生物检材)和组织病理学。INTCF 需要向公众提供有关毒物预防和中毒后果的警示和信息。该研究所在马德里、巴塞罗那、塞维利亚和加那利群岛均设有相关机构。

- 大学的法医学院和法医系。这些学院提供教学和教育资源,完成官方和私人委托的案件,主要案件类型为毒物学分析、法医遗传学(DNA 分型)、法医临床学,同时也提供相关专业知识的咨询(即人类学、牙科学、昆虫学,生物化学)。全国大多数医学院校都有法医学和毒物学课程,一般大学院系通常需要和临床病理学和两所大学法医学院合作:塞维利亚大学和圣地亚哥·德·孔波斯特拉大学。圣地亚哥·德·孔波斯特拉大学法医学院是由加西亚自治政府和圣地亚哥·德·孔波斯特拉大学联合成立的。

目前,有五所西班牙大学教授法医学课程:巴塞罗那大学、格拉纳达大学、马德里大学,穆尔西亚大学和塞维利亚大学。

- 医学院和皇家法医学院在法官要求下偶尔也会提供鉴定服务。

24.4　司法鉴定整合

一般来说,鉴定报告缺乏整合。犯罪现场调查,案件分析和补充分析都是由不同专家独立出具报告。尽管法医可以协助法官处理对于不同报告产生的疑问,但涉及该案的专家会被要求出庭作证,因为这些报告只有在听证确认后才具有效力。

24.5　教育、招聘和培训

法学和法医学是医学职业生涯中不可避免会接触到的事情,因此全国医学院校都进行法学和法医学授课。法医牙科学是西班牙牙科学院课程的一部分。此外,许多大学向法学生提供法医学课程作为选修课。

一些大学还提供法医学和其他相关学科的硕士学位,如法医精神病学、损伤评估、法医人类学、法医遗传学、法医牙科学、法医毒物学等。

要成为一名法医必需取得医学学位,并通过一系列录用考试。然后成为司法部的公职人员。一旦录用后,必须接受数月的实践培训,培训完成后才被视为有能力处理各类型法医学案件的官方专家。

法医会根据需要被分配进入研究所的不同部门(病理学、法医临床学),而不是先接受专业领域的正式培训。研究所会提供定期的培训课程。

类似的体系也被用于其他公共机构,如 INTCF。申请 INTCF 的职位需要生物医学专业的理学学士学位,并通过考试,该考试的内容是根据研究所开展的鉴定项目所决定的。然后他们成为司法部的公职人员,获得 INTCF 的一个岗位。研究所会提供定期课程来更新专业知识。大学在专业人才的选拔和教育方面并不发挥作用。

法医学是西班牙最早的一批医学专业(1855 年 11 月 20 日,《卫生法》),目前仍在西班牙认可的专业列表中。

通过住院医师培训后才可以进入专业培训

---

① 译者注:原文为西班牙语,Médicosforenses。

② 译者注:原文为西班牙语 Cuerpo Nacional de Médicosforenses。

项目。司法鉴定/法医学专业职称是经过 3 年的培训(前 2 年是在医院的不同科室间轮转,如病理学、精神病学和创伤学等,最后 1 年是在法医学机构)后由教育部颁发。

拥有法医学专业职称并不是申请法医职位考试的必要条件,因此专业职称的实用价值有限。因此,尽管一些相关的法医学家(来自司法部和学术界)努力整合法医学体系,使得法医学体系与其他医学专业体系相类似,但是卫生部近期仍然建议将法医学移出西班牙医学专业列表,该建议还在等待最终决定。

24.6　资金

公共机构的资金来自国家政府。INTCF 与警察局法医学研究所的预算是基于西班牙国家或自治区年度预算而确定的。大学院系通常与所在自治区的司法局达成预算协议。

24.7　政治影响

司法鉴定实践不受政治影响,INTCF 及其他法医学机构在处理案件时完全独立。

24.8　专业认证

西班牙没有专业认证计划。公职人员考试合格,相应的强制期限结束后,公职人员正式进入相应的机构(法医学研究所、INTCF、警察局等)。从那时起,不再有额外的资质评估和认证,尽管法医学从业人员通常会参加不同机构组织的课程。

24.9　实验室认可/质量控制

只有法医 DNA 分型需要通过官方实验室认可。法医 DNA 分型实验室和少数几个实验室(包括警察实验室、司法实验室、INTCF,圣地亚哥・德・孔波斯特拉大学法医学院)需要强制执行 ISO 17025。鉴于亲子鉴定不需要通过实验室认可,所以大部分私人实验室都没有通过认可(目前只有四个实验室通过认可)。

24.10　技术

法医学机构的基础设施有了明显的改善。INTCF 及警察局的设备设施得到了改善,因此目前没有影响司法鉴定实践的技术限制。但是,不同机构之间的资源分配有所不同。

24.11　灾害预防

西班牙第 32/2009 号皇家法令规定了灾害发生时需要法医学干预和进行灾害遇难者身份识别的情形,并且明确了法医和鉴证警察在灾害发生时的任务。法令明确规定了灾害预防准备工作及不同专业人员的任务。相关操作规程已成功应用于多次灾害中,特别是 2013 年 7 月 24 日发生的圣地亚哥・德・孔波斯特拉列车出轨。

24.12　法律问题

单独的报告只有在听证确认后才具有效力。大部分审判中,法院要求出具报告的专家提供证词。专家证词是审判的最后一部分。有时,由于审判的持续时间难以估计及缺乏充分的计划,听证会消耗了司法鉴定专家大量的时间。然而,由于远程出庭已被允许,而且许多法庭已配备了相关设备,因此听证会耗时的情况有所改善。

24.13 研究

研究主要在学术机构开展,大约 80%的科研产出都是来自大学的法医学院系。圣地亚哥·德·孔波斯特拉、格拉纳达和穆尔西亚三所大学占西班牙司法鉴定科研产出的 60%以上。由于学术机构主要涉及法医遗传学和毒物学,因此这些领域是最热门的研究领域,尤其是 DNA 分型的相关研究。

大部分科研论文都发表在国际英文期刊上,但也有各种西班牙语的期刊。包括 *Revista Española de Medicina Legal*、*Cuadernos de Medicina Forense*、*Ciencia Forense*,以及与法医学相关的当地期刊。

一些机构的科研水平非常出色。例如,汤森路透报道了圣地亚哥·德·孔波斯特拉大学法医学院论文发表数量、引用次数和 H 指数在国际上都处于领先地位(http://archive.sciencewatch.com/ana/fea/11julaugFea/)。

24.14 未来的方向和挑战

24.14.1 医学专业

目前面临的主要挑战是法医学的培养方案和其他医学专业不同(法医只需要经过医学院校,但不需要经过医院体系),同时,法医专业职称不是获得法医职位的必要条件。后者是法医[2] 获得充分培训的主要限制因素,这是因为目前法医学并没有真正的专业化,即使是在法医病理学和法医精神病学等主要领域。目前西班牙的主流观点依然认为法医应该进行验尸工作,但大部分情况下,法医并不会进行微观组织病理学研究,因为这项研究并不在法医学研究所进行,而是在 INTCF 进行。

不少人建议将法医学整合入 MIR 体系(西班牙医学专业教育体系),这样就可以强制规定申请法医职位的人必须取得专业职称,但这项整合目前尚未获得实现,更糟糕的是卫生部近期提议取消法医学专业。

24.14.2 整合学术/司法机构

法医学的教学工作是由大学教授完成的,但一般而言,大学教授几乎不接触法医学实践工作,这是优质教学的严重缺陷。与此同时,法医学从业人员并没有从较高的教学和专业技术水平中获益,也不会参加研究项目。

学术界和法医学从业人员整合的优势非常明显,多年来该领域的相关专业人员一直要求进行整合,但至今未达成,也没有合理的解释。

24.14.3 公职人员体系和岗位

采用传统西班牙体系(理论考试)来选拔公职人员是有争议的。一旦候选人被聘用到相应的职位(法医研究所或 INTCF 的工作人员),晋升并不仅仅基于其工作表现,且这些晋升机会也只向特定岗位的公职人员开放。

24.14.4 研究资金

提供给司法鉴定的研究资金相当有限。虽然卫生系统有自己的资金项目(国立卫生研究院、卡洛斯三世卫生研究院),但法医学并不包括在内,因为法医学被认为是由司法部负责的,而司法部没有相应的研究资金。法医学研究人员只能申请综合研究资金项目,但这需要与高水平的基础研究竞争,因此获得资金资助的机会非常小。

同时,由于欧盟研究理事会最后两个资金周期[欧盟第七研发框架计划和地平线(财政预算预期)①]的费用可能有所下调,而法医学既不在卫生项目中,也不在安全项目中,因此获得资助的可能性相当小。

---

① 译者注:欧盟第七研发框架计划(FP7),跨年度 2007~2013 年,研发经费总投入 558.06 亿欧元;地平线 2020(财政预算预期),跨年度 2014~2020 年,研发经费总投入 860 亿欧元。

24.14.5 组织结构

司法鉴定的组织结构过于复杂,不同机构的工作范围和职责有所重叠,应该加以简化以提高效率。由于司法鉴定的一部分工作职责已交由自治州政府管理,而其余部分则仍由中央政府管理,这导致了情况更为复杂。

参考文献

第 24 章参考文献

第 25 章
瑞士法医学与司法鉴定

Patrice Mangin，日内瓦大学法医学中心，洛桑，瑞士
Pierre Margot，洛桑大学刑事司法学院，瑞士

较之其他国家，瑞士的法医学和司法鉴定学很早就取得了长足的学术发展。学习这两门学科有助于了解欧洲大陆的法律环境，进而对其文化进行研究。下文将对这两个领域的发展进行介绍。

25.1 法医学

25.1.1 发展历史

瑞士的法医学起源于中世纪，从其习惯法及某些专门的社会卫生组织中都可以找寻到法医学的影子。在诸如杀婴、巫术、猥亵、下毒之类的案件中，外科医生、护士长、内科医生和药剂师充当了早期法医专家的角色。在中世纪末期，每个重要城市的政府机构都有自己的官方医生，他们担任医学专家，为社会和法律制裁提供服务。来自巴塞尔的内科医生 Felix Platter 就是其中一员，他通常被认为是瑞士法医学的奠基人(图 25.1)。在近代，还有其他几位瑞士顶尖医学专家对法医学有着浓厚的兴趣，具体来说，他们关注医学与刑法、民法各种法律活动之间的关系。尽管在当时法医学还根本算不上一门新学科，但包括 Albert de Haller(1708～1777 年)在内的不少学者已经出版了各种案例集和专题著作，以解释法医学报告和论文的撰写手法。

今天大家所公认的法医学出现在启蒙运动末期。现代的卫生与学术组织诞生、解剖学临床定位法的出现、化学的发现、实验室许多技术的发明及其在 19 世纪的生物学应用都促成了这门新医学专业的出现。

图 25.1 Felix Platter(1536～1614 年)

事实上，法医学的诞生与第一批法医临床和法医精神病学公立机构的创设时间相吻合。由于瑞士是一个联邦制国家，这些机构设立在不同的州。同时，实践中严格的法医鉴定工作与卫生警察和公共卫生部门开展的活动相重叠。

这些变化也影响到学术界：瑞士各所大学的法学院开始教授法医学。不过，此后不久，所

有与法医学有关的科学和教学活动都逐渐转移到五所新成立或重组的医学院，有些甚至转移到独立的城市机构（位于洛迦诺、圣加仑或库尔）。

因此，各医学院聘任了若干法医学大学教授并讲授专门的科目，如伯尔尼大学（1855 年任教的 Carl Friedrich Emmert 教授、1903 年任教的 Max Howald 教授），日内瓦大学（1876 年任教的 Hippolyte-Jean Gosse 教授、1902 年任教的 Louis Megevand 教授、1925 年任教的 Francois Naville 教授），巴塞尔大学（1890 年任教的 Ernest von Sury 教授、1895 年任教的 Adolf Streckeisen 教授、1924 年任教的 Salomon Schonberg 教授），洛桑大学（1890 年任教的 Jacques Larguier des Bancels 教授、1904 年任教的 Georges Spengler 教授、1922 年任教的 Paul Reinbold 教授），苏黎世大学（1895 年任教的 Hans Konrad von Wyss 教授、1912 年任教的 Heinrich Zangger 教授、1941 年任教的 Fritz Schwarz 教授）。

20 世纪一直进行着法医学的专业化和制度化。在此期间研究机构开展活动的数量和类型大大增加，因而急需更大的发展空间。法医学的发展显然已经超越了传统的界限（19 世纪由病理学和毒物学界定，后来又被遗传学所界定）。因此，各大院校增设了一些新的专业：人体人类学、反兴奋剂实验室分析、监狱医学、法医精神病学和交通医学。1980 年瑞士法医学会的成立更是一个里程碑事件。

25.1.2　组织机构

瑞士目前有五个法医学机构，分别位于巴塞尔、伯尔尼、洛桑—日内瓦、圣加仑和苏黎世。这些机构由不同州的政府机构管理，如州政府本身、卫生和社会事务部、司法和警察部或教育部。一些没有法医学机构的州（格劳宾登州、纳沙泰尔州、提契诺州、楚格州）会向他们的司法部门委派一名可以进行必要法医调查的州级法医。

25.1.2.1　法医学院

大学的定位

位于巴塞尔、伯尔尼、洛桑—日内瓦和苏黎世的法医学院以大学身份运作。每个学院的院长是一名内科医生，他还必须是大学医学院的一名普通教授，同时法医学院隶属于所在大学。学院院长还负责本科和研究生阶段的法医学教学。

位于圣加仑的法医学院以医院身份运作。该学院院长是位医学博士，同时也是巴塞尔大学医学院的教员。学院院长负责大学的法医学本科教学，以及学院的研究生培养。

组织结构

这些机构的组织结构基本相同，一般包括一个法医学部门、一个交通医学部门、一个毒物学实验室，以及一个法医遗传学实验室。

法医学部门由一名法医领导。该部门主要负责三个领域的活动：法医病理学（现场调查、尸体解剖、尸表检验、鉴定）、临床法医学（检查受害者受到的身体和性攻击、虐待，年龄测定等）和法医专家鉴定（医疗事故）。

交通医学部门由一名专门内科医学或法医学的内科医生领导，负责接受酒精或药物相关问题影响、有特定疾病或与年龄相关的精神运动障碍的个人驾驶能力评估。

法医毒物化学部门通常由一名法医化学家领导。执行的任务包括血液中酒精含量的测定、对尸检或临床检查过程中采集的样本进行毒物学分析并对涉嫌在非法药物影响下驾驶案件的样本进行分析。非法药物影响及血液中酒精含量测定由联邦政府严格控制，联邦政府根据强制性的外部质量控制程序为这些部门提供相关认证。此外，实验室还需要获得 ISO 17025 标准的认可。

法医遗传学实验室由一名法医遗传学家领导，负责分析生物检材、进行亲子鉴定、测定遗传图谱（然后提交至设在伯尔尼联邦警察局的国家登记中心）。这些活动由联邦当局严格管控，并要求通过 ISO 17025 认证。

除了这些共同从事的事务外，某些学院还有一些特定的部门和实验室，如法医精神病学部门(巴塞尔、伯尔尼、洛桑-日内瓦)、法医影像部门(苏黎世、伯尔尼、洛桑-日内瓦)、法医物理学和弹道学部门(伯尔尼)、暴力药物部门和兴奋剂分析实验室(洛桑-日内瓦)。

资金来源

五所学院的各项活动资金一部分来自提供法医服务的费用，一部分来自相关州政府提供的资金。

工作人员

这些学院的工作人员全部采用聘用制。主要的专业岗位有：内科医生、生物学家、化学家、心理学家、实验室技术员和助手、秘书和行政人员。作为大学附属机构的研究所中，管理人员、内科医生、化学家和生物学家通常也在大学任教。

25.1.2.2　上述学院以外的法医学

在格劳宾登州、纳沙泰尔州、提契诺州和楚格州法医的身份各不相同。

- 在纳沙泰尔州，法医一般是一名自由职业者。
- 在其他三个州，法医都是州政府的雇员。

这些州的所有法医都持有法医专业文凭。通常情况下，他们都接受过瑞士法医学院的培训，并与这些机构开展长期合作，特别是当需要实验室分析时。

25.1.3　法医鉴定

在瑞士，各机构可能会要求法医学院或学院以外的法医学专家进行司法鉴定。在大多数情况下，这些鉴定是由司法和警察当局下令进行的。偶尔也会有联邦政府的参与。此外，州政府可以对驾驶人的驾驶能力进行鉴定。最后，私人或非政府组织也可以提出法医鉴定的请求，如国际反兴奋剂委员会(IRCC)、世界卫生组织(WHO)、世界反兴奋剂机构或国际体育联合会。

对保险公司委托的因事故和其他原因造成的人身伤害鉴定，瑞士的法医学院不出具鉴定。该类委托任务由其他专家医师(内科医师、风湿病学家、整形外科医师等)进行鉴定。

法医鉴定委托通常向法医学院的院长提出。鉴定完成后，学院就提供的鉴定服务开具账单。学院之外的专家则不同，他们就提供的服务直接开具个人账单，或者作为州雇员领取固定工资。

鉴定的主要目的是确定受害者的死因、第三方涉及死亡的可能性和涉及的程度，以及死亡的日期和时间。就此而言，负责鉴定的法医学院的相关部门都配备了尸检设施、成像设备和组织病理学实验室。受害者的身份确定，以及表征攻击(包括性侵犯)所造成的创伤性损伤也是常见的鉴定领域。

法医鉴定通常需要法医毒物学分析作为辅助，如测定血液中的酒精含量、定期监测吸毒者，以及使用适当的生物学标记证明没有饮酒。

一般而言，法医学院随时听候司法当局的调遣，通过提供专业医疗意见，确保公正的法律制裁。如果学院有相关的专业人员，工作任务可能涉及医疗纠纷、酒后驾车甚至法医精神病学。

最后，法医学院在提供医学法律和道德的专家咨询方面也发挥着重要作用，当医院或私人执业医师需要该方面的咨询意见时。

25.1.4　灾害应对

根据国际刑警组织(Interpol)的提议，瑞士于 2002 年成立了一支“灾害遇难者识别(DVI)”小组。该小组由联邦警察、各大学学院的法医病理学家和技术员，受过法医训练的口腔学家和各州警察部门的警力组成。DVI 小组成立的法律依据是一项州际协议，按照这项协议，所有缔约方都同意派遣受过训练的专业人员到有需要的州，在某些情况下处理联邦警察或联邦外交部要求的事务。DVI 小组主要通过尸体解剖为有需要的州提供法医学支持、增强这些州的司法力量。要求提供援助的州按照每人每天给予固定的经济补偿。瑞士 DVI 小组(www. dvi. ch)的所有成员每天至少要接受由经验丰富的 DVI 组员提供的三个培训项目。瑞士 DVI 小组现在有 270 名成员,并且参与过多次国际救援事件,如 2004 年的泰国海啸、圣戈达隧道火灾及比利时公共汽车事故。

25.1.5 培训

25.1.5.1 本科生培养

法医学是瑞士每名医科学生的必修课程,也是联邦医学文凭考试的科目之一。虽然医学文凭是联邦制的,但本科教育由各所医学院独立组织。因此,不同大学以不同的方式教授法医学。在某些情况下,这门课程完全是通过权威讲座的方式开展。在其他情况下,也有更多的互动方式:如 8~10 名学生组成的专题讨论会。每位教员也可以自由决定哪些特定的主题应该包含在课程中,以及在期末考试中使用哪种特定的格式,无论是实践的还是理论的。与此同时,由于在全国范围内法医学有一个共同的学习目标清单,因而保证了一定程度的同质性。

一般来说,每个学院的法医学都会教授一些经典课程,如法医病理学、临床法医学、法医毒物学、法医遗传学、交通医学、医事法及伦理学。

最后,应该指出,在某些情况下,法医学院的学术专家也参与法律专业学生的教学。

25.1.5.2 研究生培养

获得联邦医学文凭并参加一门五年制课程后可获得法医学硕士文凭,该五年制课程必须包括至少 3 年的法医学院培训、0.5~1 年的临床病理学培训及 1 年的临床培训。法医学院的科研活动或博士学位课程可长达 6 个月。一部分培训可以在经认证的国外机构进行,最长可达 1 年。

瑞士医学会(FMH)是一所私人的非营利性机构,负责对研究生是否有资格获得特定专业文凭进行认证,这所机构每门公认的医学专业都有两名同行提名的代表。就法医学而言,获得研究生文凭的要求相对较复杂。候选人必须熟悉瑞士法医协会规定的许多不同的法医学方法。在实践方面,每位候选人都需要参加大量具体的法医调查活动,包括临床学检查、尸表检验和尸体解剖。候选人还必须对法医毒物学有所了解,特别是在分析结果的解释方面。候选人必须熟悉法医遗传学,包括亲子鉴定、痕量物证分析和结果解释。还有其他一些要求,如主动参与精神病鉴定、具备评估驾驶行为的能力、具备评估攻击受害者创伤性损伤的能力、具备测定血液中酒精含量的能力、具备年龄评估的能力,具备评估潜在事故的能力等。候选人还应对医事法律和伦理学有所了解,并不定期地参加各类法医学会议。

当满足所有上述条件时,候选人所受训学院的院长会颁发相应证书,证明候选人符合获得专科文凭的所有先决条件。然后,考生还必须通过一场全天制的考试。上午是在两位专家见证情况下进行尸检,然后提交一份书面尸检报告。下午,候选人首先要通过法医临床现场检查或用先前收集的数据分析对创伤性病变进行鉴定,然后进行第二轮评估。第二轮评估考核的可能是其他类型的创伤性病变,也可能是其他专业,如法医毒物学、法医遗传学或交通医学。考试还涉及一系列法医学的一般性问题,包括医疗法律、血液中酒精含量测定、亲子鉴定、驾驶能力等。一旦通过考试,候选人向瑞士医学会(FMH)提交所有工作证书和案件编号,由 FMH 决定是否满足所有颁证条件。

25.1.5.3 继续教育

每位法医学专家都需要通过继续教育来持续保持自己的专业能力。继续教育活动通常包括出席大会、研讨会和其他各种类型的学术会议。法医学会代表瑞士医学会(FMH)对继续教育的合规性进行严格管控。因此，每位专家每年都必须获得一定数量的继续教育学分。

25.1.6　研究

法医学研究活动大多是在大学进行的。事实上，只有大学机构才能提供进行高质量研究所需的技术、合格工作人员和大量关键调查。研究由国内或国际机构出资资助，如瑞士国家科学研究基金会、各联邦部门（卫生、司法、运输、体育），还有一些私人基金会。根据竞标结果和第三方人员的评估将拨款分配给特定项目。

法医学院参与一些合作研究项目。在国家层面有学院之间的相互合作，以及目前与 Pierre Margot 教授领导的洛桑刑事科学学院的合作。国际合作涉及国外各大机构和实验室。在实践方面，瑞士研究机构聘用的医学和非医学科学家有许多机会在国外接受培训。培训由科研补助金出资，并在国内机构准予的休假期间接受培训。

瑞士目前的研究项目涉及许多不同的法医学领域。一些研究机构专注于特定的课题研究，从而在具体的领域获得国际认可，如法医影像、成像质谱或转录组研究。

瑞士法医学会于 1980 年 12 月 13 日成立。它的第一任主席兼创始人是圣加仑法医学院院长休伯特・帕特谢德（Hubert Patscheider）教授。根据协会章程，瑞士法医学会的会员涵盖法医专业人员和参与法医活动的其他人员，如化学家、生物学家和心理学家。

学会每年举行两次会议。冬季会议固定在伯尔尼举行，有一个标准的议程。首先，由各委员会和专家代表学会向其他学术团体或国际组织作会议报告。其次，讨论一些行政问题，如修改协会章程，接纳新会员及审批财务报表和主席活动报告。夏季会议每年则由不同的学院组织，更具有科学性质。与会成员通常至少可以参加一场由瑞士或国外特邀发言人就其感兴趣的话题发表的演讲。

瑞士法医学会也通过其专业委员会开展活动，这些委员会代表法医学的不同领域（法医学、法医毒物学、法医遗传学、交通医学）。专业委员会扮演两个重要角色。第一个角色是确保法医学专业的良好实践。这可以通过机构间的指导协调不同的活动，并根据特别指示授予专业头衔来实现。第二个角色是作为瑞士专家和政府机构的代表。事实上，政府机构经常需要专业委员会提供专家意见。其中一个例子是修改法律所规定的车辆驾驶时血液中允许的最高酒精含量。另一个例子是对驾驶员进行非法药物或危险药物检测。有些问题极为复杂，因此出现了器官移植情况下死亡的定义、指令人体组织库的建立、临终治疗的伦理问题及其他许多问题。

对瑞士法医学会的介绍，少不了它在培训法医学专家方面的中心作用。瑞士法医学会不仅负责确定获得专业文凭所需的条件，而且还通过强制性继续教育确保持久的专业能力。事实上，每位获得瑞士医学会（FMH）法医专业资格的内科医生必须通过参与继续教育活动来确保自己的合格性。其他要求还有相关领域的口头报告、书面出版物，以及与某一特定专业的官方组织积极合作。通过规定特定专业的内科医生每年必须获得最低学分，确保继续教育实施的可行性。

25.1.7　瑞士的五所法医学学院

巴塞尔：

Institut fur Rechtsmedizin der Universitat

Pestalozzistrasse 22，Postfach，CH－4004 Basel

电话：+41 61 267 38 73

传真：+41 61 267 39 07

邮件：irm. basel@ bs. ch

院长兼主任医师：沃尔克・迪特曼（Volker Dittmann）教授，医学博士

伯尔尼：

Institut fur Rechtsmedizin der Universitat Biihlstrasse

20, CH－3012 Bern
电话：+41 31 631 84 11
传真：+41 31 631 38 33
邮件：contact@ irm. unibe. ch
院长兼主任医师：克里斯蒂安・杰基沃斯基(Christian Jackowski)教授,医学博士
洛桑-日内瓦：
University Center of Legal Medicine
Rue du Bugnon 21, CH－1011 Lausanne
电话：+41 21 314 70 70
传真：+41 21 314 70 90
邮件：curml. central@ chuv. ch
Rue Michel－Servet 1－CH－1211 Geneve 4
电话：+41 22 379 56 16
传真：+41 22 789 24 17
邮件：claudine. kuffer@ hcuge. ch
院长兼主任医师：特里斯・芒金(Patrice Mangin)教授,医学博士
圣加伦：
Institutf Ur Rechtsmedizin am Kantonsspital
Rorschacherstrasse 93, CH－9007 St-Gallen
电话：+41 71 494 21 52
传真：+41 21 494 28 75
邮件：irmsg@ kssg. ch
院长兼主任医师：罗兰・豪斯曼(Roland Hausmann)教授,医学博士
苏黎世：
Institutf Ur Rechtsmedizin der Universitat
ZUrichWinterthurstrasse 190/52, CH－8057 ZUrich
电话：+41 44 635 56 11
传真：+41 44 635 68 51
邮件：contact@ irm. uzh. ch
院长兼主任医师：迈克尔・塔利(Michael Thali),教授,医学博士

25.2 司法鉴定学

25.2.1 发展历史

工业革命和法律的人性化(在18世纪末和19世纪初欧洲大部分地区禁止酷刑)导致法院有时需要依靠专家意见来裁定刑事诉讼中的专门性问题。化学、生物学、物理学和摄影等技术的使用在19世纪的许多案例中都有记载,但除医学之外,并没有新的专业或学术学科出现。警察组织的改革、证据伪造、已决犯的系统分类的缺乏,都强调了在执法部门设立科学小组和行政小组的必要性。巴黎贝蒂隆创新式的人体测量学①、犯罪现场文件记录及法医摄影导致了19世纪末欧洲各地兴起的鉴证科(identification bureau)以帮助查明惯犯。1890年伯尔尼警察局长会议后,瑞士成为法国以外第一个采用贝蒂隆鉴证系统的国家。第一个鉴证科1891年在日内瓦成立。瑞士的司法鉴定也受Hans Gross的强烈影响,他于1893年在维也纳(奥地利)出版了他的著名手册,将“犯罪侦查(kriminalistik)”作为刑事侦查的基本方法(由欧洲大陆法系的调查治安法官领导)。“犯罪侦查(kriminalistik)”在策略和证据方面都严重依赖物证。

瑞士成名的德国年轻研究员Rodolphe Archibald Reiss(1875~1929年)(图25.2)坚信法医摄影、刑事学或警察科学在20世纪将成为一门科学和一种职业。他对科学摄影的热情,以及他与贝蒂隆(Bertillon)和Gross的接触,为1902年他在洛桑大学为学生开设法医摄影和警察科学课程埋下了种子,这些研究成果发表在一本世界著名的法医摄影书中。与此同时,

① 译者注：人体测量法本书多处提及,是通过对人体各部位的测量进行人身识别的方法。法国人AlphonesBenillon将人类学家测量骨骼的方法用于人体测量,认为人的骨骼系统从20岁到死亡不会变化,各部骨骼的差异可供一个体与另一个体相比较,并提出了具体的测量方法。规定人体3大部类11种测量标准：躯干部,测量身长、坐高、臂展;头部,测量头长、头宽、右耳长、右耳宽,肢体,测量左前臂长、左足长、左中指长、左无名指长。按以上标准将测量数据列成公式,记录在卡片上,分类存查。1882年在巴黎试行,应用中取得很大成功。1885年成为法国监狱通用的个体识别法。后被许多国家采用。

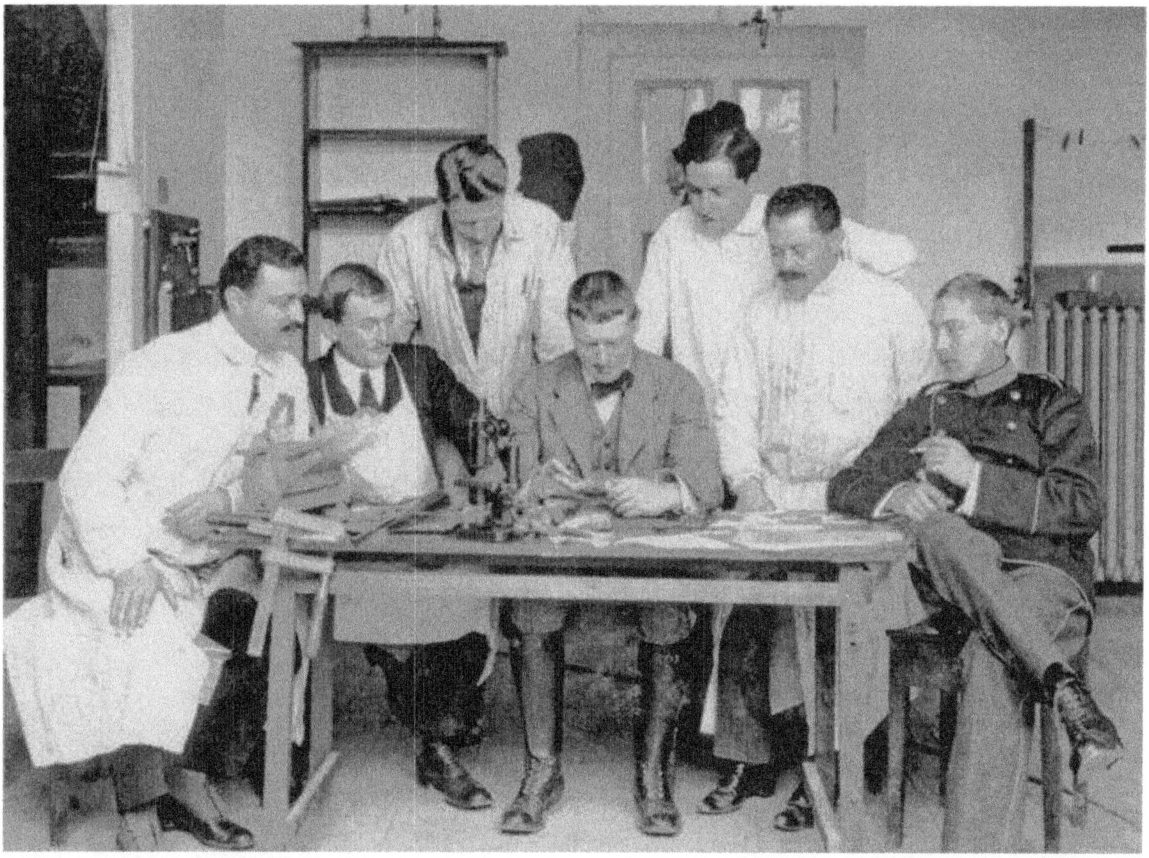

图 25.2　1913 年，年轻的 Rodolphe Archibald Reiss（1875～1929 年）教授（中间戴蝴蝶结领结者）正在教授工具痕迹鉴定
从左到右：Costescu 先生（罗马尼亚）、Burnier 先生（合作者）、Reiss、Grigoriu（罗马尼亚）、Vamesch（罗马尼亚）和 Bischoff（学生，未来的司法鉴定学教授）

Reiss 介绍并发展了司法鉴定的所有专业知识，为学科在学术界的发展而奋斗（Collectif，2009）。Reiss 的国际声誉使得大学设立了一所新的学院：警察科学学院，学院 1906 年被当局接受并于 1909 年正式开放。该学院开设了世界上第一门完整的司法鉴定学大学课程。不久之后，欧洲科学家展开密切合作，在各项会议上提出了不少倡议，标志性事件就是里昂的 Edmond Locard 于 1910 年创建的第一所司法鉴定实验室。科学家们强烈反对关于犯罪的社会科学理论，如 Lombroso 的理论[①]，并把关注重点放在古老的微量物证上。Reiss 成为洛桑的荣誉公民。

Reiss 的法医摄影巨著将科学知识与犯罪行为相结合，显示了司法鉴定学和犯罪学相结合在理解和解决犯罪方面的潜力（Reiss，1911）。该书是四卷册中的第一卷，但第一次世界大战的爆发使得 Reiss 的学术生涯终结。在目睹了巴尔干地区的暴行后，Reiss 谴责并记录了使用违禁弹药（爆炸枪弹）、大规模处决、轰炸医院的行为（Reiss 或许是在飞机上进行摄

---

① 译者注：Cesare Lombroso（1836～1909 年），意大利犯罪学家、精神病学家、刑事人类学派创始人。生于犹太人家庭。曾任军医、精神病院院长、大学教授。毕生致力于犯罪人类学、精神病人与犯罪人关系的研究。1874 年写成《犯罪人》一书，系统地阐述了其犯罪学理论。主要观点是：犯罪人中有三分之一是生来犯罪者。他们由于隔世遗传引起的生理器官的变异退化而导致体力、神经和心理反常，从而实施犯罪。对这些有犯罪之虞，处于“危险状态”的“生来犯罪人”可预先采用死刑、终身隔离、流放荒岛、消除生殖机能等“社会防卫措施”。其理论为帝国主义、法西斯专横提供了依据。

影的先驱)等暴行,并很快站在塞尔维亚一边,成为一名战争英雄。战后,Reiss 短暂地回了洛桑一段时间,看到他的学生在继续推动学院的发展,然后他回到贝尔格莱德成为塞尔维亚共和国国王 Pierre 的顾问。

第一届毕业生 Jean Burnier 和第三届毕业生 Bischoff 在一站期间和战后密切合作,Bischoff(1892~1969 年)在 Reiss 退休后于 1923 年正式成为洛桑大学的第二位司法鉴定学教授。1963 年和 1986 年,Jacques Mathyer(1921 ~ 2010 年)教授和 Pierre Margot(1950 年~)教授也分别获此殊荣。1954 年,警察科学学院在瑞士开设了第一门刑事学课程,并在 Bischoff、Locard 和当时的法医学教授 M. A. Thelin 的推动下,更名为警察科学和刑事学学院(IPSC)。还开设了第一门博士学位课程。

学生人数的不断增加及跨学科的发展,奠定了整个学术型司法鉴定专业的基础。

自 2003 年以来,学院增设了刑法和刑事诉讼学科,并于 2013 年更名为现在的刑事司法学院(School of Criminal Justice)。

25.2.2 组织机构

目前在瑞士的洛桑和苏黎世有两所大型司法鉴定学院,由州政府管理。它们承担了大多数专业的司法鉴定案例鉴定。此外,各州警察部门的鉴证科还有 25 所小型刑事技术实验室,处理最常见的法医学案件(指纹、痕迹、文件、犯罪现场等)。

25.2.2.1 洛桑刑事司法学院(School of Criminal Justice)

刑事司法学院(Ecole des sciences criminelles - ESC; www. unil. ch/esc)以大学身份运作。学院院长是洛桑大学法律、刑事司法和公共行政学院教授,学院隶属于洛桑大学。学院有一位副院长,参与学院的全面管理。学院提供完整的本科和研究生司法鉴定学和刑事学研究。

目前,该学院提供司法鉴定学专业的三年全日制学士学位[180 ECTS(欧洲学分制)学分],3~4 个学期(相当于全日制)的硕士课程,学位包括:

- 科学硕士(司法鉴定理学硕士,学位重点是“物证鉴证 ”或“化学刑事学”,或“数字证据鉴证”)。2013 年,创设了一个新的追踪与犯罪分析理学硕士学位,该学位与加拿大蒙特利尔大学(其在洛桑提供刑事学硕士课程,包括三个学期的刑事学和一个学期的司法鉴定课程)合作,包括三个学期的司法鉴定学和一个学期的刑事学课程。
- 法律硕士(刑事学和安全学方面的法律硕士学位,或刑事诉讼中的地方法官法律硕士学位)。
- 法律硕士(跨学科)(通信技术方面的犯罪和安全法律硕士学位),涵盖两个学院(商学院和法律学院)和刑事司法学院。

学院提供两门博士课程,一门是司法鉴定学(2014 年有 64 名在读生),一门是刑事学(目前有 21 名在读生)(Margot, Al, 2009)。

继续教育的形式主要有日间会议、周间研讨会及各种远程网络学习(CAS 高级课程,采用大学学分制)、鉴证和评估意见、DNA 鉴定、贝叶斯网络和犯罪统计。

学校有 11 名全职教授和约 100 名配备了全套实验室设施的项目负责人(研究人员、导师),2013 ~ 2014 年有超过 550 名学生。

除了教学和研究之外,学校还为法院(指纹、工具标识和枪支、火灾调查、非法药物、文件检验、笔迹鉴定、微量物证、法医影像、法证情报和犯罪分析)、政府部门(警务、刑事学、犯罪预防、统计、刑罚学)及私人和民事案件提供专家服务。

洛桑刑事司法学院的资金来自沃州及联邦政府资助、收取案件服务费,以及完成国家或国际研究基金[如瑞士国家研究基金会、欧洲基金会、国家司法研究所(NIJ)]的研究任务等。

学院的毕业生大都成为刑事实验室、犯罪

调查机构的专业科学家,已经培养了三名现任州警察局长,以及大量边境管制机构、药品监管机构和私人企业(保险业—与犯罪有关的保险欺诈;打击冒牌产品)的司法鉴定学家,还有诸多刑事学家或法院官员及地方治安法官(犯罪统计、预防方案、监狱和康复中心)。

学院于 1994 年成为欧洲司法鉴定研究院联盟(ENFSI)的创始成员之一。

25.2.2.2　苏黎世司法鉴定学院

1952 年,在 Frei-Sulzer 博士的指导下苏黎世市警察局内创设了司法鉴定实验室。它提供全面的实验室服务,并在爆炸物调查和公共安全领域建立了一个联邦研究中心(Wissenschaftlicher Forschungs Dienst, WFD)。除文件、笔迹和指纹外,实验室涵盖了全部司法鉴定实验室的专业,包括公民(科学家)和受过警察培训的人员。苏黎世州警察局开设了一个鉴证科,涵盖苏黎世市实验室未涉及的专业,同时有一些专业重叠。这两个机构都是 ENFSI 的创始成员。

2010 年,州和市政府决定合并这两个实验室,创设了现在所称的苏黎世司法鉴定学院(http://www.stadt-zuerich.ch/pd/de/index/stadtpolizei_zuerich/WD_WFD.html)。它是拥有 60 多名科学家和警察人员的欧洲大型实验室之一。目前它的法律地位正在讨论之中。它为苏黎世州和大多数讲德语的州提供全面的司法鉴定服务,并收取服务费。

25.2.3　研究

研究活动大多在大学学院内进行,除了苏黎世的 WFD,许多项目都是与司法鉴定学院、各行政部门(地方法官、刑事实验室、联邦部门)、国际工作组(如 ENFSI－WG)和各大实验室合作开展的。

瑞士还成立了专家工作组来分享该国的经验和发展情况,洛桑和苏黎世的学院大量参与。两所学院都参加了瑞士法医学会。

洛桑刑事司法学院还设定了在操作设施内部进行测试的原型和协议,如洲际间的法证情报共享,并参与刑事实验室的合作协调。

多年来,洛桑与国际合作伙伴在药物、指纹、火灾调查、证据解释方面进行了积极的合作研究,并发表了这些研究项目的成果(仅在过去十年内就有 200 多份司法鉴定出版物和 100 多份刑事学出版物),这些出版物可以在学院网站上找到。

最后,一项打击瑞士制表业或制药业造假行为的合作研究已持续开展了多年。

25.2.4　瑞士的两所司法鉴定学院

洛桑:

Ecole des sciences criminelles

Faculte de droit, des sciences criminelles et d'admini-strationpublique Batochime, Quartier Sorge CH－1015 Lausanne

电话:+41 21 692 4600

传真:+41 21 692 4605

邮件:info.esc@unil.ch

主任兼副院长:Pierre Margot 教授,理学学士、理学硕士、哲学博士、道格拉斯·卢卡斯奖章获得者

苏黎世:

Forensisches Institut Ziirich

Zeughausstrasse 11 CH－8004 Ziurich

电话:+41 44 295 4111

传真:+41 44 295 4099

邮件:info@for-zh.ch

25.2.5　组织会议

所有学院在与瑞士的司法、政治和经济合作伙伴进行沟通方面发挥积极作用。

苏黎世医学法律学院和当时的苏黎世市司法鉴定学院(WD)于 1975 年共同组织了一次成功的国际司法鉴定大会。

刑事司法学院于 1997 年组织了第一届欧

洲司法鉴定学院会议，作为 ENFSI 活动的一部分。

洛桑/日内瓦的法医学学院和司法鉴定学院还联合举行了不少国际会议，并为地方法官和警方组织联合信息共享日。

参考文献

第 25 章参考文献

第 26 章

土耳其法医学与司法鉴定

Mete Korkut Gulmen,库库罗瓦大学医学院法医学系,阿达纳,土耳其
Cengiz Haluk İnce,伊斯坦布尔大学医学院法医学系,伊斯坦布尔,土耳其

26.1 历史

在土耳其早期的司法鉴定实践中,第一份官方的尸检记录可追溯到 1768 年的奥斯曼帝国时期。

受到法国和德国的影响,土耳其政府于 1839 年在伊斯坦布尔组建了军事医学院,并在其医学院中设立了司法鉴定学科。

1841 年,维也纳大学医学院的 Claude Bernard 教授作为客座教授来到伊斯坦布尔大学,并开始进行法医学实践,同时开展系统的尸体解剖工作(Gok,1995)。

土耳其第一所民办的医学院和第一个法医学会分别于 1846 年和 1856 年成立。至 1908 年,土耳其建立了第一个独立的解剖部门和警察法院,随后在 1913 年,又成立了独立的法医学和司法鉴定研究所(图 26.1、图 26.2)。该研究所在 1923~1926 年间曾隶属于土耳其内政

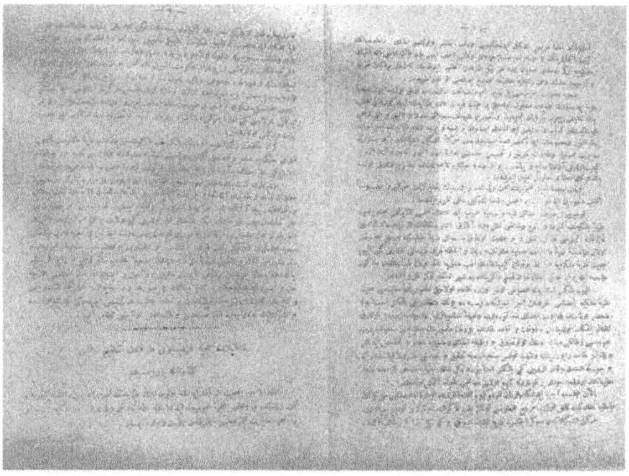

图 26.1 1913 年法医学法的原版手稿

资料来源:Haluk İnce 在 2010 年 11 月 3~6 日"伊斯坦布尔从过去到现在的健康"研讨会上的题为"土耳其的法医学和司法鉴定"的发言内容,后以题为《历史文献视野下的法医学委员会》发表(Belgeler ile Adli Tıp Kurumu)

图 26.2 Semsi Gok 教授,土耳其法医学委员会的创始人和首任主席,医学博士、法医病理学家

资料来源:Haluk İnce 在 2010 年 11 月 3~6 日"伊斯坦布尔从过去到现在的健康"研讨会上的题为"土耳其的法医学和司法鉴定"的发言内容,后以题为《历史文献视野下的法医学委员会》发表(Belgeler ile Adli Tıp Kurumu)

部,之后又划归至司法部,并且成为独立的司法鉴定教育机构(Gok,Ozen,1982;Gok,1995)。

第二次世界大战期间,土耳其进行了大学改革,医学专业和教育随之发生改变并得到了进步。尽管研究所内的专家都是大学的学者并且和学院有合作关系,该研究所仍作为隶属于司法部的独立机构设立在大学中。1953 年,新的立法促进了研究所规模的扩展。与此同时,研究所新成立了一个主要负责弹道学、法庭文书证据鉴定的特殊部门——物理学部。其他的部门则包括病理学、毒物学、化学和生物学(Gok,Ozen,1982;Gok,1995)。

18 世纪末到 19 世纪初,法国-德国式的医学科学院开始成为奥斯曼帝国的一部分。第二次世界大战后,该学院被美国的学院取代了。美国的体系结构成为世界大部分地区现今法医学和司法鉴定学效仿的范例,同时也促进了土耳其法医学的进步。然而,1980 年的政变完全改变了土耳其的法医学和司法鉴定体系。《2659 号法案》于 1982 年 4 月 20 日通过并于当年 5 月 1 日生效,与此同时,土耳其法医学委员会于伊斯坦布尔成立(İnce,2013;法医学委员会法,1982,2003)。

法医学委员会的工作需要向总统、副总统及司法部汇报,委员会成员由司法部部长直接任命。委员会设有一位主席和一个常委会。常委会由委员会主席、专家组主席和(或)代表,以及一个常务秘书长组成。委员会每个部门下都有它自己的专业科室,如物理学部的下属的弹道学科室(Salacin 等,1994;Gulman 等,1995)。

1910 年,以匈牙利移民 Yusuf Cemil Bey 为首的研究人员率先在警察部门的刑事警察实验室或刑事科学实验室开展指纹分析,从此指纹分析开始走进人们的视野并传播到世界各地。Yusuf Cemil Bey 对土耳其的警察系统有很深的影响,他向土耳其的警察部门教授指纹分析的基本技术,在土耳其共和国改革之前,这一技术都是警察研究所中的正式授课内容,是土耳其警察教育的一部分。在 1938 年他们据此成立了一个小型刑事科学实验室,将其作为警察学院(警察研究所)的科研分支机构。在最初的几年里,学院里几乎每个学生都掌握了指纹分析的知识,但随着学院学生人数的增加,学院开始挑选更有天赋的学生学习指纹分析。第二次世界大战期间,一位瑞士专家成为现代刑事科学实验室的创始人,并为培养土耳其专业人才做出了巨大贡献。在德国大使驻土耳其公使 Von Papen 被刺杀案件的刑事侦查活动中,刑事科学和弹道学发挥了重要作用。此案中的司法鉴定人成功读取了手枪上的序列号,这成为对土耳其司法鉴定科学评估的转折点。对这一事件的重要贡献促使该实验室成为司法鉴定领域的佼佼者。随着实验室不断取得成功,土耳其政府决定仿照 FBI 的实验室建立自己的小型实验室,并给位于伊斯坦布尔分部的司法鉴定实验室提供了大量技术设备。另一方面,警察部门许多有天赋的司法鉴定人被送往美国学习。那几年中,这一部门成功事迹的传播使实验室工作负担很重,实验室显得力不从心,1967 年,这个实验室在伊斯坦布尔首次成为警察部门的一个独立单位。1967 年以后,随着土耳其全国各地恐怖活动和犯罪率的上升,伊兹密尔及土耳其其他城市警察司法鉴定部门不断建立和发展。到 2004 年,刑事科学实验室和司法鉴定部门都设立在位于安卡拉的警察学院中。最终,刑事科学实验室发展为一个独立的部门,并且被命名为全国刑事警察总局(Cakici,2006)。

无论是在土耳其还是其他国家,每一起案件的特征都各不相同。在 20 世纪 80 年代后期,允许枪支使用的法案通过后,土耳其使用枪支的数量就出现了增加。除了恐怖主义活动及偶尔发生的连环谋杀案,在案件类型和变化方面,土耳其的数据与大多数国家非常相似,特别是在过去 30 年中,土耳其国内发生了许多恐怖主义活动,使得土耳其比以往任何时候都更需要司法鉴定。在此期间,犯罪现场调查也变得尤为重要(Gulmen 等,1995)。

土耳其司法鉴定案件类型复杂多样。虽然案件分布并不复杂,但由于全球化的发展,诸如吸毒和虐待等新型的案例也开始出现。连环杀人和新型合成毒品案件是土耳其最新出现的犯罪类型。在土耳其全国,每年大约有 15 000 起尸检案例,这些案件大多与意外事故和全身创伤有关。在日常的案件中,最常见的死亡类型是系统性疾病、他杀(主要是枪支和刺伤导致的死亡)、自杀及意外中毒(İnce,2013)。

26.2　组织架构

2000 年以后,司法鉴定在犯罪调查、证据搜集、法庭辩论陈述、犯罪预防等方面的作用及其在维护司法公正方面的价值使其变得越来越受重视,并且受到了有关各方的广泛接纳。以下总结的是土耳其司法鉴定的主要组织架构。

警察和宪兵队接受内政部的管辖,拥有自己的刑事科学研究实验室和犯罪现场调查团队。法医学委员会受司法部管辖,并且和大学院校的法医学院和研究所合作。法院及公诉人可能会向上述相关单位寻求司法鉴定方面的专业技术支持(Polat,2010)。

土耳其的司法鉴定领域中专家和各部门之间仍然缺乏协调,特别是专业和特长之间的区别没有被很好地界定。土耳其法医学专业的主体结构,由司法部管辖的法医学委员会负责。该委员会在土耳其大部分专业知识领域拥有权威地位。犯罪现场调查和刑事警察实验室的司法鉴定工作独立于法医学委员会、宪兵队及大学之外。

法医学委员会的主要办事处和部门集中分布在伊斯坦布尔。在土耳其其他主要城市中,法医学委员会设有太平间、化学科室和法医临床学科室等分支机构。在其他的一些分支机构中,还有生物学、物理学或交通等专业科室。尽管存在这些分支机构和规模较小的部门,但是委员会的组织结构仍然非常集中。刑警或宪兵队实验室也同样如此。大学的组织则更加多样化,通常大学之间,以及大学与法医学委员会、刑事科学实验室和 CSI 团队会开展合作。司法鉴定的实践工作同样受到司法部的管辖,并且集中在特定机构内(主要是法医学委员会)(İnce,2013)。

土耳其司法鉴定科学的整合过程存在一些合作方面的困难。警察在城市执行任务,而宪兵队在农村地区执勤。犯罪现场调查由警察或宪兵队的 CSI 团队进行。在检察官的授权下,这些团队分析犯罪现场、收集证据,并将证据送到刑事科学实验室。检察官会收集案件有关的所有数据做成档案,同时也会收集案件的相关报告。报告由不同的团队分别提供,并在检察官那里进行整合。这其中的主要问题是各团队之间的合作。在检察官办公室对数据进行整合是另一个缺点。对案件进行集中管理也给司法鉴定系统带来了冗杂的组织结构。尽管有新的《刑法》和《民法典》的法令规定,但是对于辩方而言,对起诉过程完整性的控制仍然是一个问题[土耳其警察总署指挥中心教育办公室,2003;《宪兵司法鉴定组织法》,1983;《法医学委员会法》,2003;《土耳其民法典》(HMUK),2011;《土耳其刑法典》(CMUK),2004]。

法医学委员会、警察和宪兵队正努力改善他们的实验室和分支机构的条件,并尝试将他们的业务范围扩展到土耳其的大多数城市。这些部门现在急需技术设备和人才。过去十年中,司法鉴定在土耳其变得越来越重要。由于法院审判和辩护的需求日益增加,各实验室或分支机构借此机会聘请了新的科学家。近十年里,土耳其有许多新的司法鉴定部门,尤其是刑事科学实验室相继成立。所有这些实验室和部门在新的专业领域内都拥有高科技的设备和新的司法鉴定科学家。这些司法鉴定科学家主要都是政府聘请,并且政府通过丰厚的薪酬等方式激励他们成为司法鉴定科学领域的专家(İnce,2013)。

26.3 培训

司法鉴定不同专业领域内的教育和培训周期是不同的。

法医学专业是土耳其司法鉴定领域的主要组成部分。法医学专家都是医生,并且从医学院毕业后还要接受四年的培训。同时,他们必须轮转完成6个月的病理学学习和四个月的精神病学(成人和儿童)学习。这些医生要去全国各地进行尸体解剖,并对包括性虐待受害者等在内的受到创伤的人们进行临床检查。他们可以去大学医学院设立的法医学系,或者位于伊斯坦布尔的法医学委员会完成他们的专业培训(Alper 等,1995、1999; Salaçin 等,1994)。

大学院校设有硕士和博士课程。不同学院的毕业生可以在司法鉴定的许多专业领域获得硕士或者博士学位。除此之外,在警局或宪兵队相关部门工作约4年,并参加相关科学领域的课程和研讨会之后,可以获得特定领域的专家证书。司法鉴定领域的专业课程和研讨会内容由法医学委员会负责设计,专家证书也由其颁发。目前主要问题在于,土耳其司法鉴定科学领域缺乏一个明确的考核和评定体系。通常人们成为某一领域的专家,仅仅是因为兴趣使然。第二次世界大战之后,大部分警察和部队的人员及法医学专家都在美国接受培训,并且从诸如FBI(美国联邦调查局)、部队研究院或各种院校研究机构的培训中心获得学位或证书。近20年来,欧盟的伊拉斯谟计划(Erasmus Programs)、培训课程及结对项目所提供的学习机会在司法鉴定领域和其他教育领域越来越受青睐。尤其是土耳其法医学委员会、刑警和宪兵部门及CSI团队与欧盟国家间合作的结对项目,提高了土耳其司法鉴定专家教育的含金量(伊斯坦布尔大学司法鉴定科学研究所,2014;安卡拉大学司法鉴定科学研究所,2013)。

26.4 经费

司法鉴定的经费主要由中央政府提供。从土耳其共和国建立初期到现在,司法鉴定方面的预算都由政府划拨管理。通常,专家费由法院的预算承担,这一部分费用一般从案件中收取,如果没有的话,则会从司法部的总体预算中拨款。虽然政府大力资助实验室、办公楼和技术设备,但司法鉴定的经费仍然不足。欧盟的项目和联合国的资助给土耳其提供了很多的经费,尤其是在城市太平间、犯罪现场调查、刑事科学实验室和毒品等司法鉴定专业领域。

司法鉴定实践的预算主要由政府管理,预算的优先级取决于城市和郊区的案件密度及司法鉴定中心的影响力。尽管许多案件法院应该要求进行司法鉴定,但事实上法院并没有这么做,不过现在这一情况正在逐渐改善。在20世纪七八十年代,法院基本不要求进行司法鉴定,但是在过去25年里,司法鉴定的需求依然在不断增加。法院和辩护律师需求的增加使得有资质的司法鉴定专家人数不足的问题日益凸显。因此,土耳其政府正在努力提供各种培训课程和经费资助。此外,保险公司成为大学院校和研究所新的经费来源。保险公司和私人律师为了应对庭审,经常向大学部门寻求司法鉴定科学各个领域的专业帮助。现在,法医临床学实践和医疗责任调查在司法鉴定专业体系中发挥着重要的作用。除法医毒物学、法医遗传学、法医文献文体学和犯罪现场重建等之外,交通医学也很受欢迎。大学开始利用他们的专业知识为自己的预算提供资金,这也使他们有机会站在大学董事会面前寻求更多经费(İnce,2013)。

26.5 政治因素

由于土耳其的司法鉴定活动主要由政府管理,诸如法医学委员会、警察和宪兵队等部门经常受到政治环境和政治变化的影响。因为法医学委员会隶属于土耳其司法部，在欧盟委员会 2005 年、2012 年和 2013 年的各种报告中也都提到了政治因素对其的影响。报告中分析的情况如下：

并且，值得关注的是，由于法医学研究所（法医学委员会）需要向司法部报告工作，因此其并不完全独立。一系列有助于提高研究所*独立性*和*效率*的新法律的通过和生效，使得司法公正取得了重大进展。这些新的法律包括《刑法》《刑事诉讼法》《上诉法》，以及涉及判决执行和安保措施的法律。尽管上诉法院等高级司法机构依据《欧洲人权公约》的标准，发布了一些判例以解释法律的改革，但仍然难以辨别判例法的发展趋势。对法官和检察官的培训仍在进行，尤其是关于欧洲人权公约方面的内容。令人鼓舞的是土耳其受到鼓舞采取进一步措施加强法官和检察官最高委员会的独立性，以消除在任命法官和检察官时消除政治因素的影响。土耳其当局针对内政部、司法部、宪兵和警察的相关人员开展了一系列人权培训项目。除了司法部法医学委员会的报告（欧盟土耳其 2005 年进展报告，P23）之外，大学或独立机构的法医报告或者司法鉴定医生的报告现在也被一些法院所认可。

然而，大部分法院仍优先考虑位于伊斯坦布尔的受土耳其司法部管辖的法医学委员会出具的报告。虽然新颁布的《土耳其刑法典》和《土耳其民法典》鼓励独立的专业体系进行运作，但要打破人们对于 1982 年土耳其军政府的相关法律对司法鉴定实践影响所形成的习惯似乎并不容易。法医学委员会根据司法部的授权提供服务，在司法鉴定科学的大部分领域内，法医学委员会仍然是主要的权威部门。法医学委员会的主席由司法部部长在总统和总理的批准下任命。委员会下设的科学委员会主席及各分支机构的主席和委员会其他成员则都由委员会主席任命，并需要得到司法部部长的批准。法医学委员会是一个关注司法鉴定科学各个领域的专业机构（2005 年《欧盟土耳其进展报告》，2012 年《欧盟土耳其进展报告》，2013 年《欧盟土耳其进展报告》）。

26.6　质量管理

警察和宪兵队的司法鉴定队伍，如刑事实验室和犯罪现场调查员，都是在内政部的领导下以团队的形式进行工作的。在法医学专业的培训结束后，有一个委员会认证和考核计划，但该项工作目前尚未开始施行。而在司法鉴定的其他领域也没有国家委员会认定或者认证考试。

土耳其司法鉴定机构的数量在全国各地的分布并不均匀，各机构也难以有同样的质量管理体系（Himberg，2007；İnce，2012）。实验室和专家大部分位于安卡拉和伊斯坦布尔，只有少数在伊兹密尔或阿达纳，这不足以解决这个拥有 8 000 万人口的国家所存在的问题。有时似乎很难在为司法鉴定服务提供解决方案时产生协同效应，并且大多数时候资源投入并不能带来成果。尽管在 2007 年有一个关于标准化和质量控制的欧盟项目，以及总统国家监事会关于全国司法鉴定服务的报告和建议，但是仍然没有尝试解决问题［Himberg，2007；国家监事会报告（DDK），2010；İnce，2013）］。

土耳其存在的另一个严重问题是司法鉴定机构的集中化及科研机构和部门之间缺乏合作。三大主要的鉴定机构（法医学委员会、警察和宪兵队司法鉴定部门）和大学之间几乎没有合作，制度缺乏且缺少过程分析。鉴于其法律地位，法医学委员会处于与其他机构和大学进行项目合作的最佳位置。而另外的两个鉴定机构（警察和宪兵队），在法律上却无权聘请任何其他机构的科学家，也不能寻求他们的咨询服务。这无论是在伦理上还是法律上，都似乎是严重的困境。在一些影响力很大或者很棘手的案件中，通常危机的解决靠的是科学家的奉献和专家的积极付出。因此，实验室之间良性互动取决于个人的自愿付出，而不是研究所的努力。这一观念正威胁着包括质量控制和标准化工作在内的土耳其司法鉴定实践的各个方面。虽然对于最优司法鉴定实践有很多 SWOT 分析（strengths，weaknesses，opportunities，threats），但仍然有很长的路要走（İnce，2013；《宪兵队司法鉴定组织法》，1983）。

司法鉴定是一个非常特殊的领域，需要从大学阶段就开始学习。因此，国家需要发展司法鉴定学院，同时开设相应的硕士和博士学位课程。但另一方面，由于立法方面的问题，体制内的部门，尤其是三大司法鉴定机构和大学系统很难雇佣有资历的科学家。这种情况应该予以改变，受过良好教育的高素质科学家应该成为日常司法鉴定实践的一部分。这样也可以快速地解决质量控制和司法鉴定机构标准化的问题。对土耳其来说，这似乎是一个独特的情况。我们希望在不久的将来有一个更好的体制来改变这样的现状。目前还没有一个具体的方法既能保证一线的司法鉴定人员和专家都达到某一标准，又能通过现有法律来保证司法鉴定的质量。但是，科学家们通过自己的努力去参加国内或国际会议及教育课程，以紧跟专业发展的前沿。2006 年，国家法医学专家协会设计了一项非官方的学会考核测试，但该测试仅举行了一次。这次不成功的尝试也表明了司法鉴定体系的结构需要调整（Cakici，2006）。

司法鉴定的认证是一项重要的工作。所有的司法鉴定领域都应该有一套完备的教育、考核和独立认证体系。通过这种方式，经过认证的专家委员会就可以在司法鉴定的各个领域开展工作，这将有助于法院和律师。然而，现在司法鉴定系统试图通过欧盟的项目和认证计划来解决这一体系结构配置上的问题。2011～2013 年间，通过欧盟开展的与土耳其、荷兰和西班牙的结对项目，有 1 500 名专家接受了犯罪现场调查和法医病理学等课程的培训，并得到证书。这些专家此后都曾为法医学委员会、警察或宪兵队工作过（İnce，2013；Gulmen，2000；Gulmen 等，1998，1999）。

土耳其在 20 世纪 90 年代出现了质量控制和标准化的问题，而不是像美国这样在 20 世纪初期就遇到了这些问题。随着与 ISO 17025 对应的土耳其国家标准颁布，司法鉴定领域的认可研究工作就此展开。2008 年，认可工作首先在司法鉴定实验室中实施，然后逐渐扩展成为土耳其国家司法鉴定实践的一部分。法医学委员会、警察和宪兵司法鉴定机构的许多实验室很多技术方法上通过了认可。在进行追踪调查和检查后，新的技术方法也被加入认可项目中。自 2008 年以来，土耳其司法鉴定领域一直在学习如何应对检查，如今也逐渐接受了检查并不是什么可怕的事情，而是不断科学地提高自身能力的一部分。随着这些技术方法和研究机构通过了认可，他们变得更有公信力，司法系统也以一种更恰当的方进行运作（İnce，2013）。

质量控制和认可促使这些机构使用恰当的设施、设备和技术。由于这些机构在全国范围内都有技术资源，许多影响力极大的案件也得到了解决，并且与国际司法鉴定协会共享了研究成果。

自 2005 年以来，土耳其在司法方面进行了许多改革。诸如侵犯人权、虐待和忽视儿童及针对妇女的暴力行为等几乎所有问题都从根本上得到了改善，并颁布了新的法律法规。《土耳其刑法典》和《土耳其民法典》已经完全改变，审判程序也进行了重新设计。虽然大多数法官和律师在根据新颁布的法律进行司法实践时都曾遇到过困难，但司法鉴定在这一过程中的确发挥了重要作用。与过去相比，司法系统如今更加重视证据，所以司法鉴定和相应的专家们就变得比以前更加重要。作为联合国的文件之一，《伊斯坦布尔协定》进入到日常司法鉴定实践中。尽管该文件规定实行的检查仍未在土耳其全国得到有效开展，但相关的培训一直在进行。由于证据收集、保存和调查流程重新进行了设计，警察和相关部门仍在接受培训。法官和检察官也在接受培训，以便更好地进行调查（刑法典，2004；民法典，2011，Gunay，2008）。

26.7 科研

土耳其在科研文章发表方面仍然十分落后，特别是在引文、新技术设备及科学方法的创新方面。较之总的案件工作量和国家本身的情况，土耳其的文章发表及其引用率仍处于很低的水平。此外，出版文献中提出的新的科学方法在日常的实践中使用的情况也不乐观。国家的研究所和各组织（法医学委员会、警察和宪兵队）没有研究经费。大学虽然有资金，但由于法律的限制，他们不能涉足或作为科研合作方参与政府组织的研究项目。这种情况应该改变，需要找到一条新的途径为机构间的科研及合作创造条件（İnce，2013）。

26.8 灾害应对

土耳其遭受过各种灾害，尤其是地震。1999 年爆发的马尔马拉大地震使得土耳其很多地区都遭到了侵袭。2000 年至今，在迪亚巴克尔、伊斯帕塔和特拉布宗等地都发生过空难。所有这些灾害中，都遇到了个人身份识别的难题。马尔马拉地震中大多数遇难者几乎都没法鉴定身份，这一惨痛的教训使人们意识到土耳其面对此类级别的灾害的准备还不充分。但是现在，土耳其拥有可以在灾害发生 6 小时后就做好准备投入工作的 DVI 团队。如 2011 年 10 月的凡省地震，灾害处置团队在 6 小时后就准备就绪飞往凡省。欧盟的许多项目已经实现了培养司法鉴定专家的任务。而与 FASE（欧洲法医人类学会）和国际法医人类学家的合作项目和教育课程也在司法鉴定团队和工作组认证方面发挥着重要作用。

土耳其军方、警方和政府部门及法医学专家也在接受灾害管理方面的培训。然而，土耳其严重缺乏法医牙科学专家，并且 DVI 团队的规模也不够大以至于不能覆盖土耳其全国。目前法医牙科学硕士课程和专业课程正在土耳其开展，并且未来要增加 DVI 团队的数量，并提高团队质量（İnce，2013）。

26.9 法律问题

土耳其法律系统目前仍然没有很好地理解并运用司法鉴定，尤其是法官、检察官和律师。通常法律系统中的工作人员仍希望像过去一样得到专业的报告，简单快速地得到案件的答案，并以此结案。而新颁布的《土耳其刑法典》和《土耳其民法典》，极大地改变了司法鉴定在法律体系及在法庭上的地位。法院仍把法医学委员会的报告作为官方报告，并把给案件下结论的任务交给委员会，这一做法显然是违背新颁布的法典的精神，因为法律已经明确规定需要进行交叉审查和专家质证。司法鉴定必然会随着法院的需求不断进行完善，但法院方面的情况并没有什么改变。说服法官去使用那些有质量控制，通过了资质认定和标准化体系的大学、私立机构和专家的司法鉴定意见并不容易，以后也不会变得轻松。但是现在的情况比 10 年前已经好得多。土耳其的司法鉴定专家们对司法鉴定的未来发展充满信心。

26.10 新发展

总的来说，司法鉴定是一个新兴的热点领域。法医毒物学是当前研究的热门课题之一，国家科学研究委员会给予了大量资金和支持。吸毒和毒品滥用已经成为严重的问题，与此相关的案件数量也很大。

土耳其的司法鉴定正面临新的挑战。2009

年，土耳其总统就司法鉴定相关问题及未来工作向国家监察委员会征求意见，希望获得像美国 NAS 那样的调查报告［国家监察委员会报告（DDK），2010］。

国家监察委员会为此进行了一年多的调研，并与不同的学者、科学家和政府机构负责人、大学及国际的学者进行了交流和沟通。国家监察委员会于 2010 年递交了他们的报告。报告的主要观点是要加入欧盟的标准规范体系并借鉴葡萄牙司法鉴定改革的方法。未来十年，土耳其的司法鉴定前景将会十分光明，法院会开始更加频繁和细致地使用司法鉴定意见以辅助案件审理。国家会更需要司法鉴定，或许法医毒物学和遗传学也将变得更重要。尸体解剖的案件数量会变多，尸检数据也会更有价值。欧盟在司法鉴定和人权方面的项目会发挥更大的作用。土耳其政府的研究机构、大学和第三方的司法鉴定机构会得到认可，而且标准化和质量管理体系的问题也会得到解决。许多机构都将成为 ENFSI 的成员。上述种种均需要在土耳其建立一个新的司法鉴定体制，并且需要新的立法带来更多的科学意见。

成立一个新的司法鉴定科学研究院可以更加科学有效地解决当前土耳其司法体系中的很多问题，并且不易受到政治因素的干扰。土耳其司法鉴定科学研究院可以成为集质量控制、认可/标准化等职能为一体的科学管理机构。在过去的十年里，土耳其组织并举办了很多国际会议，如 2005 年的 ENFSI 大会、2009 年的 MAFS 大会及 2012 年的 IALM 大会等，对此，土耳其国内感到非常自豪。在未来的十年中，土耳其在司法鉴定科学及发展机遇方面的前景将非常光明。

参考文献

第 26 章参考文献

第 27 章
阿拉伯联合酋长国法医学

Fawzi Benomran,阿拉伯联合酋长国迪拜警察总局法医部,迪拜,阿联酋

27.1 综述及历史背景

1972 年,七个酋长国联合组成了阿拉伯联合酋长国(以下简称"阿联酋"),每个酋长国都有地方政府,并且受到联邦政府的管辖。迪拜的法医部门隶属于迪拜警察局。在迪拜,警察局是地方政府的组成机构之一,而其他六个酋长国的警察局都隶属于联邦警察局,但这些警局中的法医部门都下辖于司法部。

警察的职责是对可疑的死亡和犯罪进行系统的调查,最终把案件移交公诉人,由公诉人递交法院审理。迪拜警方受公诉人的委托,把相关案件移交法医部。除了进行尸体解剖确定死亡原因和死亡方式以外,警方可以委托法医部进行其他检查。迪拜法院采用讯问制,而非抗辩制。在七个酋长国及其他阿拉伯国家中,没有一个采用陪审团制度。

1980 年,在迪拜警局总部内成立了法医部。最开始的工作人员由一名法医和几名文员组成。该部门在一栋临时建筑内运行了 2 年,并在这个地方进行法医临床案件的鉴定,包括损伤、年龄评定及性犯罪的鉴定。尸体解剖则是在附近医院的太平间进行的。

1982 年,在警察总部旁边为法医部建造了一栋大楼(图 27.1、图 27.2)。大楼内有 1 间解剖室,配有两张验尸台;1 个尸体储藏室,可保存 48 具尸体;1 个临床检查房间,配有两台 X 线设备,1 台固定式和 1 台移动式;1 间办公室,可容纳 2 位医生和文职人员。与此同时,任命了第 2 位医生及 1 位组织病理学的技术人员进行法医工作。同时,配备了一个可容纳 32 具尸体的移动储藏室及 2 辆尸体转运车。

图 27.1 迪拜警局法医部员工入口

图 27.2 法医部大门

本文作者(图 27.3)在 1997 年 8 月接受任命,成为第 3 位法医。在作者的建议下,一项关于法医部改革和扩展的项目获得批准并实施(图 27.4)。此后工作量的稳定增长,也证明了该项目的合理性。1997 年 10 月,一起空难造

成 59 人死亡,这起事故也让人意识到法医部门的扩大很有必要。这个项目在 2001 年时结束,彼时笔者是该部门的主任。

图 27.3　Fawzi Benomran 教授,主任

2011 年之前,法医部门的鉴定人员都不是本地人,而是通过合同的形式被任命的埃及人,当然除了来自利比亚的主任(笔者)。根据笔者的建议,一些本地的医生被任命,并把他们送到国外接受研究生教育。这些医师中有些已经完成了相关培训并加入了本部门。

目前,该部门的工作人员除了主任外,还有 7 名法医鉴定人。这 7 人中,有两位女性及两位当地人。新增设的冷库可以容纳 80 具尸体,储存尸体的数量因此增加到了 128 具。同时,现有两间验尸房可供使用,其中一间有 3 个验尸台和 3 个解剖台,另一间则用来处理腐败尸体,房间里有 1 个验尸台和 1 个解剖台。所有验尸台都由不锈钢制成,具有下吸式气流和可调节高度及快速转移的功能,同时配备了尸体液压升降器。组织病理学实验室也进行了现代化改造。

法医部为迪拜的 170 万居民提供法医鉴定服务。检察长(DPP)和副检察长及 7 个警局的负责人把各种复杂案件送来进行鉴定。这些案

图 27.4　部门新开辟的一条坡道,供运尸车行驶

件包括法医临床鉴定和尸体检验。许多死者的死亡原因是通过尸表检查发现的。只有法医提出要求,并由检察长下令之后才可以进行尸体解剖,其目的是确定死因和死亡方式。必须强调的是,不是所有在迪拜死亡的尸体都需要进行检验,在医院自然死亡或在家中死亡的不需要法医进行检验鉴定。

法医临床鉴定包括损伤、性犯罪、年龄评估、医疗责任、非法堕胎检查等。

受伤的当事人由政府部门委托进行鉴定,以确定伤害的情况,致伤工具(可能的话),治疗时间和伤残程度。有关当局可以根据法医鉴定,决定相关人员的责任大小。案件种类包括单纯的打架斗殴到谋杀未遂。法院也会把寻求赔偿的交通事故受害者送过来鉴定伤残程度,以裁定损害的赔偿金。

阿联酋的性犯罪是根据伊斯兰的传统来定义的(Benomran,2002a)。任何婚外的性关系都是非法的,可以对此进行起诉。显然,政府当局并不会因为发现婚外性行为而监视他们,并以此起诉。但当有人向当局提出正式的投诉,当局就会开始调查。在婚外性犯罪的案件中,申诉人可能是夫妻中的一方、雇主(涉及雇员)或医院(出现非婚生子女)。有时申诉人可能是女性,因为她的男性伴侣没能兑现付款或结婚的承诺,特别是当该女性怀孕时。同性恋人或异性恋人之间在公共场合的不雅行为有时会被目击证人看见并报警,从而被警方逮捕。强迫性行为,不论是异性还是同性,一经受害者申诉,就会被政府当局立案调查。

27.2 司法鉴定和刑事科学总局

迪拜警方的法医部多年来一直是司法鉴定和刑事科学总局的一个部门。总局还下辖其他部门,最重要的部门之一就是犯罪调查实验室,因为其中的毒物学和分子生物学部门在日常的工作中作用巨大。司法鉴定和刑事科学总局还包括犯罪现场勘查部、信息犯罪调查部、发展和培训部、刑事科学部和 K9(警犬)部门。这些部门的专业人员在相关案件中组成小组进行工作,但每个部门都独立地完成自己的报告,最后在联合会议上将这些报告综合在一起进行分析。另外,还会根据学历和经验聘请外籍专家。同时,阿联酋的公民也会被雇佣,并被送到国外的专业培训机构,在获得资质和基本经验后,回国从事该领域的工作。目前有 70 多位年轻科学家在国外接受培训,并攻读司法鉴定不同专业的研究生学位。

另外,迪拜警察总局正在开展一个新的项目——建设一个大型的犯罪调查实验室。这将会是全球最大的司法鉴定实验室之一。该项目于 2014 年完成,并于 2015 年 1 月 19~21 日在迪拜举行的国际法医学会(IALM)第 23 次会议正式投入使用。

满足国际标准一直是该机构的目标。在这个目标的指引下,该机构通过了 ISO 90001 和 ISO 14000,并在 2014 年 1 月取得了 ISO 17025 的认可。同时实验室还参加了 CTS(美国)和 GTFCh(德国)的定期考核。

迪拜警方和司法鉴定和刑事科学总局从当地政府获得资金支持。因此他们向政府的相关部门提供免费服务,包括提供把尸体运送到墓地及往返机场的接送服务。

27.2.1 案件类型

迪拜(人口 170 万)的司法部门会把案件委托给法医部,有时北部的酋长国也把案件交给法医部。迪拜有着来自 200 个国家的外国侨民,其中最多的主要是来自印度次大陆的劳工,本地人的数量不到总人口的 15%。这样复杂的人口构成在日常的案件鉴定中也得以体现。

2002 年以前,法医部里没有统计数据。笔者当了法医部主任之后,除了进行改革发展相关的工作外,也着手开始进行数据搜集和分析。搜集的信息根据案件种类的不同进行分类,需要法医们在完成自己的鉴定报告后填写完善相关信息，随后这些信息会被提交到专门的登记处。这一过程每天都在执行，每个月底这些信息会被做成统计表格，每个年底还要编写年度报告。

从2002年1月到2011年底，迪拜警察总部的法医部已经鉴定了33 113起案件(图27.5)。年均案件数为3 311.3起。2002年到2008年，年案件量以年均8.8%的增长率保持稳定的增长。2002年到2008年案件量共增长了81.26%，案件量增加了1 791起。2008年调查的案件量比2007年多了271起，年增长率达到了7.3%，这和迪拜人口增长比例一致(根据统计中心2008年数据)。2009年案件量出现下滑，2010年同样出现这一情况，平均下滑的比例为5.7%，这和全球金融危机导致的外国居民暂时减少有关(图27.5)。2011年，案件的数量有了轻微的上涨，增加了126起(增长率为3.2%)。

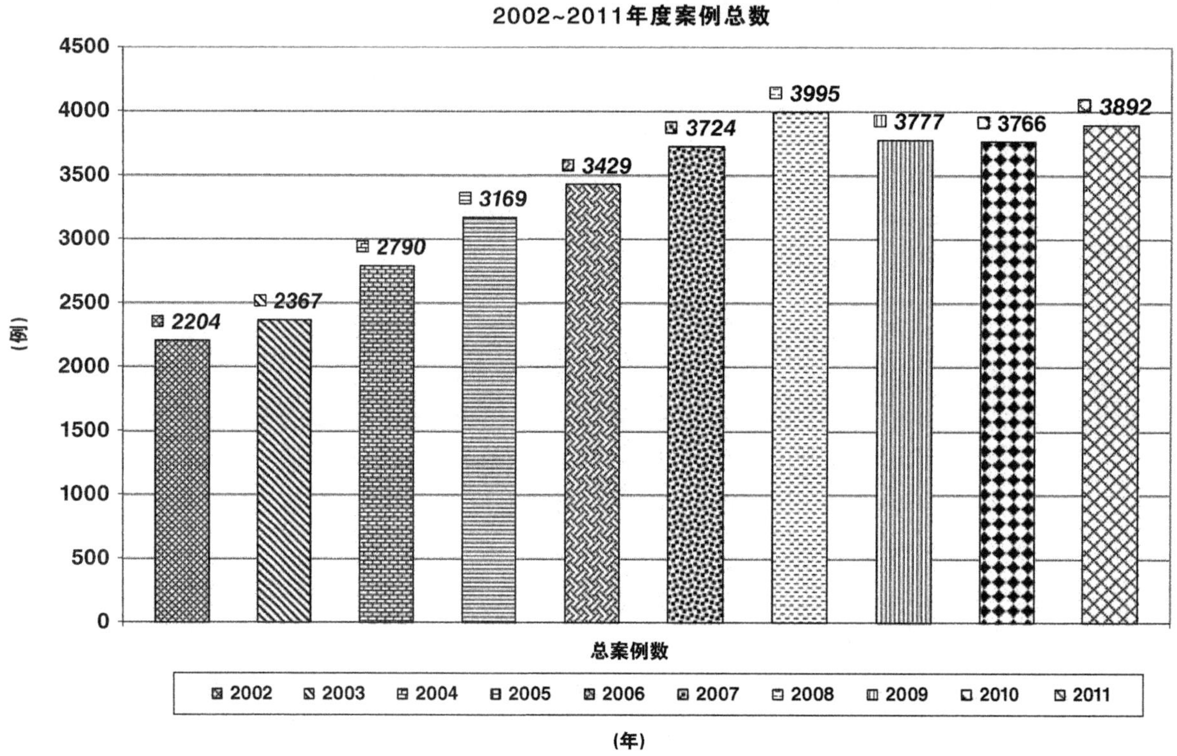

图27.5 法医部年检案量趋势图

死亡案件根据性别、年龄、死亡方式、死亡原因(死因)及解剖所见等各种因素进行分类。死亡方式指死亡时的情况或者死亡是如何发生的，如自然死亡、意外死亡、自杀或他杀。死亡原因指导致死亡的疾病或损伤引起的一系列改变或生理紊乱。

未知死亡方式的案件是指由溺水、钝器伤等事故造成的，但死亡当时的情况不甚清楚。由于腐败或白骨化等造成死因不明的案件也归在这一类。

不管案件是否存有疑点，迪拜的法医病理学家必须在犯罪现场对尸体进行检验。虽然这一过程对法医来说很费力且不方便，但在一些怀疑是他杀的非正常的死亡案件中，这一做法对查明死亡方式就显得非常有效，反之亦然。

可以解释死亡原因的尸检所见，包括器官的疾病和损伤的解剖所见，溺水征象、勒死、烧伤、电击伤、误吸有害气体等，或者将这些信息综合起来分析。缺少解剖所见的结果作为一种排他性分析也是有意义的。

法医临床鉴定的总数是 22 518 起，其中 18 323 起是损伤案件、3 296 起是性犯罪、577 起是年龄鉴定、97 起是医疗过错责任、46 起是非法堕胎、84 起是民事诉讼，剩下的（95 起）是其他各种类型混杂的案件（图 27.6）。

平均每年发生的损伤案件是 1 832. 3 起，占每年鉴定案件总数的 55. 33%。大多数案件都跟男性有关（81%），其中 31% 是斗殴。家庭纠纷占所有案件数的 3%。

平均每年鉴定的性犯罪的案件数是 329. 6 起。这些案件根据参与方的性别和年龄及案件是否涉及怀孕等情况进行分类，不论是自愿还是被迫。

民事和刑事案件需要进行年龄鉴定。民事案件中，驾照管理部门会要求对申请考驾照的人员进行鉴定，以确定他们是否成年。这种情况多见于缺少正规出生证明的国外人员申请驾照时。在刑事案件中，鉴定嫌疑人是否成年也同样非常重要。

医疗责任主要是患者状告医院，要求获得赔偿。除了少数医疗事实很明显的案件法医部可以容易地得出结论外，其他情况下，法医部通常都是作为法院和受指派调查事实的医生专业委员会之间的协调者发挥作用。2009 年，阿联酋颁布了《医疗责任法》，随后成立了高级委员会来调查此类案件，随后该类案件逐渐不再交由我们处理（Benomran，2010）。

27. 2. 2　统计资料

该项研究期间，总的案件数是 33 113 起。警方、公诉人或法院提出各自的鉴定要求，并得到了相应的鉴定报告。这些案件中，有 18 323 起（55. 33%）法医临床鉴定、10 595 起（31. 99%）尸体检验、3 296 起（9. 95%）性犯罪案件、577 起（1. 74%）年龄鉴定、97 起（0. 33%）医疗责任案件、46 起（0. 13%）非法堕胎，84 起（0. 25%）民事诉讼及 95 起（0. 28%）其他类型的案件（图 27.6）。

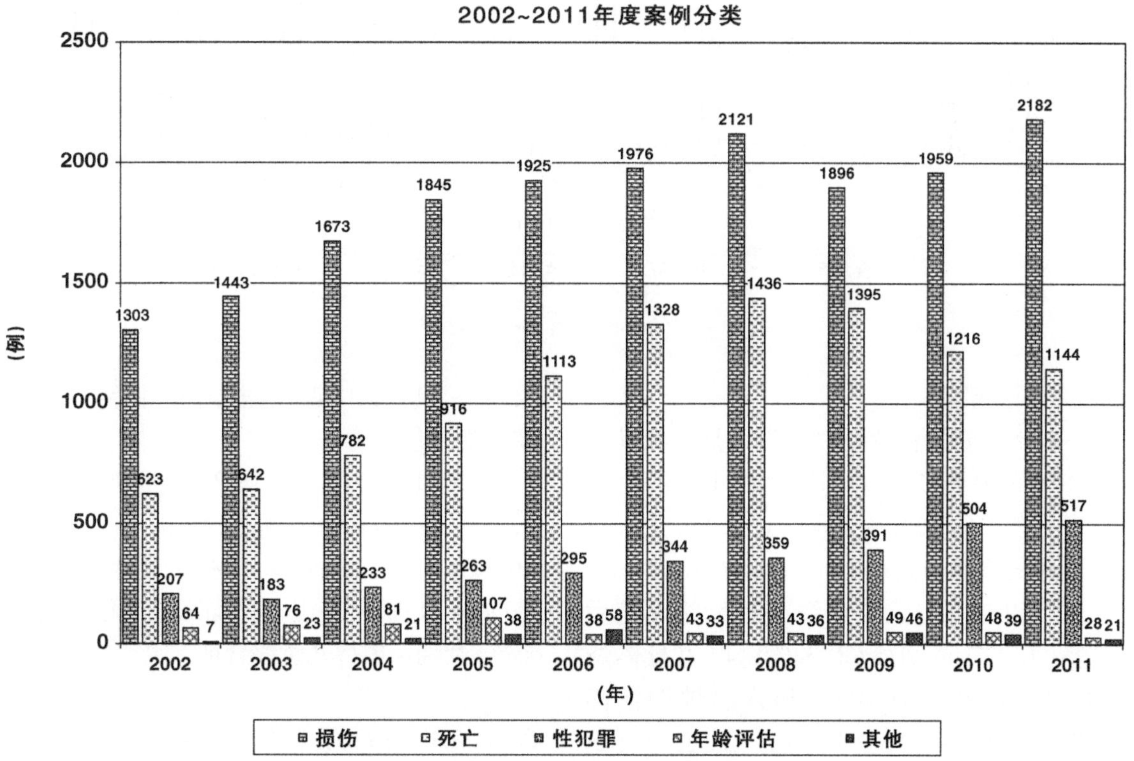

图 27. 6　法医部每年鉴定的不同种类的案件数

27.2.2.1 尸体检验

一共有 10 595 起案件进行了尸体检验；其中 9 434 起(89%)是男性，1 161(11%)起是女性。死者年龄从 0~90 岁不等，平均年龄 41.2 岁。20~50 岁之间的人数量最多，老年和婴儿的占比则最少(图 27.5)。667 起(占案件总数的 6.3%)案件中死亡的是当地居民。有 734 起案件进行了解剖，占死亡案件尸体检验总数的 7%。

27.2.2.2 死亡方式

四种死亡方式按照发生频率分别是：自然死亡 6 133 起(57.88%)、意外死亡 3 206 起(30.25%)、自杀 947 起(8.9%)及他杀 256 起(0.5%)。过去 10 年间，未确定死亡方式的案件有 54 起(0.5%)(图 27.7)。

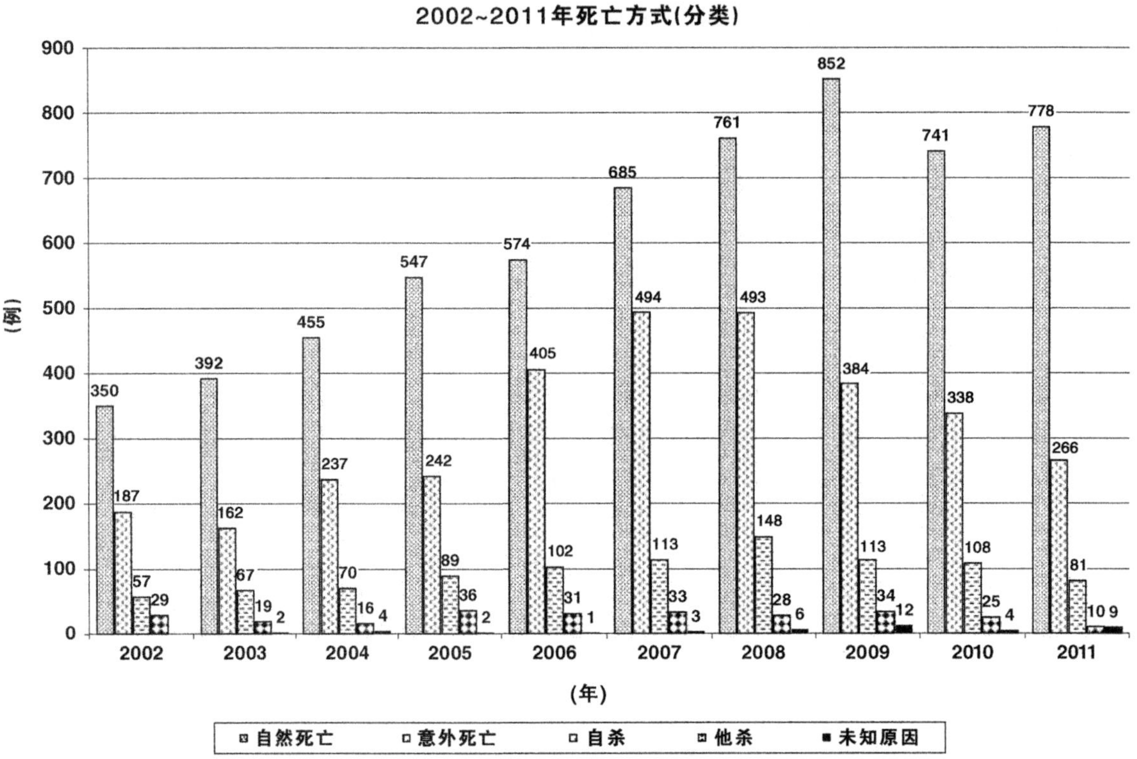

图 27.7 不同死亡方式的分类

27.2.2.3 死因

三种最主要的自然死亡的原因是冠状动脉疾病(88%)、衰老(2%)及恶性肿瘤(1.4%)。

意外死亡的原因主要是交通事故，在所有意外致死的案件中共有 1 498 起，占 46.72%。

主要的自杀方式是自缢(81.52%)，随后是高坠(7.28%)、溺死(2.32%)、严重身体烧伤(1.79%)、刎颈(1.5%)、摄入腐蚀性液体(1.4%)及摄入杀虫剂(1.2%)。其余的自杀方式包括药物过量、刺伤、一氧化碳中毒、勒死、火器伤、氰化物中毒、电击、甲醇中毒、电锯斩首及丁烷气体中毒。

最常见的他杀方式(图 27.8)是刺伤(37.1%)、头部钝器伤(25%)、绳索勒颈(8.9%)、捂死(6.25%)、双手扼颈(5.07%)及割喉(4%)。其他的方式包括火器伤、汽车碾压伤、溺水、身体钝器伤、焚烧及虐待儿童综合征。

27.2.2.4 解释死因的解剖所见

冠状动脉疾病，主要是动脉粥样硬化，可以

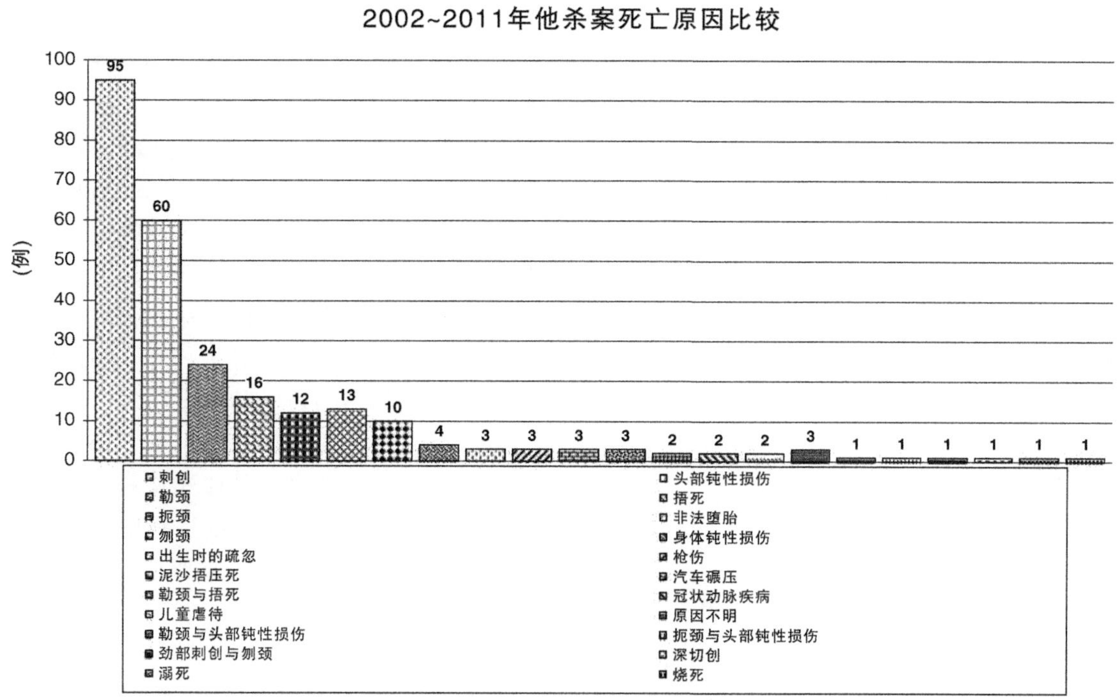

图 27.8　按死亡原因细分的凶杀案

通过解剖或者组织学检查找到证据,这是当前能够找到的猝死的主要原因。在其他的一些猝死案件中有的是因为其他器官潜在疾病恶化导致的。

意外死亡的案件中,最常见的是头部创伤或多发钝器伤。在很少一部分警察认为是交通事故造成的死亡案件中,我们发现其实是由于司机突发心脏病,导致车辆碰撞或脱落道路引起的。

在自杀和他杀的案件中,实地检验必不可少。他杀勒颈伪装自缢(Benomran,2002b)及本是自杀而警察认为是他杀案件的解决都体现了实地勘验的重要性。

27.2.2.5　损伤的临床鉴定案件

无论是意外受伤还是由于遭受攻击,身上有创伤的受害者要接受鉴定,以向调查方和司法部门递交法医报告说明损伤情况。为了帮助律师,法医必须确定或排除存在的损伤是否真实。如果损伤存在,法医必须对其原因(钝器或锐器)、治疗时间(是 20 天内还是超过 20 天)及损伤的后果(是否会造成永久性残疾)进行说明。对犯罪者实行的惩罚,取决于他所造成的伤害的程度和所使用的武器。在民事案件中,如果法院要判决损害赔偿,则法医必须对伤残程度进行评估。

27.2.2.6　性犯罪的临床鉴定案件

法医鉴定人员的职责是找到证据证明发生了性犯罪。身体上的损伤可以证明性行为是被迫进行的。性犯罪唯一的实物证据,是一方当事人在另一方当事人身上或者阴道中留下的精液。尽管发生处女膜撕裂的情况需要仔细分析考虑,但撕裂的处女膜也能成为发生性行为的有力证据(Benomran,2002a)。

27.2.2.7　年龄鉴定

阿联酋拥有多样性的人口组成,许多成员国的人口出生登记和证明管理松散,这导致护照信息可疑。如果当局怀疑一个人档案中的年龄有假,与其外表不相符时,有关当局会寻求法医鉴定人员的帮助。当申请轻型汽车驾照的人看着不足 18 岁,或申请重型汽车驾照的人看着不足 21 岁,通常会进行年龄鉴定。另一种情况是在刑事犯罪案件中，法院希望在进行判决前，确认当事人是否已经成年。

27.2.2.8 其他类型的案件

这类案件包括医疗责任、因伤害导致离婚而进行的健康检查、非人类骨骼鉴定或动物尸体的鉴定。从2009年起，根据阿联酋《医疗责任法》的规定成立了专门的委员会进行医疗责任鉴定这项任务(Benomran, 2010)，医疗责任鉴定的案件数量大幅下降。

27.3 讨论

在该项研究期间，鉴定的案件总数是33 113件，平均每年3 311.3件。最开始的7年中，平均年增长案件数是273.6件(8.8%)，这与早期的研究结果一致(Benomran, 2009)。2008年的案件总数比2002年多了81.26%(图27.5)。案件的高增长率反映了迪拜人口的增长情况，迪拜蓬勃发展的经济吸引了来自世界各地的人们前来务工和居住。2008年案件数比2007年多了271起，年增长率为7.3%。2009年出现下降，直到2010年，平均下降了5.7%，这恰恰和全球金融危机导致迪拜暂时的外国侨民人数减少相一致。2011年案件数量增加了126起(3.2%)，这反映了人口的增长及与之相对应的经济复苏。

除非是警方、公诉机关或法院提出要求，否则法医部门不会进行鉴定。法院提出的鉴定要求基本上是基于民事诉讼，在本项研究期间，共有84起(0.25%)。临床鉴定的案件包括18 323起(55.33%)损伤鉴定、3 296起(9.95%)性犯罪鉴定、577起(1.74%)年龄鉴定、97起(0.33%)医疗责任鉴定、46起(0.13%)非法堕胎鉴定及其他各类案件95起(占临床鉴定案件总数的0.28%)。

在所有的10 595起(占总数的31.99%)尸检中，9 434起(89%)是男性，1 161起(11%)是女性。男女的比例大约是9∶1，这反映出男性占人口的大多数，因为外国侨民大多数是单身男性。据报道，利比亚和苏格兰的尸检中，男女比例分别是3∶1和3∶2(Benomran, 1993)。在大多数国家，女性很少因暴力死亡或在户外死亡，从而相应需要鉴定的案件数也就很少，这也是在这些鉴定中男性占大多数的一个原因。

当地公民死亡的案件只有667起(占死亡总数的6.29%)，这反映出本地公民人数少这一事实。当地公民只占总人口的不到20%，其他主要都是非本国公民和外籍居民。

进行解剖的案件有734起，占尸体检验鉴定总数的7%，这也反映了总检察长和副检察长处于传统习俗的原因认为不要进行解剖。在刑事犯罪和有疑问案件中，本不需要征求家属的同意就进行解剖。但是伊斯兰的传统要被严格遵守，即人体是神圣的，人死后必须快速下葬。

在本次研究中，意外死亡和自杀是两种最常见的非正常死亡方式。四种死亡方式发生频率为：自然死亡6 133起(57.88%)、意外死亡3 206起(30.25%)、自杀947起(8.9%)及256起凶杀(0.5%)。过去10年间，未确定死亡方式的案件有54起(0.5%)，原因是案件中只剩下骸骨或腐败的尸体(图27.7)。其他国家的法医对案件中的尸体进行检验后，得出了各国最常见的暴力致死方式，挪威是道路交通事故和自杀(Nordrumef, 1998)、芬兰是自杀(Saukko, 1995)、印度是道路交通事故和铁路事故(Bhattacharjee等, 1996)、苏格兰是道路交通事故和火灾(Benomran, 1993)，日本是他杀(Higuchi, Sukegawa, 1983)。

在所有需要进行尸体检验的死亡案件中，自然死亡占大多数。这是因为目前的死亡转诊体系中，很多在家庭中死亡和刚送到医院就死亡的尸体，都需要进行法医鉴定。

刺伤和头部钝器伤致死是最常使用的他杀方式，分别占37%和25%。随后是绳索勒死(8.9%)，这组数据中有一起案件是被勒死后伪装成自缢(Benomran, 2002b)。其次是捂死(6.25%)、扼死(5%)和割喉(4%)。阿联酋枪支管控法十分严格，所以枪杀案件很少见(图

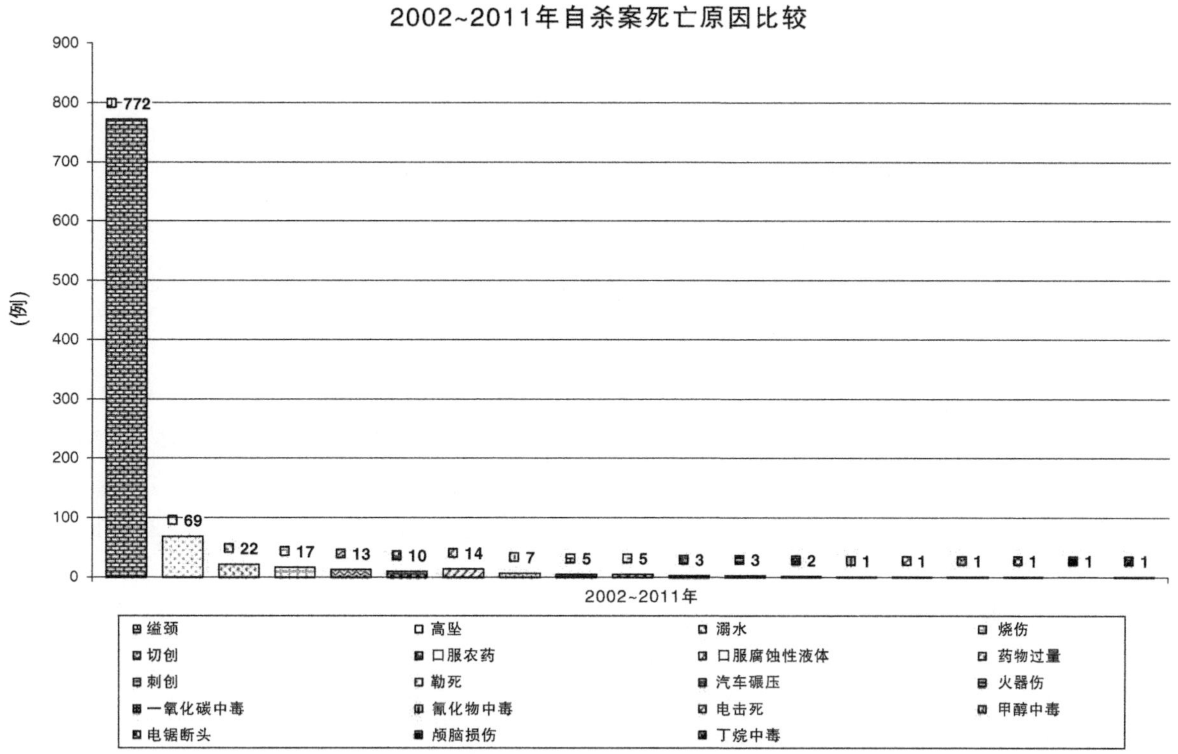

图 27.9 按死亡原因细分的自杀案

27.8)。在挪威(Nordrum,1998)、新西兰(Lo, Vuletia 和 Koelmeyer, 1992)和南非(Duflou, Lamont 和 Knobel,1988)的法医实践中,刺伤是他杀致死最常见的方式。

在他杀案件中,笔者鉴定了两起影响很大的刺杀案件,尽管当地和国际媒体大范围报道了此事,但由于许可方面的问题目前尚未公开发表。这两起案件分别是 2009 年某个车臣军官被枪杀案(海湾新闻,2009)和 2010 年一名巴勒斯坦抵抗组织领导人被勒死案(海湾新闻,2010)。这两起案件中,刺杀者从国外来到迪拜寻找并杀掉他们的目标。

在 1 498 起(46.72%)意外死亡事故中,交通事故是主要的致死方式。药物过量的共有 110 起,其中 75%是因吸食海洛因过量死亡,在这些案件中,很多都在尸检过程中发现了注射器留下的针眼(Benomran,2008)。另外,也有一些稀奇古怪的意外死亡事件,在一起案件中,死者意外吸入了硫酸(Benomran,Hassan,Masood,2008),其他几起案件中,死者意外吸入沙子导致窒息死亡(Benomran,Hassan,2008),还有一起案件的死者则是因体位性窒息死亡(Benomran,Hassan,2011)。

自杀的主要方式(图 27.9)是缢颈(81.52%)、高坠(7.28%)、溺水(2.32%)、大面积烧伤(1.79%)、切创(1.5%)、摄入腐蚀性液体(1.4%)和摄入杀虫剂(1.2%)。许多自缢死亡的案件中,都发现有面具和捆绑物(Benomran,Masood,Hassan,2007)。据报道,新加坡最常见的自杀方式是从高坠(Peng,Choo,1990),斯里兰卡是服毒(Hettiarachchi, Kodithuwakku,1988),挪威最常见的自杀方式则是枪击(Nordrum 等,1998)。

参考文献

第 27 章参考文献

第 28 章
美国司法鉴定实践

Joseph Peterson，已退休，加利福尼亚州立大学刑事司法和犯罪学学院，加利福尼亚，美国
Matthew Hickman，西雅图大学刑事司法学院，华盛顿，美国

28.1 概述

在美国，几个重要的主题始终贯穿大多数的司法鉴定学科，并推动鉴定学科不断向前发展。这些主题包括：科技进步，重要个案的法院判决，政治和实践，标准和方法，教育、培训和研究，技术指导和资金资助，以及传媒和法律文化。本章将首先简要描述这些领域的发展趋势，各要素之间如何组合在一起又是如何重叠交叉的。随后，将回顾美国的司法鉴定实践，包括各专业的发展历史、检案量、鉴定机构、学科融合、人员招聘、教育培训、资金和政治影响、认证/认可和质量控制、灾害应对、法律问题、研究和技术发展及未来方向。因内容所涉面广，一定程度上影响了写作的深度，但本章的目的主要是为读者提供美国司法鉴定实践概览，并为进一步的阅读提供参考。

28.2 科技进步

科学是所有司法鉴定和证据解释的核心。美国大多数鉴定学科都取得了重要进展，但是，个别专业的问题仍然存在，这些专业主要是缺乏关键的实证数据来支持对检测人员所收集数据的解释。DNA 测试无论在科学方法还是在数据解释上都是"金标准"。美国国家研究委员会(NRC)于 2009 年发布的科学报告——《美国法庭科学的加强之路》提出了许多基础的科学问题和局限。在技术层面，科学仪器的发展和数据库都取得了长足的进步，如自动指纹识别系统(AFIS)、国家 DNA 数据库(CODIS)和国家综合弹道信息网络(NIBIN)能自动化搜索并将罪犯与犯罪行为联系起来。

28.3 法律

司法鉴定的中心任务是提供准确可靠的数据和结果解释，并为审判者及时提供信息。美国最高法院对多伯特诉默雷尔道制药公司(Daubert v. Merrell Dow Pharmaceuticals)案及其后来(Joiner 和 Kumho Tire)的判决，取代了 1923 年弗赖伊(Frye)在联邦法院和许多州法院确立的"普遍接受"标准。尽管如此，法官们仍在努力运用 Daubert(多伯特)所描述的关键"科学实践"标准。其他重要的法律问题还包括从被捕者那里提取 DNA 样本(Maryland v. King)、是否专家有义务出庭作证以满足宪法的抗辩条款(Melendez-Diaz v. Massachusetts)。类似 Cardozo 无罪项目的"无辜者诊所"已经使用 DNA 鉴定帮助 300 多名被误判和监禁人恢复自由。

28.4 政治和实践

在过去的几十年里，司法鉴定实验室长期资金不足、资源紧张，难以满足案件的要求。在性侵犯和 DNA 鉴定等重要领域中，未经检验和

积压的证据让实验室非常苦恼。许多“蓝带委员会”也质疑在执法机构中设置犯罪调查实验室的合理性，质疑其是否违背了他们对于科学和客观的承诺。定期的司法鉴定实验室的普查工作包括监察案件总量、积压量、人员和预算。多年来发生的案件丑闻表明，为了进一步的调查取证和检控目的而牺牲了科学和客观的标准（如 Annie Dookhan、Fred Zain、Joyce Gilchrist 和 Arnold Melnikoff 等案件）。国家研究委员会在其2009年的报告中提议成立一个独立的司法鉴定科学研究院，目前，美国国会正在等待法案的通过。美国司法部（DOJ）和国家标准与技术研究所（NIST）联合支持最近成立的国家司法鉴定科学委员会①，以指导国家司法鉴定政策和实践。

28.5　标准和方法

实验室认可、人员认证和质量管理取得的重要进展确保了鉴定人员合格，并且实验室均遵循良好的科学实践。犯罪调查实验室的认证始于三十多年前，是刑事科学技术专业追求卓越承诺的体现。大多数鉴定学科也建立了认证项目，由2013年成立的司法鉴定专业委员会（FSAB）管理。从DNA鉴定程序开始，大多数司法鉴定专业领域的科学工作组正在开发和制定新的检测标准。美国国家研究委员会和其他相关国家机构已经提出要努力在众多鉴定专业领域制定统一的道德规范。标准和最佳实践在NIST的专业领域扮演着越来越重要的角色。

28.6　教育、培训和研究

近几十年来，受教育技术工作组（Technical Working Group on Education，TWGED）2004年指导方针的颁布、司法鉴定教育计划认证委员会（FSEPAC）的成立及全国各地司法鉴定教育项目的认证等多方面的激励，司法鉴定领域的教育质量取得了重大进展。但培训机会参差不齐，且都基于各个州的层面开展。大多数鉴定学科的研究近年来持续增加，美国司法研究院（NIJ）和国家标准与技术研究院（NIST）有大量资助的研究项目来解决鉴定实践问题。一系列以实验室为基础的研究项目得到了支持，社会科学领域则开始研究如何解决鉴定对案件结果的影响。尽管如此，许多鉴定学科仍需要进行研究并建立科学基础和指导方针，以正确解释检测数据。

28.7　国家技术指导和资助

鉴于国家和地方的鉴定服务在国家刑事司法系统的科技投入中占主导地位，联邦政府在监督和指导方面的作用却一直饱受质疑。许多联邦政府机构用自己内设实验室提供鉴定服务，特别是美国联邦调查局（FBI）在DNA鉴定等鉴定领域发挥了重要的领导作用。联邦政府近年来积极地通过扩大DNA鉴定和减少案例积压来支持司法鉴定实验室的工作。美国参众两院都在制定重要的国家立法，有望对鉴定做出重大改进。在专业方面，司法鉴定组织联合会（CFSO）指出了国家层面影响鉴定事宜的工作重点。

成立不久的美国国家司法鉴定科学委员会最近任命新成员并开始举行会议（美国司法部，2014），该委员会未来将提供重要的政策指导、质量管理提升的措施和未来发展需要。

28.8　传媒和法律文化

电视节目和大众媒体上司法鉴定主题的大

① 事实上，美国司法鉴定委员会于2014年成立，2017年关闭。下文不再赘述。

量涌现,使公众和法律从业者敏感于鉴定学科的巨大潜力。然而,人们的期望有时会被虚构的电视剧提高到不切实际的水平,这种现象被称为"CSI 效应"。这些剧情在激发学生对这一领域的兴趣方面发挥了重要作用。大众媒体和调查记者也对鉴定实施和检测人员持批评态度,因为检测人员给他们提供夸大和不可靠的结果。法律学者是司法鉴定实践中最直言不讳的批评者之一,但是法律界执业者往往对司法鉴定的优势和局限性认识较差。

28.9 美国司法鉴定简史

28.9.1 刑事技术学

在当今刑事司法系统中,犯罪调查/司法鉴定实验室负责大多数物证的科学分析。第一批犯罪调查实验室[①]起源于美国,分别于 1923 年成立于洛杉矶、1929 年成立于芝加哥、1975 年成立于桑顿,后来的许多犯罪调查实验室是由于警察和专家对证据的处理和分析不当(Dillon,1977)而成立的。可见指纹和潜在指纹的鉴定人最早从 1915 年起在加州奥克兰开始执业,后来国际社会组织成立了国际统一认定协会(国际统一认定协会,2012)。美国西北大学的芝加哥犯罪调查实验室人员创办了一个早期的科学期刊《美国警察科学杂志》,并在 1948 年协助建立了美国法庭科学协会。

Thornton 认为,刑事技术学(criminalistics)是一个广泛的法律/科学领域,它的起源与许多不同的领域有关,包括法医学、毒物学、指纹、文件检验、人体测量学、摄影,甚至是虚构的夏洛克·福尔摩斯探案系列(Thornton,1975)。美国刑事技术学发展的另一个重要因素是公众坚信它可以作为一种解药,以治愈 20 世纪 30 年代警察的无法无天和腐败及"刑讯逼供"(国家法律惯例和执行委员会,1931,P131)问题。20 世纪 60 年代,美国最高法院类似 Miranda 和 Escobedo 判例鼓励警察减少对刑讯逼供的依赖,而应依靠于"外在证据"和科学调查。Jurgen Thorwald 在他的著作:《侦探的世纪》(1965 年)和《罪案与科学》(1967 年)中描述了美国犯罪调查实验室的欧洲先驱者们。

美国法庭科学协会(AAFS)成立于 1948 年,旨在促进多学科的交流,会员超过 6 300 名、专业超过 11 项,并在此基础上不断发展壮大。其中刑事技术学的人数最多,约有 2 800 人(美国法庭科学协会)。成立于 1956 年的《法庭科学杂志》是该领域的首本科学杂志(Gaensslen,ASTM 标准化新闻,1975 年重印,1998 年),旨在建立学科的最高标准。1965 年,总统法律执行和司法行政委员会(1967a,1967b)主张在刑事调查中更依靠物证,1968 年的《综合犯罪控制与安全街道法案》成立了法律执行援助管理局,将联邦资金转移到州和地方执法部门,去帮助其机构升级并扩大犯罪调查实验室(1968 年《综合犯罪控制与安全街道法案》)。然而,Parker(1963 年)的早期调查显示,犯罪调查实验室只涉及 2%或更少的犯罪,Joseph(1968 年)的研究发现,全国只有大约 100 个犯罪调查实验室未得到充分资助。与此同时,国家刑事司法标准和目标咨询委员会发现经费严重不足:"在预算上设立了太多的犯罪调查实验室,阻止了合格专业人员的征聘。"(1973 年,国家咨询委员会,第 299 号)。

尽管如此,犯罪调查实验室在 20 世纪 70 年代大量扩张,很多实验室与当地警方联系并构建了地区犯罪调查实验室系统(Rehling,Rabren,1973)。科学仪器的改进提升了实验室的科学能力,特别是在酒精和毒药物分析领域。随着犯罪调查实验室数量的增加,许多新的专业组织也随之成立。Peterson、Mihajlova 和 Bedrosian(1985 年)用文件记录了该时期的犯罪调查实验室的扩展,当时实验室增长到

---

① 译者注:原文为"crime lab",为便于理解,翻译为犯罪调查实验室。

300个，雇员大约3 000人。大约80%的实验室位于执法机构内，但预算仍然很低，且2/3的案件都是关于药物鉴定和酒后驾车案件。司法部司法统计局关于犯罪调查实验室的调查数据显示：21世纪初，实验室的数量增加到400多个（Durose等，2012）。

20世纪70年代和80年代，政府也采取一些重要的专业举措来进行能力验证、方法研发、认证和认可等活动，这些活动今天仍在继续。低水平的能力验证结果（Peterson等，1978）和随之而来的报道刺激了该领域采取措施以解决实验室和鉴定人的不足。犯罪调查实验室的认可活动在20世纪80年代获得重视，并且仍然是犯罪学领域最重要的项目之一（Presley，1999）。尽管如此，在犯罪调查实验室中偶尔出现的伦理和科学问题的案例报道揭露了一些犯罪调查专家伪造个人资质和鉴定结果，并给出有偏见的证词。1989年，AAFS年会的伦理研讨会上（Peterson，1989）强调了在"对抗制"的司法系统中面临的挑战，并强调科学家必须在技术上胜任并提出完整和公正的报告和证词，而不是夸大个人资质和鉴定结果。

另一个非常重要的科学突破是DNA分型技术的发展。美国国家研究委员会等重要的国家科学机构对DNA分型进行了评估，强调了鉴定人资格、标准化、实验室方法和质量保证程序的重要性（国家研究委员会，1996）。联邦调查局的领导、DNA工作组（TWGDAM）的建立、国家DNA数据库（CODIS）的发展，以及1994年的DNA鉴定法案都是这项技术实施的核心（DNA鉴定方法科学工作组，2013）。DNA鉴定彻底改变了生物液体和污渍检测的精确度和灵敏度，并改变了对刑事案件的调查和起诉，以及对不知名人士的认定。DNA鉴定也成为一种强有力的技术，用于重新审视旧案中使用不太具体的科学技术形成的证据和证词，以排除原先的犯罪嫌疑人并免除那些被误判和监禁的人的冤屈（Connors等，1996；无罪项目，2013）。

从20世纪70年代开始，犯罪学的专业标准就开始向更高的目标迈进，该领域的识别能力和同一认定的能力也大为增强。国家科学研究机构和《美国法庭科学的加强之路》的科学报告（2009年）已经将他们的焦点集中在司法鉴定上，并确定了几个缺乏强科学基础的领域。对科学证据的处理、解释的公开和法律审查也随着司法鉴定广泛进入电视、报纸和流行文化而增长，人们的期望也随之上升。调查记者根据可疑的鉴定结果（Hsu，2013）也发布了多起刑事案件重审的报道。关于在警察机构设置犯罪调查实验室的合理性及这是否会破坏科学、卓越和中立的目标也出现了争议。法院还制定了更完善的受理标准和程序，以确保司法鉴定和证词都是科学的。

28.9.2　文件检验

在世界范围内，文件检验的历史可以追溯到几个世纪以前，即19世纪中期。Ordway Hilton提供了1900~1979年间美国有关文件审查的简短历史并记录了早期文件鉴定人员的工作（Hilton，1979）。这一时期的代表人物是Albert S. Osborn，他发表了多篇论文，并完成了1930年林德伯格（Lindbergh）的婴儿绑架案中的文件鉴定工作。John Wigmore教授的著作将Albert S. Osborn的名气发扬光大，John Wigmore教授是西北大学法学院的院长和教授，是Albert S. Osborn和文件检验可靠性理论的坚定支持者（Riordan等，2013）。然而，早期文件审查员几乎都是私人执业的，在Bruno Hauptman因绑架和谋杀林德伯格（Lindbergh）婴儿而受审时为其做鉴定的人也不例外。第一批官方的犯罪调查实验室起源于20世纪30年代美国西北大学的芝加哥犯罪调查实验室，联邦一级的在联邦调查局、财政部、邮政总局和国家标准局。而私人鉴定人继续他们的研究，新的检验方法包括打印、墨水、纸张和笔迹鉴定也不断出现。第二次世界大战以后，需要新的检验程序和实验室技术来鉴定新式的打字机、影印机、新书写工具和电脑打印设备。随着书写材料的改进和变化,对必要的识别特征也进行修改。替代光源、滤镜和摄影技术促进了该专业领域的发展。美国文件检验协会(The American Society of Questioned Document Examiners)成立于1942年,国际鉴定协会在20世纪50年代成立了一个文件检验部门。新鉴定人主要是在州和联邦的实验室经过长时间(两年或更长时间)的学徒培训。然而,Thornton指出,在著名的刑事和民事案件中,鉴定人的错误使这个领域受到了损害(Thornton,1975,P13)。虽然美国的一些学术机构提供了文件检验考试的课程,但没有一个学位项目能够取代学徒制。美国法庭科学学会在其成立之初就成立了一个文件检验部门,但其早期只有少数几个成员。截至2013年3月11日,这一部门已发展到204名成员,其中42人是研究员(AAFS, n. d. b)。在科学出版物方面,1956年成立的《司法鉴定杂志》(*Journal of Forensic Sciences*)和1986年成立的《文件检验杂志》(*Journal of Forensic Document Examination*)都是文件检验文献研究的重要渠道。文献定期出版,并一直持续到今天。

28.9.3 法医病理学

法医死因调查可能是最古老的司法鉴定学科(Wright和Eckert,1997),它起源于17世纪英国殖民者引入的验尸官制度。在英格兰,验尸官是为了保护国王的经济利益,并进行调查以确定可疑死亡的原因和方式。由于在美国缺乏受过医学训练的人员,大多数的刑事死亡调查由外行的验尸官进行,直到19世纪60年代在马里兰州开始使用医生,1877年在马萨诸塞州正式通过并采用了法医体系(Davis, Hanzlick,2013)。部分司法管辖区采用了训练有素的医生和受过专门训练的法医,但大多数的辖区采用的都是通过推选产生的能采纳医生建议的非医生的验尸官。与其他刑事司法和司法鉴定运行系统一样,大多数组织的发展取决于国家和地方政府的偏好和资源。

关于死亡调查最佳方式的争论持续了一百多年,各种医疗、法律和政府委员会都建议废除验尸官制度,并通过法医来确定死因和死亡方式。在1928年和1932年两份国家研究委员会的报告驱动下,一项尸体检验法案在1954年提出。法案建议废除验尸官制度,采用由各州的法医病理学家领导的法医鉴定体系(Davis, Hanzlick,2013)。1998年公布的一项调查发现,虽然法医占尸检服务数量的50%,但自1990年以来,新采用法医系统的很少(Hanzlick,Combs,1998)。国家研究委员会的报告呼吁用法医系统代替验尸官办公室体系(国家研究委员会,2009,P267)。

暴力、突然或非正常死亡调查过程复杂,涉及各种医疗和法律人员,包括推选的验尸官、无经验的调查人员、执法人员、尸检技术员和法医病理学家在内。虽然多年来政治和法律制度已经取得了进展,但往往没有提供必要的资源以确保所有死亡都能得到适当的识别和调查。美国法庭科学协会和全国医学鉴定协会是两个主要的专业组织,致力于提高鉴定质量及对从事这一工作的人员进行培训。截至2013年3月11日,美国法庭科学协会病理/生物组拥有943位成员,其中229位是研究员(美国法庭科学协会,n. d. b)。

28.9.4 法医毒物学

法医毒物学包括四种主要类型的个案:死亡调查毒物学、人类行为表现、兴奋剂管制和工作场所药检(Logan,Ropero-Miller,2013)。法医毒物学研究药物和化学物质对生命系统的有害影响。在摄入的过程中,药物吸收、分布、代谢和消除(Houck,Siegel,2010)的过程是一个动态过程,影响药物在体内各个区域的浓度。生物体液中药物和毒物的科学定性和定量,以及用于医学或行政目的的结果解释,广泛地应用于社会中。它是所有司法鉴定学科中增长最快的,建立在完善的化学、药理学和仪器实验室实践之上的学科领域。

在 19 世纪,欧洲人是该技术的领导者,在技术的发展中检测到砷和其他毒物。西班牙人 Matthew Orfila 被称为“毒物学之父”,因为他的开创性著作《毒药》(*Traite des poisons*……)和他在著名的中毒案件中所做的工作(Thorwald, 1965)。在美国,康奈尔大学教授 Rudolph Witthaus 的诸多论著和其完成的许多著名的中毒案例影响巨大。纽约法医局是最早建立毒物学实验室的机构之一,它的毒物学实验室于 1918 年在 Alexander Gettler 博士的指导下建立,Gettler 博士也因其专业的教学和指导工作而广受尊重(Poklis,1997)。Gettler 和著名的纽约市法医 Charles Norris 在最近的 PBS 纪录片《毒药手册》中出现,该手册由司法鉴定基金会(Forensic Sciences Foundation)(PBS American Experience, n. d.)出资赞助。许多早期的研究致力于血液、呼吸和尿液中酒精的检测和定量,并确定血液和呼吸浓度之间的等效性(Jones, 1996)。20 世纪中期,Rolla Harger 和 Robert Borkenstein 的工作重点是发明便携式设备,为执法部门快速检测驾车人的酒精浓度,大部分工作到今天仍在继续(运输部,2010)。

分析化学、气相色谱法、质谱法和其他仪器技术用于检测在尸检中提取的体液和组织样本中发现的药物和毒物,在过去的几年里已经变得越来越复杂和灵敏。引入 GC - MS 设备,免疫分析自动化,以及其他的仪器也很重要。测试结果的解释有助于理解酒精、处方药物和受控物质在死亡中的作用。工作场所药检、运动员和动物服用兴奋剂的法医毒物学检测的案件也在增长。这种检测的可靠性是至关重要的,维护适当的记录和标本的保管链也同样重要。美国法庭科学协会(AAFS)成立之初就设立了毒物学部门,现有 534 个员工,包括 121 个研究员(AAFS,n. d. b)。

28.9.5　法医人类学

法医人类学是针对人类骨骼的恢复、检查和鉴定,以解决法律问题。通过对骨骼检材的分析,经过专业训练的人体人类学家通常能够确定不同的人类学特征,如性别、年龄、身高,并推断受害者可能的祖先。由于经常与死亡调查小组合作,人类学家通过对骸骨的检查有助于查明受害者和其死亡当时的情形。人类学家对骨骼特征进行观察,直接或常见的方法是通过射线照片进行鉴定。从历史上看,法医人类学通常可以追溯到 1849 年哈佛大学教授 Dr. George Parkman 的去世,他被肢解和焚烧后的遗骸在其同事——化学家 John Webster 博士的实验室化验炉中被发现。解剖学家证实,这些遗骸符合 Parkman 的特征;牙医鉴定了他亲自为 Parkman 做的假牙。Webster 被判有罪并处以死刑。在过去的几十年里,生物人类学家协助执法部门进行骨骼鉴定的其他刑事案件也在发生。Wilton Krogman 于 1939 年出版的《美国联邦调查局执法公报》中出版的《人类骨骼鉴定指南》(Sorg,2005), T. Dale Stewart 在史密森学会的工作及对朝鲜战争死亡的评估也有助于法医人类学领域的进一步发展(Newall, 2007)。

死于 20 世纪战争中的士兵的健康记录使人类学家得以检查遗体并建立数据库。当与指纹、牙科证据和现在的 DNA 结合使用时,能够进行身份鉴定(Newall,2007)。人类学家在美国陆军冢登记服务处和陆军中央鉴定实验室的工作,有助于识别第二次世界大战、朝鲜战争和越南战争中的死亡人员(Burkhart,1998)。

从 20 世纪 80 年代起,人类学家陆续在世界各地的许多地区进行大规模种族灭绝事件和人权侵犯案件中死者的身份确认。主要开展四大类法医人类学鉴定:生物法、法医考古法、创伤分析法和古生物学法(Steadman, 2013)。1972 年,美国法庭科学协会物理人类学部门的发展是一个重要的阶段,目前共有 547 名成员,其中 109 人是研究员,245 人是学生导师(这反映了该部门强大的学术和教学导向)。在 AAFS 网站(Agostini,Gomez, n. d.)上发表的一项调查显示，大多数成员都拥有博士学位，并且隶属于一个学术机构。美国法医人类学委员会（ABFA）列出了截至 2013 年的 99 个资格证书持有医师，其中包括 69 名现任和 12 名已退役。目前，近一半的医师都有学术背景，其余的则有州/地方法医办公室、司法鉴定实验室、军事和联邦法证科学实验室及私营部门背景。

28.9.6 法医牙科学

法医牙科医生通过检查和比较不明身份人类骸骨的牙齿来帮助鉴定死者。在无法辨认人身份的灾难性事件中牙齿经常能幸存下来，而对遗体进行详细的检验和 X 线检查可以与尸检前的照片、牙科 X 线和铸模进行比较，从而使训练有素的法医能够做出正确的鉴定。法医牙科医生也可以检查和解释牙科的损伤、疏忽及治疗不当问题。法医专家也可以对攻击、强奸和杀人案的刑事调查进行咬痕分析。法医牙科医生主要是普通牙科医生，许多人与法医、验尸官办公室、军事单位及联邦、州和地方刑事司法机构保持联系。

多年来，牙科学家经常参与各种类型的大规模灾害遇难者查明案件，包括自然灾害、空难、人权案件和恐怖主义行为早前引用的著名的 Parkman 事件通常被认为是美国最早的用假牙来识别严重烧伤遗骸的案件，而第一个涉及咬痕导致定罪的案例可以追溯到 20 世纪 50 年代（Pretty 等，2013）。咬痕案代表了法医牙科学最不寻常案件之一，由于其错误的身份证明成为最具争议性的案件，往往需要通过 DNA 鉴定来确定。人们的理论假设是，人类牙齿的独特特征会从咬人者传递到受害者的皮肤（或其他材料）上，由此产生的印记可以被合理地解释，并锁定咬人者（Bernstein，1997）。然而，由于皮肤的变形和缺少详细的牙标记使得许多标记不适于进行比较。

美国法庭科学学会的牙科部门成立于 1969 年，美国牙科学会成立于 1970 年，世界各地还有其他相关协会。美国法庭科学学会的牙科部门每年与美国牙科学会联合举办会议，为法医牙科学专家提供了强有力的组织和专业保证。截至 2013 年 3 月 11 日，美国法庭科学学会的牙科部门增加到 432 名成员，其中 157 人是研究员。

28.9.7 精神病和行为科学

法医精神病学家和心理学家探讨刑事和民事法律环境中出现的一系列法律责任问题。他们处理的问题包括被告在犯罪时的精神状态，及被告的受审能力、辩护能力及对危险的预测能力。他们解决机构内部的精神健康问题并对处于监禁中或社区矫治下的人进行治疗。他们解决了许多民事问题，包括强制医疗、非自愿认罪及众多家庭和内部问题。法医精神病学家和心理学家为律师和法官提供咨询，并经常提供专家证词。

近年来，司法心理学在刑事司法系统的运行中其功能越来越突出，包括评判警察操作的准确性和可靠性，以及在哪些情况下嫌疑人可能会做出虚假供认。司法心理学专家还协助律师挑选陪审团成员、研究陪审员的行为、了解陪审团的指示，以及确定目击者的可靠性。精神病学家和心理学家同时也协助确定申请人是否适合担任警察，并对刑事司法从业人员进行治疗或提供建议。

Billick 和 Martell（2013 年）观察到，美国精神病学的历史可以追溯到 Benjamin Rush 博士创立的第一家美国医院，他在 1812 年撰写了第一本精神病学教材。1838 年 Isaac Ray 撰写了关于精神错乱的不朽著作，1844 年美国精神病学协会（American Psychiatric Association）成立。值得注意的是：漫长的法律历史中往往只惩罚道德上该受到谴责的，但现代社会发展中则不断努力去定义“精神错乱”，特别是自 1843 年英国麦克・纳顿规则开始。随着“不能控制”学说的形成，美国精神病学发展不断努力向前推进，包括 1954 年 David Bazelon 法官在 Durham 诉美国（Curran，1980）案件中的“产品测试”裁决、美国法律研究所的《刑法典》在 20 世纪 50 年代将刑事责任所做的两方面的定义、对“精神错乱”辩护的限制及约翰·欣克利(John Hinckley)在 1981 年企图暗杀唐纳德·里根总统(Sadoff,2005)案件中所形成的举证向辩护的转移,以及《联邦精神错乱辩护改革法案》。

美国的临床心理学可以追溯到 19 世纪晚期,第二次世界大战期间和战后退伍军人心理治疗的需求刺激了其发展。在现代社会,1969 年美国心理与法律协会(the American Psychology-Law Society)成立、1981 年美国心理学会(American Psychological Association)的心理学和法律部门创建及 2001 年心理学专业认可委员会(CRSPP)对司法鉴定心理学的专业认定,促进了司法鉴定心理学的发展。AAFS 的精神病学和行为科学部是 1948 年成立的,最初是由法医精神病学家组成,但法医心理学家在 1982 年就参与该工作并被认同。该部门目前有 160 名成员,包括 29 名研究员,该部门成员与美国精神病学和法律学院(the American Academy of Psychiatry and the Law)保持着积极的联系,并于 1976 年成立了美国司法精神病学委员会(American Board of Forensic Psychiatry)。1997 年,司法精神病学被美国精神病学和神经病学委员会(American Board of Psychiatry and Neurology.)认定为独立专科,美国司法精神病学委员会(The American Board of Forensic Psychiatry)就此终止。

28.9.8　工程科学

工程科学最早追溯到公元前约 1800 年的《汉谟拉比法典》,其中就明确建筑师的法律责任是确保他们的建筑安全、结构优良(noon,2005)。而法医工程师通常从事故障分析、事故重建、火灾和爆炸的起因和来源分析,以及使用民用、生物医学、机械、电气和其他工程原理对结构或制成品进行评价。从历史上看,许多案例都涉及桥梁和建筑物的失败、机动车和飞机的事故重建、产品责任案件,以及医疗设施的失败(Liptai 等,2013)。消防工程和对可疑纵火案的火灾的调查也需要经过法医培训的工程师进行。工程师主要参与民事诉讼,但也可能参与刑事调查和起诉。许多司法鉴定工程师受雇于大公司或独立经营者从事兼职和/或顾问工作。除了必要的工程专业培训外,他们还必须了解法律制度、证言规则和处理证据的法律保障。

最近一篇涵盖多鉴定专业的综合鉴定文本将司法鉴定工程学分为三个领域:结构故障、火灾和爆炸调查、车辆事故重建(James 和 Nordby,2005)。司法鉴定工程师通常毕业于工程大学或应用科学大学,并获得研究生学位。工程创新在毒药物、指纹、子弹和弹壳、DNA 档案和其他证据的分类、储存、传输和搜索方面取得了成功。在分类和识别笔迹、声音和面部特征方面,工程突破也取得了进展。AAFS 的工程科学部门成立于 1981 年,截至 2013 年 3 月 11 日,共有 159 名成员,其中 32 人是研究员。

28.9.9　数字和多媒体科学

近几十年来,新技术、数字设备和数字证据在刑事和民事案件中快速发展。随着数字化信息和存储设备的普及和传播,越来越多的计算机黑客、知识产权犯罪、儿童色情及许多其他网络犯罪的例子层出不穷。新的州和联邦法规已经颁布,以保护各种形式的数字化信息,但违法行为的发生速度很快。数字和多媒体分析成为司法鉴定领域的一个新兴领域,专门研究计算机和其他数字化设备的检查、电子证据的恢复,以及声像资料分析(Baker 等,2013)。数字化鉴定人员通过检查软件、操作系统、硬盘驱动器和其他设备,从损坏的计算机中定位出删除、加密或其他信息。

自 2002 年起,美国联邦调查局已经开始运作一个区域计算机取证实验室系统,现在已经在全国 16 个城市设立了实验室(区域计算机法医实验室,n. d)。每一处都有大约 12 名工作人员(其中大部分是当地执法机构的官员/技术人员)和3名行政人员。美国特勤局(United States Secret Service)还运营着一个电子犯罪工作组,以打击网络犯罪并保护美国“金融和关键基础设施”的完整性(美国特勤局,2012)。其主要针对具有“重大经济性或社区影响、有组织犯罪和涉及新技术”的犯罪。执法部门与私营行业、私人专家和学术界共同参与了这些任务。此外,海军罪案调查处(NCIS)还设立了一个网络犯罪部门,利用先进的技术来检查电子数据情报和其证据价值(NCIS,n. d)。NCIS与国内和国际执法部门合作处理刑事案件,并利用取证技术减轻威胁。AAFS的数字化和多媒体部门成立于2008年3月11日,截至2013年有110个成员,其中13人是研究员。

28.10 司法鉴定案件数量

28.10.1 概述

美国司法部司法统计局资助两类主要的数据收集工作,并由其定期提供有关司法鉴定案件量的信息,包括公共资助的司法鉴定犯罪调查实验室的统计及法医和验尸官办公室的统计。第3类数据收集是由美国药品监督管理局(Drug Enforcement Administration, NFLIS)资助,仅限于美国犯罪调查实验室内的药物分析案件数量统计,称为国家司法鉴定实验室信息系统。这三种数据收集是目前美国司法鉴定案件最系统和最全面的资料来源。以下主要为犯罪调查实验室的资料总结,关于法医和验尸官办公室的统计资料将在“法医病理学/生物学”一节中概述。从2002年的调查(Peterson和Hickman,2005)和2012年出版的最新数据(Durose,2012)显示,3类司法部司法统计局犯罪调查实验室的普查数据已经公开出版了。普查的结果使我们更深刻理解司法鉴定的发展和对其需求。2009年共有411个犯罪调查实验室,比2002年的351个增加了17%。这些实验室雇用了大约13 100名全职人员,预算总额约为16亿美元,超过50%的实验室隶属于州政府机构。联邦调查局实验室拥有500多名员工,是全美最大的实验室。

在2009年,411个犯罪调查实验室收到了约410万份服务委托,其中绝大多数是在DNA鉴定(34%)、管控物质(33%)和毒物学(15%)领域。与2002年相比,几年间这410万份申请增加了50%以上。在130多万份DNA委托中,约有75%最终被定为罪犯,并作为罪犯样本录入DNA数据库。在今天的犯罪调查实验室里,可以看到DNA鉴定的重要性,大多数的委托都被提交给州和联邦的犯罪调查实验室。实验室每年有超过100万的委托积压,其中3/4是法医生物学委托、12%是管控药物委托。在DNA鉴定案件中,大多数(55%)的DNA委托都是被定罪的罪犯和被捕者的样本检测。有超过一半的积压法医生物学委托由联邦调查局实验室出具报告。尽管如此,在2008年到2009年之间,DNA积压案件的增速要高于罪犯和被捕者的样本测试数量。

国家司法鉴定实验室信息系统(NFLIS)项目从一个公共实验室的某个样本中收集数据进行药物化学分析,并对提交给实验室的药物种类进行整体评估。数据收集的主要目的是协助缉毒局(CEA)管控非法药物滥用和贩运,包括将合法制造的药物转移到非法市场,同时协助药品调度和政策制定。NFLIS目前报告了288个参与的实验室,最近的数据报告于2012年完成(药物执行管理局,2013)。NFLIS获得“毒药物报告”(即对每一种药物样品的分析,最多可向NFLIS报告3种药物)和“毒药物案例分析”(如在与毒药物相关的案件中所有识别出的毒药物的病例级数据)。2012年,国家和地方司法鉴定实验室对大约120万例药物特异性案例进行了分析,最终大概160万份“毒药物报告”被识别确认(药物执行管理局,2013)。最常见的药物是大麻/四氢大麻酚,其次是可卡因、甲基苯丙胺、海洛因和氧可酮。

28.10.2　文件检验

由于许多文件检验人员都在私人机构执业，因此没有可供回顾的每年的文件检验案件的详细资料。在2009年的犯罪调查实验室普查中，只有16%的犯罪调查实验室开展了文件检验。在2009年，有大约13 000个文件检验委托事项，其中12 000个委托完成。据估计，在2008年底到2009年年底间，积压案件的百分比增加了超过1/3。其中，绝大部分委托由联邦实验室完成。

28.10.3　法医病理学/生物学

在法医死亡调查领域中有多种因素在同时发挥作用，这一节将向读者介绍该领域中现有的操作数据、积极使服务专业化的组织及用法医鉴定系统取代验尸官办公室的现状。美国国家研究委员会的一项关键建议是停止验尸官工作体制，转由支持由法医检验主导的系统。Hanzlick观察到：尽管1960～1989年一直在朝着这一方向发展变化，但同时这一变化已经放缓，且几乎停滞不前（Hanzlick，2007）。本节我们从2004年美国司法部司法统计局死亡调查系统的统计调查开始观察，随后是一项新的关于法医死亡调查活动科学工作组的简短介绍及最近全国医学鉴定协会（NAME）的一项认证项目调查结果。

根据2007年美国司法部司法统计局（Hickman等，2007）的文件显示：2004年美国大约有2000个法医和验尸官（ME/C）办公室，这些办公室雇用了7 300多名FTE雇员，每年的预算总额约为7.185亿美元。经统计，2004年这些办公室中大多数（80%）是县验尸官办公室，服务于不足25 000人的司法管辖区。在2004年，大约有100万病例被这些县验尸官办公室受理，占当年美国239.8万例死亡病例的40%；法医和验尸官（ME/C）办公室受理上述约一半的个案做进一步调查。法医和验尸官（ME/C）办公室也报告说，他们处理了大约4 400名身份不明的人，其中约1 000人在1年后仍然身份不明。大多数不明身份的案件发生在更大的司法管辖区。

司法部司法统计局（BJS）报告还囊括了受调查者的额外详细信息。如上所述，只有少数的验尸官办公室服务于大型（50万或以上人口）的司法管辖区，但仍雇用超过半数的法医和验尸官办公室FTE雇员。在这些验尸官办公室中法医病理学家、法医和验尸官只占所有FTE员工的20%，毒物学家、技术人员和其他分析人员占了13%。服务于大型司法管辖区的验尸官办公室人员中有许多是辅助人员，如死亡现场调查员、尸检技术员和摄影师。像牙科医生和人类学家这样的司法鉴定专家在FTE人员中所占比例不到1%（稍后会详细讨论）。在接受深入数据调查的验尸官办公室中，约有一半的案件都进行了完整的尸检和毒物学检查。与小型司法管辖区相比，规模大的法医和验尸官办公室进行完整尸检的案件占比更大。

2011年，国家司法研究所与美国联邦调查局通过一个机构间协议组建了法医学死亡调查科学工作组（SWGMDI）。最近，其下设的几个工作委员会已经发布了关于认证、认可、死亡现场调查、法律问题、基础设施（工作量）条件和需求、研究及器官和组织获取等方面的报告。该组织还发布了一系列关于增加法医病理学家、死亡调查中心和尸检设施需求的报告（SWGMDI，2013）。来自SWGMDI的案件统计数据表明：在272个出具报告的机构（SWGMDI，2011）中，每年尸检量将近22.5万次（尸检和尸表检查）。

在SWGMDI创建的同时，其他研究者还调查了由全国医学鉴定协会（NAME）认证的约60个法医和验尸官办公室，这些办公室为约四分之一的美国人提供鉴定服务（Weinberg等，2013）。一个重要的发现是：即使是经过认证的办公室其规模也有很大的差异，并且“财务和病理学家的效率”与各办公室司法管辖的规模大小、人均预算或各病理学家的尸检工作并无关系。这篇文章还评论了本章中记者调查的另一个问题，即在对大型的死亡调查系统进行探索后评估其规模、预算、尸检率及认证认可的影响（Schmidt，Shaw 和 LaFleur，2011）。

武装部队法医系统（AFMES）提供“世界范围内的全面和创新的医疗法律服务”（武装部队法医系统，2013），由武装部队法医办公室、武装部队 DNA 鉴定实验室（AFDIL）、法医毒物学部门和医疗死亡监视部门所组成。这是一项庞杂而意义深远的服务，在多佛空军基地运作并与军队的调查部门合作，为其他联邦机构提供技术支持。该机构聘请了法医病理学家、法医人类学家、法医死亡调查员、DNA 鉴定员和其他技术人员进行现场调查、证据恢复和个体识别。AFDIL 从事世界范围内的 DNA 鉴定、研究及美国军事人员的 DNA 参考标本采集和储存。法医毒物学部门在军用飞机、地面、海上事故、法医尸检、DUJ 和 DWI 调查、血液和尿检等方面，以及其他涉及国家利益的案件进行例行的毒物学检验。

28.10.4　法医毒物学

最近，犯罪调查实验室在 2009 年的调查报告（Durose 等，2012）中展示了公共司法鉴定犯罪调查实验室中进行的毒物检测的部分信息（许多私人实验室也为法医/验尸官办公室和犯罪调查实验室提供法医毒物学检测，但调查报告不包括此类案件数据）。42%的调查对象报告其进行了毒物检测：95%进行了血液中酒精含量测试、60%进行了抗癫痫药的测试、40%进行了死后检测。总的来说，所有的犯罪调查实验室收到了总计超过 60 万份的毒物检测委托，而在 2008 年案件数量略有下降。2004 年的普查报告显示：法医毒物学家、实验室技术人员和分析人员（划归为实验室支持人员）在 25 万或以上社区的办公室中占了 13%，服务于大型司法管辖区（≥25 万人口）法医和验尸官办公室进行毒物学分析的比例（57%）高于服务于较小（< 25 万人口）辖区的办公室。

此外，法医毒物学委员会列出了美国法医毒物学网站显示的数据（根据法医毒物学家协会所做的调查），数据显示有 35%的毒物学实验室进行了死后毒物学检验（法医毒物学委员会，2010）。根据联邦法规，每年约有 650 万份样本被检测，但同时约有 5 000 万个不受监管的样本也被检测。24%的实验室报告经美国法医毒物学委员会认证，30%经美国病理学学院认证。

28.10.5　法医人类学和牙科学

在很大程度上，法医人类学家和牙科学家的工作量与法医/验尸官办公室处理的案件有关，因为他们的工作（在司法鉴定领域）主要集中于遗骸鉴定。法医/验尸官办公室的数据普查显示，这些专家只是法医/验尸官办公室所有全职工作人员中的一小部分，一般只工作于最大的司法管辖区（尽管他们也可能在超出其服务范围的区域工作）。法医人类学家和牙科学家的工作更多的是在合同或咨询的基础上完成。包括加利福尼亚州在内的许多州，都建有失踪/身份不明人士数据库，该数据库依赖于牙科、指纹和 DNA 记录（加利福尼亚州，2013）。在大规模灾害中，牙科信息也是快速有效地识别受难者身份的关键要素。美国联邦调查局赞助的“灾害遇难者识别科学工作组”（SWGDVI）与国内外机构合作，致力于为世界范围内的多起死亡事件提供最佳实践方案（灾害遇难者识别科学工作组，2013）。相关牙科制图工作由 POW/MIA 联合委员会（JPAC）赞助，灾后太平间操作反应组（DMORT）的工作，用于协助收集和比较生前和死后的信息进行记录从而鉴定灾害遇难者（Pretty 等，2013）。NCIC 在对失踪和身份不明人士进行鉴定时，牙科证据非常重要。

28.10.6　精神病学和行为科学

全国性的数据显示除了监狱和医院系统雇用的法医精神病学家和心理学家外，法医精神病学家、心理学家或其他行为科学家从事司法鉴定工作的几乎没有，提供这些服务的人一般是自由职业者或只从事咨询工作者。来自美国司法部司法统计局的数据显示，相当一部分被监禁的人有心理健康问题。根据 DSM-IV 标准，2004 年，在州监狱内，73% 的女性和 55% 的男性囚犯有精神健康问题；在联邦监狱中比例稍微低一些，有精神健康问题的女性占 61%，男性占 44%；在地区监狱中，有精神健康问题的女性占 75%、男性占 63%、（Glazes 和 James，2006）。到了 2000 年中期，1 558 个联邦和州的公立和私立成人矫正中心中有 1 394 个为收容者提供精神健康服务。每 8 个囚犯中就有 1 个接受心理健康治疗或咨询服务，10% 左右接受精神药物治疗，其中 155 个州的私立成人矫正中心报道他们在当年专门从事精神病监禁工作（Beck 和 Maruschak，2001）。

28.10.7 工程科学

一般来说，公立的实验室并不雇佣司法鉴定工程师作为全职工作人员。本质上是由于相对于此类鉴定的服务成本而言其需求低，也有部分原因是他们的工作主要是服务于民事诉讼领域，而不是刑事领域。司法鉴定工程师更多地为私人工程公司工作或者作为自由职业者，一般都是为特定案件提供司法鉴定咨询服务。正由于这些服务大多私下开展，所以没有全国性的公共数据显示有关工程科学的司法鉴定案件情况。可能的例外是关于交通事故的调查，案件可能隶属于国家或当地警察机构（甚至在他们的实验室系统内），也可能涉及联邦政府管理的航空、铁路、海洋、和其他交通和基础设施事故调查领域，此时调查由美国国家运输安全委员会（NTSB）进行。然而，当一场事故涉嫌可疑的犯罪活动或美国国家运输安全委员会调查结果揭示其存在潜在的犯罪时，调查则由美国联邦调查局牵头与 NTSB 共同开展。

28.10.8 数字和多媒体科学

2009 年，美国司法部司法统计局犯罪调查实验室普查发现，有 19% 的犯罪调查实验室从事电子证据鉴定，其中州一级和联邦级的实验室中比例较高。据实验室测算，他们完成了 3.1 万次检验委托，占总检验数量的 1%。2009 年底，有 1 300 个委托案件被积压，与 2008 年年底的积压数量基本持平。联邦调查局区域计算机司法鉴定实验室（RCFL，前文已有所讨论）报告指出 2012 年共完成了 8 566 次电子数据鉴定，其中包括 5 060 份援助委托。此外，为协助刑事调查，执法人员提出了近 9 000 次手机取证的委托要求。联邦调查局计算机分析反应小组（CART）除了在区域实验室系统内工作外，也有 6 个流动实验室，2012 年财政年度内共进行了超过 13 300 次电子数据鉴定（联邦调查局 n. d. ）。

28.11 重大举措

司法鉴定的主要举措源于几个关键领域，下述部分详见本章其他段落所述。

（1）大多数项目都起源于专业本身。尽管来自法律制度和科学界的外部压力也很重要，但大多数的主要举措（认证、认可、能力验证/质量控制、科学工作组等）都来自一个或多个司法鉴定学科或专业组织。

（2）通过美国最高法院或其他判例法的判决，法律制度已经对犯罪嫌疑人和犯罪现场的物证收集进行了规范，并将专家证言的可采性纳入了法庭。

（3）美国国家司法研究所、国家标准与技术研究院和联邦调查局一直是研究经费的主要来源，并努力扩大 DNA 鉴定，减少实验室积压，制定和执行标准。国家科学基金会正在参与资助更多的基础科学研究，以帮助司法鉴定学科发展。

（4）美国国会委员会已经讨论了司法鉴定

科学实践，拨款用于扩大 DNA 鉴定等服务领域。最近还指导了部分国家科学机构（如美国国家科学院）来解决关键的科学问题，而且要“彻底改革”司法鉴定领域。

（5）美国总统科学技术理事会、科学委员会和法医小组分委员会的执行办公室努力回应 2009 年国家研究委员会《美国法庭科学加强之路》的报告。

（6）美国国会、美国国家科学技术研究所和司法机构（OJP）都提出了发展司法鉴定国家委员会（或研究所）的计划，以制定科学的标准、提高对科学的理解，制定统一的职业规范，并采取步骤确定未来该领域的需要。

28.12 司法鉴定融合

法庭证据的运用需要多方面的协调配合，包括执法机关，科技机构和司法机构。不幸的是，这些机构和执行者之间往往难以做到无缝融合。需要提升实验室案件管理制度、有效沟通、案件跟踪系统及教育培训等以更好地实现司法鉴定融合。促进这种融合的趋势之一是在同一鉴定机构内同时设有法医/验尸官办公室和犯罪调查实验室。

实验室接收指南对于将被接收并分析的证据建立了清晰的规则。调查已经明确发现在证据接收规则实施之后，实验室案件工作量及周转时间显著减少（Strom 等，2011）。所有的相关者（包括委托机构、检察官和被告辩护人）参与到指南建立和例行评议非常重要，而相同的研究发现大多数执法者很少意识到在其管辖区域去执行指南规则。

委托机关、实验室和检察官之间频繁的、例行的沟通对于证据的有效利用必不可少。检察官与实验室之间交流沟通的记录是美国许多行政管辖区的一个重大问题（Strom 和 Hickman，2010；Strom 等，2011）。Strom 等（2011 年）发现检察官很少给实验室提供案件的更新状态，并且在大多数情况下也没有向实验室通报因认罪或被撤销而结案的案件的标准做法。据相关研究估算，50%～75%的药物案件积压是已经被撤销或被驳回的案件。跨机构的信息共享系统应该包括实验室人员、检察官、被告辩护人和委托警察人员。随着案件进展，这个系统应该使用条形码和其他唯一性的标识去追踪危机信息。更多的关于案件报告的短期方法包括基于网络的实验室信息管理系统（LIMSs）和基于法庭为主的推广和使用系统，LIMSs 能提供一个安全的在线沟通方式及及时更新的实验室案例结果（包括远程打印实验报告和获取电子化的实验室结果数据），法庭系统则能提供案件的更新情况。

培训和教育是一个重要的需求，以更好地理解每个利益相关者的责任、角色和政策。它应包括对检察官、执法机关人员和实验室人员进行司法体制的过程培训，包括他们如何指控嫌疑人及实施控辩。此外，检察官和被告辩护人必须告知执法机关人员将证据及时提交给实验室的重要性。实验室人员应该定期培训执法机关人员，让其了解实验室功能定位、恰当的提交程序及特定的提交规则背后的原因和重要性。对执法机关人员来说，实验室人员应该了解他们的问题和需求并为起诉服务。最后，检察官和执法机关同样应该对司法鉴定学科的能力范围和局限性有一个最基本的了解。

性侵物品（SAK）检验和积压是实验室不与执法机关和公诉人员配合的另一个例子。在该领域，越来越多的研究文献试图去了解该问题涉及范围并为性侵物品处理制定最好的政策。检验的结果有好有坏。如在 NIJ 资助发起的新奥尔良性侵项目中，司法部民权局对新奥尔良警察局进行了调查，并记录了超过 800 个未经检验的旧的性侵物品及近 200 个当前有检验需要的性侵物品。项目支持所有案件的检验，结果 256 个 DNA 图谱被上传到了 DNA 数据库，其中有 139 个 DNA 数据库命中（Nelson，2013）。由此导致 24 人被逮捕，6 人被定罪。Peterson 等（2011 年）对洛杉矶市和县的证据存储中近 11 000 个 SAKs 抽样的 2 000 个未经测试的 SAKs 进行了测试，发现了类似的上传和命中率，但是 20%～30%的命中率是针对那些已经在 DNA 数据库中的人。在较小的 371 个被积压的案子的样本中，没有新的逮捕，只发现了 2 项新的定罪。要比较这些研究的结果是困难的，因为这些积压的案子的时代和特征可能差异非常大，而执法机构所采取的后续调查也不一样。不过，这两项研究都得出结论：要充分了解 SAK 测试的价值，就必须实施计算机化系统来跟踪证据提交、测试结果和采取的调查行动。NIJ 在底特律和休斯敦发起资助的研究正在进行中，在底特律已经记录了大约 8 500 个未被检验的性侵物品，在休斯敦已经记录了大约 4 200 个。我们需要进行更多的研究以了解这些未经检验的性侵物品在多大程度上代表了执法部门和检察官之间的协调不力、培训/教育问题、政策不明朗及利益不明确。

28.13　招聘

司法鉴定主要通过政府发布的公务员招录通知、考试和招聘程序或者通过专业通讯和出版物的通知来招聘人员。需要具有较强学术基础的特定司法鉴定学科通过学院和大学招聘人员。美国法庭科学协会的年度会议和出版物长期以来都是相关工作机会和新员工招募的主要信息来源。区域司法鉴定和特定学术组织的发展增加了基层、地方各级的招聘机会。类似 AAFS 这样的组织也成立了新的司法鉴定部门，在他们的网站上发布关于岗位和工作机会的信息，并且鼓励他们参加专业学术会议。还有许多其他的法庭科学和刑事司法网站（如 Zeno 的司法鉴定网站及 Reddy 的司法鉴定页面）提供了进入该领域所需的职业和资质要求。关于“犯罪现场调查”主题的电视节目也吸引了越来越多的学生学习司法鉴定课程。

一般而言，学生们还通过学术课程了解潜在的司法鉴定职业，并且随着司法鉴定本科和研究生学位课程的开发，学生们能够获得进入这个行业所需的知识和技能。在实验室里，司法鉴定科研项目也可以提供实习机会，为机构提供评估潜在新员工的机会。许多大学也设有职业中心，并安排招聘日为应聘人员提供刑事司法和司法鉴定相关信息。此外，在全国也资助了几所大学举办司法鉴定教育会议（美国法庭科学协会，n. d. c），目的是培养中学和高等院校的教师以发展司法鉴定课程。

28.14　教育培训

一直以来，获得化学、生物学或相关学位的本科学历一直是司法鉴定从业者的最低标准。20 世纪 50 年代和 60 年代，从加州大学伯克利分校、密歇根州立大学、约翰·杰刑事司法学院和乔治·华盛顿大学等机构开始的相关培训项目开始，形成了学士、硕士和（有限的）博士学生专攻刑事技术学和司法鉴定的趋势（Peterson 和 De Forest，1977）。到了 20 世纪后期，学术项目激增，既有的司法鉴定实验室已经无法满足毕业生的需求。在国家司法研究所（NIJ）的支持下，技术工作组在 1999 年发表了一份“现状和需求”报告（国家司法研究所，1999）。报告指出司法鉴定领域的教育和培训需求非常大。司法鉴定教育培训技术工作组（TWGED）由此成立，并提出需要一个系统来评价和认证司法鉴定学术项目（国家司法研究所，2004）。此后，司法鉴定项目认证委员会（FSPAC）成立，并于 2004 年开始认证学院和大学项目（Presley，Haas 和 Quarino，2009）。目前，在 33 所学院和大学的犯罪学/司法鉴定专业中，超过 40 个本科和研究生项目已经获得认证（司法鉴定教育项目认证委员会，n. d.）。

出于获取司法鉴定知识技能的目的，在自然科学领域取得学士学位是传统的教育需求，但许多专业都要求更加高等的学位和培训，因此研究生学位让申请者在竞争入门级职位上优势更大。犯罪调查实验室领域之外的司法鉴定专业的教育项目（如病理学、精神病学和人类学）通常起源于较早的、已确立的母学科。读者可以在 AAFS 网站上查阅这些新增的教育、经验和其他会员资格要求（美国法庭科学学会，n. d. b）。要学习特定类型的专业（如 DNA 鉴定），可能需要完成特定的课程学习。额外的培训学习也可能需要在某一专业领域内进行认证，而这些新增的要求将在稍后的认证章节中专门讨论。

在其他非鉴定专业领域也有研究生教育培训需求和机会。

28.14.1 病理学

法医病理学家首先需完成医学院学习，然后参加解剖学和临床病理学的实习，随后再进行一年的法医病理学培训，培训通常是在一个大型验尸官或法医办公室里调查自然死亡和创伤后的死亡案例（Wright，2005）。完成这项培训的医生可以参加法医病理委员会认证考试。

28.14.2 法医毒物学

学生通常完成化学、生物化学或药学专业的本科学位，完成一项以研究为基础的理学硕士学位，并可能继续攻读毒物学，特别是法医毒物学博士课程。

这一领域的培训通常是针对入门级毒物学家，他们要从美国法医毒物学考试委员会获得证书和/或准备参加其考试[在 3 年的工作经验之后，有文凭（博士）考试和专家（MS，BS）考试]，也有的要参加法医毒物学认证委员会的考试（如法医科学研究和教育中心，2013）。

28.14.3 法医人类学

研究生教育是从事法医人类学实践的一个常见要求，为此有各种提供研究生学位的教育项目（Forensicanthro. com，2011）。法医人类学家组织的几项美国法医人类学的大学项目提供这一领域的培训机会[美国法医人类学委员会（ABFA），2008]。

28.14.4 法医牙科学

在 1962 年，武装部队病理学研究所提供了最初的法医牙科学培训课程，牙科协会（如纽约）在过去的几十年里也一直提供培训。

美国法庭科学协会网站列出了能提供学位和正式课程的项目，这些课程由美国法庭科学协会的牙科学部门批准（美国法庭科学协会 n. d. d）。在经验丰富的法医牙科学专家的指导下，新任职的牙医主要通过学徒式培训进行司法鉴定专业训练。

28.14.5 精神病学和行为科学

法医精神科医生首先必须完成医学院的学习和精神病学、神经病学的住院实习，然后才能进行司法鉴定培训。20 世纪 60 年代，起初作为非正式形式开始的大学同行培训项目（Sadoff，2005）中，现在已经有 40 多个得到美国精神病学与法学学会（美国精神病学与法学学会，2013）认证。在完成培训计划后，学生才有资格参加认证考试。美国司法心理学协会（美国精神病学会的 41 号部门）列出了 26 个临床博士项目、17 个非临床博士项目，以及 25 所提供硕士课程的大学。该网站还列出了一些攻读博士前后的实习课程和法医心理学培训的博士后认证课程，同时提供了攻读司法鉴定和法律心理学课程的学习指南（美国司法心理学学会，n. d. b）。

28.14.6 工程科学

大多数司法鉴定工程师在获得工程学士学位及研究学历后，开始他们的职业生涯，并成为一位注册职业工程师（美国司法鉴定科学院，n. d. e）。The ASTM Committee E58 的法医工程项目创办于 2008 年，并且正在制定相关标准，以增强科学、法律和伦理方面的问题意识，支持法医工程调查、报告和法庭证词的一般实践(ASTM International, n. d. a)。

28.14.7　数字和多媒体科学

这一领域的专家至少拥有“计算机科学、信息技术或工程”的学士学位(AAFS, n. d. f)。在美国,计算机、电子取证、网络/信息安全等专业本科和研究生的传统和在线学术项目数量持续增长。研究生毕业生可以在电子取证、网络安全和执法部门担任司法鉴定分析员和信息专家,也可以成为公共和私人机构的司法鉴定/刑事调查人员。

28.14.8　文件检验

虽然大多数文件检验人员都有学士学位,一些大学也提供课程学习,但司法鉴定文件检验领域并没有开设大学课程。按《文件检验培训标准指南》的要求,鉴定人员目前需要在一个具备相应资质的文检人员的监督下,接受为期 2~3 年的学徒式培训(ASTM International, n. d. b)。

如今存在的一个较大问题是,警察、检察官、辩护律师和司法人员接受司法鉴定的教育培训较少,目前只有联邦司法中心的科学证据手册能为法律人士提供科学信息(联邦司法中心,2011)。为此,美国法庭科学学会将“司法鉴定教育和指导: 我们的前进道路”作为 2014 年年会的主题,这表明了教育在未来职业发展中的重要性(美国法庭科学学会,n. d. g)。

28.15　资金和政治影响

司法鉴定从创立之初就很难获得资金资助。当然,资金和政治是交织在一起的,似乎一些司法鉴定实验室也缺乏足够的政治力量支持,难以获得运行顶级实验室所需的资金保障。NRC“美国法庭科学的加强之路”报告指出,资金匮乏限制了司法鉴定实验室引入顶尖科学家、获取仪器设备和从事必要的研究,这是个大问题。2011 年,SWGMDI 基础设施委员会(SWGMDI Infrastructure Committee)对法医尸检设施进行了调查,记录了进行法医死亡调查时所需设备的严重资源限制(SWGMDI,2011)。有限的预算导致了刑事侦查中只能审查犯罪现场证据的一小部分,也导致了冗长的证据积压和检测迟延,往往导致拖延至案件进入审判时方进行检测并且只审查检察官需要的证据。

从传统上看,警察和检察官对收集和审查司法鉴定证据有很大的自由裁量权。而犯罪现场调查部门则资金不足,实验室在资金决策方面并没有强有力的发言权。从历史上看,人们并没有认为犯罪调查实验室在刑事司法过程中能发挥决定性作用,实验室人员也没有被认为是刑事司法关键环节的决策者。但是,对司法鉴定证据的日益依赖导致了对不同类型案件的受理标准、具体证据分析及对实验室工作量的优先次序的自由裁量。这些可自由裁量的决定,可能是与某些司法管辖区的警察和/或检察官协商后作出的决定,并最终实质性地影响到司法政策的制定。在其他司法管辖区,他们制定书面政策并明确规定具有类似影响的案件受理标准。

尽管如此,在国家层面 NIJ 还是为调查和审查人员提供了许多培训项目资助,这些培训项目几乎涵盖了司法鉴定所有学科的收集、分析、解释和实践标准。这笔资金也有助于减少检测案件积压、增强实时和事后的 DNA 鉴定,并利用 DNA 识别失踪人员。项目还支持利用传统课堂、视频和基于网络的形式向检察官、辩护律师和公众出示司法鉴定证据。NIJ 也参与了帮助和加强司法鉴定实验室的项目,包括 Paul Coverdell 捐款促进项目,该项目从 2002~2012 年向司法鉴定实验室和法医办公室提供了超过 1 亿 5 千 5 百万美元的赠款(国家司法研究所,2013)。

最近联邦政府在向州和地方司法鉴定实验室提供指导(和资金)方面的作用增强,这也引发了一些有趣的政治和政策问题。联邦提供的资金数目逐渐根据某些标准（如 TWGDAM、NIJ）的遵守执行情况而定，这些标准促进了 DNA 的鉴定，并减少了案件积压。下文详述的最近开展的两个国家行动（白宫对 2009 年 NRC 报告中的建议和 SWG 小组组成的回应）显示：州和地方的科学家和区域司法鉴定组织认为他们对国家级司法鉴定的发展政策制定应有更大的发言权，因为目前绝大多数的司法鉴定都是依照州和地方的标准水平而进行。司法鉴定联合组织（CFSO，n. d.）和加州犯罪学家协会（CAC Update，2013）的联合体已经在这个问题上发表了意见。这也表明鉴定从业人员比以往任何时候都更有组织性，并要求在政策、研究和资助决策中发挥更大的作用。

28.16　认证

28.16.1　刑事技术

20 世纪 70 年代末首次提出认证时，刑事技术领域并不太愿意实施认证，直到加州犯罪学家协会（California Association of Criminalists）发起了一项区域认证倡议，该计划才获得了支持。成立于 1989 年的美国犯罪学家委员会（ABC）领导了自愿性认证工作，设置了在该领域所需的专业资格，并获得了司法鉴定专业认证委员会（FSAB）的认可。ABC 认证是一个双重的过程。申请人必须先证明他们拥有学士学位，在刑事技术方面有两年的全职工作经验，并通过一般性的知识考试。若要想获得研究员身份，申请者还需要通过分子生物学、药物化学、火灾碎片分析、痕量证据——毛发、纤维、涂料和聚合物的专业考试——并成功地通过一个能力验证项目（Bashinski 和 Peterson，2003）。迄今共有 900 多名专科医生和研究员（美国犯罪学委员会，2013）。在刑事技术领域，国际身份认证协会负责认证血迹模式、犯罪现场、鞋类、法医艺术、法医摄影和潜在印刷，AFTE 的 10 位审查员在 2001 年开始了一个枪支和工具痕迹考试的认证项目。一些州的犯罪调查实验室（包括加利福尼亚州和伊利诺伊州）向审查员支付了认证和复评审的费用，但大多数实验室迄今为止没有认证。

28.16.2　文件检验

1977 年，美国文件检验委员会在法政科学基金会的赞助下成立，并获得了司法鉴定专业鉴定委员会的认可。它的目的是维护和提高那些文件检验人员的资格标准，并对符合 ABFDE 专业标准的申请人进行认证。美国文件检验委员会由各类鉴定组织赞助。认证是基于候选人的个人和专业的教育、培训、经验和成就，以及正式的考试结果（书面、实习和壁报论文）。认证有效期为 5 年，之后需要换发新证，表明在该领域能力的持续满足。

28.16.3　法医病理学/生物学

在美国各地，注册的法医病理学家严重短缺。据统计，2012 年在美国进行法医死亡调查（SWGMDI）科学工作小组中，进行尸检工作的只有不足 663 名经过认证的法医病理学家（2013 年，法医死亡调查科学工作组系统基础设施委员会）。美国法医病理学委员会于 1959 年开始对法医病理学家进行认证，从那时起，该专业只认证了大约 1 300 名病理学家。造成这种短缺的原因有很多，包括医学院教育时间长、费用高、死亡调查案例的性质和挑战、高居不下的案件数量，以及通常比医院病理学家平均工资低很多的薪水。

美国医学法律死亡调查委员会（ABMDI，2013）在 1999 年的 NIJ 死亡调查文件中对个人需完成的任务进行了认证，该文件同时是对现场调查员的指南，2011 年更新。ABMDI 的目的是通过人员认证促进医疗法律死亡调查最高水平的专业实践，通过认证的人员具备进行死亡调查所必需的知识和技能。ABMDI 为符合标准的个人提供基础和高级的认证，从而帮助法院和普通大众识别具有这一专长的人。ABMDI

是 2005 年美国司法鉴定委员会认可的第一个认证委员会。

28.16.4　法医毒物学

法医毒物领域在过去 40 年取得巨大进展，许多科研机构和专业组织对此贡献很大。包括以下几个方面：

美国法医毒物学委员会（ABFT）成立于 1976 年，其主要职责是制定完善该领域相关标准、认可具备法医学毒物学专业资格和能力的自愿申请人。ABFT 可以为申请者提供两种文凭，一种是法医毒物博士学位，一种是法医毒物专家证明（未达到 Ph. D 水平）。申请人需要参加并通过资格考试，并提供在法医毒物领域接受继续教育的再认证。ABFT 已经为 300 多人颁发了文凭证书，这些人必须保持良好的伦理规范，定期更新资格证书。1996 年，ABFT 开始为法医毒物实验室提供认证服务，并通过这种方式明确像法医毒物这一类型的科学实验需要多么精密的设施设备。已有 34 个实验室通过能力验证的检验和测试证明其符合专业标准而获得认证。毒物学分析的某些方面（如酒精呼吸测试）是由 ASCLD ISO 17025 进行认证的。

法医毒物学认证委员会（FTCB）成立于 1992 年，为有经验的毒物学家提供认证服务。FTCB 只要求申请者具备本科学历，并通过认证考试。

法医毒物学（SOFT）学会自 20 世纪 70 年代非正式地开始运行，1983 年正式注册并对所有法医毒物学者开放。SOFT 旨在促进信息交流、统一标准、继续教育和培训及科学研究。SOFT 和 AAFS/毒物学部门联合委员会在 1991 年制定了一套用于尸检和人类行为法医毒物学的实践指导方针（已多次更新），最终演变为上述 ABFT 认证项目。

法医毒理学委员会成立于 2009 年，由 ABFT、AAFS 毒物学科和 SOFT 的代表组成，目的是为政府和决策者提供信息和指导，并促进其发展。

2009 年，法医毒物学科学工作组（SWGTOX, 2013）由法医毒物学委员会组建，旨在制定和传播法医毒物学领域的一致性标准。SWGTOX 在以下领域建立最低标准：① 质量保证和质量控制的标准、实践和协议；② 教育要求；③ 认可和实践标准；④ 认证标准。SWGTOX 还为法医毒物学家，研究和开发领域制定了统一的伦理规范，并促进公众对该领域的认识。

28.16.5　法医人类学

美国法医人类学委员会（ABFA）成立于 1977 年，旨在通过表彰在法医人类学方面具有特殊专长的个人，为科学和公共利益服务。ABFA 的执业人员需具备杰出的教育和培训、丰富的经验和成就、考试通过，并坚持高标准的伦理规范和实践。为了满足认证需求，执业人员必须保持成绩记录和继续教育。该委员会认证了 99 名执业人员，其中 70 名是活跃的，且信誉良好。

28.16.6　法医牙科学

美国法医牙科学委员会（ABFO）于 1976 年成立，旨在为那些从事法医牙科学鉴定的人建立资格标准，并对符合这些标准的申请人进行认证。申请人必须获得 DDS、DMD 或同等的牙科学位，需要专业的教育和鉴定经验（如人类鉴定、牙科年龄估计和咬痕案例）、参加法医牙科相关活动（如继续教育、法庭证词、学术出版物），以及通过书面和实习考试。认证有效期为 5 年，可通过重新认证计划进行更新。ABFO 还设有常务委员会，以改进实践、建立标准，并推进包括咬痕、损伤模式、虐待和背弃案件及大规模灾害等专业领域活动。自该组织成立以来，委员会已认证了 134 名执业人员。

28.16.7　精神病学和行为科学

除了美国法医精神病学委员会（ABFP）1976 年开始的认证工作之外，在这个领域还有许多其他的认证委员会。美国精神病学和神经病学委员会(American Board of Psychiatry and Neurology)是美国医学专业委员会(American Board of Medical specialty, ABMS)的成员,它提供法医精神病学的初步和后续认证(美国医学专业委员会,n. d.)。美国精神病学和神经病学协会(ABFP)开展的法医精神病学认证是在美国精神病学和法律协会成立之后方才成立的,其目的是为该领域提供专业教育。法医精神病学认证成立于1997年,只有在获得美国研究生医学教育认证委员会(ACGME)认证并通过ABPN认证考试后才有可能获得通过。认证有效期为10年,然后进行下一个10年的再认证,以确保申请人在该领域能力的持续满足。

美国司法心理学委员会成立于1978年,为通过笔试、实践测试和口试的心理学家提供认证(美国法医心理学委员会,n. d.)。

28.16.8 工程科学

司法鉴定工程师可以参加各种认证项目。其中之一是国家司法鉴定工程师学会认证。申请人必须是国家专业工程师协会(NSPE)的成员,并必须是经注册的专业工程师(国家司法鉴定工程师学会,n. d.)。申请人必须具有与之相适应的工程教育经历和实践经验,包括在司法鉴定工程方面的实践经验。司法鉴定工程师和科学家协会成立于1980年,协会的宗旨是分享法医学、技术和商业信息,并提高专业标准化水平。会员资格仅限于由会员投票选出的合格专业人士,会员人数约为75人。国际司法鉴定工程委员会(IBFES)是2008年成立的一个独立的委员会,专门认证那些“技术上能胜任、鉴定经验丰富、从事伦理工作和专业正确”的具有司法鉴定工程专业知识的个人。IBFES源自AAFS工程部门的支持,并获得了司法鉴定专业认证委员会(FSAB)的认证。要获得认证,个人必须至少有工程科学的学士学位、有专业的鉴定经验,以及通过笔试和口试。成员还受IBFES专业实践守则的约束。认证发布的时间为五年,可通过专业和技术上的活动进行更新。目前委员会认证了大约25人。

28.16.9 数字和多媒体科学

国际计算机调查专家协会(IACIS,2013)致力于司法计算机科学领域的教育,经FSAB的批准,提供认证、再认证和能力验证服务。认证过程包括“实践练习”,然后根据需具备的核心能力进行实践和书面考试。认证后的第3年需要重新认证。

28.17 认可和质量控制

司法鉴定领域的认可项目种类繁多,最早的也是最大的项目由美国犯罪调查实验室主任协会认可委员会(ASCLD/LAB)于1981年制定(美国犯罪调查实验室主任协会/实验室认可委员会,n. d.)。ANSI - ASQ国家认可委员会的成员FQS(FQS ANSI - ASQ国家认可委员会,2014)、美国实验室认证协会(A2LA,2012)及美国法医毒物学委员会和国家法医学协会也提供认可,但在这里我们关注的是ASCLD/LAB提供的认可项目。ASCLD/LAB按照ISO/IEC 17025的要求提供了一个多个鉴定规程和呼吸中酒精含量检测的认可程序,同时它还强化了ASCLD/LAB - 国际补充要求(ASCLD/LAB,2014)。认可目的是对检测程序进行外在的、独立的审查,并增加有关各方对实验室产品的信心。外部检查人员审查参加实验室的操作、管理和工作场所,确保分析人员对他们所检查的该类证据有合适的教育和培训,并记录其培训和能力验证项目。

认可的一个主要方式是对随机选择的案例资料、分析、案例说明和数据的审查,包括对审查人员的面谈,以确保实验室符合其自身的文件程序和ASCLD标准要求。在过去的30年里,认可标准已经有了很大的发展,并且已经明显地向国际方向发展。ASCLD/LAB已经获得了IAAC区域认可和ILAC国际认可,并根据

ISO/IEC 17025：2005的要求提供认可。BJS犯罪调查实验室数据显示，美国83%的实验室都通过专业认可（Durose 等，2012）。纽约州、俄克拉荷马州和得克萨斯州这三个州要求所在管辖区的犯罪调查实验室必须获得认可。

能力验证是质量控制的另一个主要领域。从20世纪70年代由LEAA资助的法政科学基金会（Forensic Sciences Foundation，Inc.）开始，许多服务项目（如实验室间比对：Collaborative Testing Services，简称CTS）如今依然存在。20世纪70年代能力验证的不满意结果导致现如今许多质量管理项目的产生。像认证和认可一样，能力验证在很大程度上也是一个自愿项目。除了纽约州、俄克拉荷马州和得克萨斯州这三个州以外，实验室申请认可或者个人申请认证都要求进行能力验证。大多数已公布的能力验证参加者都来自实验室之外，参加者都是匿名的。盲样检测也有使用，但由于成本和其他原因用的很少。20世纪90年代的一项研究发现，由于成本和后勤原因，盲样DNA鉴定是不切实际的（Peterson 等，2003）。随机再分析是另一种能力测试的方式。在这种情况下，随机选择已完成的案例文件，另一方重新检查证据。

标准化的分析方法是质量控制程序的另一个方面，这些程序已在一些（但不是全部）刑事技术领域采用。ASTM E30司法鉴定委员会（ASTM International，2013）是最早（1970年）倡导对司法鉴定分析方法（犯罪学、文件检验、司法工程、火灾碎片分析、毒药物检测、物证收集和保存）进行审查、评估和标准化的团体之一。从1988年开始，联邦调查局及其DNA鉴定方法工作组在DNA鉴定的基础上完成了开拓性的工作（TWGDAM，1991）。鉴于DNA鉴定所显示出的巨大的辨别能力，它可能被许多实验室广泛采用，同时国家数据库也正在开发，司法鉴定学家显然认为，检测指南和标准非常必要。对希望从联邦政府获得DNA资助和研究补助金的实验室而言，按照DNA鉴定工作组（TWGDAM）方法是其必备条件。

NIST（前身是国家标准化管理局）在过去的几十年里一直致力于研究开发标准和测量工具，目前已经建立了20多个科学工作组（SWG）委员会，委员会在FBI、NIST和NIJ（国家司法研究所，2012）等多个联邦机构管理的一个项目下运行。已经成立的（SWG）委员会包括可疑文件检验、管制药物、DNA、数字化证据、法医学死亡调查等方面。NIST已经在联邦登记册上发布了一份通知（征求意见），要求用较少数量的“指导小组”替换现有的众多的SWGs（联邦登记册，2013b）。这也引起了州和地方实验室的一些关注，即这些SWG小组是否运作透明，在司法鉴定执业机构和人员中是否有适当的代表。

28.17.1 法医病理学和生物学

国家医学检验员协会（NAME，2013a）是融合医学检验员、调查员和死亡调查系统管理员的一个重要专业组织。它成立于1966年，旨在促进死亡调查人员的专业进步、技术传播和信息分享，以改善对暴力、可疑和非正常死亡的调查。最初它的关注点是医生，现在已经拓展到验尸官、医疗死亡调查员和现代死亡调查系统管理人员。NAME与许多科学、医学和鉴定机构保持联系，并寻求通过教育培训和专业活动促进死亡调查系统的标准化工作。为进一步履行在死亡调查制度上的卓越使命，NAME公司为法医死亡调查机构设立了一个自愿检查和认证项目（NAME，2013a）。NAME还出版了《法医尸检操作标准》，以“解决死亡调查的专业问题”和“专业的法医病理学家需呈现的基础服务”（NAME，2013b）。认可资格的有效期为5年，向公众表明该办公室处于高水平运作。截至2012年夏天，该公司已在美国各地认可了大约70家办公室。NAME也出版学术杂志——《法医病理学》。国际法医和验尸官协会（IAMEC）也认可法医/验尸官，到2013年6月共认可了20个（主要是验尸官）办公室（IAMEC，2013）。从1988年的DNA工作组开始，到随后美国最高法院 Daubert 判决和 2009 年的 NRC 报告促使美国 FBI 发展 TWGs 和 SWGs，并建议成立法医病理学科学工作组。2010 年 6 月举行了一场由 NIJ 主办、多个组织（AAFS、NAME、IACME、AAFS 和其他主题专家）参加的研讨会。会议的结论是，NRC 的建议应该扩大到建立法医死亡调查科学工作组，而不仅是法医病理学科学工作组。SWGMDI（之前讨论过）于 2011 年 3 月创建，目的是“提高法医学死亡调查（MDI）的科学基础和质量”［法医死亡调查科学工作组（SWGMDI），n. d. ］。该小组得到了 NIJ 和 FBI 的支持，由来自不同组织支持法医死亡调查并能代表法医、验尸官、法医死亡调查员和整个法医社区的成员组成。SWGMDI 已经发布了超过 8 个标准、指导方针和最佳实践，这些标准、指导方针和最佳实践被分发以供公众评论、审查和批准，并在其相关网站发表。

28.17.2 法医人类学

法医人类学科学工作组（SWGANTH）于 2008 年在 FBI 和国防部中央鉴定实验室（Department of Defense Central Identification Laboratory）的资助下成立，旨在制定最佳实践指南和最低标准［法医人类学科学工作组（SWGANTH），2013］。指南和标准制定的目的是解决司法鉴定分析方法和科学研究标准匮乏的问题，同时为质量管理体系推荐适用的标准和指南（guidelines）。该组织还致力于促进组织和个人之间的信息交流、国内外合作和研究成果传播。

联合 POW/MIA 审查委员会（JPAC）的中央鉴定实验室（CIL）完成了由 ASCLD 实验室认证委员会的国际标准项目认证。CIL 雇用了 400 多名军事和文职人员，负责恢复和识别过去军事战争中失踪的美国人员。

28.17.3 数字和多媒体科学

电子数据科学工作组（SWGDE，2013）致力于促进法医数字化鉴定的合作、高质量和一致性。它旨在建立核心竞争力、最佳实践和法医方法。SWGDE 起草了一份计算机取证文件的最佳实践，用于“收集、获取、分析和记录计算机取证检查中发现的数据”。SWGDE 还起草了一份描述如何识别调查中工具使用错误和局限性的文件。最近，SWGDE 发表了一篇利用“网络频率”（ENF）来确定音频录制真实性的论文。在其网站上，它列出了涉及数字取证的近 30 家机构的链接。SWGDE 已经出版了各种文件，讨论电子数字证据分析、移动电话、GPS 检查和其他电子设备的最佳实践。此外，美国犯罪调查实验室主任实验室认可委员会也提供数字多媒体证据领域（ASCLD/LAB，n. d. ）认证。

1997 年，在美国 FBI 资助的一次影像技术会议上，信息技术科学工作组（SWGIT）成立。SWGIT 已经解决了一系列问题，最早从数码相机开始，逐步扩展到对其他法医学科的影像技术指导。SWGDE 已经发布了 20 多份文件来解决各种成像技术问题，包括电视安全系统、法医视频分析、各种类型的证据拍摄、法庭技术问题和犯罪现场录像等。ASTM 委员会 E30. 12 负责处理标准实践、图像处理和标准术语。

28.18 灾害应对

在美国，对涉及大规模死亡的灾害调查属于法医/验尸官的管辖范围，但他们往往缺乏必要的医疗、调查和辅助服务资源。在美国卫生和公共服务部的领导下，国家灾害医疗系统（NDMS）（2013 年）协助州和地方机构提供医疗服务。在发生大规模死亡的情况下，还通过灾害殡葬操作反应小组（DMORT）提供受害者身份识别、殡葬服务。灾害殡葬操作反应小组还提供临时的停尸房设施和各种私人法医专家，协助鉴定和处置死者。前述的武装部队法医系统（AFMES）也参加此类灾害的救助。国家运输安全委员会（NTSB）在所有交通事故中扮演着重要的角色。自 2001 年 9 月 11 日世贸中心遭袭以来，各国和地方都有提供额外赠款以做好应对灾害的准备。

美国国防部打击恐怖主义技术支持办公室（CTTSO，2013）的目标是为帮助美国国防部和美国军队打击恐怖主义的项目提供研究资助。通过其技术支持工作组，能为犯罪现场反应、人体识别技术和电子证据分析等方面的调查和司法鉴定研究提供支持。

除死亡调查行动外，犯罪调查实验室还可能参与查明与大规模灾害事件有关的人员身份、爆炸物和其他危险材料的识别工作。2009年，NRC 的报告包括了一个重要的章节，说明了司法鉴定对建立“有效和及时的关于恐怖分子和恐怖组织的情报和调查信息”的贡献（NRC，2009，P279－286）。2001 年世贸中心袭击事件发生后，人们开始关注纽约市法医办公室运用 DNA 技术对尸体和身体部位的识别。美国联邦调查局的犯罪调查实验室在同一年参与了针对不同选举官员和新闻媒体成员开展恐怖主义行动的人员的鉴定。尽管这些对恐怖主义行为的调查行为在事后进行，依然导致了对肇事者的查证和起诉，俄克拉荷马城联邦中心和泛美航空 103 航班爆炸案的调查就是典型的例子。

联邦机构和军方采用了完善的犯罪调查技术来重构犯罪行为和识别罪犯。NIST 还参与了反恐、反应技术和通讯领域的研究。灾害和遇难者识别科学工作组（SWGDVI，2013）通过强调质量保证、加强对研究和创新技术的评价，从而制定最佳方案，促进协商一致的指南的达成，最终在研究大规模死亡事件中发挥了重要作用。该小组致力于搜索和恢复灾难现场，研究各类不同的司法鉴定领域，包括 DNA、法医病理学、牙科学、人类学、伦理学、数据库管理及其他相关专业。

28.19　法律问题

从历史上看，由于 Miranda、Escobedo 等判决，司法鉴定在 20 世纪 60 年代得到了特别的认可，法院鼓励警察和法律调查人员减少对虐待性审讯手段的依赖，转而依靠“外在的”（物理的）证据和科学的事实调查手段。1968 年的布雷迪诉马里兰州案也很重要，因为它要求控方与被告一起出示排他性证据。也许最重要的法律案件应当是 1993 年最高法院对 1923 年的 Frye 案的修正，该案强调司法鉴定应以科学原则和程序为基础。Daubert 诉 Merrell Dow Pharmaceuticals 一案是美国最高法院的一项重大决定，它影响了所有的司法鉴定领域。最高法院要求各级法官们更像科学家，在做出受理决定的过程中扮演“看门人”的角色。

法官们提出了四项意见：① 该理论是否经过实证检验；② 该技术是否曾受到同行审议和发表；③ 已知或潜在的错误率是否存在；④ 最后，法院建议，可以考虑对 Frye 案适用旧的“普遍接受”标准。在随后的两项判决中，法院表示，法官们不能滥用自由裁量权（Joiner），并且这些采信标准适用于所有形式的证言，而不仅仅是由“科学家”严格提供的证据（Kumho Tire 案）。Giannelli（Giannelli 和 Reader，2006；Giannelli，Imwinkelreid 和 Peterson，2011）写了篇文章，内容是关于法院对审查各种司法鉴定技术方面所做的记录，文章讲述了许多属于犯罪调查领域的问题，如枪支识别、指纹和毛发比较。他还指出，即使没有采纳 Daubert 规则的国家，也越来越多地要求专家就科学的过程和技术进行解释，以在法庭进行受理决策时确定是否能够可靠地为其做出判断。

在 Daubert 判决公布后不久，联邦司法中心发布了第一本关于科学证据的参考手册，以协助法官审查复杂的科学证据。该中心最近出版了第三版手册（美国国家科学院，2011），目前的版本包含了 Kaye 和 Sensahaugh 案关于 DNA 证据鉴定的章节，以及 Giannelli、Imwinkelried 和 Peterson 等司法鉴定专家的其他类型的观点，涵盖了指纹、笔迹、枪支、显微毛发比较和咬痕证据。

如今,像 Melendez Diaz 诉 Massacltusetts 案涉及是否要求法医在法庭上审查证据。Maryland 诉 Alonzo King 案中在其第四次修正和扣押案中授权警方收集重罪被捕者的 DNA 样本。因此,法律规定一直是(也将永远是)指导在法庭上使用和引入科学证据的关键路标。

28.20 研究、技术和发展

在司法鉴定领域进行的研究一般主要在两大领域进行:① 聚焦于司法鉴定的研究工具、技术和程序的基础研究和应用研究(更倾向于传统物理科学的研究);② 聚焦司法鉴定在司法进程中的作用、使用和影响的研究(更类似于传统社会科学的研究)。通常情况下,研究主要的资金来源包括国家司法研究院(NIJ)、国家标准与技术研究院(NIST)和国家科学基金会(NSF)。NIJ 目前的研究重点主要集中在五个领域:① 实验室操作(采用新技术,处理实验室案件积压、能力提升、信息系统和数据库、标准和方法验证);② 证据类型(主要证据领域的基础研究和应用研究);③ 调查(从犯罪现场到审判现场使用鉴定证据);④ 定罪后鉴定(定罪后鉴定 DNA,以发现错误定罪);⑤ 司法鉴定社会科学研究(证据如何进入实验室、"环境"如何影响证据处理、鉴定人员如何解释证据、鉴定人的取证经过和鉴定结论报告)。此外,NIJ 还资助大量资金用于培训和实验室改进(在前面的资助部分讨论)。

NIST 的研究与他们的核心任务一致,偏向于在司法鉴定学科中开发标准和度量,而 NSF 的研究则倾向于基础科学研究。NIST 已经公布了由 9 个联邦机构报告的档案,这 9 个部门包括国防部、国土安全部、联邦调查局、司法研究所、艾姆斯国家实验室(NIJ 资助)、标准化研究院、国家科学基金会、美国地质调查局(USGS)和美国特勤局(USSS)(NIST, n. d.)。档案包括了近 600 个活跃的跨部门研发项目,其中 200 多个国家科学基金会(NSF)的基础研究奖"将对各种司法鉴定学科未来产生影响"。截至 2013 年 10 月,在 NIST 档案中列出的 591 个项目中,最常见的研究类别是法医 DNA 领域(91 个项目,占所有项目的 15%);其他常见类别的研究约占 1/3,包括:法医学死亡调查(41 个项目,包括 19 个法医人类学项目,12 个法医毒物学项目,9 个法医病理学项目和 1 个法医昆虫学项目),微量物证(37 个项目),压痕证据(29 个项目),指纹证据(28 个项目),生物识别技术(24 个项目),数字/多媒体取证(21 个项目)和犯罪现场调查(19 个项目);其他一般项目包括管制物质分析(14 个项目)、爆炸物/火灾/纵火调查(11 个项目)、文件检验(9 个项目)、核取证(8 个项目)、环境取证(8 个项目)和模式证据(7 个项目)。应注意的是,若干奖项被列为"普通鉴证"(30 个项目),而许多 NSF 奖励归属"NSF 教育""研究与教育"(92 个项目)"NSF 研究"(82 个项目)和"NSF 仪器"或"仪器开发与教育"(19 个项目)的通用类别。大部分研究是由内部资助的,项目仍在持续进行而资金尚未披露,但已报告的数据显示授予外部实体的赠款总额已接近 2.52 亿美元。还应注意到,美国国家科学基金(NSF)最近向所有在研项目发出了一项关于"基础研究问题"的建议,该建议可能同时推进与司法鉴定研究和教育有关的活动(2013 年国家科学基金)。项目的重点之一是司法鉴定学家和基础科学研究人员如何在更广泛的领域开展合作,包括:认知偏见、遥感测量和成像、大数据(包括生物数据)的存储和处理、陪审员如何理解司法鉴定证据、确定鉴定样本来源(包括地理信息系统的使用)及将司法鉴定融入 STEM 课程等。

28.20.1 刑事技术学

多年来,人们对刑事技术学研究的支持有限。Ballou 等(2013 年)对于违禁药物、DNA 鉴定、火灾调查和微量物证领域的关键问题及未来重要发展方向撰写了一个有趣的综述。几十年来，相关研究一直被发表在学术期刊和教科书上，但随着国家司法研究所的成立和其对于整个司法鉴定领域的资助，刑事技术学领域开始取得重大进展。许多领域均支持相关的应用研究。

近年来，NIST 在制定操作标准、指导方针和相关出版物方面资助了多个项目。最近和最新的出版物包括：《潜在印迹检验和人为因素》（2012 年 2 月）、《生物证据保存手册》、最新版的《犯罪现场调查》、2013 年 9 月刚刚出版的《执法指南手册》，以及 2013 年《可疑文件检验的未来工作》。其他的研讨会正在召开，内容围绕 DNA 混合物、合成药物、笔迹和枪械。最新的司法鉴定实验室设施指南（上一版于 1998 年发布）即将出版，而关于鉴定报告中定量和定性术语标准化的最新报告将提交给执法部门、法律从业者和陪审员。

指纹是最早的模式识别证据之一，在 20 世纪 80 年代，技术的进步允许将已知的十指指纹扫描和潜在指纹的大型数据库数字化。自动指纹识别系统（AFIS）的出现大大提高了十指指纹扫描和潜在指纹的检出效率。然而，多个独立的自动指纹识别系统数据库之间的互相匹配仍然存在很大的问题，并且由于缺少联邦授权，同时受制于支持匹配的自动指纹识别系统的资源有限，全国性的相互匹配仍然是一个重要但难以实现的目标。DNA 数据库于 1990 年由 FBI 建立，1994 年的 DNA 鉴定法案授权联邦调查局实施，1998 年 DNA 数据库正式上线。资金接连不断地资助建立州和地方的 DNA 鉴定机构。州立法机构授权的官员从被定罪的罪犯身上提取 DNA，并将其输入这些数据库。许多州现在已经授权（美国最高法院已经批准）警方从被捕者那里收集 DNA，将他们的资料输入 DNA 数据库。截至 2013 年 8 月，国家 DNA 检索系统（NDIS）包含超过 10 535 300 份犯罪者档案、1 613 100 份被捕者档案、509 900 份司法鉴定档案（联邦调查局实验室）。

NIBIN 建立了子弹和枪弹特征的数据库，是刑事侦查学证据的另一个领域。上述潜在指印、DNA 和枪械信息的所有专业领域，促使调查人员能够根据已知标准对犯罪现场发现的可疑证据进行搜索鉴别。这是确定犯罪现场证据来源的一个革命性变革，也改变了刑事侦查的工作模式。

28.20.2　文件检验

正如 NIST 当前研究档案中所指出的，在文件检验这一特定类别下有 9 个项目。这些项目涉及伪造身份和旅行证件、书写墨水分析、4 个关于笔迹鉴定的项目（主要集中在笔迹的统计分析上）、热色带分析、笔迹分析中的人为因素分析及文件的成分和来源分析。这些项目是由国防部、NIJ、NIST 和 USSS 资助的。除了一项 NIST 内部研究外，其他 8 项外部研究累计共获资助 370 万美元。

28.20.3　法医病理学/生物学

Gill 等（2013 年）讨论了两项主要的计划，其中包括放射成像（尤其是针对婴儿、烧焦的遗体及用于检测异物和投射物）和使用“全身数字扫描”及 CT。在无法进行尸体解剖或需要分诊工具来确定哪些尸体需要进行全身尸检的情况下，CT 可用于“分类尸检”或“虚拟解剖”，但需要额外的培训和研究来确定其应用范围。研究需要在分子检测领域开展，包括遗传性心脏病、遗传性血栓形成、药物遗传学和感染性药物的检测（Gill 等，2013）。国家研究委员会指出，有必要进行研究以促进病例记录的电脑化和信息系统的使用、从国家获得更多的资金、增加法医办公室和大学病理学部门之间的互动、通过法医病理学住院医师项目进行更协调的研究，以及更好地从日常尸检中收集信息。NIST 当前研究档案列出了在法医病理学领域的 9 个项目，包括使用 CT 作为尸体解剖的补充、分子解剖学的应用、小儿骨折统计分析、小儿颅脑损伤评估工具开发、描述细菌和真菌群落与尸体分解的新方法、印痕样损伤的解释、体温和死后间隔对非固定组织磁共振成像(MRI)的影响。所有这些项目都是由 NIJ 资助的,资助总额达 560 万美元。

28.20.4 法医毒物学

Logan 和 Ropero-Miller(2013 年)指出了法医毒物学方面的许多研究需求,包括对药物低浓度检出限的解释、改进数据库以解决在多个生物矩阵中药物水平的解释、开发毒药物滥用的检测方法、提升毒物学解释的其他研究数据、毒物学测试和报告中更大的标准化需求(参见上文的 SWGTOX),通过毒物学家的实践及更多的国际合作和交流,以更好地获取科学文献。

根据 NIST 现有的研究档案,在法医毒物学领域有 12 个项目,包括在头发样本中检测可卡因,尿液样本中检测 GHB 的代谢物,有三个项目是关于设计和合成药物、对光谱数据的化学信息数据库的扩展及改进分离技术。这些项目由 FBI、NIJ 和 NIST 资助,外部资助总计 390 万美元。

28.20.5 法医人类学

NIST 现有研究档案列出了法医人类学领域的 19 个项目,其中 3 个项目关注以下方面:性别评估方法(使用 CT 扫描)、颅面复原、种族确定、碎片骨架复原、计算机辅助估计死亡时间、影像学数据库和昆虫学。这些项目由 FBI 和 NIJ 资助,外部资助总计 560 万美元。

28.20.6 法医牙科学

Pretty 等(2013 年,P198)呼吁在三个主要领域进行研究:受害者识别、年龄估计和咬痕分析。NRC 的研究并没有提到前两个研究领域。尽管如此,在第一个领域的相关工作必须继续改进,以完善受害者身份识别的程序和标准、使用更好的牙科材料、并使用数字 X 线和计算机匹配系统。年龄评估仍然需要大量样本和数据研究,以确定研究对象处于一定的年龄范围内。第三个领域最需要开展研究工作,Pretty 等(2013 年)指出建立活体上各种类型的咬痕数据库存在的严重问题,这个问题可能无法解决。可以使用非“活”皮肤的介质包括泡沫塑料、猪皮和人类尸体等材料进行代替。假设驱动的研究,以及能够识别和控制必要变量的模型开发是必要的,但需要资金。在 NIST 现有的研究档案中,只有一个项目专注于在猪皮中复制已知的牙齿特征并开发影像学新技术。这项研究由 NIJ 资助了 70 万美元。

28.20.7 精神病学和行为科学

当代法医精神病学和心理学在诸多民事和刑事领域都有广泛的研究与应用,如头部损伤鉴定,刑事责任能力的确立,测谎、精神障碍的研究和危险性的预测,以及嫌疑人诈病和其他欺骗行为的检测。但研究表明法医精神病学在精神病患者危险性预测方面仍存在问题,其对精神病囚犯释放后再犯的预测准确率仅为 50%。预测暴力犯罪行为成因,基因的决定性作用,神经系统科学的发展,以及各种社会、心理和环境因素作用的研究也在继续,并为其他重要研究打下良好基础。

28.20.8 司法鉴定工程学

司法鉴定工程学是一个非常广泛的领域,它涉及土木工程、机械工程、电气工程、生物医学工程及事故重建,因此很难确定与司法鉴定有关的关键研究、技术和发展。其涉及学科开展的基础研究最终对司法鉴定工程学可能产生影响,但如之前章节所述,司法鉴定工程学的主要研究领域在于结构故障、火灾和爆炸调查及事故重建。NIST 档案中有 11 个项目重点研究爆炸/火灾/纵火调查,其中大多数项目涉及易燃液体的检测,总资助额超过 320 万美元。

此外,目前交通事故调查(如汽车油漆分析)和犯罪现场调查(如轮胎轨迹分析)有关的痕迹证据领域中也有相关的科研项目研究。但在NIST科研档案中只有一个项目属于司法鉴定工程学这一特定领域，该项目由NIST提供资金，研究材料老化和故障分析。

28.20.9 数字和多媒体科学

目前在NIST研究档案中，属于数字化/多媒体取证领域项目有21个，其中部分项目与软件应用相关，可以帮助从智能手机备份和联网计算机中提取信息。有3个项目主要研究"云取证"工具。其他研究项目主要包括软件引用库、互联网匿名器应用、自动化人体图像检测、电子伪造检测、硬盘数据恢复及法医学图像的识别和解决。这些项目由NIJ、NIST和DHS资助，并获得了总额为1010万美元的外部资金。

28.20.10 司法鉴定相关的社会学研究

最后，在讨论司法鉴定的研究和技术发展时，探究日渐兴起的社会学领域的研究具有重要意义。在这一领域内的重要研究包括：犯罪调查实验室的职能、工作量和政策/程序（包括犯罪调查实验室BJS普查和法医学死亡调查办公室的调查）、司法鉴定在司法行政中的职能和作用（包括鉴定证据对刑事案件结果的过程和影响的案例研究，以及执法机构和检察官如何使用法庭证据）、质量问题（如取证过程的认知偏见问题），采用商业模式进行司法鉴定实验室服务运作，法医学伦理，陪审团对鉴定证据的决策，以及诸如"CSI效应"等大众媒体效应。这类研究不仅可以从权威司法鉴定期刊上检索到，也可从刑事司法、心理学、社会学和法学评论等多种其他专业领域的期刊中获知。《司法鉴定政策和管理》(*Forensic Science Policy and Management*)等全新期刊正在成为传播司法鉴定社会科学研究的一种重要手段。

28.21 未来发展方向

在美国，有三个主要的领域对司法鉴定学科的未来发展将有着长期的影响。第一，是具有里程碑意义的NRC报告《美国法庭科学的加强之路》，未来需要思考在NRC的研究报告之后发生了什么（或者需要发生什么）；第二，是联邦资金和政策的问题，这一问题由NRC报告衍生而来。联邦资金是实现司法鉴定学科变革最强大的国家杠杆，但缺乏具体的立法措施；第三，最近成立的国家法庭科学委员会在确定司法鉴定领域的未来方向方面潜力巨大。

28.21.1 NRC报告的后续研究

NRC报告对司法鉴定各学科的研究提出了一些有针对性的批评和建议：

可疑文件检验。报告讨论了对文件、墨水和书写工具的比较和分析和其历史发展。笔迹的检验特别具有挑战性，因为审查员必须区分书写样本是个人自身变化还是个体间的差异形成。ASTM在与文件检验审查员合作方面有着悠久的历史，并制定了多种检验标准，包括用于表示审查员确定性的各种评级量表。能力验证研究结果表明，在确定书写样本是否"匹配"和签名是否真实方面，参与询问的文件鉴定人比非专业人员的表现好很多，但仍有3.4%至6.5%的错误率（NRC，2009）。NRC的结论是"笔迹鉴定的科学基础"必须"加强"，而并非"笔迹鉴定可能有科学基础"。

法医毒物学。NRC的报告对许多司法鉴定学科提出批评意见，但对于法医毒物学并没有给予很大的关注，仅认为该领域需要增加设备及人员配置，且需要更高的自动化程度。Logan和Ropero-Miller（2013年）强调了NRC报告中毒物学的常规关注领域。NRC报告强调了统一报告的重要性、实验室结果精确性和准确性的要求及定量分析的不确定性评估。需要采取常规的质量保证计划和质量控制程序，包括能力验证、人员认证和实验室认可。同时需要扩大研究生教育和研究工作，需要对律师和法官持续开展继续教育和培训。

法医牙科学。因为"皮肤的弹性，表面咬合的不均匀，肿胀和愈合”，NRC 在报告中对咬痕分析提出颇多批评（NRC，2009，P174）。虽然 ABFO 指南列出了各种检查咬痕的方法，但就结果解释和将咬痕与人的齿系相关联并给出概率并没有发布标准。NRC 指出：研究表明“假阳性匹配的概率很高”（NRC，2009，P174）。NRC 总结其调查结果如下：① 缺乏支持人齿系唯一性的科学数据；② 齿痕转移到人体皮肤上的畸变问题；③ 缺乏身份确定所需的个人特征数目的标准。NRC 担心，在将嫌疑人的齿系与咬痕进行比较时，咬痕鉴定人可能存在严重的潜在偏见。NRC 呼吁开展大量研究，以评估咬痕的独特性、皮肤对必要细节体现的特异性，并建立将咬痕与特定人联系在一起并排除其他人的必要标准。

28.21.2　联邦资金和政策活动

2009 年的 NRC《美国法庭科学的加强之路》报告引起了美国政府的高度关注。对此，不仅一般立法机构开展了活动，白宫办公室也举办了各类活动：

国会。美国参议院和众议院都有法案待决：参议员 Patrick Leahy 提出的《刑事司法和司法鉴定改革法》（S. 2177）建议设立司法鉴定办公室和委员会，并通过确保司法鉴定的科学有效性来提升对刑事司法系统的信心；参议员 Jay Rockefeller 提出的《2014 年司法鉴定科学和标准法案》（S. 2022）建议将资金和决策（从司法部）转移到 NIST 和 NSF，该法案最早由 Leahy 在 2012 年首次介绍，并于 2014 年 3 月再次强调。此外，陆续提出了其他相关法案，以提高暴力侵害妇女罪、DNA 案件积压和其他犯罪鉴定服务的质量和及时性。

2013 年 2 月，美国众议院和参议院通过了《妇女暴力法案》（VAWA），包括《性侵犯司法鉴定报告法案》（SAFER），该法为打击暴力性犯罪和家庭暴力提供依据，并对未经检验的性侵犯证据进行审查。最初于 2004 年通过的《公平法》（*The Justice for All Act*）也有待重新批准。资金资助有助于消除 DNA 积压，“覆盖改进赠款”可提高犯罪调查实验室和鉴定服务的“质量和及时性”。除其他要求外，受资助方必须建立“对影响鉴定结果的疏忽或不当行为的指控进行调查的程序”，这在很大程度上也是无罪项目和其他犯罪调查实验室丑闻揭露的结果。此外，还提供了象征性资金资助，以支持提议中的国家司法鉴定科学委员会。

此外，作为对 NRC 研究的直接回应，白宫司法鉴定分委员会、科学委员会、国家科学和技术委员会（2012 年底终止）办公室开始研究制定联邦应对办法，并制定了“国家优先研究议程”。由联邦、州和地方的科学家、研究人员和律师组成的机构间工作组（IWG）在下列领域提出建议：认证认可、教育、伦理道德和术语、标准、实践和协议、外联和交流及研究、开发、测试和评价。许多人对“闭门会议”、有限的资金和面对面的会议、没有专业意见和建议草案反馈规定等所应遵循的过程感到失望，因而最后的“白皮书”仍未出版。最近“化学和工程新闻”的报道中总结了这些批评（Widener，2013）。目前尚不清楚白宫对 NRC 的建议会有何反应。

28.21.3　国家司法鉴定委员会

对 NRC 报告最重要的反应可能是 DOJ/NIST 联合成立的国家司法鉴定委员会，其目的是“加强和提高”司法鉴定学科的未来（联邦纪事，2013a），这对这一领域来说是个好征兆。应该指出，NRC 报告要求成立一个独立的国家司法鉴定研究所（NRC，2009），尽管其目前筹建状况尚不清楚。最近任命的委员会由杰出的从业者、学术研究人员、检察官、辩护律师、法官和其他利益攸关方组成，目的是规范国家对鉴定从业者的指导（美国司法部，2014）。该委员会的网站（www. injtice. gov/ncfs）提供会议议程、材料、网络广播和其他信息。该委员会将与司法部合作制定政策建议，并与 NIST 管理指导小组合作，提出具体的纪律程序。预期产出将包括标准、优先事项、统一的职业伦理守则及培训、认证和认可标准。截至本文撰写之时,委员会举行了三次会议,并成立了六个分委员会(认可和能力验证,临时解决办法,法医死亡调查,报告和证词,科学需求和研究,科学和法律培训)。委员会的工作将在今后几个月和几年内与专业人士分享。

致谢

感谢 Victor Weedn、Barry Fisher 和 Jerry Ropero-Miller 对本章撰写的帮助。

案例引用

第 28 章案例引用

参考文献

第 28 章参考文献

第 29 章
乌拉圭法医学与司法鉴定

Hugo Rodríguez Almada,共和国大学医学院法医学系,蒙得维的亚,乌拉圭

29.1 前言

乌拉圭是位于南美洲的一个国土面积不大的国家,共 176 215 平方千米。总人口约 329 万,其中超过一半的人口聚集在首都蒙得维的亚和一些大城市。

该国地形平坦、略有起伏,国内最高海拔 514 米。气候温和,无极端天气。与拉丁美洲其他国家相比,乌拉圭社会秩序和居民健康状况良好(低文盲率,低婴儿死亡率,高人口寿命,地区财富分配高度公平)。

从历史上看,该国依靠的是强大的公共教育体系,包括大学高等教育在内实现了免费和普及。

1825 年,经过一系列解放战争后,乌拉圭宣布独立,并于 1830 年通过了该国第一部宪法。乌拉圭的政体是民主共和制。但在 1973 年到 1985 年之间,民主共和政府被军事独裁统治所取代,国会遭到解散,全国处于恐怖主义政权的统治之下,人权遭到践踏,此时的司法鉴定科学研究尚处于起步阶段。

乌拉圭司法鉴定科学的发展,很大程度上是由该国独特的地理环境、人口结构、社会政治特征所决定的,这些特征和大部分国家都不一样。

29.2 法医学和司法鉴定历史回顾

西班牙殖民统治时期(1724~1811 年),法医学专业的鉴定工作都由外科医生进行。这些医生对创伤的尸体进行鉴定和解剖。有记载的第一次法医学尸体解剖是在 1760 年,第一例骨骼遗骸的法医鉴定则是在 1797 年(SoizaLarrosa, 1985)。

独立战争时期,1827 年设立的"警察医生"成为司法鉴定领域的一个里程碑。尽管这些医生是应政府当局的要求出具专业的报告,但他们也向警官和囚犯提供帮助。1883 年《卫生条例》中首次提到"法医师"(medical doctors),也同样提到了"法庭化学专家"(SoizaLarrosa, 2002)。

1851 年,有望成为乌拉圭下一任总统的 Eugenio Garzon 将军意外去世,由于怀疑是医疗事故导致的死亡,该国首次法医学调查工作就此展开。Garzon 的尸体解剖和案件报告由当时最著名的八位医生完成,他们得出的结论是,主治医师 Pedro Capdehourat 应该对 Garzon 的死亡负责。此后,Pedro 便不能继续行医。150 年后,在重新对案件进行审查后,发现并不存在医疗事故,对 Garzon 将军进行的治疗符合当时的医学认知水平(Riveiro 和 Roo, 2007)。

1877 年,大学的医学院(现在的共和大学)设立了法医学主席,直到今天,这个设置都对法医学和司法鉴定的发展产生着重大的影响。

1914 年之前,尸体解剖都是在墓地中进行的。在那之后,根据司法部与医学院签署的一项协定,法医部门可以建造停尸房。60 年之

后，新的停尸房建成，其中包含化学与毒物学实验室，解剖病理学实验室和人类学实验室(SoizaLarrosa,1992)，这个停尸房直到今天还在使用。但是，在该国各省的偏远地区，尸体解剖仍在墓地或公立医院进行。

根据 1915 年《第 5217 号法令》，除了医学院和病理学系进行的司法解剖外，其他法医学相关活动由“公共服务医生”执行。1916 年，法医学主席 Martin Martinez Pueta 起草了一个项目，计划成立法医学专门机构，并强调法医学领域需要更多的专业性。虽然许多人都认可解剖和病理学系专家们撰写的报告，Martinez Pueta 医生却对这些报告的质量提出质疑，他认为这些人员缺乏专业的法医学训练。该项目还倡导成立司法鉴定医师机构和司法鉴定技术研究所(Martinez Pueta,1917)。

Martinez Pueta 的两项提议都成为现实。1918 年《第 5635 号法案》摒弃了之前的规则，设立了司法鉴定医师这个职位，他们向刑事法庭负责。法律还规定了司法鉴定医师要从事所有相关专业性的任务，包括尸体解剖。

司法部司法鉴定技术研究所在 1937 年成立。新的研究所逐渐接管了相应专业方面的鉴定，包括损伤、暴力性死亡、毒物学、刑事责任能力评估、亲子鉴定、年龄鉴定、弹道研究和相关文检研究。这些鉴定项目在公共卫生部进行注册登记(SoizaLarrosa,2005)。

1972 年，法医学在乌拉圭被认定是特殊的专业学科，从那时起直到今天，共和国大学医学院一直负责为该专业提供认证工作。相关项目均在公共卫生部进行注册登记。这是司法鉴定学科中唯一一个需要正式学位和官方认证的学科。

29.3　司法鉴定的教育培训

乌拉圭司法鉴定的教育和培训是多样化的。这并不是指人类学、牙科学、医学、化学及其他等“主要学科”的培训，而是指司法鉴定领域中所运用的所有专业知识的培训。

在培训方面，法医学和其他司法鉴定学科明显不同。

29.3.1　法医学培训

共和国大学是乌拉圭唯一的公立大学。共和国大学医学院法医系在法医学培训领域有着悠久的传统。同时，医学院设有研究生院，可以培养包括法医学在内的所有医学专业的研究生。

法医系成立于 1877 年，所有医学院的学生都需要学习专业课。此外，该系还负责教授研究生的课程。1972 年以来，乌拉圭已经培训了很多法医学专家，他们的称号由卫生部门授予。

获得法医学专家的称号需要参加学习并修完相应课程，并达到相应专业领域对研究生所有的学术要求。这一过程包括 3 年的理论学习和实践培训(进行尸体解剖、评估损伤及学习司法文件)。

法医系的高级教员负责所有教育相关的工作。实践培训是在司法部门和当值的法医的授权下在司法机构内部进行的，并且要受到大学中其他教员的监督，有时教员需要同时身兼两职。

专业课中的理论内容，旨在通过培训让这些专家们获得全面的视角，使他们能够充分掌握法医学中的不同方面的知识：死亡学、损伤学、法医性学、法医牙科学、法医人类学、法医精神病学、法医毒物学、法医遗传学，以及刑法、民法和劳工法。进行理论学习的同时还有相应的理论实践活动，通常在停尸房、法医诊室，或分子遗传学实验室进行。此外，培训内容还包括在联合诊所和医院中实习，对不同暴力形式的受害者进行评估。在卫生系统的培训，通常是在儿科进行的，目的是训练医生对不同形式的虐童行为进行早期诊断的能力。

想要获得专家的头衔，在学术上的要求是

必须参加相应课程、通过每学期进行的书面考试或实践考核、在最除的几年每年提交案件报告或相应课题综述、完成学位论文，以及通过1次尸体解剖和撰写相关案例报道在内的实践考试。

2009年以来，专业培训发生了可喜的变化，法医成为国家住院医生体系中的一部分。《第18438号法案》确立的关于医学专业领域的学习和培训体系，适用于刚毕业的、并在有资质的教学中心工作的专业人员。在教学中心里，学员们在研究所高级员工和高级教员的指导和监督下进行学习。在这样的体制下，教学大纲所要求的培训项目都被包括在内，以便他们获得相应的职称。为了进入到这一系统中，学生必须参加公开、匿名的考试，择优录取，这期间每周要进行48小时的学习和培训，同时要在监督之下进行有偿的实践工作。

法医学的住院医生要持续三年时间。除了参加常规的研究生课程（参加学术活动、每年两次的评估测试、准备三项科研项目及最终的实践考试）这一基本要求之外，住院医生还需要达到事先规定的培训学习课时数（每周48小时）。

对法医学住院医生最初几年表现的评估，证明了这种专业人员培养方式的优势。实际上，每位法医学住院医生平均需要完成600次左右的尸体解剖，300起左右儿童虐待、性虐待或虐待妇女案件的鉴定。在获得丰富的经验后，才算完成了培训。因此，第一代法医学住院医生能够迅速融入劳动市场，成为司法部门的司法鉴定人和（或）该专业领域的大学教授。

29.3.2 其他司法鉴定学科培训

正如前文指出的那样，在乌拉圭，法医之外的司法鉴定领域没有系统的研究生专业教育。但是，有许多其他专业人员从事司法鉴定工作，如化学家、人类学家和生物学家。

在一些情况下，专业人员通过自己的工作经验获得相应的知识。也有许多人在国外通过参加一些认证课程，以及硕士或博士课程获得相应的专业培训。信息通信技术进步，为在线教育提供了可能。巴伦西亚大学的远程法医学和司法鉴定硕士课程就是这种模式，该课程由Femando Verdú Pascual教授和Ana Castelló Ponce教授分别进行授课，这种上课形式自发起时，就有乌拉圭的教授参与其中。事实上，一些乌拉丰专业人士通过这种虚拟授课方式获得了帮助。在其他一些领域，专业人员完成了课程学习和实习。

尽管没有系统的司法鉴定科学培训体系，但过去20年间，共和国大学在这一方面进行了积极的努力。人文和教育学院开设了人类学和医学的研究生课程。这其中，就有1995年Hector Soto Izquierdo教授（哈瓦那大学法医学研究所）及1997年Ranajit Chakraborty教授（休斯敦大学）开设的法医人类学课程。医学院还不断更新法医人类学的课程，Douglas Ubelaker教授（美国国立博物馆；乔治·华盛顿大学；FBI法医人类学顾问）和Valeria Silva Braz（里约热内卢联邦大学）的课程同样值得一提。同样，牙科学院与Jorge Paulete Vanrell教授（保利斯塔大学）合作开设了法医牙科学的课程。

如今，乌拉圭进行了各种努力为法医牙学科的本科和研究生教育创造空间。

在专业人员的继续教育方面，医学院法医学系和司法鉴定技术研究所一起，为全国的法医们提供不断更新的培训课程，尽管不是所有接受培训的法医从业人员都具有相应的专业学位。

除了大学提供的培训外，国家技术警察总局负责在他们的工作地点提供刑事侦查学方面的培训工作。刑事侦查学院设在国家技术警察总局的总部，初级的员工和警官除了接受相应警务方面的培训外，还需要接受刑事侦查方面的专业培训。课程总共340学时（280学时理论学习和60学时实践内容），内容包括：乳腺摄像、摄影、面积测量、应用化学、事故学、文档鉴定、图像鉴定、弹道学、法医学、应用生物学、应用立法学和信息技术犯罪学（Camejo，2008）。从该学院毕业的警察可以获得专家助理的职位。这些专家助理可以在刑事侦查的各领域进行工作，如犯罪现场勘查、弹道研究、意外事故调查、文档鉴定或信息犯罪调查等。国家技术警察总局经验最丰富的工作人员对他们进行培训，另外，与共和国大学医学院法医学系的工作人员的合作也使他们获益匪浅。这种合作是相互的，刑事侦查技术专家也为培训法医专业的人员做出了贡献。

29.4　司法鉴定机构

要讲述乌拉圭的司法鉴定机构，就要提到乌拉圭司法鉴定领域的三驾马车：司法部司法鉴定技术研究所、国家警察调查总局，以及共和国大学。

29.4.1　司法鉴定技术研究所（ITF）

司法鉴定技术研究所是隶属于司法部的技术咨询部门，其人力和物力资源需要向管理各个领域的法官汇报，特别是在刑法方面。其组织结构相当复杂。

无论是主任还是副主任，该组织最高领导历来都是法律领域的专家（律师或公证人），而不是司法鉴定专业领域的专家。

可以通过四个主要的部门来说明 ITF 的组织结构和发展历史，它们是：法医学部、犯罪医学部、化学和毒物学部，以及鉴证部。同时，该机构还有一些相关部门，如会计部和社会服务部。

29.4.1.1　法医学部

法医部负责对各种暴力事件和（或）可能有犯罪嫌疑的事件（车祸、家暴、性暴力、自虐、医疗事故等）进行专业的检验，不论受害者存活或者死亡。这项任务由主管法庭中的法医进行，他向当值的法官进行汇报。法医需要进行一个完整的专业鉴定过程：他们要去犯罪现场，进行尸体解剖，评估受害者或者罪犯的损伤情况，以及准备相应的检验鉴定报告。

在首都蒙得维的亚，除了当值法医要参与到不同阶段的专业鉴定中之外，在法医诊所中工作的人员也参与对损伤的评估，还有些在青少年或家庭法院中的工作人员专门处理家庭暴力方面的案件。但是这些人不负责检验尸体。

法医可以要求进行补充鉴定，如那些由化学和毒物学实验室、解剖病理学和人类学部提供的鉴定服务。所有的提供这些服务的部门都集中在首都，因此全国各地的样本都要送到蒙得维的亚。

蒙得维的亚的法医也需要放射学检查的辅助，同时还需要配备一个摄影师以记录检验所见。在乌拉圭的其他地区，由技术警察负责拍照，但他们没有 X 光设备。

表 29.1 展示了分配给 ITF 法医部的技术人员，但不包含行政和服务人员。

关于蒙得维的亚停尸房的工作，过去五年的统计数据一直保持一致，即每年大约有 2 300 次尸检。这些尸检的案件中，超过一半（55%）是自然死亡后进行的尸检检验，44%进行了系统的尸体解剖，还有 1%是对骸骨进行的鉴定（司法鉴定技术研究所，2009）。

由公共卫生部和司法部牵头进行的一个有关婴幼儿猝死研究的项目，是乌拉圭司法鉴定领域特有的。为了加强儿童猝死原因的诊断，2009 年根据《第 07/101 号法令》的规定提出了《第 18537 号法案》，要求对不满一岁的、明显是自然死亡的儿童进行尸体解剖，这必须由当值的法医和解剖病理学专业的医生共同完成。解剖检验的地点在乌拉圭儿童医院的停尸房。此外，还成立了婴幼儿猝死委员会，专门负责监督尸体解剖、制定工作章程、设计并提出预防措施，编写关于婴幼儿死亡及死因的年度报告。该法律还规定建立一个从首都及其附近地区逐层渐进的申请程序。

表 29.1 ITF 法医部技术人员表

职 位	人 数(人)
主任(法医)	1
总顾问医生	1
法医(负责首都的工作)	8
解剖医生(负责首都的工作)	3
法医(负责其他省份都的工作)	39
解剖病理学实验室医生	2
人类学家	1
放射学家	1
摄影师	1
法医(负责首都家庭暴力相关法庭的工作)	2
法医(负责首都青少年法庭的工作)	3
法医诊所医生	4
法医(评估住院者的损伤)	2
法医诊所护士	1

29.4.1.2 化学和毒物学实验室

化学和毒物实验室,是独立于法医学部的行政部门,尽管在技术和地理位置上(两个部门都位于蒙得维的亚的司法部停尸房的大楼里)两者关系密切。虽然位于首都,这个部门也接收全国各地送来的样本。

技术人员都具有药物化学家的资格,分别是:一位主任(化学家)、四位法医化学专家和四位助理(化学系高才生及临床实验室毕业生)。

1995 年,该实验室实行系统的毒物学分析方法寻找可疑的常见毒物,自那时起,该实验室一直是该领域的领头羊。实验室最开始时使用薄层色谱法(TLC)和氮磷检测器气相色谱法(GC - NPD)。之后,引入了高效液相色谱(HPLC - UV)和质谱检测(GC - MSD)等其他技术。

目前,实验室配备了很多分析设备:三台装备氮磷检测器和电子捕获检测器的气相色谱仪(GC - NPD/ECD)、装备有自动顶空进样器的火焰离子气相色谱仪(GC - FID)、气相色谱-质谱仪(GC - MSD)和有二极管排列检测器的液相色谱仪(HPLC - DAD)。除此之外,近期还添加了带质谱检测器的液相色谱仪。

通过内部适应和控制的方法对检测质量进行控制,检测结果要通过两种不同的方法进行验证分析。对结果的解释根据国际参考文献要求进行(司法鉴定技术研究所,2009)。

化学和毒物学实验室的工作有四个主要方面:死亡案件、活体研究、对没收的毒品进行分析保管,以及其他专业检验。

死亡案件方面的检材主要是法医从尸体上获得的,他们通常会要求对检材是否含有某种物质进行检测。实验室对于法医如何获取、保存和转移检材有明确的规定。表 29.2 列出了最常见的有毒物质所需的检材和数量。最常进行分析的是:血液中的酒精含量、常规毒物筛查、精神类药物检测、毒品滥用、碳氧血红蛋白水平和农药含量。同样,还需检测的其他物质有:氰化物、堕胎药、金属和有机溶剂(如砷等)。

表 29.2 检测不同种类可疑的有毒物质所需的生物检材

检测项目	生物检材
毒物筛查	血液、胃内容物、肝、尿液: >10 mL
乙醇	血液: >10 mL;玻璃体液: >2 mL
毒品滥用	血液、尿液: >10 mL
精神药品	血液、胃内容物、肝、尿液: >10 mL
杀虫剂	血液、胃内容物、尿液: >10 mL
一氧化碳	血液: >10 mL
其他毒物	请联系实验室

对活人进行的检查主要是为了确定血液中的酒精含量。实验室每年进行的 1 800 例酒精检测中,有 50%都与活人有关。

实验室通过大量的工作,对司法部门没收的非法毒药品进行检测分析并保管。自 1998 年以来,根据《第 17016 号法案》的规定,罚没的物品要送到司法鉴定技术研究所进行检测分析,并根据有关当局的决定对该物品进行销毁。

该法案通过以后,实验室的工作量增加了六倍,其中对罚没的毒药物进行检测的数量,从

1999 年的 14%增长到 2012 年的 54%。

几种不同的专业检测被划归“其他检测项目”之中，包括：技术产品的技术检测报告、产品掺假、非法销售药品、家庭或农场的动物死亡、未在国内注册登记的产品技术报告、对涉及化学物质的案件的评估和补充报告、毒药物滥用的情况，以及对其他实验室的分析报告的技术意见（Mañay，2005）。

29.4.1.3　犯罪医学部

犯罪医学部受 ITF 直接管理，该部门技术人员有精神病学家、心理学家和社工（表 29.3）。和其他部门一样，这个部门也在首都。该部门进行检验鉴定工作时，需要一名技术人员或一组专家，这些专家大多情况下是多学科组成的委员会。

表 29.3　司法鉴定技术研究所犯罪医学部技术人员表

职　　位	人数（人）
主任（精神病学家）	1
精神病学家（负责首都的工作）	8
小儿精神病学家（负责首都的工作）	8
精神病学家（负责首都家庭暴力相关法庭的工作）	8
精神病学家（负责其他省份的工作）	15
心理学部副主任	1
心理学家（负责首都青少年法庭的工作）	2
心理学家（负责首都家庭暴力相关法庭的工作）	2
社工（负责首都的工作）	3
法医诊所护士	1

通常由刑事法官下令进行，对犯罪嫌疑人、受害人或证人进行精神鉴定。对罪犯进行精神状况评估的目的是向法官报告这个人的精神情况，来确定其是否应该被起诉。其他情况下，这种鉴定侧重于了解被告的性格特征，确定他们的危害性。在经过多次谈话和多种检测之后，通常会出具精神病司法鉴定报告书（司法鉴定技术研究所，2009）。

《家庭法》规定，解决一些家庭内部冲突需要提供精神和心理方面的报告。这方面值得一提的是，乌拉圭有专门解决家庭暴力案件的法庭，并有跨学科的专业技术团队进行专业的鉴定。2010 年，乌拉圭共发生了 15 006 起家暴案件，其中 6 003 起发生在蒙得维的亚。

对 15 岁以下的被告的精神状况的评估由小儿精神科医生完成，心理学家也可参与，视情况而定。也有一些报告是用于民事或劳动纠纷案件，旨在确定和评估人们受到精神损害的程度。

另外，值得指出的是，根据青少年法和家庭法，需要对社工进行社会能力的检测。

29.4.1.4　鉴证部

鉴证部对国家刑事犯罪记录登记处负责。尽管该部门在向法院提供受指控的罪犯的犯罪记录，帮助法院判断是否减轻或加重量刑的过程中发挥了重要作用，但该部门并不参与犯罪调查。

这个部门成立的时间比 ITF 还要早。最初，该部门是“人体测量识别和犯罪人类学办公室”（1896 年），后来更名为“身份鉴别和法医研究办公室”（1907 年）。从该部门成立之初到今天一直在使用 Alphonse Bertillon（1853～1914 年）提出的人体测量系统。1927 年，该办公室成为起诉注册处，并在 Juan Vaucetich 建立了系统之后，创建了 Dactilloscopy File 系统。

现在，国家刑事犯罪记录登记处使用 SiCo 计算机系统，该系统可以更新数据库，出具犯罪记录电子表格，通过调制解调器与该国所有法院进行连接并发送指纹和照片，以及准备起诉所需的统计信息并对不同的数据进行整合。

过去十年，每年起诉的数量从 10 000 到 112 000 不等（ITF，2009）。

29.4.2　技术警察（DNPT）

乌拉圭国家技术警察总局管理警察的刑事技术工作，该机构负责对涉及犯罪的案件进行技术调查。法医负责评估受伤人员和鉴定暴力事件或犯罪活动中受害者的尸体，技术警察则负责勘查犯罪现场，收集证据带回实验室处理。乌拉圭的体系中，警方是司法工作的辅助部门，由刑事法官负责主导调查工作。

国家技术警察总局最近进行了重组，由若干专门从事不同学科和检测的部门组成。他们都在犯罪学部和刑事鉴定部下面展开工作。总而言之，共有包括了行政人员和专家助理在内的 190 位专家在此工作（De Los Santos，2000）。

29.4.2.1 犯罪学部

该部门包括以下几个分部和办公室：

检验、摄像和平面测量小组

检验部门向犯罪现场调查部门汇报工作。他们通过与摄像和平面测量团队及其他专业团队（如弹道学、事故学等）合作开展工作。

这些专业人员的目的是确保现场的安全、记录犯罪现场，搜集案件侦查需要的物证并进行包装和标记。这些任务包括借助合适的光源、金属检测设备寻找潜在的细微证据，以及使用铸模或硅胶模具收集印记。

正如之前所说的，犯罪现场调查部门负责摄像的工作人员通过照片或视频记录调查发现。2000 年以来，逐渐引入了数字技术，使用各种软件对图像进行处理。

平面测量小组负责绘制犯罪现场草图，然后经计算机处理，得出现场还原图。此外，该部门的专业人员还要根据证人提供的信息，制作“口述肖像”和“面部识别图像”。证人提供的信息经过软件处理后，可以得到电子照片（Grupo Iberoamericano de Trabajoen la Escena del Crimen，2010）。

弹道学小组

弹道学小组负责检查枪支、弹药、弹丸和弹药筒，确定是否有人发射某种子弹。过去 20 年，弹道学小组共检查了 5 万支警察没收的枪支，绝大多数是民用小型武器，其中 22mm 口径的手枪最常见（Rodriguez，2009）。

对于外部的弹道，专家们研究弹道轨迹及子弹造成的后果。该部门中有比较弹头的显微镜，可以对样品或可疑检材中的子弹进行比较。该设备还有一台连接到电脑的摄像机，可以拍摄数字照片并将其加入检测报告中。

此外，该部门还有一个 4 500 升的回收罐，子弹可以射到水中，通过水的阻力减缓射击速度，从而保留枪管内的痕迹并保存子弹。这可以对没有变形的子弹进行对比检验和测试（图 29.1）。该部门还有一个检测枪支的试验场。

图 29.1 技术警察（DNPT）弹道小组负责检验枪支、弹药和子弹（由 DNPT 弹道小组提供）

化学和生物学实验室

生物学实验室的工作重点是通过分子遗传学技术，特别是 DNA 多态性分析，来识别斑迹、证据、尸体样本及刑事案件中的亲子关系。生物学实验室将收到的材料按照规定进行处理，通过逐渐提高的特异性（概率、确定性和物种）来确定该材料是否来自生物体。随后将该材料进行扩增，并与通过口腔擦拭收集并保存在 FTA 卡上的样本进行比较。如果生物检材量太少，该实验室也可进行线粒体 DNA 鉴定。

2003 年，生物学实验室共完成了 800 份相应的 DNA 鉴定报告，其中大部分和蒙得维的亚发生的犯罪事件有关（占分析总量的 59%）。需要生物学实验室协助调查的、最常见的犯罪案件如下：凶杀案（23%）、侵犯财产（盗窃）案（22%）和强奸案（16%）。

同时，化学实验室负责对有毒物质进行分析，辅助刑事侦查。通常检测的是滥用的毒品或一些无机毒物(如砷、氰化物和铬)及有机毒物(如农药、有机氯和有机磷酸毒物)(Linder,2008)。

另外,实验室也会配合调查交通事故,比较其他车辆、路面、衣着和受害者尸体上留下的玻璃碎片、泥土、纤维、油漆和其他痕迹。同时,指纹鉴定科还对潜在的指纹进行显现和鉴定。

道路交通事故小组

该小组于 2000 年成立,根据法院的要求,负责交通事故中的相关内容进行检查检测。

这类专业人员要对事故中的车辆进行全面检查,包括检查制动系统、轮胎情况、照明系统、喇叭、挡风玻璃雨刷、后视镜、安全带和车辆负载情况。去事故现场进行调查,以及在车辆内外收集指纹和痕迹信息同样非常重要。同时,报告内容还涉及天气状况、照明条件、道路状况、交通标志及对事故的发生有影响的其他一些因素,如刹车痕和速度计算等。

对交通事故犯罪的调查涉及现场勘查和在封闭区域内对车辆进行检测。在法官的要求下,还要参与现场重建。

司法鉴定信息技术小组

该小组在 2005 年成为国家技术警察总局一个部门。该部门向司法机关或其他公共机构提供他们需要的咨询服务,服务范围包括软件、硬件和操作系统等相关内容的咨询及可能利用这些设备犯罪的案件和在局域网或因特网上用特定设备进行违法活动的案件的调查。

当发生利用计算机设备犯罪(例如伪造文件、通过网络侵犯他人财产、儿童色情读物和其他性犯罪)案件时,司法鉴定信息技术小组也会参与调查。

文件学、图形学、货币和商标小组

该小组负责如检查本国货币和外国货币、研究签名笔迹、鉴定特定的文件(护照、身份证、支票、信用卡)、检验商标或标签留下的痕迹在内的相关工作。公共机构用该小组出具的报告进行刑事侦查和行政调查。

他们配备有必要的装备和仪器,如装有紫外线、红外线和蓝光的光谱比较器(VSC),该仪器能够识别文件所发生的物理和化学变化。另外他们还配备了显微镜,用于检测货币和其他文件的变更或伪造痕迹。

29.4.2.2　刑事鉴定部

刑事鉴定部由两个部门组成:信息技术犯罪调查处和国家基因登记处。

信息通信技术犯罪调查处

该部门负责通过指纹进行身份识别。过去这项工作是指纹鉴定科的工作范畴,全国所有案件中被起诉和指控的被告的指纹都要在这里分类归档,这也包括外国人,他们的相关信息由国际刑警组织提供。共登记保存了大约 30 万份文件,内容包括有犯罪记录的人员十个手指的指纹,以及他们手上先天或后天形成的畸形。

如今,在 AFIS(指纹自动识别系统)的帮助下,传统的手动搜索识别已经被计算机自动化检索取代。事实上仅 2013 年,该系统就帮助解决了 300 起案件。

国家基因登记处

2011 年,根据《第 18849 号法令》的规定,成立了基因登记处,由国家技术警察总局管理,其成立的目的在于以下几点:① 通过检测识别 DNA 非编码遗传标记,对调查中发现的涉及多个相关当事人的案件进行比对分析,还原案件事实;② 对失踪或死亡的人进行个人识别,并帮助寻找相关人员;③ 帮助解决法庭上产生的纠纷,或是确定犯罪活动中的作案人或嫌疑人。

法律规定保证了这些信息的机密性,并声明该登记处无权保存 DNA 样本(不管是编码的还是非编码的)。法律还进一步规定该部门必须对所有的遗传物质进行处理。只有主审法官才可以提出获取确认身份所用的遗传信息的要求。

根据法律规定,国家基因登记处由以下三

个部门组成。

（1）基因指纹档案司：该部门负责处理从犯罪现场收集的证物上获得的不明检材。

（2）刑事鉴定基因档案司：被相关部门起诉的人的遗传信息通过一定的编码系统（匿名）在该司存档。

（3）基因档案司：该司存有内政部和国防部工作人员的身份识别信息。

国家基因登记处使用由美国联邦调查局开发的DNA数据库系统。

29.4.3 大学提供的服务

共和国大学在乌拉圭司法鉴定的起源和发展过程中发挥了积极的作用，这不仅仅体现在该大学培养了相关的专业人才，也体现在其所建立的专业评价体系。

29.4.3.1 法医学系

共和国大学医学院平均每年要接收1 000起案件，并出具相应的报告。各法律领域的法官及各种公共机构，尤其是卫生部门会把案件委托给大学，寻求专业支持。案件类型中，疑似医疗事故的案件居于首位，之后是交通事故。

在该大学中，大部分工作都需要借助法医学系所提供的设备完成。医疗事故案件中，由不同领域的医生（法医学和其他相关专业）组成医学委员会出具鉴定报告。而其他案件中，则需要评估交通事故或工伤给身体造成的损害的程度。

在不影响司法部司法鉴定技术研究所工作的前提下，《刑法》要求法医学系为法官提供技术咨询以解决复杂的案件，如连环犯罪案（如“护士杀手”案）和具有历史意义的案件（莱安德罗戈麦斯案）。

应公诉人、法官或原告的要求，在军事独裁统治期间（1973～1985年），法医学系曾参与对侵犯人权案件的调查工作。共和国大学（乌拉圭）和巴伦西亚大学（西班牙）的一项合作研究报告（Rodríguez Almada 和 Verdú Pascual, 2003）指出，通过“传统尸检”的方法发现并明确了政治犯的死因。通过这种方式，40年前的一起怀疑折磨三名政治犯导致他们死亡的案件得到澄清（NibiaSabalsagary、Aldo Perrini 和 Iván Morales 案）。另一起臭名昭著的案件是一起使用毒酒的政治谋杀案，尽管用传统尸检为随后的两项调查提供了意见并帮助查明了案件真相，但是，并没有找到有关死因的证据（Cecilia Fontana 案）。

同样，法医学系作为医学委员会的成员参与查明了军事独裁统治时期的第一起政治谋杀案（Ramon Pere 案）。在该案中，司法鉴定技术研究所的专家报告和被告方聘用的两名专家的结论是矛盾的。医学委员会挖掘出受害者的遗骸，并确定了死亡当时的情况（背部中枪，子弹通过脊椎进入人体），案件因此得以解决。此外，应和平委员会的要求，还对火化后的遗骸进行了研究。

法医学系还与其他公共机构合作，进行与人权有关的专业性鉴定。换句话说，他们为国家人权研究所和监察专员提供咨询，尤其是对违法并被限制自由的青少年状况的评估。另外，他们还与教育和文化部合作，对恐怖政权专政时期受迫害的政治犯受到的损伤进行评估，以便根据《第18596号法令》对他们进行补偿。

法医学系的另一个贡献是为初级医疗中心和相关医院在内的公共卫生系统提供法医方面的咨询。

乌拉圭共和国大学进行了大量的科学研究，司法鉴定专业也不例外。尽管司法鉴定不是资助机构首要的资助目标，但也进行了几项研究工作，如进行了10余年的对婴幼儿猝死的研究项目（Rodríguez Almada 等，1998、1999、2007、2009；Mederos 等，1998）。

29.4.3.2 国家器官捐赠和移植研究所（INDT）

国家细胞、器官和组织捐赠移植研究所是一个联合的公共服务部门（公共卫生部和共和国大学),鉴于该机构活动的特定性质,该部门内设有免疫遗传学和组织相容性检查实验室,可以进行亲子鉴定工作。自 2011 年以来,该组织与法医学系达成了协议,在免疫遗传学实验室中成立了法医遗传学小组(图 29.2)。

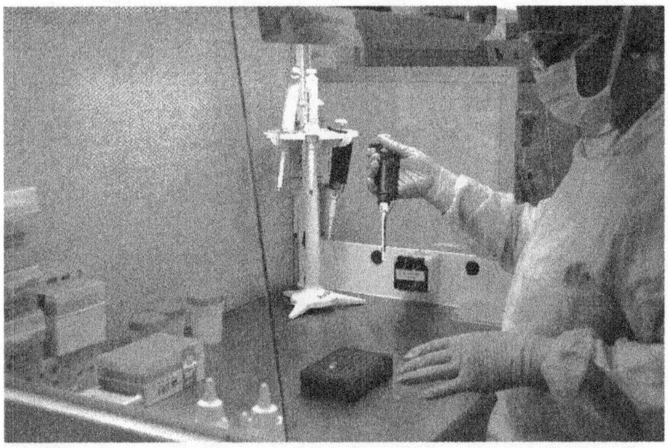

图 29.2　2011 年以来,该组织与法医学系达成了协议,在免疫遗传学实验室中成立了法医遗传学小组

资料来源:由国家器官捐赠和移植研究所(INDD)提供(原创:非商业共享)

小组可以具体分为前 PCR、PCR 和后 PCR 三个部分,并由视频监控系统控制。该小组的主要工作是:

(1) 用血液样本进行亲子鉴定和亲缘关系鉴定。INDT 已经处理了超过 9 000 起亲子鉴定案件(对 27 000 人进行了检测)。过去五年检测的血液样本数量如下:2013 年 1 263 起、2012 年 899 起、2011 年 906 起、2010 年 1 107 起、2009 年 901 起。

(2) 通过遗留骸骨进行亲子鉴定和亲缘关系鉴定的案件:15 起。

(3) 与个人识别相关的司法鉴定案件:14 起。

(4) 通过遗传样本库解决失踪人口案件:收集了 213 个家庭的样本。

该小组的成员都是专门从事临床实验的工作人员,并且他们在司法鉴定方面经过了特定的培训。表 29.4 给出了当前的实验设备和软件。实验室定期参加由 SLAGF(拉丁美洲法医遗传学会)和 ISFG－GE(西班牙和葡萄牙国际遗传学会)组织的质量控制检查。

表 29.4　法医遗传学小组:实验设备和软件

遗传分析仪——ABI 3130 XL 16 道毛细管 *
实时定量 PCR 仪——7500 型实时定量 PCR 仪
热循环 PCR 仪——2 台 ABI 2700 型 PCR 仪,1 台 Eppendorf Master PCR 仪,1 台 Perkin Elmer 2400 PCR 仪
遗传数据分析软件——Gene Mapper 3.2 软件
DNA 鉴定软件包——DNA view 和 Pater (Charles Brenner)
核酸光谱定量仪——Nanodrop 1000
DNA 自动提取工作站——6100 核酸提取工作站
层流室
其他设备——冷冻冰箱(−80℃)、离心机、振荡器、秤、热浴、磁力架、超纯水设备、微波炉、电泳设备、透照仪、移液器及其他分子生物学设备

29.4.3.3　大学提供的其他服务

根据乌拉圭法律,法院可以要求各个公共机构提供咨询服务,因此共和国大学不同部门都会根据相应需求提供相关技术信息,并出具专业报告。

人文和教育学院所做的工作对完成这份综述很有帮助,他们的工作支持了对国家恐怖主义政权统治时期相关罪行的调查。实际上,共和国总统和共和国大学早在 2005 年签署了一项协议,调查近阶段发生的侵犯人权的案件,并查明失踪囚犯的下落。根据这份协议,共和国大学负责提供所需的工作人员来完成预期的目标。为此人文与教育学院成立了两个工作组,一个是历史学小组,另一个是人类学小组。

Rico 和其合作者(Rico,2008)进行的历史数据汇编,尤其是与被迫害消失的受害者的藏身之所及和政治谋杀者有关的调查工作,是这项工作的一个里程碑。这些人员还完成了另一材料汇编工作,为出具与失踪囚犯相关的正式报

* 译者注:原著为 4 道毛细管,3130 XL 应为 16 道。

告打下了良好的基础(共和国总统,2007)。

人类学小组的重点在于找到藏尸之地(López Mazz,2006)。直到今天,仍有 175 名乌拉圭人失踪的记录。到目前为止,人类学小组找到了其中四具遗骸:Fernando Miranda(2006 年)、Ubagesner Chávez Sosa(2009 年)、Julio Castro(2011 年)和 Ricardo Blanco(2012 年)。通过本国和阿根廷实验室的 DNA 鉴定,确定了他们的身份。在这些案件中受委派调查的法医,出具了有关他们死因和死亡情况的报告。

29.5 未来方向:乌拉圭司法鉴定面临的挑战

本节阐述了乌拉圭司法鉴定存在的问题:缺乏人力和物力资源,且现有资源多集中在首都。目前最主要的挑战在于从业人员缺乏培训和教育。乌拉圭的经验表明,如果由未经充分训练的工作人员来处理复杂的技术问题,结果分析过程中可能会出现错误。同理,只要拥有丰富的经验及训练有素的司法鉴定专业人员,绝大多数案件运用基本的设备就可能得到充分解决。因此,也就能够理解乌拉圭在司法鉴定领域的一个伟大目标,就是让该国所有法医都成为法医学方面的专家,让其他专业人员也接受司法鉴定相关方法的专业培训。

官僚主义、文化障碍及懒政的负面影响不可低估,这些因素导致乌拉圭国家的预算有限。实际上司法部、技术警察和大学部门的预算每五年进行一次确定,且需要获得国会两院的批准。公众并不认为司法鉴定在公共事务中应处于优先地位。

乌拉圭司法鉴定中另一个需要改善的问题是,在该领域内尚缺乏一项适当且明确的国家灾害应对计划。尽管该国有一套针对灾害的国家响应和处置应急系统,但司法鉴定在灾害领域中的应用及相应的尸体管理计划仍在探讨之中。2012 年,ITF 成立了一个工作组,与国家技术警察总局一起合作,在制定灾害后如何响应的行动准则方面取得进展。除此之外,共和国大学医学院法医学系自成立以来,就是伊比利亚美洲法医和司法鉴定研究所协会的成员,它与红十字会一起,旨在鼓励地区之间在发生大规模灾害后进行合作和互助(图 29.3)。

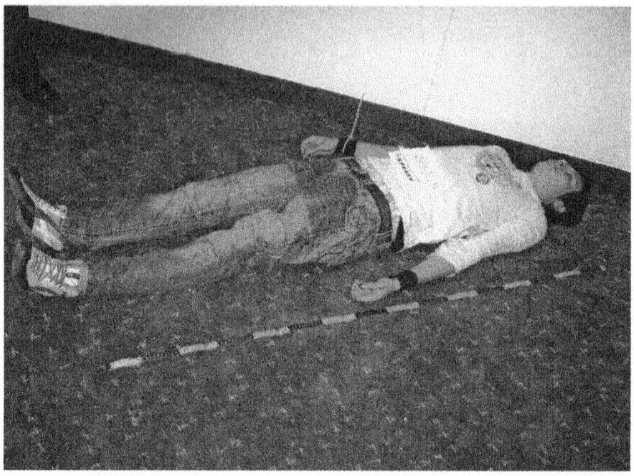

图 29.3 共和国大学医学院法医学系是西班牙和伊比利亚-美洲法医和司法鉴定研究所协会的成员

此图是 2009 年哥伦比亚波哥大地区大规模灾害中,用于身份识别进行的摄像;资料来源:Courtesy of Hugo Rodriguez Almada

致谢

感谢 José Azambuya (DNPT), Milka Bengochea (INDT), Jorge Echeverry (DNPT), Williams García Lafont (DNPT), Mónica Etcheverry (ITF), Grisel Fernández (DNPT), Noriko Hikichi (ITF), Nelly Mañay (ITF), Domingo Perona (ITF)和 Patricia Porley (ITF)。

参考文献

第 29 章参考文献

第 30 章
结论：全球视野下的共性与差异

本书展示了全球视角下非洲、美洲、亚洲、澳洲和欧洲 28 个国家或地区的司法鉴定实践。在此，我对本书中的 63 位作者致以衷心的感谢，感谢他们从繁忙的日程中拨冗撰写了与其所在国家或地区司法鉴定相关的各类重要信息。他们都是受人尊敬和富有成效的学者，尽管都有繁忙的工作安排和重要的职责，但还是抽出时间并在截止日期前完成了本书出版所需的工作。正是基于他们的专业、热情的参与和努力，才有了现在《全球司法鉴定实践》所呈现的内容。

当然，我们无法仅从一本书反映出全球所有国家的司法鉴定实践。本书主要选择了具有不同地域分布、独特历史背景和特定司法鉴定学术传统的国家并举例阐述。每一位作者均展现出了卓越的学术贡献和对本国司法鉴定深刻的认识，所撰写的章节也展示了他们各自的学术造诣和观点。

正如前言中所述，我们给每位作者提供了建议性的章节结构和讨论主题。有些作者严格按照建议撰写，也有相当一部分作者自行写作。每位作者试图提供司法鉴定所有领域的综述，与此相对应的是最终提供的领域往往与作者本人的专业最为接近。总之，他们集体智慧的结晶产出了与本书主题密切相关的、非凡的内容组合，他们的工作也揭示了过去和现在全球司法鉴定实践的格局。各个章节还同时指出了各个国家在组织架构、鉴定融合、培训程序、认证认可和资金等方面的差异性。

30.1 历史

30.1.1 历史悠久

部分国家的学者们考证最早的司法鉴定从业者，在印度最早可追溯到公元前 2667 ~ 公元前 2648，法老 Zoser 的医生 Imhotep。在印度和中世纪瑞士的古代典籍中也能发现司法鉴定的踪影。西班牙首次提及法医学问题是在公元 642 年。韩国关于法医学的文本最早在 1438 年出版，内容是对于更古老的中文文件的注释。最早的尸体解剖记录在墨西哥是 1576 年、匈牙利是 1760 年，而土耳其是 1768 年。

30.1.2 政治历史

所有国家的司法鉴定发展与其特有的政治历史和全球影响力有关。其中，爱沙尼亚、中国香港特别行政区、南非、土耳其和新加坡的政治历史在其司法鉴定发展中扮演着突出的作用。中国香港和新加坡是原英国的殖民地，新加坡在 1965 年独立，而香港于 1997 年回归中国。基于此，中国香港和新加坡培训和鉴定实践模式和英国非常接近。南非的历史受到荷兰殖民和英语系的影响。土耳其地理政治的全球性定位使其受到法国、德国和美国的影响。直到 1944 年，爱沙尼亚还是前苏联的一部分，并且高度依赖于前苏联的培训和鉴定体系。

30.1.3 学术联系

在探究司法鉴定的起源时，本书的许多学者都追溯了该国司法鉴定的学术发展，特别是重点大学的教学。早在 1532 年，德国就制定了一项法律,要求专家医生开展咨询活动前需进行特定的大学培训。在匈牙利,第一个法医学院的创立可追溯到 1793 年。19 世纪初,在阿根廷、智利、丹麦、埃及和德国建立了法医学大学课程。19 世纪,日本、墨西哥和乌拉圭也创办了以大学为基础的司法鉴定课程。

许多章节援引学术刊物作为司法鉴定早期发展的促进因素(例如,1936 年阿根廷有关法医学的出版物)。而且,学术界与司法鉴定实践之间的联系一直是贯穿全球学科发展的一个重要因素。这种联系一直是澳大利亚皇家委员会决策的目标,也是美国国家研究委员会报告中所讨论的关键要素。

30.1.4 案例影响

纵观司法鉴定的全球发展历程,个案尤其是备受争议的案件在促进学科进步方面发挥了重要作用。在很大程度上,成功的案例证明了科学应用是如何积极推动了科学进步。

通过案例的方式揭露和发现问题也促进了司法鉴定的学科进步。在许多国家,解决司法鉴定公认问题的努力已取得了积极进展。澳大利亚在 1921 年发生的枪击事件、1978 年 Splatt 案,以及 1980 年的 Chamberlain 定罪案等都暴露了司法鉴定存在的缺陷,这也激发了行业的整改工作。智利 1909 年的德国公使案、1973 年军事政变之后的 29 号庭院案都促进了鉴定程序和培训领域的巨大变革。与此相关,同样需要注意的是丹麦 1727 年发生的致命枪击案件。目前美国司法鉴定的许多讨论都是由与具体案例应用相关的一些领域存在的缺陷而引发的。

30.1.5 机构发展

几乎所有章节都将司法鉴定的历史发展与建立特定的机构联系起来。显然,全球司法鉴定的进步和发展历来与组织、实验室和有关的中心机构建立有关。以下按时间顺序列出了不同国家主要机构/设施的发展情况。日期反映了成立的年份。

1827 年,警察医生,乌拉圭。

1849 年,化学检验实验室,印度马德拉斯。

1886 年,国家毒物学和司法鉴定研究所,西班牙。

1896 年,司法解剖室,阿根廷。

1902 年,科学警察部门,意大利。

1903 年,司法鉴定中心,墨西哥。

1904 年,毒物学实验室,日本。

1908 年,人体测量办公室,芬兰。

1909 年,法医学研究所,智利。

1913 年,法医学与司法鉴定研究所,土耳其。

1913 年,司法鉴定实验室,加拿大蒙特利尔。

1914 年,中央法医局,波哥大,哥伦比亚。

1921 年,司法鉴定内阁,爱沙尼亚。

1922 年,警察技术实验室,丹麦。

1923 年,洛杉矶犯罪调查实验室,美国。

1926 年,犯罪调查中心,芬兰。

1929 年,芝加哥犯罪调查实验室,美国。

1945 年,国家司法鉴定实验室,荷兰。

1948 年,美国法庭科学学会,美国。

1948 年,为支持司法鉴定工作而建造的建筑,哥伦比亚波哥大。

1955 年,国家司法鉴定中心,韩国。

1980 年,法医部,迪拜。

1982 年,法医部扩建,迪拜。

1991 年,国家司法鉴定研究所,澳大利亚。

1991 年,国家法医学和司法鉴定研究所,哥伦比亚。

2008 年,司法鉴定研究所,爱沙尼亚。

上述清单代表了本书各章中所述的与组织结构相关的关键历史发展状况。当然,每个国家都有一长串影响司法鉴定发展的历史目录。特定的司法鉴定中央机构的形成反映了司法鉴定发展进程中重要的全球因素。

各个国家的章节也揭示出,虽然每个国家都有自己特有的司法鉴定历史,但全球的联系始终是显而易见的。这些联系反映了司法鉴定的地缘政治和总体发展，以及司法鉴定学者之间的关联。

来自美国的统计数据显示，犯罪调查实验室主要进行 DNA 鉴定，其次是对管控物质和毒物学的检验。

30.2　案件类型

总的来说，各章节普遍反映出了案件类型与各国开展的鉴定项目密切相关。案件涉及的主要领域在全球范围内都有，特别是与 DNA、管控物质和数字证据有关的分析需求持续增加。

然而，由于报告方式的多样化使得各国统计数据间的可比性较差。一些国家在尸检性质和刑事犯罪的常规法医调查方面提供的资料也有所不同。例如，阿根廷报道说，尸检主要关注意外死亡（54%）、其次是自杀（24%）和他杀（22%）。哥伦比亚报道说，暴力死亡大多数（56%）都归因于他杀，其次是交通事故（22%）、意外（10%）和自杀（7%），能够持有枪支是其高谋杀率的主要因素。哥伦比亚的非致命伤害主要源于人际暴力，其次是家庭暴力、交通事故、性侵害和意外事故。相比之下，丹麦的统计数据显示，大多数验尸报告都关注意外死亡，其次是自然死亡、自杀和他杀，强奸案的调查也是关注重点。

澳大利亚报道，非法闯入他人住宅是鉴定案件调查的主要焦点，其次是机动车盗窃、抢劫、性侵、绑架、谋杀、谋杀未遂和过失杀人。

在迪拜，法医临床检查大多评估损伤程度，其次是性犯罪、年龄评估、各种医学问题和堕胎。大部分伤害涉及人际暴力，其次是家庭暴力。最常见的死亡方式是自然死亡，其次是意外、自杀和他杀。

在爱沙尼亚，调查最常涉及的是毒物学，其次是犯罪学、医学和精神病学评估。

芬兰一章对酒后驾驶的问题进行了初步的法医学调查，随后是毒品、指纹分析、文件检验和纵火调查。

30.3　组织架构

组织架构是全球司法鉴定实践中的一个关键要素。本书中大多数国家都将其司法鉴定发展史上的重要部分追溯到早期组织的形成和机构的建立。为满足所在地区的个案工作要求。需要建立特定的机构来容纳集中的设备和合格的工作人员，组织架构的多样性与各国司法鉴定的特殊发展历程及其规模大小有关。

常见的组织架构模式，特别是在较大的国家，包括大型的中心机构和必要的区域分支机构。典型代表如智利法医服务局、哥伦比亚国家法医和司法鉴定研究所、迪拜警方的法医学和犯罪学实验室、爱沙尼亚司法鉴定研究所、香港政府化验所及新加坡卫生科学管理局。这些中心机构专业精湛、设备精良，能解决特殊的法医问题和区域所需的应用。

较复杂的组织架构模式，由多个按学科划分的中心机构构成，这种划分通常分为法医学实践和警察技术应用。例如，阿根廷司法机构中的法医活动与警察和安全部门的专家分开进行。在丹麦，与病理相关的鉴定活动集中在高校院所，而其他法医工作由警察部门完成。埃及有 3 个政府机构，包括埃及法医管理局、法医和毒物学部门，以及刑事证据调查总局。在芬兰，机构有中央国家调查局及国家卫生和福利研究所下设法医学部门（与五所城市的医学院有联系）。匈牙利司法鉴定机构包括五种类型：国家法医学研究所、医学院校、司法鉴定研究所联盟、刑事警察法医学服务和卫生科学理事会的法医学专家委员会。印度的鉴定机构由不同地区的中央司法鉴定实验室及卫生和家庭福利部下设的法医学部门组成。韩国的司法鉴定机构以国家司法鉴定服务部为中心，还包括检察官办公室、军事和海岸警卫队。荷兰有国家司法鉴定研究所，其与荷兰国家警察局、大学和商业鉴定研究所都有活动往来。瑞士列出了5所法医学研究所，专业覆盖法医学、交通医学、毒物学、化学和遗传学，同时还有两所司法鉴定研究所。乌拉圭的鉴定机构主要集中在司法鉴定技术研究所、国家警察调查局和大学的学术服务机构。

本书提及的大多数其他国家中，组织架构更加分散。尤其是澳大利亚、加拿大、法国、意大利、日本、墨西哥、西班牙和南非等国家的鉴定服务分布。此外，在土耳其，实验室集中在警察和部队中，法医机构集中在法医学委员会和它的区域分支机构中。美国有联邦调查局司法鉴定实验室及鉴定酒精、烟草、枪支和爆炸物的专门性法医机构，但大多数法医工作是由各州的法医局完成，并辅以许多私人专家。德国司法鉴定由大学、公共卫生部门共同实施。

30.4 司法鉴定整合

本书中直接讨论司法鉴定案件中信息整合问题的章节不多。据推测，整合是由各国的诉讼程序所规定，大多是由各国的检察官办公室进行，该推测在日本章节有所印证。荷兰一章指出了检察官在证据整合方面的关键作用，也提到了警察的作用。在西班牙，进入法庭诉讼程序之前通常缺乏证据整合。土耳其也注意到检察官的作用，并补充说目前的体制给辩护造成了困扰。澳大利亚一章提到在进入法庭诉讼之前，证据的整合非常有限，除了在一些凶杀案件中，可能举行会议以便做出必要的分析决策。

在哥伦比亚，所有鉴定职能均集中在国家法医学和司法鉴定研究所。尽管如此，个案中的报告和证据整合工作还是由检察官办公室负责。

智利在司法鉴定报告整合方面的方法最为全面。智利使用的是一种综合调查报告，在人权部门和特别司法鉴定部门中都强调了这一点。案件分析由专家独立进行，然后对结果进行比较、讨论并纳入最终的综合报告。

30.5 人员招聘/培训

人员招聘和培训的范围和种类与具体的学科类型息息相关。对于实验室岗位，大部分国家或地区采用内部培训和大学教育相结合的模式。在澳大利亚，本科学历是最低要求；在哥伦比亚，要求进行严格的简历调查和证实、面试并考核；在中国香港，申请者必须通过公务员考试，同时掌握普通话和粤语；在荷兰，荷兰语和品行优良证书是录用的必备要求。

大多数国家，法医病理学、法医临床和法医人类学领域需要在获得专业学位后参加继续教育。对于法医临床和病理硕士学位的培训，埃及要求进行6个月的培训、墨西哥要求2年、哥伦比亚和乌拉圭要求3年、土耳其要求4年，澳大利亚和匈牙利要求5年。法国、匈牙利和瑞士则要求医学院进行法医学的专门培训。

不同国家、不同学科对于培训和学位课程的要求差别很大。在法医学、牙科学、人类学、毒物化学、DNA和昆虫学领域，由大学进行培训是最常见的。在司法鉴定的其他领域，培训也可由所在机构提供、人员也可从现有人员中征聘。

较大的国家中，司法鉴定课程大多在主要的大学完成。本书中主要提及了澳大利亚、哥伦比亚、德国、匈牙利、日本、韩国、荷兰、西班牙、南非、瑞士、土耳其和美国。

从全球趋势来看，司法鉴定领域以大学为基础的高等教育课程在持续增长。随着课程的增加，司法鉴定机构更加依赖大学以满足招聘和培训目的。司法鉴定教育领域这种以大学为主的增长也反映了价值取向、招聘机会和学生兴趣的发展和增长。

30.6　资金

为司法鉴定提供足够的资金是一个全球性问题。本书所提及的所有国家在为人员、设备、设施、研究、培训等与鉴定实践有关领域提供足够的资金方面均面临着重大挑战。政府对主要的司法鉴定机构提供资助最为常见，因此，司法鉴定的政府预算需要与其他事项竞争优先资助。在哥伦比亚、爱沙尼亚、德国、匈牙利、日本、荷兰和新加坡，主要的预算来源还包括鉴定服务收入。土耳其报道说，来自保险公司和私人律师的司法鉴定收入大量增加。

在某些国家，特定的事件和事态发展引发了大量的资金投入用于纠正鉴定科学中的明显缺陷。例如，阿根廷报道说，1992 年发生的恐怖袭击造成 85 人死亡，该事件引发并刺激了鉴定资金投入增加。

智利的 29 号庭院案和相关事态发展表明需要其进行司法鉴定改革，特别是针对鉴定过程的改革。随后，资金投入到大规模现代化设施改造、人员培训和其他方面。

澳大利亚报道说，预算问题导致了一些鉴定服务的外包。这一做法代表了一个全球关注的问题，即司法鉴定行政管理需要夹杂更多的商业模式。此外，随着预算的削减和对服务收费方式的日益重视，司法鉴定研究的投入面临更大挑战。

30.7　政治影响

全世界的司法鉴定从业者一致认为需要中立地将其科学知识应用于证据鉴别和案件调查中。一般来说，直接的鉴定分析和结果解释并不受到政治影响。司法鉴定从业者意识到有必要独立客观地进行鉴定，并努力限制偏见因素，这一观点尤其在匈牙利的章节中得到了阐述。

然而，从许多国家描述的历史章节中可以清楚地看出：今天司法鉴定的实践，特别是关于培训和组织结构的实践，在很大程度上反映了地缘政治的历史。正如本书第 28 章美国中所指出的那样：即使到了今天，司法鉴定的政治和资金还是紧密相连的。也正如日本和土耳其的章节中所阐述的那样：政治对司法鉴定实践的间接影响是关于鉴定服务和预算优先事项的决定。在澳大利亚和智利，相关资金的政治决策使得人们在意识到问题之后进行司法改革。由于全球大多数鉴定机构的资金都是通过政府、警察和大学的预算进行分配，因此它们很容易受到行政和管理的政治影响。

在拉丁美洲，政治和司法鉴定的动态相互作用可以看得最清晰，特别是在阿根廷和哥伦比亚的章节中。本书第 2 章阿根廷报道，自 1930 年以来，该国的民主制度已经通过 6 次军事政变被取代。1976 年至 1983 年之间的这段时期，法律制度的独立性和司法鉴定实践显然受到了挑战。本书第 2 章阿根廷中叙述了许多失踪公民的悲惨遭遇，以及一些鉴定人的工作可能受到的损害。这些事件导致阿根廷法医人类学小组的成立，并建立了一个非政府、独立的附属机构。

本书第 6 章哥伦比亚中指出，该国持续的武装冲突已经存在了 50 多年。这种冲突一直以不同的方式将政府卷入其中，使得司法鉴定实践处于非常具有挑战性的环境中。哥伦比亚同事讲述了在那段时期司法鉴定从业者如何勇敢地保持独立中立。这些挑战甚至涉及人身安全问题，特别是对那些在偏远地区工作的鉴定人。

30.8　认证，认可和质量管理

司法鉴定实践中，质量管理是全球关注的问题。各个国家都致力于确保高质量的鉴定意见和结果解释，确保实验室有充足的设施条件。尽管如此，不同国家、不同学科之间差别很大。

澳大利亚报道了犯罪现场调查、指纹和弹

道痕迹鉴定的人员认证程序。实验室认可遵循ISO 17025认可准则。

加拿大不需要上述的认可程序，但也要按照加拿大标准化管理委员会和美国犯罪调查实验室主任协会（ASCLAD）提供的17025准则进行。

匈牙利所有的司法鉴定专家需要完成人员认证，所有的DNA和毒化实验室也需要完成认可。

德国、土耳其和荷兰注重认可工作，而南非只有2个实验室参与、西班牙则只有DNA实验室进行认可。哥伦比亚有17个实验室完成认可。

韩国认证工作也是基于ISO 17025认可准则建立的。

新加坡的认证体系（certification procedure）已经形成，并且其实验室认可按照美国犯罪调查实验室主任协会（ASCLAD）要求完成。

智利、迪拜和爱沙尼亚的认证认可体系和相关的质量控制措施已经建立。

墨西哥为法律从业者和法医鉴定人援引认证程序。

美国大部分司法鉴定的专业领域需要进行人员认证，实验室认可方面也做了大量努力。虽然如此，质量控制依然存在问题和偏离，也一直在探讨体系和程序上的提升机制。

30.9 技术

技术是许多国家司法鉴定学科进步的关键指标。芬兰一章提道：1908年设立的人体测量办公室在开始之初，只有一位专家，他“唯一的工具是光学显微镜”。许多国家可能会重复这一说法，并将早期的司法鉴定技术与如今相比较。司法鉴定的许多重大历史进步本质上都是技术性的。因此，许多章节提到了各个国家在其历史进程中的重大技术创新。技术也反映出国家间的巨大差异性，并与各个国家及其机构的规模大小和资源密切相关。技术也与昂贵的设备有关，需要昂贵的维修和必要的人员培训才能得以成功运作。例如，印度报道了他们成功引进了某项技术，但在操作和维护方面缺乏训练有素的人员。这些问题在其他国家的章节中也有所反映，从而揭示了人员、资金、技术和组织架构之间的密切联系。

澳大利亚一章提到信息技术和数据管理的相关问题。设备的小型化、便携性及电子通信的需求成为澳大利亚的技术发展趋势。芬兰一章则提示我们，技术也涉及实验室自动化、数据库和档案电子化。

哥伦比亚一章也讨论了仪器便携性问题。和其他某些国家一样，哥伦比亚主要设备集中在中央实验室，地区鉴定工作者难以企及。

西班牙一章指出，国内不同机构间的技术状况不同。荷兰和新加坡的章节介绍了当不能获取关键设备资源时，与他方开展合作能有所裨益。

30.10 灾害应对

许多国家报道了现有的灾害应对计划或已对此采取的措施（如匈牙利）。以下是本书中一些国家所概述的部分清单。

阿根廷：布宜诺斯艾利斯应急总体计划。

澳大利亚：灾害遇难者身份识别委员会。遵循国际刑警组织的指南定期进行国家培训课程并成立化学战剂实验室网络以防化学攻击。

哥伦比亚：制定国家灾害应对计划并定期培训，由分散在八个地区的组织实施。

丹麦：灾害遇难者识别小组已经成立。

法国：在宪兵队内设灾害遇难者识别小组。

意大利：在宪兵中成立重大灾害遇难者查明小组。

日本：1997年日本法医学学会成立了尸体检验支持系统。

墨西哥：建有国家灾害应对中心。

荷兰：2005 年制定了一项灾害应急计划。

新加坡：已建立相应的组织，并定期培训。

西班牙：2009 年法律规定了职业角色。

南非：2002 年通过了《国家灾害管理法》。

土耳其：团队已经组建，救灾只需要 6 个小时的准备时间。

美国：组建包括灾害应急行动小组、武装部队法医系统、国家运输安全委员会和联邦调查局。

上述措施和团队应其国家需要而建立。许多国家的团队也协助其他国家的灾后救助工作。在智利、丹麦、意大利和新加坡的章节中特别提到了这种国际合作。

30.11　法律问题

由于司法鉴定实践工作是在法律环境下开展的，因此可以认为所有方面都存在法律问题。尽管如此，各国章节中讨论的法律问题主要涉及证据的一般形式、证据采信和专家资格。

在所有章节中，法官和检察官都被列为诉讼程序的关键人物。一般而言，检察官的职责是收集对抗控方的鉴定证据，并在法庭上组织出示。法官对这个过程进行监管，并做出影响法庭案件进程的判决。在全球范围内，控方的角色差异巨大。北美和欧洲的大多数国家，以及澳大利亚、日本和新加坡都采用“对抗制”，可以进行证人的交叉询问、辩方专家辩护陈述和独立鉴定。

相比之下，阿拉伯联合酋长国和其他阿拉伯国家则采用了“纠问制”。该制度将组织和出示证据的责任交给检察官。在任何一个阿拉伯国家都不适用陪审团制度。

拉丁美洲的国家章节阐述，“纠问制”正在向“对抗制”过度。阿根廷将目前的进程描述为“一种混合的、半对抗制”的模式。智利则指出，自 2000 年以来，已经允许公共辩护机构的存在。墨西哥表示审判程序由法官掌控，但该制度正在向对抗式的陪审团制度靠拢。

在哥伦比亚，与鉴定证词有关的法庭程序可以包括专家交叉检查，并向控方和辩方提供技术支持。

各国关于专家证词和证据采纳的范围规定，存在着相当大的差异。在德国，强调法庭上的口头辩论和专家中立性；意大利的特色在于法庭（法官）任命专家；在荷兰，对专家的作用进行了细致的界定，法官决定每个案件中的专家任命是否合适；在美国，有关科学证词和证据解释的法庭决定都登记在册，但各州对这些决定的依赖程度则有所不同。

30.12　研究

大多数的研究主题是全球共同关注的，涉及多个国际团队和项目。对于同时在学术机构和实务机构工作的科学家，研究依然是其主要的工作。由特定机构赞助的研究取决于个案工作的需要和所在机构的优先事项。澳大利亚一章中阐述了研究的制约因素：缺乏资金、时间和研究经历。虽然这些共性在全球都有，但大多数国家都报告了与研究相关的具体因素。概括如下：

澳大利亚公认的研究包括新方法的验证及其他科学领域的新技术用于司法鉴定。最近的拨款包括对于具体问题的关注。

加拿大的相关研究没有专门的资金资助。研究主要反映科学家个体的主动性，往往从大学或其他途径获得资助。

智利大多数司法鉴定的研究都是在警察系统内进行的。警察实验室雇佣司法鉴定专家，由他们开展并加强科学方法论的研究。

哥伦比亚报道了一项包括主要的丛书出版计划的正式研究项目。八个研究领域有资金支持。

爱沙尼亚主要由国家司法鉴定研究所提出研究结构框架和特定的研究主题。

芬兰则是国家调查局提出研究和发展的计划清单，但同时指出：该计划名单是所需进行的最低限度的基础研究。芬兰大多数的司法鉴定研究在国际范围内开展，并通过参与合作项目进行。

匈牙利的运行模式是国家和国际项目两者兼而有之。和大多数国家一样，有各类机构参与其中。

印度的大多数相关研究都集中在大学里。并且，教授需要就其研究发表的论文论著接受评估。

意大利的相关研究是在不同的机构进行的，近年来的研究活动和论文论著出版有所增加。

日本的研究集中在大学和警察系统，机构的研究与他们的工作职责密切有关。

近年来，韩国的相关研究一直是由韩国政府直接提供且资金不断增加。

荷兰则是由国家司法鉴定研究所设立了一个特色研发项目，该项目针对7个主要的研究课题。

新加坡报道了相当多的研究活动，由不同的机构开展。

西班牙的研究主要以大学为基础。

南非的许多特定学科的研究项目正在进行中。

瑞士的相关研究主要集中在国内的大学中。

美国的研究活动多样且涉及多个机构和个人。司法鉴定科学研究的主要资金来源是联邦司法研究所，它位于联邦一级的司法部。与其他国家的中央资助组织一样，联邦司法研究所的目标是针对司法鉴定理论和实践者们所确定的研究领域开展研究工作。

30.13 未来发展方向

各章的作者对于面临的主要挑战和未来发展趋势的建议差别很大。作者们大多仅提出主要需求、现有问题及对未来可能发展方向的评估。正如德国所指出的，“预测未来绝非易事。”尽管如此，许多国家都有许多关注、发展和愿望清单，并为其预测提供了一些理由。

大多数国家所列的主要问题涉及实验室认可、质量管理和证据的安全性保护等方面。这些问题在哥伦比亚、埃及、爱沙尼亚、荷兰、日本、南非和美国相关章节中特别指出。甚至在一些目前已经开展大型实验室认可的国家中，认可也存在问题。改进目标是将认可范围扩大到较小的单位或目前尚未覆盖的学科。哥伦比亚、爱沙尼亚和荷兰等国也将人员认证作为改进目标，这些国家指出有必要在不同的司法鉴定专业中为每一个从业者设立最低标准。

加强培训是另一个全球关注和未来可能的改进领域。芬兰、匈牙利、韩国、荷兰、南非和乌拉圭的鉴定专家强烈建议加强培训。本书相关内容指出接受过良好培训的鉴定专业人员匮乏，同时司法鉴定学科需要具备足够的吸引力，以吸引和留住关键人员。各章节的作者们认为，新技术引进的同时必须伴随人员培训。

司法系统的非鉴定专家也需要进行培训。在土耳其和日本的司法程序中，需要进行相关人员培训以提升司法鉴定的技术应用。教育培训不仅关系到司法鉴定的许多积极方面，也与它的局限性有关。在爱沙尼亚、匈牙利、日本、韩国、荷兰和美国的章节中，开展教育培训的倡议尤其明显。

司法鉴定整合是另一个受关注的主要领域。关于加强整合的必要性的探讨，不仅涉及司法鉴定的实践活动（意大利），也涉及司法鉴定从业者和大学的学者（埃及、日本、韩国和西班牙）。许多国家指出，司法鉴定实验室的招聘倾向于征聘在大学里受过专门培训的人。这一趋势要求大学教授必须清楚实验室需求，并与实践相结合进行讲授。加强大学与司法鉴定实验室之间的联系也将有助于提升与鉴定有关的应用研究。

美国所预测的司法鉴定的未来发展方向与

美国国家研究委员会2009年报告中提到的建议密切相关。基本上，该报告呼吁制定一个全国性的司法鉴定发展计划，同时增设联邦一级的机构，并增加资金投入。阿根廷和澳大利亚的章节中也提到了对类似计划的需要。

许多国家均指出技术、专业人员和通用鉴定能力大多集中在该国主要的城市鉴定机构中。目前需要和未来可能的方向是将这一中心资源扩大化，以便更好地满足全国各地的需要。为此，需要发展地区鉴定中心、加强远郊地区快速的反应能力和高质量的工作，同时使用更多的便携式技术。这些方面在澳大利亚、智利和哥伦比亚的各章中特别予以强调。

许多国家均面临灾害管理和处理大规模死亡的问题。尽管许多区域都有灾害应对计划，但它仍然是一个需要关注的领域。在智利、哥伦比亚和埃及尤其提及增强灾害事件处理能力的未来计划。

其他未来需要和可能的发展方向涉及司法鉴定的诸多方面。包括加强分子和虚拟解剖技术（澳大利亚和哥伦比亚）、改善和增加定期的国际合作（智利和荷兰）、增强儿童虐待和性犯罪的司法鉴定资源投入（智利和哥伦比亚）、改善统计数据的使用（荷兰和南非）、加强实验验证和概率的研究（澳大利亚和美国）、改善基础设施和设备（爱沙尼亚、荷兰和南非）、加强结果报告的及时性（荷兰）。新加坡和西班牙还提到，为了促进司法鉴定学科的发展，需要同时进行科学研究和出版论著。

其他讨论的问题还包括改进技术和数据库（日本）、保护隐私（日本）和评估司法鉴定中的认知偏见（澳大利亚和美国）。澳大利亚一章还指出，培训费用高和一些关键人员的可用性有限，这就要求更有选择性地使用关键人员。

本书所揭示的司法鉴定的主要问题是全球的共性问题。尽管关键问题众所周知，但每个国家都试图寻求自己的解决方案。这些解决方案根植于该国的历史和文化。越来越多的新的发展方向要求加强国际合作和全球信息共享。特别是在当今的电子化时代，随着学术出版物、协议和技术信息的开发，极大地提高了共享的潜力。国际会议、讲习班和协会使全球司法鉴定从业者联系起来，加强培训和共享信息。全球司法鉴定实践也将继续其动态演变进程。

原著作者信息

如您想了解原著作者的相关信息，请扫描如下二维码。

《全球司法鉴定实践》原著作者信息